근대지식과
'조선-세계' 인식의 전환

글쓴이(수록순)

김영민(金榮敏, Kim, Young-min)_연세대학교 인문예술대학 국어국문학과 교수
반재유(潘在裕, Ban, Jae-Yu)_ 연세대학교 근대한국학연구소 HK연구교수
손동호(孫東鎬, Son, Dong-Ho)_연세대학교 근대한국학연구소 HK연구교수
심철기(沈哲基, Sim, Chul-ki)_독립기념관 한국독립운동사연구소 연구원
노혜경(魯惠卿, Noh, Hyek-young)_연세대학교 인문예술대학 국어국문학과 조교수
윤영실(尹寧實, Youn, Young-shil)_숭실대학교 한국기독교문화연구원 HK교수
김우형(金祐瑩, Kim, Woo-hyung)_연세대학교 근대한국학연구소 HK연구교수
홍정완(洪定完, Hong, Jeong-Wan)_연세대학교 근대한국학연구소 HK연구교수
정대성(鄭大聖, Jeong, Dae-Seong)_연세대학교 근대한국학연구소 HK교수

근대지식과 '조선-세계' 인식의 전환

초판인쇄 2019년 10월 15일 **초판발행** 2019년 10월 25일
엮은이 연세대 근대한국학연구소 인문한국플러스(HK+) 사업단 **펴낸이** 박성모 **펴낸곳** 소명출판 **출판등록** 제13-522호
주소 06643 서울시 서초구 서초중앙로6길 15, 1층
전화 02-585-7840 **팩스** 02-585-7848 **전자우편** somyungbooks@daum.net **홈페이지** www.somyong.co.kr

값 25,000원
ISBN 979-11-5905-448-8 93810

이 책은 2017년 정부(교육부)의 재원으로 한국연구재단의 지원을 받아 수행된 연구임(NRF-2017S1A6A3A01079581)

연세
근대한국학HK+
연구총서
001

근대지식과 '조선-세계' 인식의 전환

연세대 근대한국학연구소
인문한국플러스(HK+) 사업단
엮음

MODERN KNOWLEDGE AND THE CHANGING PERCEPTION OF 'JOSEON-WORLD'

소명출판

머리말

연세대 근대한국학연구소 HK+사업단은 그동안 '근대 한국학의 지적 기반 성찰과 21세기 한국학의 전망'이라는 주제로 공동연구를 진행해 왔다. 연구활동의 결과물은 HK+총서(자료총서, 번역총서, 연구총서, 대중인문학총서)로 제작하고 있는데, 이번 출간하는 『근대지식과 '조선-세계' 인식의 전환』은 연구총서로서 첫 번째 결과물이다.

『근대지식과 '조선-세계' 인식의 전환』이라는 연구 주제(서명)는, 전통의 변혁과 서양 문물의 수입을 통해 격변기에 대응하고자 했던 근대 한국 지식사회의 활동들을 조망하고자 하는 의도에서 기획하였다. 당대 전통 지식인의 학문활동 및 특정한 표상과 세계 이해를 동반할 수밖에 없는 이중언어二重言語의 문제, 그리고 근대매체를 통한 자국 인식의 전환, 서양 학문과 문물의 유입·확산 등이 연구의 쟁점으로 다뤄진다.

다양한 문제의식만큼이나 여러 전공 영역의 연구자들이 힘을 보태었다. 그 결과 기존 학계에서 근대의 특징과 개념들이 각각 자명한 실체처럼 서술되는 문제점을 지적하고, 문학·역사·철학의 관념들이 동아시아 격변의 장에서 복잡하게 병존하고 길항하던 면모들을 본서를 통해 살펴볼 수 있다.

총서의 전체적인 구성과 각 편에 실린 글들을 간략히 소개하면 다음과 같다. 이 총서에서는 '근대매체와 자국 인식의 전환(제1부)', '근대 지식인의 세계 인식과 전통의 변혁(제2부)'이라는 두 가지 과제로 분류하였다. 먼저, 제1부인 '근대매체와 자국 인식의 전환'에서는 5편의 글을 엮었다.

한국 근대 초기 매체들에서는 민족적 위기를 극복하려는 다양한 노력들이 드러난다. 정론正論을 통해 여론을 이끌기고 하고, 때론 은유적 표현을 통해 날선 비평을 논하기도 하였다. 그 과정에서 나타난 여성・시사・위생・의병 등의 담론과 함께 인식의 변화가 나타났는데, 본 장에서는 이를 차례로 살펴보았다.

김영민의 「한국 근대 초기 여성 담론의 생성과 변모(1)」는, 근대 초기(1880년대~1910년대) 여성 담론이 생성되고 변모되는 과정을 밝히는 데 목적을 둔다. 특히 신문매체별 특징을 추출・비교하는 방식을 선택하고 있는데, 최초의 여성 관련 담론을 발견할 수 있는 『한성주보』에서부터 여성 담론을 본격적으로 게재하기 시작한 『독립신문』, 그리고 『제국신문』・『대한매일신보』・『만세보』・『매일신보』까지 다양한 근대신문 매체를 아우르고 있다. 이를 통해 근대 초기 여성 담론이 점차 인권 존중의 측면보다 풍속개량의 측면으로 초점이 모아졌으며, 한일병합 이후인 1910년대에는 민족 담론의 소멸과 함께 일시적으로 여성 담론도 소멸되었음을 확인할 수 있다. 이 글의 주장은 다음 소개할 후속 연구와 이어진다. 해당 논의를 근대 초기 잡지를 통해 실증적으로 검토해 나가는 과정을 살펴볼 수 있다.

김영민의 「한국 근대 초기 여성 담론의 생성과 변모(2)」는, 근대 초기 여성 담론의 생성과 변모 과정을 근대 초기 잡지를 통해 고찰한 연구이다. 한일병합 이전까지 국내외에서 발간된 잡지들을 그 성격에 따라 네 가지

(부인 교양지, 학회지, 여성단체 기관지, 유학생잡지)로 나눈 뒤, 『가뎡잡지』를 비롯하여 『대한자강회월보』·『서우』·『서북학회월보』·『기호흥학회월보』의 학회지와 『여자지남』·『자선부인회잡지』의 여성단체 기관지, 『태극학보』·『대한학회월보』의 유학생잡지 등을 차례로 살폈다. 이를 통해 근대 초기 잡지의 여성 담론은 궁극적으로 애국 담론을 지향하고 부국강병론과 결합됨을 밝히고 있으며, 1900년대 국내 발간 매체에서 여성 담론의 출현 빈도가 1910년대보다 월등히 높은 이유가 여기에 있음을 주장하고 있다. 그러나 다른 한편으로는 1910년 한일병합과 함께 일시적인 여성 담론의 소멸, 즉 여성 담론의 근대적 진화를 가로막는 원인으로도 작용했음을 지적하고 있다. 본 연구는 근대여성 담론의 전개사를 근대매체를 통해 실증적으로 조망했다는 의미를 가진다.

반재유의 「『황성신문』의 시평時評 연구」는, 당대 시사時事에 대한 비평批評이나 평판評判을 서술한 작품인 '시평時評'에 주목한 글이다. 『황성신문』에 발표된 '시평'의 경우, 과거 전통서사가 근대매체를 통해 변모·굴절된 형태를 살필 수 있는 중요한 자료이다. 『황성신문』 '시평' 연재물인, 「비설飛屑」과 「국외냉평局外冷評」은 기존 연재물과 달리, '논설' 등에서 자주 활용되었던 문답체가 연재의 적지 않은 비중을 차지하고 있다는 점과, 해학성을 갖춘 내용 속에 사회 비판적인 주제를 함의하고 있다는 점, 별도의 논평부를 부기하고 있다는 점 등을 통해 1906년 이후 급감한 '서사적 논설'과의 연관성을 살필 수 있다. 더불어 조선 후기 '소화笑話'의 형식이 근대 시기 신문이라는 새로운 매체를 통해 단형서사의 형태로 발현된 면모를 확인할 수 있다는 점에서도 연구의 의의를 찾을 수 있다.

손동호의 「『반세보』를 통해 본 한말 위생 담론 연구」는, 근대 초기 위생 담론의 전개 과정과 담론의 내용 그리고 그 의의를 밝힌 글이다. 당시 위생은 근대화의 표상이자 문명의 지표로 규정되어 주된 담론으로 부상할 수 있었다. 『만세보』는 다양한 지면을 활용하여 위생에 대한 정보를 제공하는 동시에 정책적인 차원에서 위생제도의 필요성을 역설하고 구체적인 실현방안을 제시하였다. 특히 논설을 통해 지속적으로 위생제도의 장점과 시혜성을 부각함으로써 위생으로 대변되는 일본의 선진문명을 적극적으로 도입해야 한다는 주장을 펼쳤다. 이러한 주장은 당시 매체들의 위생 담론과는 변별되는 지점이며, 『만세보』가 위생 담론을 전개한 목적이 드러나는 대목이기도 하다.

심철기의 「1907년 이후 『제국신문』의 성격과 의병 인식」은, 1907년 5월 이후 발간된 『제국신문』이 신문 구독률을 높여 대중의 성장을 이끌고 문명개화, 자강을 달성하고자 하였음을, '논설論說'과 「유지록有志錄」의 기사를 통해 밝힌 연구이다. '논설'에서는 신문의 필요성, 유익성 등을 강조하였으며, 「유지록」에서는 신규 구독자에 대한 기록을 확인할 수 있다. 특히 「유지록」은 1907년 10월 3일 속간된 이후 처음 나타난 것으로, 『제국신문』의 구독자와 구독 지역의 성격을 파악할 수 있다. 또한, 신문사의 경영난을 극복하기 위해 정운복이 사장으로 취임한 이후 친일세력이 간여하면서 성격이 다소 변질되었다는 사실도 본 글을 통해 확인할 수 있다.

제2부 '근대 지식인의 세계 인식과 전통의 변혁'에서는 근대 지식인이었던 현공렴과 장지연 · 신채호 · 박은식 · 한치진 · 정인보 · 유길준 · 윤치호의 저작물을 중심으로 그들의 학문세계와 문제의식, 현실 인식 등올 조망한 5편의 연구를 모았다. 근대 지식인들의 저직물에시 드러나

는 전통의 계승과 변용, 그리고 그 결과로서의 변혁은 지식사회의 다양한 지적활동과 고민・성찰들 속에서 이루어진 '조선-세계' 인식의 전환이라 할 수 있다.

본 연구서의 '조선-세계' 인식이란 표현은 조선의 인식이자 세계의 인식이며, 조선과 세계의 관계에 대한 인식을 아우르는 중의적 표현으로 가져온 것이다. 제2장에 실린 글들을 간략히 소개하면 다음과 같다.

노혜경의 「근대 초기 이중언어 표기와 일선어 저술」은, 한국 근대 초기 현공렴의 저작물(『精選日語通編』・『日鮮談話』)에 사용된 이중언어 표기의 양상을 정리하고, 그 특질과 의미를 밝히는 것에 목적을 두고 있다. 동일한 저자의 저술임에도 두 저술의 이중어 표기 방식이 일치하지 않은 이유는 독자와 용도에 따른 표기 방식의 변이가 이루어졌기 때문이다. 또한, 현공렴은 흥미로운 기사를 선택해 이를 이중언어 표기라는 새로운 방식으로 독자들에게 전달했다. 그는 일선어 저술의 이중어 표기 방식을 통해 조선과 일본의 언어교류를 시도했고, 이중언어로 표기된 저술의 내용들을 통해서는 조선과 일본을 비롯한 외국과의 문화적 교류를 시도했다. 본 글의 문제의식은 앞으로 식민지 말기를 포함한 근대 시기 전체의 이중언어 사용이라는 문제를 규명하는 하나의 새로운 토대가 될 것으로 기대한다.

윤영실의 「근대계몽기 역사적 서사(역사/소설)의 사실・허구・진리」는, 근대 시기의 '역사・전기소설'로 통칭되는 일련의 서사물들을 둘러싼 사실, 허구, 진리 관념의 배치를 규명하는 데 목적을 둔다. 근대 시기의 소설들은 전통서사론의 다양한 허실론을 계승하거나 변용했다. 고전소설과도 근대소설과도 나른 내적 형식을 갖추게 된 정치소설이 중국을 거쳐 조선에 번역되는 과정에서 개념상의 낙차가 발생하고 특히 '사전'(역사적 서사) 전통과 결합하는 양상을 보인다. '전'의 경우, '역사(정사)'의 일환으로 보는 관점(현채, 장지연)과 소설로 보는 관점(신채호, 박은식)이 갈리면서 '전'안의 허구적 요소에 대해서도 각기 부정과 긍정의 상반된 평가가 내려졌다. 본 글은 동아시아 전통의 '역사', '소설' 관념과 서구에서 번역된 'novel' 관념이 복잡하게 병존하고 길항하던 근대계몽기의 당대성을 복원하고, '서사'가 '소설'과 '역사'로 분기하는 과정이자 '소설'이 '예술'의 한 장르로 자리 잡는 과정, 그리고 그 과정에서 '사실/허구/진리'의 문제들에 대한 탐구라 할 수 있다.

김우형의 「정인보 국학에서 실심사상의 계보」은 정인보鄭寅普의 '국학' 사상에 나타나는 주체성과 실심實心(참된 마음) 정신의 역사적 계보를 추적하고 그 특징을 조명한 글이다. 정인보는 학맥에 있어 강화학파에 속하지만, 양명학이 실심의 자각과 실천에 있어 더 효과적이라고 보았기 때문에 방법론적으로 활용했을 뿐이다. 특히 주목할 점은, 주체성의 원리가 정인보로 하여금 주희 도덕 이론(인심도심론)의 골격을 거의 그대로 따르도록 이끌었다는 점이다. 이기적인 욕구(자사념)를 옳고 마땅한 것을 자각한 마음(실심)으로 통제해야 한다는 주장은, 인심(감각욕구)과 도심(도덕심)의 갈등 상황에서 도심을 선택하여 인심이 도심의 명령을 받도록 제어하라는 주희의 견해와 일치한다. 이 같은 윤리학은 행위의 내적 동기나 의무감을 중시하는 입장으로서, 사실상 주희와 왕양명에 있어서도 근본적 차이는 없는 것이다. 본 연구는 근현대 한국학을 유교 전통과의 단절이 아닌 연속의 관점에서 바라볼 필요가 있다는 점을 시사하고 있다.

홍정완의 「일제 시기 한치진韓稚振의 학문세계와 자유주의 사회사상」은 일제 시기 평안도 기독교계열의 지식인이었던 한치진의 학문세계와 사회사상을 검토한 것이다. 이 연구는 한치진의 학문체계가 식민지 사회에 대한 문제의식 아래, 20세기 전반 미국에서 유행했던 철학・사회학 사조를 매개하여 형성한 것으로 보고 있다. 특히 당시 미국의 프래그머티즘과 베르그송 철학의 영향을 받은 것에 주목하였는데, 이는 개체화하는 생명(의식) 행위의 자유롭고 투쟁적 힘으로부터 '지성'이 출현하고 발달하였음을 인식한 것이며, 그러한 '지성'을 매개로 '개체'는 더욱 자유롭고 창조적 힘을 실현해 나간다는 것이었다. 본 글에서는 이 같은 유심론唯心論적 입장에서 개인의 가치를 강조하는 인간관이 그의 사회학설과 사회개조론의 기본 특성을 규정했음을 보여주고 있다.

정대성의 「구한말 사회진화론의 수용과 철학적 의의」에서는 구한말 유길준, 윤치호 등 조선의 지성계가 적극 수용한 사회진화론의 철학적 의미를 고찰하였다. 사회진화론은 19세기 서양의 낭만주의 시대에 발생한 사회정치사조로서 대체로 '반反계몽' 이론으로 평가된다. 하지만 이 연구에서는 합리성과 이성을 강조하는 서양의 계몽이 '주-객 분리' 및 '주체에 의한 객체의 지배'라는 인식론, 즉 지배패러다임에 붙들려 있음을 밝히고 있다. 따라서 서구의 계몽은 자기 안에 자기 파괴적 역동성을 간직하고 있으며, 이성과 합리성이 아닌 힘의 논리로써 사회와 역사를 설명하는 사회진화론 또한 계몽의 자기 파괴적 결과로 해석되어야 한다는 점을 강조하고 있다.

본서는 2017년 한국연구재단의 지원에 의해 이루어진 것이다. 이 책이 나오기까지 저자들 외에도 많은 사업단 구성원들의 노고가 있었다.

그리고 무엇보다도 연구총서의 간행을 맡아 준 소명출판 관계자 분들께 감사를 드린다.

2019.10

연세대 근대한국학연구소 인문한국플러스(HK+) 사업단

차례

제1부

근대매체와 자국 인식의 전환

한국 근대 초기 여성 담론의 생성과 변모(1)

근대 초기 신문을 중심으로

김영민

1. 이 글의 목적과 범주

이 글의 목적은 한국 근대 초기 신문을 통해 전개된 여성 담론의 특질을 밝히는 데 있다. 이를 통해 한국 근대 초기 여성 담론의 생성과 변모 과정의 일단을 정리해 보고자 한다. 정리의 대상이 되는 시기는 1880년대부터 1910년대 말에 이르는 기간이다. 여성 담론은 근대 담론의 주요한 범주를 이룬다. 여성 담론에 대한 이해 없이 근대 담론의 지도는 완성되기 어렵다. '여성 담론'이라는 용어는 '여성이 수행한 담론'이라는 의미와, '여성의 삶에 관한 담론'이라는 두 가지 의미로 모두 쓰이고 있으나, 여기에서는 후자의 의미로만 사용하기로 한다.

그동안 우리 학계에서 근대여성 담론에 대한 연구가 없었던 것은 아니다. 하지만 여성 담론의 생성기라 할 수 있는 1900년대 전후에 관한 연구 성과는 다른 시기 연구에 비해 상대적으로 미흡한 편이다. 특히 근대 초기 신문의 여성 담론에 대한 연구는 주로 『제국신문』 등 일부 자료만을 중심으로 반복되고 있는 양상도 확인할 수 있다. 그 점에서 보면, "한국 근대여성 문학론의 역사에 대한 체계적 연구는 아직 없다"[1] 거나, "한국 여성문학의 '과거'가 아직 충분히 밝혀지지 않았다"[2]는 지적은 지금도 유효하다. 근대 초기 여성 담론에 대한 연구가 활성화되지 못한 가장 큰 이유는, 여타 소재를 중심으로 한 이 시기의 연구들과 마찬가지로 자료 접근의 어려움이 크기 때문으로 판단된다. 이 글에서 검토의 대상으로 삼은 자료는 『한성주보』·『독립신문』·『협성회회보』·『매일신문』·『제국신문』·『만세보』·『대한매일신보』·『매일신보』 등이다. 이들 자료는 이 기간에 걸쳐 간행된 신문 가운데 여성 담론을 수록한 신문의 거의 전부라고 할 수 있다. 구체적 분석의 대상이 되는 글은 논설과 기서 및 잡보란 등에 수록된 기사들이다. 상대적으로 많은 양의 자료를 검토해야 한다는 현실적 어려움에도 불구하고, 이러한 방식의 정리를 시도하는 것은, 개별 매체 연구를 통해서는 접근할 수 없는 매체별 담론의 차이 및 변화의 양상을 이 방법을 통해 살펴볼 수 있기 때문이다. 『한성주보』·『독립신문』·『협성회회보』 등 온라인 원문서비스가 제공되고 있는 신문들은 연관 주제어 검색을 통해 대상 자료를 추출했다. 그러나 여기에 속하지 않는 『만세보』 등 일부 자료는 영인본 신문을 전수 조사해 기본 자료를 추출했다. 특히 1907년 5월

1 이상경, 「한국 여성문학론의 역사와 이론」, 『한국 근대여성 문학사론』, 소명출판, 2002, 12쪽.
2 이경하, 「여성문학사 서술의 필요성에 관하여」, 『한국 여성문학 연구의 현황과 전망』, 소명출판, 2008, 53쪽.

이후의 『제국신문』은 국내 유일본으로 알려진 연세대 중앙도서관 국학자료실 소장 원본을 활용했음을 밝혀둔다.

2. 연구사와 수행 과제

근대 초기 신문을 분석 자료로 삼아 수행한 여성 담론 연구 가운데 주목할 만한 것으로는 우선 전미경의 연구를 들 수 있다. 전미경은 「개화기 '남녀동등' 담론에 나타난 여성에 대한 계몽의 시각」에서 개화기 남녀동등 담론의 특질과 한계에 대한 연구를 시도한 바 있다. 전미경은 여성에 대한 새로운 인식이 한국사회가 전근대에서 근대로 전환되는 것을 의미한다는 사실을 전제로 삼아, 개화기 계몽의 주체들이 여성을 어떠한 시각으로 바라보는가에 대해 정리했다. 논문에서는 개화기의 남녀동등 담론이 '문명한 국가' 건설을 위한 도구로 사용되었고, 여성교육을 위한 논리적 근거로 활용되었으며, 나라의 일꾼인 '남아'를 잘 기르기 위한 어머니의 역할을 강조하는 데 집중되어 있다는 점을 분석해 냈다.[3] 전미경의 논문은 분석 대상으로 삼은 자료가 다소 제한적이라는

3 전미경, 「개화기 '남녀동등' 담론에 나타난 여성에 대한 계몽의 시각」, 『한국가정관리학회지』 20-1, 한국가정관리학회, 2002, 87~101쪽 참조. 이 논문의 요지와 직접 관련된 전미경의 연구로는 다음의 것들이 더 있다. 「개화기 가족윤리의식의 변화와 가족갈등에 관한 연구–신문과 신소설을 중심으로」, 동국대 박사논문, 1999; 「개화기 축첩제 담론 분석–신문과 신소설을 중심으로」, 『한국가정관리학회지』 19-2, 한국가정관리학회, 2001, 67~82쪽; 「개화기 과부 개가 담론 분석–신문과 신소설을 중심으로」, 『한국가정관리학회지』 19-3, 한국가정관리학회, 2001, 17~29쪽.

한계가 없는 것은 아니지만, 최초의 본격적 여성 담론 연구이며, 연구자의 시각이 분명하게 드러난 체계적 연구라는 점에서 의미가 있다.

이경하의 「『제국신문』 여성 독자투고에 나타난 근대계몽 담론」은 『제국신문』의 여성 독자투고를 대상으로 대한제국기 여성들이 근대계몽 담론을 수용하고 재생산하는 양상을 고찰한 것이다.[4] 논의의 성과로는 『제국신문』의 독자투고에 당시 유행한 계몽 담론의 대표적 주제들이 모두 다루어지고 있다는 점과 여성 독자 개개인의 현실적 경험에서 비롯된 입장 차이 또한 반영되고 있다는 점을 지적한 것 등을 들 수 있다. 이경하의 논문은 개별 매체에 대한 집중적 연구라는 점에서 의미가 있다. 다만, 이경하의 연구는 『제국신문』 전체에 대한 연구가 아니라 1907년도 발행분까지만 정리했다는 점에서 보완될 여지가 있다. 이경하의 연구가 남긴 과제를 보완하고 있는 것이 김복순의 「『제국신문』의 힘－'여성 감각'의 탄생」이다. 김복순의 연구는 페미니즘 인식론에 기초해 『제국신문』의 여성이 동일하지 않으며 계층별 신분별로 여러 가지 '차이'를 드러내고 있다는 사실을 입증한다. 그동안 공개적으로 거론된 바 없는 1907년 이후의 『제국신문』 자료에 대해서 처음으로 언급했다는 점도 연구사적인 의미를 지닌다.[5] 김복순의 논문은 최기숙의 「이념의 근대와 분열/착종되는 근대여성의 정체성과 담론－『제국신문』 논설・기서(별보)・서사의 여성 담론과 재현」 및 이대형의 「계몽적 주제와 연설적 수사－『제국신문』의 정운복 논설」 등과 함께 읽을 때 효과

4 이경하, 「『제국신문』 여성 독자투고에 나타난 근대계몽 담론」, 『한국고전여성문학연구』 8, 한국고전여성문학회, 2004, 67～98쪽 참조.

5 김복순, 「『제국신문』의 힘－'여성 감각'의 탄생」, 김복순 외편, 『제국신문과 근대－매체・담론・감성』, 현실문화, 2014, 15～63쪽 참조.

적이다. 김복순의 연구가 독자투고를 주요 분석대상으로 삼고 있는 것에 반해, 최기숙과 이대형의 논문은 『제국신문』 소재 논설에 주목하고 있기 때문이다.[6] 최기숙의 논문에서는 『제국신문』의 담론 전개가 전통과 근대의 착종적 만남 또는 일종의 부정교합을 형성했다고 지적한다. 『제국신문』의 논설과 기서는 '방법/시각'으로서의 근대와 '내용/이념'으로서의 전근대가 불균형하게 만나는 방식을 보여준다는 주장도 결론에서 제시된다.[7] 이대형의 논문에서는 『제국신문』에 수록된 정운복의 논설이 정치에 관한 언급 못지않게 풍속에 관한 언급이 많다는 사실을 지적한다. 풍속개량을 강조하고 특히 여성의 계몽에 주력한 것도 정운복 논설의 특징으로 정리된다. 논리적인 측면에서 보자면, 서구문화를 기준으로 해서 그와 다른 우리 문화를 개선해야 한다는 담론을 전개하고 있는데, 그 가운데는 합리적이지 못한 부분들이 보인다는 지적 또한 이루어진다.[8] 최기숙과 이대형의 논문은 1907년 이후의 『제국신문』 논설과 기서 등을 매우 꼼꼼히 분석・정리하고 있다는 점에서 특히 눈길을 끈다. 다만, 이들 연구에서는 초기 논설에 대한 정리가 빠져 있어 이에 대한 보완・검토 작업이 필요하다. 참고로, 지금까지 『제국신문』의 초기 논설에 나타난 여성 담론을 종합적으로 다룬 논문은 찾아보기 어렵다. 『제국신문』 초기 논설의 여성 담론에 대해 부분적으로 주목한 연구

---

6 이밖에 다음의 논문들도 『제국신문』 소재 여성 담론 연구와 관련된 최근의 연구 성과로 주목할 필요가 있다. 박애경, 「야만의 표상으로서 여성 소수자들—『제국신문』에 나타난 첩, 무녀, 기생 담론」, 위의 책, 64~96쪽; 김현주, 「『제국신문』에 나타난 혼인제도와 근대적 파트너십」, 위의 책, 97~134쪽; 김기란, 「근대계몽기 매체의 코드화 과정을 통한 여성 인식의 개연화 과정 고찰—『제국신문』의 여성 관련 기사 분석」, 위의 책, 179~212쪽.

7 최기숙, 「이념의 근대와 분열/착종되는 근대여성의 정체성과 담론—『제국신문』 논설・기서(별보)・서사의 여성 담론과 재현」, 위의 책, 135~176쪽 참조.

8 이대형, 「계몽적 주제와 연설적 수사—『제국신문』의 정운복 논설」, 위의 책, 378~410쪽 참조.

자로 전미경과 홍인숙 등이 있지만, 이들의 관심사가 『제국신문』 여성 담론의 전반적인 특징 추출은 아니었다.

홍인숙의 『근대계몽기 여성 담론』은 근대 초기 여성 담론과 관련된 일련의 논문들을 한 권의 책으로 묶어 출간한 것이다. 이는 이 분야 연구를 집약시킨 유일한 저술이라는 점에서 의미가 있다. 이 책에서는 근대 초기 유교 지식인들의 개인 문집에서부터 근대신문과 학회지의 여성 담론에 이르기까지 다양한 형태의 자료에 대해 관심을 표명한다. 여기에서는 '혼인', '의복', '축첩제도', '교육운동' 등의 소재와 함께 '여성 글쓰기와 근대적 주체 형성'이라는 주제 또한 다루어진다. 이 저술에서는 『대한매일신보』, 『제국신문』, 『독립신문』 등의 논설과 기사 또한 비교적 중요하게 다루어진다.[9] 다만, 이 연구는 각각의 주요 과제를 독립적으로 배치하는 방식으로 구성되었다는 점에서 이 글과는 방법 및 의도에서 차이가 있다. 이 글에서는 이러한 기존의 연구들이 거둔 성과들을 존중하되 여기서 남겨 놓은 과제들을 염두에 두고 이를 점검해 보완하는 방향으로 논지를 전개시켜 나가려 한다. 이 글에서 근대신문들의 여성 담론 정리 순서는 대체로 각 신문이 창간된 순서에 따르는 것을 원칙으로 한다. 각 신문의 창간 시기가 크게 차이가 나는 것은 아니지만, 이 방법이 근대 초기 여성 담론 전개의 전후 관계를 파악하는 데 나름 효과적이라 판단했기 때문이다.

9 홍인숙, 『근대계몽기 여성 담론』, 혜안, 2009 참조.

3. 근대 초기 여성 담론의 생성과 변모

조선에서 근대매체가 출현한 것은 1880년대의 일이다. 이 시기에 발간된 대표적 근대매체로는 박문국에서 발간한 『한성순보』(1883)와 『한성주보』(1886)를 들 수 있다. 우리나라 최초의 근대신문인 『한성순보』에서는 여성 관련 담론을 찾아보기 힘들다. 근대신문 최초의 여성 관련 담론은 『한성주보』에서 발견할 수 있는데, 「문답기」에 수록된 다음 구절이 그것이다.

> 彼曰此處女人不爲汗漫出入何爲而然也 我曰男女有別婦人居內男子居外卽我國法制耳[10]

이는 러시아 통역관과 조선 관리 사이의 문답을 기록한 구절로, "저들(러시아인들)이 다시 이곳에 여인들이 예사로이 나다니지 않는 것은 무엇 때문이냐고 묻기에 우리는 男女가 유별하여 부인은 안에 있고 남자는 밖에 있는 것이 우리나라 제도이다"[11]라고 답을 했다는 내용이다. 이 기사에서는 남녀유별의 유교적 윤리를 제시하고, 남자와 여자의 본분이 달라 활동의 장이 안과 밖으로 서로 분리되어 있다는 점을 강조한다. 지극히 전통적이며 보수적인 시각의 여성 담론을 전개하고 있는 것이다. 『한성주보』는 외보 중 「교민무실」이라는 기사를 통해서도 이러

10 「問答記」, 『漢城周報』 22, 1886.6.28.

11 『한성주보』, 관훈클럽영신연구기금, 1983, 771쪽 참조.

한 시각을 반복해 드러낸다. 기사의 내용은 다음과 같다. "근년 일본에는 耶蘇教(예수교)徒들이 많은 남녀를 모집하여 이름을 教育會社라 하는데, 禮拜와 誦經하는 이외에는 별로 하는 일 없이 놀면서 風俗 바꾸기를 권유하는데, 온나라 사람들이 빠져들어가 따르고 있어, 그 형세가 만연되고 있다. 佛教家들이 그 형세가 점차 불어나는 것을 염려해 府의 여자들을 船場 가운데 모으고, 이름을 淑德會라 하고, 재봉일과 바느질 등 부인의 일을 가르치면서, 외출을 하지 못하게 하고 있다. 이는 국민들에게 나갈 방향을 알게 하고, 실제에 힘쓰게 하여 부양시키는 뜻이 들어 있다."[12] 『한성주보』는 이렇게 외국의 사례를 인용하면서, 재래 풍속의 변화 조류에 대해 경계하는 태도를 드러낸다. 그러나 큰 틀에서 보면, 『한성순보』와 마찬가지로 『한성주보』에서도 여성 담론은 그리 중요한 관심사가 아니었다.

여성 담론을 본격적으로 수록하기 시작한 최초의 근대적 매체는 『독립신문』이다. 민간신문으로 출범한 『독립신문』은 창간호 논설에서부터 남녀 상하귀천에 차이를 두지 않으려는 창립정신을 표명한 바 있다. 『독립신문』이 구체적으로 여성 담론을 전개하기 시작한 것은 1896년 4월 21일 자 논설에서부터이다. 이 날짜 논설은 이후 한국 근대 초기 여성 담론의 전개 방향을 설정하는 데 실질적인 이정표의 역할을 하게 된다는 점에서 역사적인 의미가 있다. 서두만을 일부 인용하면 다음과 같다.

> 셰샹에 불샹ᄒᆞᆫ 인ᄉᆡᆼ은 죠션 녀편네니 우리가 오ᄂᆞᆯ날 이불샹ᄒᆞᆫ 녀편네들

12 위의 책, 888쪽.

을 위ᄒᆞ야 죠션 인민의게 말ᄒᆞ노라 녀편네가 사나희 보다 조곰도 나진 인ᄉᆡᆼ이 아닌ᄃᆡ 사나희들이 쳔ᄃᆡᄒᆞᄂᆞᆫ거ᄉᆞᆫ 다름이 아니라 사나희들이 문명 ᄀᆡ화가 못 되야 리치와 인정은 ᄉᆡᆼ각지 안코 다만 ᄌᆞ긔의 팔심만 밋고 압제ᄒᆞ랴ᄂᆞᆫ거시니 엇지 야만에셔 다름이 잇ᄉᆞ리요 사ᄅᆞᆷ이 야만과 다른거ᄉᆞᆫ 정의와 례법과 의리를 알아 ᄒᆡᆼ신을 ᄒᆞᄂᆞᆫ거시어ᄂᆞᆯ 죠션 사나희가 녀편네 ᄃᆡ졉ᄒᆞᄂᆞᆫ거ᄉᆞᆯ 보거드면 졍도업고 의도업고 례도업고 ᄎᆞᆷ ᄉᆞ랑ᄒᆞᄂᆞᆫ ᄆᆞ음도 업시 ᄃᆡ졉ᄒᆞ기를 사나희 보다 쳔ᄒᆞᆫ 사ᄅᆞᆷ으로ᄒᆞ고 무리ᄒᆞ게 압졔ᄒᆞᄂᆞᆫ 풍속과 억지와 위엄으로 ᄒᆡᆼᄒᆞᄂᆞᆫ 일이 만히 잇ᄉᆞ니 그 녀편네들을 ᄃᆡᄒᆞ야 엇지 불샹ᄒᆞ고 분ᄒᆞᆫ ᄆᆞ음이 업ᄉᆞ리요[13]

이 논설에는 근대 초기 여성 담론의 주요 범주를 이루게 되는 남녀동등의 담론과 축첩부정의 담론, 그리고 과부 개가의 담론이 모두 담겨 있다. 이 논설에서는 이를 구현하기 위한 방편으로 여성에 대한 교육의 필요성을 제시하는데, 이는 향후 『독립신문』에서 가장 빈번하게 등장하는 여성 담론의 주제로 자리 잡게 된다. 『독립신문』의 "사나희가 되어셔 부인네를 위ᄒᆞ지 아니ᄒᆞ고 경ᄃᆡ치 아니ᄒᆞᄂᆞᆫ쟈ᄂᆞᆫ 셰계에 뎨일 쳔쟝부"[14]라거나, 부인들에 대한 대접이 곧 개화의 척도가 될 수 있다고 하는 생각은 '나라가 개화되고 안 된 것을 알려면 사나이가 부인을 대접하는 것을 보면 안다'는 주장 등으로 계속 이어진다.[15] 축첩제도를 다루

13 『독립신문』, 1896.4.21, '논설'.
14 『독립신문』, 1896.4.10, '잡보'.
15 "나라히 ᄀᆡ화 되고 안된거슬 알야거드면 우희 사ᄅᆞᆷ이 아래 사ᄅᆞᆷ을 ᄃᆡ졉 ᄒᆞᄂᆞᆫ 것과 강ᄒᆞᆫ 사ᄅᆞᆷ이 약ᄒᆞᆫ 사ᄅᆞᆷ을 ᄃᆡ졉 ᄒᆞᄂᆞᆫ것과 사내희가 녀편네를 ᄃᆡ졉 ᄒᆞᄂᆞᆫ것과 어룬이 ᄋᆞ히를 ᄃᆡ졉 ᄒᆞᄂᆞᆫ거슬 가지고 그나라히 ᄀᆡ화가 되얏ᄂᆞᆫ지 안되얏ᄂᆞᆫ지 ᄀᆡ화가 되얏스면 얼마큼 되얏ᄂᆞᆫ지 아ᄂᆞᆫ지라." 『독립신문』, 1896.9.29, '논설'.

는 논설에서는 "우리 ᄉᆡᆼ각에ᄂᆞᆫ 계집이 되야 ᄂᆞᆷ의 쳡이 된다든지 ᄂᆞᆷ의 사나희를 음ᄒᆡᆼ에 범ᄒᆞ게 ᄒᆞᄂᆞᆫ 인ᄉᆡᆼ들은 다만 이 셰샹에만 쳔ᄒᆞᆯᄲᅮᆫ 아니라 후ᄉᆡᆼ에 그 사나희와 ᄀᆞᆺ치 디옥에 갈터이요 이런 사ᄅᆞᆷ의 ᄌᆞ식들도 이 셰샹에 쳔ᄃᆡ를 밧을 터이니 ᄌᆞ식을 ᄉᆞ랑 ᄒᆞᄂᆞᆫ 녀편네들은 ᄂᆞᆷ의 쳡 되ᄂᆞᆫ거슬 분히 넉이고 엇던 사나희가 쳡이 되라 ᄒᆞᆯ 디경이면 그 사나희가 큰 실례를 ᄒᆞᄂᆞᆫ 거시니 그ᄯᅢᄂᆞᆫ 그 사나희를 ᄭᅮ짓고 ᄲᅢᆷ을 ᄯᅵ려 쫏차야 올흔 일이니라"[16]는 견해를 보인다. 논의의 결말에서는, 첩을 얻는 사람이나 첩으로 가는 사람은 모두가 세상에서 제일 천한 사람으로 대접받아 마땅하다는 생각을 드러낸다.[17]

『독립신문』에서는 여성이 불행해지는 주요 원인 가운데 하나를 조선의 혼인제도 즉 강제에 가까운 조혼제도에서 찾고 있다. 남자가 신체적으로나 경제적으로 자립할 수 없는 나이에 결혼을 하게 되면 그 폐단이 자신뿐만 아니라 부인과 자식에게까지 두루 미치게 된다는 것이다. 『독립신문』 논설에서는 '조고마한 어린 아이들을 압제로 혼인을 시켜 서로 살라하니 이 아이들이 어렸을 때에 혼인이 무엇인줄 모르고 부모가 하라는 대로 하였거니와 지각들이 난 후에는 후회하는 사람들이 많이 있다'[18]거나 '지금 규칙 없고 의리 없이 혼인하는 까닭에 내외 불합한 집이 한둘이 아니오, 은근히 서러움을 이기지 못하는 여인이 여간 백여 명이 아니며, 남의 첩이 되어 세상에서 천대받는 여인이 여간 백여 명이

16 『독립신문』, 1896.6.16, '논설'.

17 참고로 『독립신문』에 나타난 이러한 주장이 축첩제를 사회구조적인 맥락에서 접근하는 것이 아니라 개인의 도덕성의 부재 말미암은 문제로 귀결시킨다는 한계가 있다는 지적도 있다. 이와 관련된 논의는 전미경, 「개화기 축첩제 담론 분석—신문과 신소설을 중심으로」(『한국가정관리학회지』 19-2, 한국가정관리학회, 2001, 77·81쪽) 참조.

18 『독립신문』, 1896.6.6, '논설' 참조.

아니며, 무능한 서방을 먹여 살려야 하는 여인이 한둘이 아니며, 짐승 같은 사나이들에게 종처럼 학대받는 여인이 한둘이 아니라는'[19] 사실에 대해 지속적으로 우려를 표명한다. 이런 불행한 사회적 현상을 막기 위해서는 정부가 법률을 만들어 혼인제도를 합리적으로 개선해야만 한다. 따라서 "우리가 불ᄋᆞ건ᄃᆡ 대한 졍부에셔 혼인 일ᄉᆞ를 깁히 ᄉᆡᆼ각 ᄒᆞ야 이 불ᄒᆡᆼ한 병통을 곳쳐지도록 법률을 ᄆᆞᆫ드ᄂᆞᆫ것이 ᄒᆞᆫ가지 급션무일너라"[20]는 주장을 펴게 되는 것이다.

『독립신문』은 조선의 문명개화를 위해 가장 필요한 일이 백성들에 대한 교육이라고 생각했다. '정부에서 학교를 지어 인민을 교육하는 것이 정부의 가장 소중한 직무'라는 것이다. 교육의 필요성에 대한 강조는 1896년 5월 12일 자 논설을 필두로 잡보 등 여러 지면을 통해 반복된다. 『독립신문』에서 교육의 필요성을 거론하는 기사들은 대부분 여성 교육 담론으로 곧바로 이어진다.

> 정부에셔 학교 몃츨 지금 시쟉ᄒᆞ야 ᄋᆞ희들을 ᄀᆞᄅᆞ치나 계집 ᄋᆞ희 ᄀᆞᄅᆞ치ᄂᆞᆫ 학교ᄂᆞᆫ 업스니 졍부에셔 ᄇᆡᆨ셩의 ᄌᆞ식들을 교휵 ᄒᆞᆯᄊᆡ 엇지 남녀가 층등이 잇게 ᄒᆞ리요 계집 ᄋᆞ희들은 죠션 ᄋᆞ희가 아니며 죠션 인민의 ᄌᆞ식 되기ᄂᆞᆫ 일반이어ᄂᆞᆯ 오라비ᄂᆞᆫ 졍부 학교에 가셔 공부ᄒᆞᄂᆞᆫ 권이 잇스되 불샹ᄒᆞᆫ 계집 ᄋᆞ희ᄂᆞᆫ 집에 가두워 노코 ᄀᆞᄅᆞ치ᄂᆞᆫ 거슨 다만 사나희에게 죵 노릇 ᄒᆞᆯ 직무만 ᄀᆞᄅᆞ치니 우리ᄂᆞᆫ 그계집 ᄋᆞ희들을 위ᄒᆞ야 분히 넉이노라[21]

19 『독립신문』, 1898.2.12, '논설' 참조.
20 『독립신문』, 1898.2.12, '논설'.
21 『독립신문』, 1896.5.12, '논설'.

물론 『독립신문』에서 여성교육의 필요성을 강조하는 궁극적 이유가 여성의 삶 자체에 대한 관심에만 있었다고 보기는 어렵다. 그보다는, 아내의 지식이 자식교육을 위한 도구로 사용될 수 있다는 필요성에 대한 인식이 더 컸던 것으로 보인다. '아내가 남편만큼 학문이 있고 지식이 있으면 집안이 잘 될 것이며, 또 그 부인네들이 자식을 낳으면 자식 기르는 법과 방책을 알 것'이라는 서술 등이 이를 보여준다. 『독립신문』은 「녀학교론」을 통해서 여성교육의 필요성을 다음의 세 가지로 요약해 제시한 바 있다. '첫째는 지혜 있는 부인들도 국사를 의논하여 정치가 진보하게 할 것이오, 둘째는 남자가 혼인 후에 집안일을 서로 의논하여 가도를 흥왕하게 하되 능히 그 남편을 도와 편지도 대서하며 문서도 기록하며 한가할 때에 서책을 보며 학문을 토론하니 집안에 화기가 충만하여 백년을 해로하는 내외가 될 뿐 아니라 생전에 정근한 친구가 될 것이오, 셋째는 어린아이들이 십 세 이전에는 항상 그 모친의 휘하에 자라며 언행과 동정을 배우나니 그 어머니가 학문이 있으면 학교에 보내기 전에는 그 모친이 가르치리니 이것은 양육하는 모친만 될 뿐 아니라 여자의 스승이 되는 이치라.'[22] 이는 결국, 『독립신문』의 여성교육 강조가 '여자의 학문 있는 것이 나라와 백성에게 유익하기 때문'이라는 생각에 바탕을 두고 있음을 알려준다. 하지만 그럼에도 불구하고 『독립신문』이 여성교육 관련 논설 및 기사를 반복해 수록함으로써, 여성을 위한 교육기관의 설립을 촉진하고 여성들에게 교육받을 기회를 넓혀가는 일에 기여했다는 점은 부인할 수 없다. 남녀의 타고난 권리가 동등하며 남녀 모두가

22 「녀학교론」, 『독립신문』, 1899.5.26 참조.

평등한 인격과 자유로운 권리를 타고 세상에 태어났다는 인식이 사회에 퍼져나갈 수 있도록 기여한 최초의 매체 역시 『독립신문』이었다. 1898년 1월 4일 자 『독립신문』에는 정동교회에서 청년회 회원들이 '남녀를 같은 학문으로 교육하며 동등권을 주는 것이 가한가'라는 주제로 토론을 했다는 기사가 실려 있다. 이 기사 등으로 미루어 보면, 당시 젊은이들 사이에서 남녀동등권과 여성교육이라는 문제가 주요한 사회적 관심사로 부상하고 있었음을 알 수 있다. 이 기사에서는 '새해부터는 대한 인민들도 남녀 간에 같은 학문으로 교육하고 동등권을 주는 것이 나라에 크게 유조하고 긴요하다고 작정들하고 회를 파하였다'[23]고 정리한다. 『독립신문』에서는 1898년 9월 15일 자 및 9월 26～29일 자 잡보, 10월 12・13일 및 18일 자 잡보, 1899년 3월 1일 및 9월 14일 자 잡보 등에서 여학교 창립 및 설시를 위한 제안과 상소문 등 여성교육 관련 기사를 반복적으로 확인할 수 있다.[24]

1898년 9월 9일 자 잡보란에 실린 「여학교 설시 통문」은 여성의 사회적 위상을 여성의 입장에서 표현한 글이라는 점에서 의미가 있다.[25] 「여학교 설시 통문」은 우리나라 최초의 여성운동 단체로 출범한 찬양회가 작성・배포한 것을 『독립신문』이 그대로 가져다 수록한 것이다. 이 글에서는 먼저 조선의 여인들이 귀먹고 눈 어두운 병신 모양으로 구

23 『독립신문』, 1898.1.4, '논설'.

24 전미경은 이 시기의 '남녀동등' 담론이 진정으로 여성의 권익을 개선하기 위한 글쓰기가 아니었고, 더 나아가 이러한 주장 안에서 도출되는 여성윤리는 삶의 지혜가 아니라 여성의 또 다른 굴레의 기원이 되었다고 해석한다. 모든 여성의 권리는 문명한 '국가'라는 층위에서만 논의가 되었고, 남녀동등 역시 '국가'라는 범위 안에서만 가능했기 때문이다. 당시의 계몽 담론은 '국가'를 전면에 내세워 조선의 일상을 재정비하고 있었다. 전미경, 「개화기 '남녀동등' 담론에 나타난 여성에 대한 계몽의 시각」, 『한국가정관리학회지』 20-1, 한국가정관리학회, 2002, 9쪽 참조.

25 『독립신문』, 1898.9.9, '잡보' 참조.

규만을 지키고 살아가는 현실에 대해 개탄한다. 이어서 문명개화한 나라의 예를 들어, 거기에서는 남녀가 동등하며 함께 교육을 받은 후에는 오히려 사나이의 공경을 받으며 살아가고 있다는 사실을 제시한다. 이를 위해 우리도 다른 나라와 같이 여학교를 설시해 여자들을 교육하고 남녀가 동등하게 살아가야 한다는 것이다. 이 글은 1898년 9월 8일 자 『황성신문』에도 실려 있는데 『황성신문』 기사에는 "북촌 엇던 녀즁군ᄌᆞ 슈삼분이 ᄀᆡ명샹에 유지ᄒᆞ야 녀학교를 셜시ᄒᆞ랴ᄂᆞᆫ 통문이 잇기로 ᄒᆞ도 놀납고 신긔ᄒᆞ야 우리 론셜을 졔각ᄒᆞ고 좌에 기ᄌᆡᄒᆞ노라"[26]는 편집자 주가 달려 있다.[27]

『독립신문』의 여성 담론 가운데 한 가지 더 주목해야 할 것은, 조선의 여성에게 사회활동의 필요성을 강조하면서 이를 증진시키기 위해 외국의 사례를 비교적 자주 소개하고 있다는 점이다. 이는 앞에서 『한성주보』가 외국의 사례를 들어 풍속의 변화를 경계한 것과는 상반되는 태도이다. 『독립신문』은 논설과 외국통신란 등을 통해, 미국의 여인들이 전쟁 중에 홍십자회를 결성해 적지 않은 활약을 했다는 사실을 전달한다.[28] 미국의 여인들은 학문을 배워 사나이와 같이 스스로 벌어먹고 사는데, 이들 중 의원, 회계관, 서기관, 광산학사, 철도학사, 음률학사

26 『황성신문』, 1898.9.8, '별보'. 『매일신문』의 경우도 이를 적극 지지하는 논설을 수록한 바 있다. 『매일신문』, 1898.10.15, '논설' 참조.

27 홍인숙은 찬양회의 여성교육 주장이 당시의 남성지배 담론과는 궁극적으로 방향을 달리하고 있었다고 정리한다. 찬양회의 이름으로 발표된 글들에서는 여성교육의 효과를 '가정 내 역할'과 연관 지어 언급하는 부분은 찾아볼 수 없다는 것이다. 그보다는 여자들을 교육시켜 더 나은 존재로 만드는 일 그 자체의 의미를 강조하거나, 그것이 국가의 부강에 직결된다는 입장을 보여준다는 것이다. 여성의 지식 획득의 의미를 여성 자신이 온전히 누리는 것으로 상정하고 있었다는 사실도 중요하다고 지적한다. 찬양회의 성격 및 활동과 관련된 상세한 논의는 홍인숙, 「근대계몽기 여성 계몽과 교육운동」(앞의 책, 153~213쪽) 참조.

28 『독립신문』, 1899.9.21, '논설' 참조.

등이 수만 수천 명에 이르고 그림을 그리거나 이야기책을 만들고 굉장한 집을 짓는 법을 아는 이 또한 수가 적지 않다거나[29] 외국에는 부인들 가운데도 엄청난 부를 축적한 부자가 많다는 사실도 알려준다.[30] 일본 부인 삼백여 명이 학문이 높아 여학교 학감과 교수 벼슬을 했다거나,[31] 미국의 한 부인은 철도사업에 대단히 숙달되어 철도회사에서 중요한 일을 맡고 있다는 사실도 전해준다. 외국 여성들의 활발한 사회활동에 대한 소개는 『독립신문』의 '외국통신'란을 꾸미는 주요 소재 가운데 하나였다. 기타 특기할 만한 사항은, 『독립신문』은 부인회의 활동에 대해 대개의 경우 우호적인 시선으로 기사를 작성했지만 이들에 대해 무조건 지지를 보내기만 했던 것은 아니라는 점이다. 『독립신문』은 부인들의 모임인 찬양회가 신분이 높고 경제적으로 여유가 있는 사람들을 중심으로 운영되고 있다고 보고 이를 비판하기도 했다. 이들이 모임이 있는 날이면 금은보패에 비단 두루마기를 입고 사인교 등을 타고 구름같이 모여 연설을 하지만, 형편이 구차한 회원들은 돌아보지 않고 차별한다는 기사를 싣기도 했던 것이다.[32]

『독립신문』 이후 여성 담론을 확인할 수 있는 근대매체로는 『협성회회보』와 『매일신문』을 들 수 있다. 『협성회회보』는 1898년 1월 1일 배재학당 학생들의 모임인 협성회의 기관지로 출범했다. 『협성회회보』는 근

29 『독립신문』, 1897.3.4, '외국통신' 참조.
30 『독립신문』, 1897.4.8, '외국통신' 참조.
31 『독립신문』, 1899.7.28, '외국통신' 참조.
32 「부인회 쇼문」, 『독립신문』, 1898.12.7 참조. 한편, 찬양회의 부인 회원들이 이것이 사실이 아님을 편지로 알려왔다는 해명기사도 뒤에 실려 있다(「부인회 셜명」, 『독립신문』, 1898.12.10 참조). 『독립신문』에서는 이 기사 외에도 부인회의 폐쇄성과 보수성을 우회적으로 비난하는 기사를 이따금 게재했다. 「남녀 유별」(『독립신문』, 1899.3.4)과 같은 기사도 이러한 유형의 기사로 해석할 수 있다.

대 최초의 시사주간지이기도 했다. 1898년 4월 9일『협성회회보』의 제호를 새롭게 고치고 일간신문으로 전환·발행한 것이『매일신문』이다.『협성회회보』에서는 남녀노소가 동등한 권리를 지니고 있다거나, 남녀학교의 확장을 통한 교육이 필요하다는 등의 원론적인 논의를 확인할 수 있다.[33] 이후『매일신문』에서는 여러 차례에 걸쳐 남녀평등의 사상과 여성교육의 필요성을 강조하는 논설이 실리게 된다. 특히 1898년 8월 13일자 논설은 남녀평등을 통한 개명이 부강한 나라를 이룩하는 지름길이라는 사실을 주창하고 있다는 점에서 주목을 끈다. 이 논설에서는 오늘날 우리나라가 고쳐야 할 가장 큰 악습을 '사나이가 계집을 압제하는 것'이라 지적한다. 더불어 사내아이는 어릴 적부터 교육을 시키나 여자아이는 교육시키지 않고 차별하는 일 또한 고쳐야 할 악습으로 제시된다.[34]『매일신문』에서 주목을 끄는 또 하나의 담론은 조혼 폐지와 당사자의 의사를 반영하는 혼인제도이다.[35] 다만『매일신문』에서의 조혼 폐지 담론은 관혼상제 풍습의 개량이라는 측면에서 주로 논의되고 있다는 점에서『독립신문』의 경우와는 차이를 보인다.

이들 신문에 이어 여성 담론을 가장 적극적으로 수록한 근대신문으로『제국신문』을 들 수 있다.『제국신문』이 부녀자 등 여성을 주된 독자층으로 삼았고, 국한문 독자를 대상으로 간행된『황성신문』과는 대조적으로 순한글을 사용하면서 서로 시장을 분할했다는 점은 이미 잘 알려져 있다.[36] 초기『제국신문』의 논설은 주로 사장 이종일이 집필했

33 『협성회회보』, 1898.2.5·4.2, '논설' 참조.
34 『매일신문』, 1898.8.13, '논설' 참조.
35 『매일신문』, 1898.9.22·24, '논설' 참조.
36 『제국신문』의 간행 목적과 독자층에 대한 상세한 논의는 최기영,『대한제국기 신문 연구』(일

다.[37] 이종일이 주재하던 시기 『제국신문』 논설의 여성 담론은 『독립신문』의 경우와 큰 틀에서 차이가 없다. 여성교육의 필요성을 강조하고, 여성교육을 통한 국가의 흥왕을 기대하는 점 등이 특히 유사하다. 『제국신문』 최초의 주목할 만한 여성 담론은 창간 직후인 1898년 9월 13일자에 수록된 논설을 통해 확인할 수 있다. 이 날짜 논설의 요지는 앞의 『독립신문』과 『황성신문』에 게재된 「여학교 설시 통문」의 취지에 공감하고 지지하는 입장을 밝힌 것이다. 그 사이 잡보란의 기사를 통해 여학교 설립을 위한 부인들의 활동을 보도하던 『제국신문』은 논설을 통해 '우리나라 부인네들이 이런 말을 하며 이런 사업 창설을 생각해 낼 줄을 어찌 알았겠는가'라며 일면의 놀라움과 함께 반가움을 표시한다. 그런데 이 날짜 『제국신문』 논설에는 조선 부인들의 활동에 대한 공감뿐만 아니라 적지 않은 우려 또한 포함되어 있다. "이 일 쥬션ᄒᆞᄂᆞᆫ 부인네가 이삼ᄇᆡᆨ 여인이라 ᄒᆞ니 ᄎᆞᆷ 감ᄉᆞᄒᆞᆫ 일이어니와 이즁에 엇던 부인이 지식과 문견이 넉넉ᄒᆞ야 ᄂᆞᆷ의나라 문명ᄒᆞᆫ 학문으로 교ᄉᆞ 노릇ᄒᆞᆯ만ᄒᆞᆫ 이가 잇ᄂᆞᆫ지 마치 밋을슈 업ᄂᆞᆫ지라. 만일 혹 지식 잇ᄂᆞᆫ 교ᄉᆞ가 업셔셔 규칙과 목젹이 분명치 못ᄒᆞ면 그 일홈은 아름다우나 실효가 업시 될 염녀가 잇ᄂᆞᆫ지라"[38]는 구절에는 조선 부인들의 활동을 바라보는 『제국신문』의 시각이 잘 드러나 있다. 부인네들의 의지가 가상하고 공감할 만한 것이기는 하나, 과연 그들이 스스로 교육사업을 잘 해낼 수 있을 것인가 하는 점에 대해서는 쉽사리 믿을 수가 없고 염려가 된다는 것이다.

조각, 1991, 11~12쪽) 참조.

37 이종일 외에 편집위원 이승만이 집필한 경우도 있는데, 그 시기는 1901년 2월부터 1903년 4월 17일까지이다. 옥파문화재단 옥파기념사업회, 『옥파 이종일 선생 논설집』 1, 교학사, 1984, 8쪽 참조.

38 『제국신문』, 1898.9.13, '논설'.

이종일이 집필한 이 논설에서는 조선의 여성들이 앞으로 해야 할 일들을 하나하나 구체적으로 제시하고 설명해 나간다. 칠거지악 등의 옛 학문이나 옛 교훈을 가르치지 말 것이며, 규칙이 없이 학생들을 모아놓으면 자연 행실이 난잡해 질 것이니 주의하라는 지적 등이 그것이다.

『제국신문』에서 여성교육의 필요성을 강조하는 글은 이후로도 비교적 쉽게 발견할 수 있다. 『독립신문』과 마찬가지로 『제국신문』 논설의 여성 담론을 대표하는 어휘 또한 '여성교육'이 된다. 『제국신문』에서는 여성교육이 필요한 이유를 크게 두 가지로 설명하고 있다. 하나는 교육받은 여성이 자녀를 훌륭하게 키워내 장차 나라의 훌륭한 인재를 양성하는 일을 맡아 할 수 있기 때문이다.[39] 『제국신문』이 여성교육을 강조하는 또 하나의 이유는 그것이 가정과 국가의 경제에 도움이 되기 때문이다. "근일의 시무를 안다는 션비들은 대한의 약홈이 남ᄌ의 실학 공부를 아니ᄒ는딕 잇는 줄만 아나 그 실샹은 대한의 간난홈이 녀인들의 놀며 먹고 공부 아니홈으로 말믹암아 그러ᄒᆫ 일이라"[40]는 구절에는 이러한 생각이 직설적으로 표현되고 있다. 조선이 가난한 이유가 여자들이 교육받지 못해 놀고먹기 때문이라는 것이 논설의 주장인 셈이다.[41] 이러한 주장은 『제국신문』의 발행 초기부터 후기까지 전 시기에 걸쳐 일관되게 나타난다. 「관립녀학교를 셜치 안이치 못홀 일」 등의 논설에서는 '여자교육의 이해'를 '자식의 배양'과 '놀고먹는 다수의 여자들의

---

39 『제국신문』, 1901.1.22, '논설' 참조. 이밖에 1901.4.5 및 1903.6.19 등의 논설도 유사한 내용을 담고 있다.

40 『제국신문』, 1899.4.27, '논설'.

41 이는 서양과 일본의 경우는 놀고먹는 사람이 하나도 없어 부강한 나라가 될 수 있었다는 주장 등으로 이어진다. 『제국신문』, 1903.6.19, '논설' 참조.

사회적 활동 참여'에 두고 있다. 이러한 논지는 결국 '여자의 학문이 없고는 집안이 망하고 나라가 결단난다'는 결론으로 이어진다.[42]

『제국신문』도 『독립신문』과 마찬가지로, 외국의 사례를 통해 여성교육의 필요성을 강조하고 여성의 사회 참여를 독려하는 기사를 적지 않게 싣고 있다. 다만, 『독립신문』이 논설보다는 주로 '외국통신'란을 통해 외국 여성의 삶을 전하던 것에 반해 『제국신문』에서는 논설란을 통해서도 이를 자주 전한다는 차이가 있다. '외국통신'에 수록된 기사가 평면적 혹은 객관적이라면 논설란에 수록된 기사는 해석 및 해설이 첨가되어 있어 다소 주관적이다. 외국 여성의 삶을 전하는 과정에서 『제국신문』 논설이 드러내 보여주는 것은 서양에 비해 동양이 소극적이고, 외국에 비해 조선이 열등하다는 인식이다.[43] 『제국신문』의 축첩부정 담론 또한 『독립신문』과 맥을 같이 한다. 인간은 남녀노소 관계없이 모두가 동등한 대접을 받아야 하지만, 남의 첩 노릇을 하는 여인들은 예외가 된다는 점 등이 그러하다. 그들은 천한 신분으로 대우받아야 마땅할 뿐만 아니라 신식 여학교에 입학할 자격 또한 부여해서는 안 된다는 것이다.[44] 결국 그들은 인류사회에서 축출되어야 하며, 계몽의 대상조차 될 수 없다는 것이 『제국신문』의 입장이었던 셈이다.[45]

---

42 「관립녀학교를 셜치 안이치 못홀 일」, 『제국신문』, 1906.4.9; 「관립녀학교를 셜치 안이치 못홀 일(속)」, 『제국신문』, 1906.4.11 참조.

43 『제국신문』, 1899.4.27 · 12.19, '논설' 등 참조.

44 『제국신문』, 1898.11.7, '논설' 참조.

45 여성 소수자가 근대전환기 언론매체에서 다루어지는 방식을 정리한 기존의 연구에서는 이 문제를 다음과 같이 정리한다. "첩, 무녀, 기생과 삼패 등 여성 소수자 집단은 전통적으로 가족 질서의 외곽에 놓인 '음란한 존재'로 규정되었기 때문에, 이들에 관련한 담론은 근대전환기 풍속 개량 담론, 성 담론과 밀접히 결부되어 있다. 따라서 여성 소수자 관련 담론은 젠더의 문제와 계층의 문제가 중첩되는 문제적 영역이라 할 수 있다. 또한 이들이 과거에도 주류적 담론으로부터 소외된 소수자 집단이었다는 점에서 신구문화의 가치가 혼재하는 영역이기도

오랜 기간 『제국신문』의 발행을 책임지며 논설을 집필했던 이종일은 '여성해방론의 주창자'로서 부인회 등 여러 여성단체의 활동을 지원했으며 '나라의 자립자강은 민중의 계몽과 여성의 개화에서 가능하다'고 믿었던 인물로 평가받는다.[46] 이종일과 『제국신문』이 여성의 사회활동을 장려하고 여성의 사회적 지위 향상을 위해 노력했다는 사실은 명백하다. 하지만, 그럼에도 불구하고 『제국신문』 논설에서는 조선 여성의 사회 참여 확대에 대한 우려가 함께 표현되어 있다는 사실 또한 주목해야 한다. 다소 역설적이라 할 수 있겠으나, 이를 잘 보여주는 것이 논설 「녀ᄌᆞ 샤회의 발동」이다. 이 논설에서는 '여학교의 학생 수가 급격히 늘어나고, 여러 부인회가 생겨나며, 여자들이 운동회도 열고 남녀가 한데 섞여 연설도 하고 운동도 하는' 현상을 우리나라 몇천 년 역사에 처음 있는 일로 소개한다. 『제국신문』 논설에서는 이러한 사회적 현상을 막아서는 안 될 것이라는 입장을 분명히 드러낸다. 그러나 그 전제가 되는 것이 "시무의 유지ᄒᆞᆫ 자들이어나 정부 당국자들은 깁히 강구ᄒᆞ야 녀ᄌᆞ샤회의 젼뎡을 잘 인도ᄒᆞ야 션미ᄒᆞᆫ 결과를 보게"[47]해야 하는 일이다. 그 이유는 "이 ᄯᅢ를 당ᄒᆞ야 녀ᄌᆞ샤회의 발동ᄒᆞᄂᆞᆫ 것을 잘 됴제치 안이ᄒᆞ고 그ᄃᆡ로 맛겨두면 큰 폐단이 ᄉᆡᆼ길 념려가 업지 안이"[48]하기 때

하다. (…중략…) 근대전환기 신문에 나타난 여성 관련 담론은 기본적으로 매체를 주도한 남성 중심, 지식인 중심, 서구적 가치 추종의 시각을 보여준다. 여성 소수자에 대한 담론 역시 이러한 구도에서 그리 벗어나 있지 않다. 그런데 이들이 야만적 타자로 고착되는 과정에서 정貞과 음淫의 이분법이 예외 없이 작동하는 데에서 보이듯, 내적으로는 신구의 가치가 착종되거나 혼재되어 있다는 것을 확인할 수 있었다." 박애경, 「야만의 표상으로서 여성 소수자들—『제국신문』에 나타난 첩, 무녀, 기생 담론」, 김복순 외편, 앞의 책, 93쪽.

46 김용호, 『옥파 이종일 연구』, 교학사, 1984, 193쪽 참조.

47 「녀ᄌᆞ샤회의 발동」, 『제국신문』, 1907.5.29.

48 위의 글.

문이다. 이 논설에는 유지한 자들과 정부 당국자들이 여성사회의 변화를 잘 이끌지 못하면 오히려 큰 폐단을 불러올 것이라는 우려가 드러나 있다. 결국 여성사회의 변화 방향을 바르게 이끌 책임이 당대 남성 지식인들에게 있다는 생각이 담겨 있는 것이다. 이러한 주장이 나오게 된 데에는 남성이 여성보다 우월하다는 판단이 자리 잡고 있다. 『제국신문』에는 이러한 판단을 간접적으로 드러내는 글이 연속적으로 게재된 사례가 있다. 논설 「남녀의 분별」은 서두에서 '여자도 남자와 같은 권리가 있다'는 원론적 주장을 펼치고는 있지만, 남녀의 타고난 성질이 서로 다르다는 점을 '서양학사'의 견해를 빌어 다음과 같이 설명한다. '마음과 재질을 의논하면 여인이 항상 남자만 못하다. 이는 여인들도 그런 줄로 알고 있는데, 지나간 사적을 보아도 알 수 있는 일이다. 대개 격치와 문학과 기예 등 각색 학식이 남자의 손에 의해 발명이 되었다.' '사랑하는 마음을 분별해 보면, 여인의 성품은 남자보다 편벽되어 사랑하는 자식이 악한 줄을 모를 것이고, 나라로 치면 괴이한 신하의 간악함을 알지 못해 국가를 위기에 몰아넣고 백성을 도탄에 빠지게 할 수 있다.' '여인은 남자보다 빨리 깨닫고 사람들을 항상 너그럽고 후하게 대접한다. 그러나 의견이 항상 좁아서 이를 수시로 번복하므로 사람을 감화시키는 힘이 남자만 못하다.'[49] '여인은 시비곡직 허실가부 간에 분별치 아니하고 서로 듣는 대로 믿어 허무맹랑한 것이라도 한번 믿기만 하면 의심 없이 흡족히 여긴다. 그러나 남자는 먼저 그 허실을 캐어 본 후에 믿는다. 자고로 지금껏 끊이지 않는 요사허무한 풍속은 다 여인의 잘 믿는

49 「남녀의 분별(1)」, 『제국신문』, 1902.9.29 참조.

데서 생긴 것이다. 그러므로 교화 있는 나라에서는 여자교육하기에 매일 힘쓰나니 이는 여인의 지식이 학문 중에 밝아져서 악한 풍속이 차차 없어지기를 바람이다.' '개과천선함으로 말하건대 남자는 고치기 쉽고 여자는 어렵다. 이는 남자가 허물을 들으면 살펴 깨달아 회개하기 쉬우나 여자는 흔히 자기 의견만 고집하여 그것이 그른 줄을 알지 못하기 때문이다.' 남녀의 성품이 다르다는 주장은 구체적 사례를 추가해 가면서 거듭 전개가 되는데, 이 논설이 내리는 결론은 결국 '여자는 섬세하고 선행에 힘써 학당과 병원과 교당 등을 설시하는 일을 즐겨하지만, 이 세상 창생을 구제하고 인간을 널리 구하는 큰일은 생각하기 어렵다'는 것이다.[50]

1907년 6월 8일 『제국신문』의 주필이 이종일에서 정운복으로 바뀐 후에도 여성 담론 전개의 방향은 크게 바뀌지 않는다.[51] 하지만 후반부로 가면서 『제국신문』 논설에서 여성 담론의 비중이 점차 줄어드는 것만은 분명하다. 정운복은 주필을 맡은 직후 「진명부인회를 하례ᄒᆞᆷ」, 「부인의 의복을 ᄀᆡ량ᄒᆞᆯ 일」 등의 논설을 통해 "녯 풍속이 아모리 됴흘지라도 불가불 ᄇᆡ여 버리고 ᄉᆡ 법을 취ᄒᆞᆷ이 가ᄒᆞ다"[52]는 주장을 이어간다. 부인회의 설립과 활동을 돕고 여학교를 후원하며, 의복을 편하게 개량해 입을 것 등을[53] 제안하는 것이다. 정운복의 『제국신문』 논설에서 주목을 끄는

50 「남녀분별 련속(2)」, 『제국신문』, 1902.10.1 참조.

51 정운복이 집필한 논설 중 여성 계몽에 관한 연구는 이대형, 「계몽적 주제와 연설적 수사—『제국신문』의 정운복 논설」(김복순 외편, 앞의 책, 392~395쪽) 참조. 이대형은, 정운복이 총 179건의 논설 등을 집필했는데 주제는 풍속 관련 45건, 정치 관련 45건, 계몽적 발언 24건, 교육 관련 20건, 신문 관련 19건, 단체 관련 10건, 여성 관련 7건, 기타 9건이라고 정리한 바 있다(387쪽 참조).

52 탄히생, 「진명부인회를 하례ᄒᆞᆷ」, 『제국신문』, 1907.6.18.

53 탄히생, 「부인의 의복을 ᄀᆡ량ᄒᆞᆯ 일」, 『제국신문』, 1907.6.19 참조. 이와 관련된 논설로는 탄히생, 「녀ᄌᆞ의 의복과 난샹을 급히 ᄀᆡ량ᄒᆞᆯ 일」, 『제국신분』, 1908.6.5 참조.

것 가운데 하나는, 조혼 풍습을 없애고 과부의 개가를 허락할 것을 주장하는 「녀ᄌᆞ의 ᄌᆡ가ᄅᆞᆯ 허ᄒᆞᆯ 일」과 「녀ᄌᆞ의 ᄌᆡ가ᄂᆞᆫ 텬리의 ᄯᅥᆺᄯᅥᆺᄒᆞᆷ」 등의 글이다. 여기에서는 "남ᄌᆞ가 ᄌᆡ취ᄒᆞᆷ과 갓치 녀ᄌᆞ의 ᄌᆡ가도 륙례ᄅᆞᆯ 갓초와 ᄒᆡᆼᄒᆞᆷ이 가ᄒᆞ다"[54]거나 "녯풍속을 속히 버리고 문명 신진ᄒᆞᄂᆞᆫ ᄉᆞ상으로 녀ᄌᆞ의 ᄌᆡ가ᄒᆞᆷ은 텬리의 ᄯᅥᆺᄯᅥᆺᄒᆞᆷ으로 알지어다"[55]라는 주장이 이어진다. 조혼 풍속을 곧 '압제 혼인'이라 보고, 그와 대척점에 놓인 '자유 혼인'을 제안하는 「압제 혼인의 폐풍을 곳칠 일」 등의 일련의 논설들도 이와 맥락을 같이 하는 글들이다.[56]

『제국신문』의 여성 담론은 『독립신문』과 유사한 점이 적지 않다. 하지만 이 두 신문의 담론 기조가 완전히 일치하는 것은 아니다. 『독립신문』의 여성 담론이, 남녀가 원래부터 동등한 권리를 지니고 태어났다는 이른바 천부인권 사상의 가치를 중시하면서 전개되는 것에 반해, 『제국신문』의 여성 담론은 그보다는 풍속개량이라는 측면을 중시하며 전개된다. 『독립신문』에서 여성교육과 풍속개량이 남녀의 동등한 권리를 깨닫고 실천하기 위한 수단이라면, 『제국신문』에서는 그 자체가

54 탄히생, 「녀ᄌᆞ의 ᄌᆡ가ᄅᆞᆯ 허ᄒᆞᆯ 일」, 『제국신문』, 1907.10.10.

55 탄히생, 「녀ᄌᆞ의 ᄌᆡ가ᄂᆞᆫ 텬리의 ᄯᅥᆺᄯᅥᆺᄒᆞᆷ」, 『제국신문』, 1908.6.20 참조.

56 탄히생, 「압제 혼인의 폐풍을 곳칠 일」, 『제국신문』, 1907.10.12~13 참조. 『제국신문』 기서란에는 「녀ᄌᆞ의 ᄌᆡ가ᄂᆞᆫ 텬리의 ᄯᅥᆺᄯᅥᆺᄒᆞᆷ」을 읽고 독자가 투고한 글이 실리기도 했다. 북촌 일과부, 「청샹의 정샹」, 『제국신문』, 1908.6.25~26 참조. 조혼 폐지와 과부 개가 관련 논의는 그동안 『독립신문』, 『제국신문』, 『황성신문』, 『대한매일신보』 등에서 지속적으로 제기해 오던 사회적 문제 가운데 하나였다. 이와 관련된 상세한 논의는 전미경, 「개화기 과부 개가 담론 분석—신문과 신소설을 중심으로」(『한국가정관리학회지』 19-3, 한국가정관리학회, 2001, 17~29쪽) 및 김현주, 「『제국신문』에 나타난 혼인제도의 근대적 파트너십」(김복순 외편, 앞의 책, 97~134쪽) 참조. 김현주는 이 글에서 다음과 같은 견해를 제시한다. "그러나 대한제국기 『제국신문』에 나타난 혼인 담론은 혼인 당사자의 성찰적 인식을 통해 문제를 자각한 것이 아니라 국가가 적극적으로 개입하여 계몽의 기획으로 개인의 일상을 통제하려고 하고 개인은 그것을 긍정적으로 수용하고 추종하면서도 자신의 욕망을 확장하려고 했기 때문에, 일상과 사회적 상상이라는 관념의 개인적 낙폭이 컸던 것으로 여겨진다."(130쪽)

목표처럼 보이는 경우가 많다. 『제국신문』에서는 주필이 이종일에서 정운복으로 바뀐 후, 여성 담론을 풍속 담론의 하위 범주 속에 포함시키려는 성향이 더욱 두드러지게 나타난다. 『제국신문』 논설의 여성 담론에서는, 남성우월사상을 바탕으로 한 여성에 대한 남성의 지도 책무가 강조되고 있다는 점도 주목할 필요가 있다.[57]

『제국신문』에서 논설의 여성 담론이 지닌 한계를 보완하는 글들이 기서 등의 독자투고이다. 물론, 『제국신문』의 모든 독자투고가 이러한 가능성을 보이는 것은 아니다. 독자투고 가운데는 오히려 지나치게 보수적인 시각을 드러내는 사례도 없지 않다. 예를 들면, 김영구의 기서 「녀학싱 제군의게 권고홈」은 여성사회의 변화 방향에 대한 남성 지식인의 우려를 집약시켜 드러낸 글이다. 김영구는 이 기서를 통해 '사회의 질서를 문란케 하며 풍속을 퇴폐케 하는' 일부 여학생들을 향해 계도의 목소리를 높인다.[58] 반면 초창기 『제국신문』의 독자투고를 대표하는 '평안도 녀노인'의 글과 '평안도 안쥬 녀노인 신소당'의 글은 여성의 시각으로 전개한 여성 담론이라는 점에서 가치가 크다.[59] 동일한 필자의 글로 추정되는 이 투고들에는 교육의 문제에서부터 축첩의 문제에 이

57 『제국신문』의 풍속개량론이 지닌 한계를 이해하는 데는 다음의 지적이 도움이 된다. "그러나 정작 풍속개량을 통해 도달해야 할 근대여성의 문화적 내역은 여전히 출산, 육아, 자녀교육에 치중하는 '어머니'나 가사에 충실한 '주부'로서의 역할이 강조되었다는 점에서 사실상 전근대여성의 역할과 근본적인 차이를 보이지 않았다. 이는 젠더적 차원에서 근대여성의 삶의 지향점이 이전 시대와 연속적이었음을 시사한다."(최기숙, 「이념의 근대와 분열/착종되는 근대여성의 정체성과 담론―『제국신문』 논설・기서(별보)・서사의 여성 담론과 재현」, 173쪽) 최기숙은 이 글에서 『제국신문』의 소설 등 서사물에 등장하는 여성상에 대해서도 "『제국신문』이 그토록 '개량'되어야 할 대상으로 호명했던 '전근대'의 여성상과 일치하고 있었다. 이런 점에서 근대기획의 이념에 반하는 모순과 착종을 보이고 있었다"고 지적한다.

58 김영구, 「녀학싱 제군의게 권고홈」, 『제국신문』, 1908.2.6.

59 『제국신문』, 1898.11.5・10 기사 참조.

르기까지 다양한 사회 문제들이 거론되고 독자적 시각으로 해석된다.[60] 후반기 『제국신문』의 독자투고 중에서는 '평양 리지춘'의 기서 「녀ᄌᆞ 교육의 시급론」이 주목을 끈다. 이 글에서는 '총명한 재질로 문명이 발달하고 보면 남녀동등이 될 뿐만 아니라 국권 회복도 절로 될지니 규중에 자란 몸 부끄럽다 생각말고 자유독립에 힘쓰시오'라고 여성들에게 권면한다. 상하의 구별은 남녀의 구분에 있는 것이 아니라, 학문의 우열과 지식의 얕고 깊음에 있다는 견해도 제시된다. 이 글은 "녀ᄌᆞ라도 교육ᄒᆞ얏스면 녀즁균ᄌᆞ이 안이며 규즁호걸이 안인가 이 ᄯᅢᄅᆞᆯ 일치말고 열심 교육ᄒᆞ야 남녀동등 ᄒᆞ고 보면 국가의 진보오 가ᄂᆡ에 다ᄒᆡᆼ이니 신학문과 신지식을 밧비밧비 공부ᄒᆞ야 ᄌᆞ유권리 오ᄂᆞᆫ날 녀ᄌᆞ된 우리 몸도 남ᄌᆞ와 병가ᄒᆞ야 ᄐᆡ극국긔 놉히 달고 경축가 ᄒᆞᆸ기를 동포 ᄌᆞᄆᆡ의게 지셩츅슈ᄒᆞᆸ나이다"[61]라는 구절로 내용이 마무리된다. 리지춘의 글은 여성의 능력에 대한 무한한 신뢰를 바탕으로 남녀동등의 사상을 펼쳐 보인다는 점에서 의미가 있다. 여성의 능력에 대한 의구심을 바탕

60 『제국신문』의 여성 독자투고의 특징은 이경하와 김복순의 논문에 상세히 정리되어 있으므로 여기서는 길게 다루지 않는다. 이경하는 『제국신문』 여성 독자들의 글쓰기에 대해 "투고의 계기나 논의 대상이 대개 구체적이고 현실적인 사안에서 출발하는 경향을 보인다"(이경하, 「『제국신문』 여성 독자투고에 나타난 근대계몽 담론」, 『한국고전여성문학연구』 8, 한국고전여성문학회, 2004, 93쪽)는 것과 "신문지상에서 이루어진 여성 글쓰기가 어떤 의미에서 상호 소통적 성격을 띤다는 사실도 주목할 만하다"(93쪽)고 지적한다. 김복순은 『제국신문』의 여성 독자투고를 대상으로 당시의 제 담론들이 어떻게 인식 수용되었는지를 검토한 후 다음과 같은 견해를 제시한다. "당대 신문의 타자였던 『제국신문』은 또 다른 타자성인 여성성을 발견하고, 그 여성성으로 또다른 근대를 상상하고 있었다. 타자성에 대한 해결 없이 문명개화, 근대는 허명이란 것을 『제국신문』은 인식하고 있었다. 이것이 바로 『제국신문』의 꿈이며 힘이다. '타자 여성'들의 동일성 및 차이의 감각, 근대의 속성인 경쟁원리를 거부하고 여성성으로 또다른 근대를 상상하는 감각, 그리고 '중첩적 타자-여성'들의 '감각의 주체'로의 발견은 사회개혁에서의 감각(성)의 역할에 대한 기존의 인식을 수정하게 했다."(김복순, 「『제국신문』의 힘-'여성 감각'의 탄생」, 김복순 외편, 앞의 책, 60~61쪽)

61 평양 리지춘, 「녀ᄌᆞ 교육의 시급론」, 『제국신문』, 1908.4.1. 필자 자신에 대한 소개를 보면, 리지춘은 이십오 세의 평양 사람으로 경성에 머물러 온 지 수년이 된 여인임을 알 수 있다.

에 두고 전개되던 논설의 기조와는 적지 않은 차이를 보이는 것이다.

『대한매일신보』는 근대신문 가운데 가장 많은 독자를 확보했던 신문이다. 하지만 『대한매일신보』에서 여성 관련 논의는 앞에서 살펴본 여타 신문들의 경우와 비교해 볼 때 상대적으로 그리 중요한 소재였다고 보기는 어렵다. 『대한매일신보』 논설란에서 확인할 수 있는 여성 담론의 주요 범주는 크게 두 가지이다. 하나는 여성교육의 필요성을 언급하고 있는 것이고, 다른 하나는 축첩의 폐해를 비판하고 있는 것이다. 조혼 폐지 논의는 일부 논설 및 외보란의 기사를 통해 다소나마 전달이 된다. 기사의 출현 빈도수로 미루어 볼 때, 과부 개가 논의는 『대한매일신보』 편집진의 주요 관심사였다고 보기 어렵다.

『대한매일신보』에서 여자교육에 대한 관심을 표명한 논설로는 「여학의흥」과 「한국에 녀ᄌᆞ교육의 필요」 등을 들 수 있다. 「여학의흥」에서는 "夫文化의 進退와 風俗의 隆汚와 種類의 强弱과 社會의 興衰가 實로 女子의게 關係가 有ᄒᆞᆫ 故로 女子의 敎育은 世界의 精神이오 一國의 命脈이라 今에 韓淸兩國이 現世界新文化의 風潮ᄅᆞᆯ 非不漸被로ᄃᆡ 尙此開明進步가 不勝其遲遲ᄂᆞᆫ 無他라 女子敎育을 不立ᄒᆞᆫ 緣故라"[62]는 말로 문화의 진퇴와 사회의 흥망이 여자교육에 달려 있다는 의견을 표명한다. 이 글에서는 국가의 발전과 사회의 진흥을 위해 여자교육을 바로 실시해야 하며, 이를 위해 먼저 여자교과서를 국문으로 편집해 발간할 것을 제안한다. 「한국에 녀ᄌᆞ교육의 필요」에서는 "무릇 녀ᄌᆞ의 사ᄅᆞᆷ을 산츌ᄒᆞᆷ이 뎐답의 곡식을 산츌ᄒᆞᆷ과 갓흐니 뎐답에 물 근원이 넉넉ᄒᆞ고 흙이 걸면 곡

62 「女學宜興」, 『대한매일신보』(국한문판), 1905.12.8.

식이 잘됨과ᄀᆞᆺ치 녀ᄌᆞ의 신톄가 건강ᄒᆞ고 긔력이 왕셩ᄒᆞ면 ᄌᆞ녀를 ᄉᆡᆼ산하매 ᄯᅩ한 츙실ᄒᆞᆫ지라"[63]는 사실을 전제로 여자교육의 필요성을 강조한다. 여자가 교육을 받아 덕행을 쌓고 몸 가지기를 법도대로 한 후 아이를 낳아 길러야 명철한 선비를 양육할 수 있다는 것이다. 『대한매일신보』의 논설 중 「녀ᄌᆞ교육에 ᄃᆡᄒᆞᆫ의론」은 여자교육의 필요성을 인정하면서도, 조선의 여자교육계에 사치하는 악습이 만연해 있음을 경계하고 비판하는 글이다. 이 논설에서는 먼저 여자교육의 목적을 다음의 세 가지로 제시한다. "첫ᄌᆡᄂᆞᆫ 덕으로 ᄉᆡ교육을 밧어셔 건강완젼ᄒᆞ[ᄒᆞᆫ] 인물이 되ᄂᆞᆫᄃᆡ 잇고 둘재ᄂᆞᆫ 녀ᄌᆞ를 인의와 방졍ᄒᆞᆷ으로써 ᄀᆞᄅᆞ쳐셔 가뎡에셔 ᄌᆞ손 ᄀᆞᄅᆞ치ᄂᆞᆫᄃᆡ 힘쓰게 ᄒᆞᄂᆞᆫᄃᆡ 잇고 셋ᄌᆡᄂᆞᆫ 부부간에 화락을 쥬장ᄒᆞ여 가문에 복록이 되게 ᄒᆞᄂᆞᆫᄃᆡ 잇ᄂᆞ니라"[64] 그러나 현금의 여자교육계는 이러한 목적을 벗어나 사치하는 풍조가 늘고 있다는 것이 이 글의 판단이다. 이 논설에서는 '여자교육으로 인하여 오히려 악풍만 자랄까 두렵다'는 우려를 표명한 후, '사치악습을 타파하여 건강하고 완전한 여자사회를 조성할 것'을 제안한다. 축첩의 폐해를 다룬 논설로는 「한국 남ᄌᆞ의 쳡두ᄂᆞᆫ 악습」과 「쳡두ᄂᆞᆫ 자를 경계ᄒᆞᆷ」 등이 있다. 「한국 남ᄌᆞ의 쳡두ᄂᆞᆫ 악습」에서는 "남녀동포들은 이전 악습은 어셔ᄇᆞ리고 착ᄒᆞᆫ 힝실과 문명ᄒᆞᆫ 학문을 어셔 닥가셔 남ᄌᆞᄂᆞᆫ 남ᄌᆞ의 권리를 힝ᄒᆞ고 녀ᄌᆞᄂᆞᆫ 녀ᄌᆞ의 권리를 차자셔 남녀동등도 되려니와 ᄌᆞ뎨들을 교육ᄒᆞ여 국가를 도와 나라도 ᄂᆞᆷ의 나라와 동등되기를 ᄇᆞ라노라"[65]는 구절로, 구습을 버리고 남녀동등

63 「한국에 녀ᄌᆞ교육의 필요」, 『대한매일신보』(국문판), 1907.12.10.
64 「녀ᄌᆞ교육에 ᄃᆡᄒᆞᆫ의론」, 『대한매일신보』(국문판 및 국한문판), 1909.11.17.
65 「한국 남ᄌᆞ의 쳡두ᄂᆞᆫ 악습」, 『대한매일신보』(국문판), 1907.12.6.

의 권리를 찾아갈 것을 권고한다. 「쳡두ᄂᆞᆫ 자를 경계ᄒᆞᆷ」에서는 '남자된 자는 첩을 두지 말 것이며, 여자된 자는 첩이 되지 말 것'을 권고한다.[66] 『대한매일신보』 논설란의 여성 담론은 절대적 숫자도 그리 많지 않은 편이며, 논조 또한 『독립신문』이나 『제국신문』에 비해 상대적으로 보수적이다. 특히 『대한매일신보』 논설에서는 남녀동등을 주장하면서도 실질적으로는 남녀의 위상과 역할에 차이가 있음을 강조하는 구절이 적지 않게 포함되어 있다는 점을 주목할 필요가 있다. 여성교육의 필요성을 여성에 대한 남성의 계도 책임론과 연결시키는 것 또한 『대한매일신보』 여성 담론이 지니는 특색 가운데 하나로 볼 수 있다.[67]

『대한매일신보』 기서란에 실린 여성 담론도 숫자만으로 보면 그리 많은 것이라 할 수 없다. 하지만 그 내용면에서 볼 때, 『대한매일신보』의 실질적인 여성 담론은 독자투고가 이끌었다고 해도 과언이 아니다. 『대한매일신보』에서 여성 담론 전개의 장으로서의 실질적 역할을 맡아 한 것이 독자투고였던 셈이다. 『대한매일신보』의 독자투고 가운데 가장 먼저 남녀동등 담론을 전개하고 있는 글은 '금화산인'의 글 「남녀동등」이다. 총 7회에 걸쳐 기서란에 연재된 이 글은,[68] 집필 시기와 내용 등으로 미루어 볼 때 이후의 독자투고뿐만 아니라 『대한매일신보』 논설란의 여성 담론의 전개에도 직접적인 영향을 미친 것으로 생각된다. 이 글에

---

66 「쳡두ᄂᆞᆫ 자를 경계ᄒᆞᆷ」, 『대한매일신보』(국문판 및 국한문판), 1910.5.8 참조.

67 「밀매음녀의 됴사ᄒᆞᄂᆞᆫ 일에 ᄃᆡ하여」와 그중에 포함된 다음과 같은 구절을 주목할 필요가 있다. "근일에 이ᄅᆞ러ᄂᆞᆫ 이 불학무식ᄒᆞᆫ 녀ᄌᆞ총즁에 외국풍쇼가 졸디에 몰녀드러옴을 당ᄒᆞ여 남ᄌᆞ의 일이 무엇인지 녀ᄌᆞ의 직분이 엇더ᄒᆞᆫ지 권리가 무엇인지 등분이 엇더ᄒᆞᆫ지 터럭만치도 알지 못ᄒᆞᄂᆞᆫ 녀ᄌᆞ의 일물들이 얼픗ᄒᆞ면 권리균등을 ᄎᆞᄌᆞ며……" 『대한매일신보』(국문판), 1910.7.27.

68 1907년 7월 2일부터 9일까지 연재되었다. 7월 2일 자 기서란 서두에 '속'이라는 표기가 되어 있는 것으로 미루어볼 때, 이 글이 실제로는 더 이른 날짜부터 연재를 시작했던 것으로 생각된다. 그러나 앞의 호수가 선하지 않아 더 이상 실불 확인은 불가능하다.

서는 "텬하ᄀ국을 열심히 평화ᄒ야 만억년의 문명ᄒᆞᆫ 정치를 긔약ᄒᆞᄂᆞᆫ 것이 모다 녀ᄌ교육과 남녀동등ᄒᆞᄂᆞᆫ 권리에 잇ᄂᆞᆫ지라"[69]라는 말로 '여자교육'과 '남녀동등'이 천하각국의 평화와 문명한 정치를 보장하기 위한 전제임을 역설한다. 이후 이 글은 대부분을 혼인제도의 개선에 할애하고 있는데, 논의의 핵심은 조혼의 탈피와 혼인 당사자들의 의사 존중, 남자의 복첩 금지 및 여자의 두 지아비 두기 금지 등에 있다. 특기할 만한 사항으로는 다른 글에서는 쉽게 접하기 어려운 남녀 간의 사랑에 대한 강조와 이혼 절차에 관한 설명 등이 포함되어 있다는 점이다. 논의의 결론에서는 '태서의 문명 교육하는 법을 본받아 남녀가 동등으로 사업을 삼아 충군애국하는 일심으로 종사를 보전해 갈 것'을 희망한다.

「남녀동등」의 필자 금화산인이 여성이었는지 혹은 남성이었는지는 알 수 없다. 그러나 이후 『대한매일신보』에 실리게 되는 주요 독자투고의 대부분은 여성 필자의 글로 추정이 된다. 「나라의 흥흠이 녀ᄌ교육에 잇소」를 투고한 '안쥬 셩ᄂᆡ 셩평동 사ᄂᆞᆫ 김확실 년십이셰'는 자신이 여학교에 다니는 학생임을 밝히고 있다. 이 글에서는 여자교육이 성행한 나라는 부강한 상등국이 되고 그렇지 않은 나라는 미약한 나라가 된다는 사실을 들어 우리나라의 여자교육 필요성을 강조한다. 이 글은 "-녀ᄌ도 공부ᄒᆞᆫ다 ᄒᆞᆸ디다" "-샹등국이 되엿다 ᄒᆸ디다"[70] 등 구어체로 문장의 종결어미를 처리하고 있는 점이 유독 주목을 끈다. 이후 '쟝경쥬'는 「녀ᄌ교육」을 써서 '여자는 국민 될 자의 어미 될 사람이며 가정교육의주장 될 사람'이라는 전제를 바탕으로 다음과 같은 주장을 펼친다.

69 금화산인, 「남녀동등」, 『대한매일신보』(국문판), 1907.7.2.
70 김확실, 「나라의 흥흠이 녀ᄌ교육에 잇소」, 『대한매일신보』(국문판), 1907.9.12.

“우리 녀ᄌᆞ 된 동포 ᄌᆞᄆᆡ들은 일즉 교육에 진취치 못ᄒᆞ야 샤회상에 참여치 못ᄒᆞᆷ을 일층 분개히 녁여셔 지금브터 샹뎨씌셔 픔부ᄒᆞ신 ᄌᆞ유의 텬셩을 일치 말고 남ᄌᆞ를 의뢰치 말며 녀ᄌᆞ교육을 셩취ᄒᆞ고 녀ᄌᆞ사회를 확장ᄒᆞ야 이로써 남ᄌᆞ를 교육ᄒᆞ며 이로써 민족을 보젼ᄒᆞ고 이로써 국가를 문명ᄒᆞᆫ 디경으로 나아가게ᄒᆞ야……”[71] 장경주는 이 글에서 ‘근일에 신소설 애국부인전과 라란부인전을 볼지라도 그 사람도 또한 일개 여자로되 이같이 큰 사업을 성취하였으니’라는 구절을 통해 당시에 유행한 역사전기소설들이 여성들의 의식 변화에도 영향을 미치고 있음을 보여준다.

다음으로 주목할 만한 독자투고는 ‘한남녀ᄉᆞ’의 글 「부인계에 권고ᄒᆞᆷ」이다. 한남여사는 먼저, 여자들이 중문 밖을 나갈 수 없었고 그 능력이 남자보다 열 배나 우월한 경우에도 초목과 더불어 적적한 삶을 살 수밖에 없었던 현실에 대해 개탄한다. 그러나 이제 ‘하늘을 놀래고 땅을 움직이는 개명 시대’를 당하여 여자들이 ‘잠근 쇠를 분지르고 닫은 문을 열어젖히고 몸에 속박했던 것을 다 풀어 놓고 신선한 공기를 쏘이는’ 때가 왔다고 판단한다. 그리하여 ‘이러한 시대를 맞아 여자들도 남자와 같이 교육을 받아 구학문에 신지식을 겸하게 되면 충군애국하는 사상이 날로 솟아나게 되고 자유하는 사상이 뇌리에 충만하게 되리라’는 것이 한남여사의 생각이다.[72] 한남여사의 이 글은 구학문적 지성의 여성 필자가 수신자를

71 장경쥬, 「녀ᄌᆞ교육」, 『대한매일신보』(국문판), 1908.8.11. 이 글은 같은 날짜 『대한매일신보』 국한문판에 「女子教育論」이라는 제목으로 동시에 게재되었다. 국한문판에서의 필자명은 ‘女士 張敬主’이다.

72 한남녀ᄉᆞ, 「부인계에 권고ᄒᆞᆷ」, 『대한매일신보』(국문판), 1908.3.19. 이 글은 3월 20일 자 『대한매일신보』 국한문판에 「勸告婦人界」라는 제목으로 수록되었다. 국한문판에서의 필자명은 ‘漢南女士’이다.

'국민'으로 상정한 글쓰기의 대표적 사례 가운데 하나로 꼽힌다.[73] 한남여사는 이 글을 투고하기 직전 『대한매일신보』에 「축매일신보」 등의 기서와 다섯 편의 기담을 투고한 바도 있다.[74]

이 외에도 『대한매일신보』 기서란에는 '리지츈'의 「녀ᄌᆞ교육의 시급론」, '녀ᄉᆞ 김숑직'의 「한국 부인계에 식ᄉᆞ샹」, '안악 정나헬 십륙세 녀ᄌᆞ'의 「녀ᄌᆞ의 교육은 즉 ᄉᆞ범」, '김치슌'의 「녀ᄌᆞ교육에 ᄃᆡ한 의견」 등의 글이 더 실리게 된다. 리지춘의 「녀ᄌᆞ교육의 시급론」은 『제국신문』 독자투고란에 실렸던 글을 일부 교열하여 다시 수록한 것이다.[75] 김송재의 글은 한남여사의 앞의 글에서 영향을 받아 쓴 것으로 보인다. 현실에 대한 진단이나, 신교육으로 개명한 신지식을 확충하여 충군애국하는 사상을 키울 것 등을 주장하는 내용 등이 모두 그러하다.[76] 정나헬의 글은 각처에 여학교를 신설하는 일이 급선무임을 주장한 글이다.[77] 김치순의 글은 가정교육을 위한 여자교육의 필요성을 주장한 글이다.[78] 정나헬과 김치순은 여성의 역할을 현명한 어머니이자 현명한 교사에서 찾고 있다.[79]

---

73 김복순, 앞의 글, 22쪽 참조.

74 「祝每日申報」, 『대한매일신보』(국한문판), 1908.2.29; 「편편긔담」, 『대한매일신보』(국문판), 1908.3.12~17 참조.

75 리지츈, 「녀ᄌᆞ교육의 시급론」, 『대한매일신보』(국문판), 1908.4.4.

76 녀ᄉᆞ 김숑직, 「한국 부인계에 식ᄉᆞ샹」, 『대한매일신보』(국문판), 1908.8.1. 이 글은 같은 날짜 『대한매일신보』 국한문판에 「我韓婦人界新思潮」라는 제목으로 동시에 게재되었다. 국한문판에서의 필자명은 '女士 金松哉'이다.

77 안악 정나헬 십륙세 녀ᄌᆞ, 「녀ᄌᆞ의 교육은 즉 ᄉᆞ범」, 『대한매일신보』(국문판), 1909.2.21. 이 글은 같은 날짜 『대한매일신보』 국한문판에 「女子의 敎育이 卽師範敎育이라」는 제목으로 동시에 게재되었다. 국한문판에서의 필자명은 '安岳 鄭나헬'이다.

78 김치슌, 「녀ᄌᆞ교육에 ᄃᆡ한 의견」, 『대한매일신보』(국문판), 1909.10.28. 이 글은 같은 날짜 『대한매일신보』 국한문판에 「女子敎育에 對ᄒᆞ야」라는 제목으로 동시에 게재되었다. 국한문판에서의 필자명은 '金致淳'이다.

79 『대한매일신보』의 여성 독자투고에 대해서는, '김송재와 한남여사 등은 여성의 근대적 지식 획득의 의미를 가족이나 모성으로 연결시키지 않고 여성의 자아 실현과 공적 정체성의 성취 등 다른 여성들과의 연계 등으로 인식하고 있었으나, 장경주와 정나헬의 글은 여성교육의 의

『대한매일신보』 기서란에 수록된 위의 독자투고들은 예외 없이 모두가 여자들에 대한 신교육의 필요성을 강조하고 있다. 아울러, 대부분의 경우 주요 논지를 충군과 애국사상으로 연결시키고 있다는 공통점이 있다. '충군애국하는 일심'을 강조하는 금화산인의 「남녀동등」의 경우가 대표적이다. 김확실의 「나라의 흥흠이 녀즈교육에 잇소」도 마무리는 '우리나라의 부강하기'를 기원하는 것이다. 장경주의 「녀즈교육」도 '민족을 보전하고 국가를 문명하게 하여 태산반석의 무궁한 복락을 누리기'를 기원하는 것으로 마무리된다. 한남여사의 「부인계에 권고흠」은 '충군애국사상'을 강조하는 논지 전개와 함께 '충성과 효도, 공경과 검소함 등의 팔조목과 인의예지' 등을 지킬 것을 제안하는 것이 결론이다. 리지춘의 「녀즈교육의 시급론」에서는 '여자된 우리들도 남자와 같이 국가사를 힘써서 세계에 하등국 사람의 이름을 씻어버릴 것'을 기약한다. 김송재의 「한국 부인계에 식스상」에서는 '충군애국과 문명국의 실현'이 신교육의 목표로 제시된다. 정나헬의 「녀즈의 교육은 즉 스범」에서도 교육을 통한 강국 실현과 '애국하는 정신, 충군애국하는 정신'이 반복적으로 서술된다. 김치순의 「녀즈교육에 디한 의견」에 담긴 핵심적 주장도 결국은 여자교육을 통한 '국가의 행복'이다.

근대매체 가운데 여성 담론을 적극적으로 수록한 또 하나의 신문으로 천도교 기관지 『만세보』를 들 수 있다. 『만세보』의 논설은 대부분 이인

미를 가족과 민족의 내부로 흡수해 버리는 민족 담론의 규정성이 여전히 큰 영향력을 행사하고 있었음을 증명해 준다'는 견해도 있다(홍인숙, 「근대계몽기 여성 글쓰기의 양상과 '여성 주체'의 형성 과정—1908년 『대한매일신보』, 『여자지남』, 『자선부인회잡지』를 중심으로」, 『한국고전연구』 14, 한국고전연구학회, 2006, 119쪽 참조). 그러나 한남여사와 김송재의 글도 핵심은 여성의 자아 실현보다는 충군애국과 부강한 문명국의 실현에 있었다.

직이 집필한 것으로 알려져 있다. 『만세보』 논설을 통해 확인할 수 있는 여성 담론의 기조는 '부인사회의 변화'에 대해 지지를 보내는 것이었다.[80] 우선 『만세보』 논설 「부인사회」의 다음과 같은 구절을 통해 이러한 입장을 확인할 수 있다. "我韓 婦人社會가 四千年 頑固習慣을 闢開ᄒᆞ고 集會自由ᄒᆞᄂᆞᆫ 權利를 得ᄒᆞ야 文明風潮를 日進ᄒᆞᄂᆞᆫ 佳良ᄒᆞᆫ 點을 見ᄒᆞ깃도다(…중략…) 我韓도 婦人社會의 增進홈이 一種文明을 增進ᄒᆞᄂᆞᆫ 現相을 見ᄒᆞ니 婦人社會를 爲ᄒᆞ야 祝賀ᄒᆞᆯ 事이오 全國文化를 爲ᄒᆞ야 祝賀ᄒᆞᆯ 事이라 婦人社會ᄂᆞᆫ 有初鮮終의 古訓을 警省ᄒᆞ고 一般勸勉ᄒᆞ고 一般贊成ᄒᆞᄂᆞᆫ 和意로 互相保護ᄒᆞ야 文明의 福을 共受홈을 祝ᄒᆞ노라"[81] 이렇게 부인사회의 변화에 대해 원론적 지지 의사를 표명한 『만세보』의 여성 담론의 전개 또한 『제국신문』과 마찬가지로 풍속개량론에 주된 근거를 두고 있다. 그런데, 『만세보』의 풍속개량론은 이 신문이 주력했던 위생 담론의 유포와도 직결이 된다는 특징이 있다.[82] 위생 담론과 결합된 『만세보』의 풍속개량론에서는 특히 복식개량이 주요 논제가 된다. 복식개량을 통해 위생과 경제적 효율성을 모두 추구할 수 있다고 보았기 때문이다. 『만세보』에서 복식개량론이 곧 여성 담론으로 이어질 수 있었던 것은, 전통 복식이 여성에 대한 억압의 도구로 사용되는 측면이 없지 않았기 때문이다. 특히 『만세보』에서는 여성들이 외출 시에 착용했던 '장의'를 폐지하자는 주장

80 『만세보』의 '여자의 동등권 회복'에 대한 관심은 동학의 남녀평등사상과 연결시켜 생각할 수도 있다. 이와 관련된 논의는 박용옥, 「동학의 남녀평등사상」(『역사학보』 91, 역사학회, 1981, 109~143쪽) 참조.

81 「婦人社會」, 『만세보』, 1907.4.25.

82 『만세보』의 위생 담론은, 근대적 위생 환경의 실현을 위해 경찰력을 동원하는 등 국가가 적극적으로 나설 것을 주장했다는 점에서 볼 때 당시 편집진의 최대 관심사 가운데 하나였음을 알 수 있다.

을 반복해서 폈는데, 이 주장은 자연스럽게 남녀평등권에 관한 논의로 이어질 수 있었다. 우선 논설 「의제개량」 중 다음의 인용을 통해 이를 확인할 수 있다.

> 古昔禮俗에도 道路上에 男左女右라 ᄒᆞᆷ은 有하ᄂᆞ 女子蒙頭라 ᄒᆞᄂᆞᆫ 禮文은 不見ᄒᆞ얏스니 女子가 男子와 平等ᄒᆞᆫ 權利ᄅᆞᆯ 回復ᄒᆞ야 文明國 婦人과 如히 社會上 交際ᄅᆞᆯ 通行ᄒᆞᆯ지면 衣制ᄅᆞᆯ 改良ᄒᆞ고 長衣인지 氋頭인지 廢棄하고 露面ᄒᆞᄂᆞᆫ 것이 古今禮俗을 參互通行ᄒᆞᆷ이라[83]

남녀가 평등한 권리를 회복하고 문명국 부인과 같이 사회적 교제를 행하려면 먼저 의제를 개량해야 한다는 주장이 이 글에 담겨 있는 것이다. 남녀 간의 '내외차별'을 중단하고 '여자의 동등권'을 회복하자는 주장이 담겨 있는 논설 「내외법」도 핵심 논지는 결국 '장옷'의 개량에 있다는 점을 유의해 볼 필요가 있다.[84] 『만세보』에서는 논설 「개가법」을 통해 과부의 개가를 허락하자는 주장을 펴기도 했는데, 이 역시 '풍속개량의 일대선량결과'라는 측면에서 제기된 논의였다.[85]

1910년 8월 일제는 조선을 병합하면서 『대한매일신보』를 인수해 『매일신보』로 제호를 바꾸게 된다. 총독부의 기관지로 변모한 1910년대 『매일신보』에서 민족 담론은 급격히 사라진다. 『대한매일신보』에

83 「衣制改良(續)」, 『만세보』, 1906.11.23.

84 「內外法」, 『만세보』, 1906.8.24 참조.

85 이밖에 『만세보』에서는 「女子教育會의 知識程度」(1906.10.12), 「婦人會」(1906.10.19), 「共躋仁壽之域」(1907.3.21) 등의 논설을 통해 여자교육과 관련된 담론을 추가로 확인할 수 있다. 『만세보』 논설의 전반적 특질에 관한 상세한 논의는 김영민, 『한국의 근대신문과 근대소설―『만세보』』(소명출판, 2006, 23~51쪽) 참조.

서 민족 담론과 결합해 전개되던 여성 담론 역시 『매일신보』에서 적지 않은 변화를 겪게 된다. 외형상으로만 보면 여성 담론 가운데 적어도 여자교육과 조혼 폐지의 주장은 『매일신보』에 그대로 남아 있는 것처럼 보인다. 『매일신보』 사설란뿐만 아니라 잡보란 등을 통해서도 이와 관련된 기사를 적지 않게 발견할 수 있기 때문이다. 그러나 실제 내용을 검토해 보면 『매일신보』의 여자교육과 조혼 폐지 담론은 여성 담론으로 범주화시키기조차 쉽지가 않다. 『독립신문』이나 『제국신문』 등의 조혼 폐지 논의가 여성 담론으로 자리 잡을 수 있었던 것은, 이들 신문의 논의가 여성의 불행한 삶의 원인 가운데 하나를 조혼제도에서 찾았고 그 해결책 또한 조혼 폐지를 통해 모색했기 때문이다. 그러나 『매일신보』의 경우 조혼 폐지의 필요성을 지속적으로 제기하지만, 그 논의에서 여성의 삶에 대한 관심은 전혀 존재하지 않는다. 『매일신보』에서 진행되는 조혼 폐지 논의의 핵심은 '조선의 악습'을 발견하고 이를 폐기해야 한다는 것이다. 『매일신보』가 조혼제도를 통해 조망한 것은 소외된 여성의 삶이 아니라 미개한 조선이었다. '9세 과부의 존재는 세계를 물론하고 초유의 일'[86]이라거나, '13세에 세 번 혼인한 계집'이 있는 등 조혼제도가 '인류사회에 악영향을 끼치는 조선의 악습'임을 지적하는 글[87]이 빈번히 실리는 것 등이 이를 보여준다. 미개한 조선에 대한 조망은 「가경할 조혼악습」,[88] 「삭비참형의 산비」,[89] 「육세신랑」[90] 등으로 끊임

86 「九歲寡婦」, 『매일신보』, 1910.10.4 참조
87 「13歲의 三嫁女」, 『매일신보』, 1912.3.24 참조.
88 『매일신보』, 1913.5.11.
89 『매일신보』, 1913.11.9.
90 『매일신보』, 1915.3.17.

없이 이어진다. 『매일신보』에는 조혼제도를 다루는 사설 또한 이따금 게재가 되는데, 「풍설과 조혼」은 이 신문이 조혼 폐지에 관심을 갖는 이유가 어디에 있는지를 명백히 보여준다. 이 논설에서는 조선인이 조혼제도라는 악습을 버리고 '대일본 국민'으로 거듭나 '세계무대'에 함께 나아갈 수 있기를 희망한다.[91] 이는 조선에 조혼제도와 같은 미개한 풍습이 존재하는 한, 조선인은 대일본 국민으로서의 자격을 갖추기 어렵다는 견해를 표명한 것이기도 하다. 이 점에서 보면, 『매일신보』의 조혼 폐지 담론은 여성 담론이 아니라 이른바 조선인과 일본인이 하나가 되기 위한 필요조건들을 제안한 식민지 계몽 담론의 범주에 속하는 것임을 알 수 있다.

여자교육의 필요성에 대한 주장 역시 의도가 이와 크게 다르지 않다. 한일병합 직후 『매일신보』에 발표된 기사 「여자교육의 방침」은 조선총독부가 조선의 여자교육을 어떠한 시각으로 접근하고 있는가를 명시적으로 보여준다.

> 朝鮮人이 日本人과 同和ᄒᆞ기ᄂᆞᆫ 第一捷徑이 女子教育의 進步 發達ᄒᆞᄂᆞᆫᄃᆡ 在ᄒᆞ니 其教育方針을 研究ᄒᆞ면 朝鮮人은 儒教로 爲本ᄒᆞ니 大抵 婦女ᄂᆞᆫ 家의 主宰라 兒童을 訓化ᄒᆞᄂᆞᆫᄃᆡ 一家의 空氣를 作成ᄒᆞᄂᆞᆫ 絶大ᄒᆞᆫ 權威를 抱有ᄒᆞ엿스니 朝鮮의 婦女ᄂᆞᆫ 將來에 日本의 一定ᄒᆞᆫ 方針이 有ᄒᆞᆫ 教育下에 成人ᄒᆞᄂᆞᆫ 것이 當然ᄒᆞᆫ 順序라 日本 內地人의 性質을 朝선人이 能히 會得ᄒᆞ면 誤解를 漸釋ᄒᆞ고 益益 親和ᄒᆞᆯ지니 朝선 女子教育이 隆盛ᄒᆞ야 同化ᄒᆞᆯ진ᄃᆡ 甚大ᄒᆞᆫ 利

91 「風說과 早婚(續)」, 『매일신보』, 1910.10.19 참조.

益이 有ᄒᆞ리라ᄂᆞᆫ 議論은 當局者가 力行으로 將來에 實施를 可圖ᄒᆞ리니 總督府政治에 第一 着手ᄒᆞᆯ 것은 女子教育이라 ᄒᆞ더라[92]

이 기사에서는 '조선인과 일본인이 동화同化하는 첩경'이 조선의 여자교육에 있다는 사실을 기본 전제로 제시한다. 조선여자에게 새로운 교육이 필요한 이유는 조선인들이 과거 유교에 바탕을 두고 교육을 받아왔기 때문이다. 특별히 조선의 부녀를 '일본의 일정한 방침에 따라 교육'해야 하는 이유도 여기에 있다. 『매일신보』가 제안하는 여자교육의 목적은 '일본 내지인의 성질을 조선인이 능히 회득하도록 하는 일'에 있다. 그렇게 하는 것이 앞으로 서로 간의 오해를 불러일으키는 일 없이 친화하게 됨으로써 모두에게 이득이 된다는 것이다. 여자교육을 조선총독부 정치에서 제일 먼저 착수해야 할 과제로 설정했다는 기사는 앞으로 전개될 『매일신보』의 교육 담론의 방향을 미리 알려준다. 『매일신보』의 기자는 "此件은 本記者의 素抱와 符合ᄒᆞ나 其手段方法을 精思探究ᄒᆞ야 時宜에 適合ᄒᆞ기를 望ᄒᆞ노라"[93]라는 말로, 총독부의 견해에 대해 자신 또한 같은 생각을 품고 있음을 밝힌다. 조선총독부는 한일병합 직후부터 조선의 여자교육의 목적을 '조선인과 일본인이 동화되고, 일본 내지인의 성질을 조선인이 습득하도록 하는 것'으로 설정했던 것이다. 이 점으로 미루어 보면 총독부의 이른바 제국신민을 양성하기 위한 교육 정책은 한일병합 직후부터 시작된 것이라고 해석해도 별반 무리가 되지는 않는다.[94] 『매일신

92 「女子教育의 方針」, 『매일신보』, 1910.9.16.

93 위의 글.

94 참고로 1910년대에는 내선일체라는 용어는 직접 사용되지 않는다. 식민지 시기 일본과 조선이 일체라는 허구적 이데올로기를 유포하기 위해 창안된 내선일체內鮮一體라는 용어가 본격

보』가 이후 「여자교육」 등의 사설을 통해 조선의 여학생들을 향해 "將來의 無數國民을 養成흘 者이 諸君이 안인가"[95]라고 목청을 높이게 되는 것도 같은 맥락에서 이해가 가능하다. 『매일신보』의 여성 담론은 신문사 내부 필자가 작성한 논설뿐만 아니라 독자의 의견을 전하는 취재기사 형식의 글 등을 통해서도 변화된 모습을 여실히 보여준다. 교육계의 의견을 전하는 글 「여자교육에 취ᄒᆞ야」에서도 '여자교육은 국민교육'이라는 전제에서 출발한다. 기자에게 의견을 전하는 경성여자고등보통학교 교장은 "家族制度를 保全ᄒᆞ며 良俗美風의 舊慣은 可及的 破壞치 안코 保守케 ᄒᆞᄂᆞᆫ 中 時勢 要求에 應흘 新知識을 敎授흘 方針이어ᄂᆞᆯ"[96]이라는 말로, 전통적 가족제도와 미풍양속의 보전이 여자교육의 기본 방침임을 전한다. 평양의 여자고등보통학교 교장의 의견을 전달하는 「여자교육과 주의」에는 '녀ᄌᆞᄂᆞᆫ 학교에 보ᄂᆡ십시오 그리고 엄즁히 감독ᄒᆞ시오'라는 부제가 붙어 있다. 이 글에서 여학교 교장은 "그러ᄒᆞᆫ즉 녀ᄌᆞ를 교육ᄒᆞᄂᆞᆫ 동시에 엄즁히 감독ᄒᆞ야 남의 안ᄒᆡ가 되거던 순량한 부인이 되게 ᄒᆞ며 남의 모친이 되거던 현숙ᄒᆞᆫ 모친이 되게 흘지라"는 주장을 펼친다. 여학생들을 교육하되 엄하게 감독하여 '허영심에 쫓기어 일반 여자사회에 비상한 해독을 끼치지 못하도록' 지속적으로 감시해야 한다는 것이다.[97] 『매일신보』의 이러한 태도는 적어도 1910년대 말까지는 큰 변화 없이 지속된다. 결국 한일병합 직후부터 1910년대 말까지 한국의 근대신문에서 여성 담론은 급격한 단절의 시기를 경험하게 되는 것이다.

적으로 사용되기 시작한 것은 1930년대 중반 이후의 일이다.

95 「女子敎育」, 『매일신보』, 1912.3.3.

96 京城女子高等普通學校 桑原校長 談, 「女子敎育에 就ᄒᆞ야」, 『매일신보』, 1913.12.11.

97 渡部平壤女子高等普通學校長 談, 「女子敎育과 注意」, 『매일신보』, 1916.3.3.

4. 근대 초기 여성 담론의 특질

이 글은 한국 근대매체에서 여성 담론이 출현한 것은 언제부터이며, 이들 담론이 어떠한 모습으로 전개되고 변모했는가를 정리하려는 의도에서 출발했다. 매체에 따라 수록 빈도의 차이가 크기는 했으나, 근대 초기 신문들은 대부분 여성 담론을 수록했다. 큰 틀에서 보면, 한국 근대 초기 신문의 여성 담론은 시간이 흐를수록 인권 존중의 측면보다는 풍속개량의 측면으로 초점이 모아진다. 일부 매체에서는 여성 담론이 민족 담론과 밀접하게 결합하여 전개되었다.

한국 근대매체 최초의 여성 관련 담론은 관보의 성격을 띤 신문『한성주보』에서 발견할 수 있다.『한성주보』의 여성 담론은 전통적이며 보수적인 시각을 드러낸다. 여성 담론을 본격적으로 게재하기 시작한 최초의 근대매체는『독립신문』이다.『독립신문』에서는 한국 근대여성 담론의 핵심을 이루는 논제들인 남녀동등 담론, 축첩 폐지 담론, 과부 개가 담론, 조혼 폐지 담론, 여성교육 담론 등이 새롭게 다루어진다.『독립신문』의 논설과 잡보란에서 가장 빈번하게 등장하는 여성 담론의 주제는 여성교육의 필요성에 대한 강조와 여성교육기관의 설치이다.『독립신문』이 주창한 여성교육 담론은 이후 대부분의 근대신문에서 조선사회의 개량을 위한 주요 핵심 담론 가운데 하나로 자리 잡게 된다.『독립신문』의 여성교육 강조는 '아내의 지식이 자식교육을 위한 도구가 될 수 있다'거나, '여자의 학문 있는 것이 나라와 백성에게 유익하기 때문'이라는 생각에 바탕을 두고 있다. 이러한 생각들은 오늘날의 시각에서 바라보면 여러 가지 문제점을 내포한 것으로 비판받을 여지가 적지 않다. 하지만 『독립신문』이 여성교육 관련 논설 및 기사를 반복해 수록함으로써 여성을 위한 교육기관의 설립을 촉진하고, 여성교육의 기회를 넓혀 가는 일에 기여했다는 점 또한 분명하다. 『독립신문』은 남녀의 타고난 권리가 동등하다는 인식이 사회에 널리 퍼져 나갈 수 있도록 기여한 최초의 근대적 매체이다. 『독립신문』은 여성의 사회활동의 필요성을 강조하면서 이를 증진시키기 위해 외국의 사례를 비교적 자주 소개했다. 이는 『한성주보』가 외국의 사례를 들어 풍속의 변화를 경계한 것과는 상반되는 태도이다.

『협성회회보』와 『매일신문』에도 여성 담론이 비교적 적극적으로 수록되었다. 특히 『매일신문』에서는 여러 차례에 걸쳐 남녀평등의 사상과 여성교육의 필요성을 강조하는 논설이 실리게 된다. 『매일신문』의 논설은 남녀평등을 통한 개명이 부강한 나라를 이룩하는 지름길이라는 사실을 주창하고 있다는 점에서 주목을 끈다. 『매일신문』에도 조혼폐지 주장이 실리기는 했으나, 이는 여성 담론이라기보다는 풍속개량 담론의 성격이 더 강하다.

『제국신문』에서는 여성교육이 필요한 이유를 크게 두 가지로 설명한다. 첫째, 교육받은 여성이 자녀를 훌륭하게 키워내 장차 나라의 훌륭한 인재를 양성하는 일을 맡아 할 수 있기 때문이다. 둘째, 교육받은 여성의 사회적 활동이 가정과 국가의 경제에 도움이 되기 때문이다. 이는 『독립신문』의 논지와 별반 다르지 않다. 『제국신문』에서는 '외국통신'뿐만 아니라 논설란을 통해서도 외국 여성의 삶의 모습을 자주 전달한다. '외국통신'에 수록된 기사가 비교적 객관적이라면 논설란에 수록된 기사는 상대적으로 주관성이 강하다. 『제국신문』의 논설은 서양에 비해 동양이 소극적이고, 외국에 비해 조선이 열등하다는 인식을 드러낸다. 『제국신문』 논설은 여성의 지위 향상과 사회활동 참여 분위기 조성에 기여했다. 하지만 그럼에도 불구하고 『제국신문』 논설에서는 조선 여성의 사회 참여 기회가 점차 확대되어 가는 현실에 대한 우려가 함께 표현되어 있다는 사실 또한 주목해야 한다. 이러한 생각의 바탕에는 남성과 여성은 타고난 심성이 다르고, 남성이 여성보다 우월하다는 인식이 자리 잡고 있었다. 여성의 사회적 역할 변화에 대해 남성 지식인들이 끊임없이 관심을 가져야 하고, 여성을 바르게 교육시켜야 하는 이유도 이와 관련이 있다.

『제국신문』과 『독립신문』의 여성 담론은 서로 유사한 점이 많다. 하지만 이 두 신문의 담론 기조가 완전히 일치하는 것은 아니다. 『독립신문』의 여성 담론은 남녀가 원래부터 동등한 권리를 지니고 태어났다는 천부인권사상에 바탕을 두고 전개된다. 이에 반해 『제국신문』의 여성 담론은 그보다는 풍속개량이라는 측면을 중시하며 전개된다. 『독립신문』에서 여성교육과 풍속개량이 남녀의 동등한 권리를 깨닫고 실천하기 위한 수단이라면, 『제국신문』에서는 그 자체가 목표처럼 보이는 경우가 많다. 『제국신문』에서는 주필이 이종일에서 정운복으로 바뀐 후 여성 담론을 풍속 담론의 하위 범주 속에 포함시키려는 성향이 더욱 두드러지게 나타난다. 『제국신문』에는 여성 독자들이 투고한 글이 여타 신문에 비해 비교적 많이 실렸는데, 이러한 여성 독자들의 투고를 통해 새로운 시각에서의 여성 담론의 전개가 이어졌다. 『제국신문』의 기서는 풍속개량론의 한계를 넘어서 여성 담론의 논의 폭을 확장시키는 데 기여했다. 『제국신문』의 독자투고는 여성의 시각에서 담론을 전개하고 있다는 점과, 여성의 능력에 대한 신뢰를 바탕으로 남녀동등의 사상을 펼쳐 보인다는 점에서 의미가 있다. 이는 여성의 능력에 대해 의구심을 품고 전개되던 상당수 『제국신문』 논설의 기조와는 적지 않은 차이를 보여준다. 이런 점들을 고려하면 지금까지 이루어진 『제국신문』 논설의 여성 담론에 대한 평가는 지나치게 호의적으로 이루어졌다고 판단된다. 반면 독자투고에 대한 가치 평가는 더욱 적극적으로 이루어질 필요가 있다.

『대한매일신보』 논설란의 여성 담론은 『독립신문』이나 『제국신문』에 비해 상대적으로 보수적이다. 특히 『대한매일신보』 논설에는 남녀동등을 주장하면서도 실질적으로는 남녀의 위상과 역할에 차이가 있음을 강조하는 구절이 적지 않게 포함되어 있다. 여성교육론을 여성에 대한 남성의 계도 책임론과 연결시키는 것 또한 『대한매일신보』의 여성 담론이 지니는 주요 특색 가운데 하나이다. 『대한매일신보』의 여성 담론은 독자투고가 논의의 방향을 주도하고 논설이 이를 추인하거나 뒷받침하는 양상으로 전개되었다. 『대한매일신보』의 독자투고는 예외 없이 여자들에 대한 신교육의 필요성을 강조하고 있다. 아울러, 대부분의 경우 주요 논지를 충군과 애국사상 등의 민족 담론으로 연결시키고 있다는 공통점이 있다.

『만세보』의 여성 담론은 온전히 풍속개량론에 바탕을 두고 있다. 『만세보』의 풍속개량론은 이 신문이 주력했던 위생 담론의 유포와도 직결이 된다. 위생 담론과 결합된 『만세보』의 풍속개량론에서는 특히 복식개량이 주요 논제가 된다. 『만세보』에서 복식개량론이 여성 담론으로 이어질 수 있었던 것은, 전통 복식이 여성에 대한 억압의 도구로 사용되는 측면이 없지 않았기 때문이다.

『매일신보』의 여성 담론의 전개 방향은 앞선 시기 신문들의 담론의 방향과는 매우 큰 차이를 보인다. 한일병합 이후인 1910년대 『매일신보』에서는 민족 담론의 소멸과 함께 여성 담론도 사실상 소멸된다. 『매일신보』의 여자교육과 조혼 폐지 담론은 여성 담론으로 범주화시키기조차 어렵다. 『매일신보』가 조혼제도를 통해 조망한 것은 소외된 여성의 삶이 아니라 미개한 조선이었다. 『매일신보』의 조혼 폐지 담론은 조선인과 일본인이 하나가 되기 위한 필요조건들을 제안한 식민지 계몽 담론의 하위 범주에 속한다. 여자교육의 필요성에 대한 주장 역시 성격이 이와 크게 다르지 않다. 『매일신보』를 통해 묘사되는 조선 여학생의 모습은 계몽의 대상일 뿐만 아니라 감시의 대상이기도 하다. 이러한 기조는 논설을 통해서나 일반 기사를 통해서나 별다른 차이가 없이 나타난다. 『매일신보』의 이러한 논조는 적어도 1910년대 말까지는 큰 변화 없이 지속된다. 한국 근대신문의 여성 담론 전개사에서 1910년대는 갑자기 찾아온 공백기나 다름이 없다. 그런 점에서 한일병합이라는 역사적 사건은 한국 근대여성 담론의 진전을 가로막는 불행한 전기로서의 의미 또한 지니게 된다.

한일병합 이후 근대신문에서 여성 담론이 급격히 사라지게 된 가장 큰 이유는 근대 초기의 여성 담론이 민족 담론과 매우 밀접하게 결합되어 있었던 때문이다. 근대 초기 신문에서 여성 담론과 민족 담론의 결합은 여성 담론의 대중적 확산에 적지 않은 도움이 되었다. 특히 남성 필자들의 여성 담론 전파에는 이 두 담론의 결합이 가장 중요한 요인으로 작용했던 것으로 생각된다. 하지만, 민족 담론과의 결합으로 인해 한국의 근대 초기 여성 담론은 스스로 자생력을 갖출 기회를 얻지 못했다는 점 또한 부인할 수 없다.

한국 근대 초기 여성 담론의 생성과 변모(2)

근대 초기 잡지를 중심으로

김영민

1. 이 글의 목적과 범주

이 글의 목적은 한국 근대 초기 잡지에 나타난 여성 담론의 특질을 밝히고, 그 의미와 한계를 논하는 데 있다. 이 글은 「한국 근대 초기 여성 담론의 생성과 변모(1) – 근대 초기 신문을 중심으로」의 후속 작업으로 이루어진 것이다. 따라서 앞의 글과 함께 읽을 때 개념 및 문맥 파악이 수월할 것이다. 이 글에서는 먼저 근대 초기 잡지의 여성 담론의 전개 양상을 자료를 통해 확인하고, 그 특질을 정리해내고자 한다. 연구의 대상이 되는 자료는 한일병합 이전인 1900년대 말까지 국내외에서 발간된 전체 잡지 가운데 여성 담론을 수록하고 있는 잡지들이다. 연구 범주를 이렇게 정한 이유는 한국 근대잡지의 여성 담론은 한일병합을 기점으로 그 성격이 변화하기 때문이다. 이는 근대신문과 근대잡지 모두에 해당되는 변화이다. 이 글에서는 이 시기 여성 담론을 다루고 있는 잡지를 그 성격에 따라 크게 네 가지로 분류해 접근했다. 첫째, 부인교양지. 둘째, 학회지. 셋째, 여성단체 기관지. 넷째, 유학생잡지.

근대 초기 여성 담론에 대한 연구는 다른 시기의 연구에 비해 상대적으로 그 수가 적다. 근대 초기 잡지의 여성 담론을 연구한 기존의 주요 업적들로는 이상경, 전미경, 홍인숙, 유정숙 등의 연구가 있다. 이상경은 「여성의 근대적 자기표현의 역사와 의의」에서 근대계몽기 이후 1920년대까지 발간된 잡지를 주된 분석 대상으로 삼아 '여성들의 자기표현의 역사'에 대해 정리했다. 이상경의 연구는 『가뎡잡지』를 비롯해 『학지광』과 『여자계』 등 근대를 대표하는 유학생잡지에 수록된 여성 담론에 대한 연구를 체계적으로 시도한 것 등이 주목할 만하다.[1] 전미경은 「개화기 '남녀동등' 담론에 나타난 여성에 대한 계몽의 시각」에서, 『독립신문』 등의 근대신문뿐만 아니라 『가뎡잡지』와 『녀ᄌᆞ지남』 등의 근대 초기 잡지를 활용해 여성 담론의 특질과 의미를 분석해낸 바 있다. 이 연구에서는 특히 당시 계몽의 주체들이 남녀동등의 담론 속에서 여성을 어떻게 바라보고 있는가 하는 점에 대해 관심을 표명했다.[2] 홍인숙은 「근대계몽기 여성 글쓰기의 양상과 '여성 주체'의 형성 과정」에서 『대한매일신보』와 더불어 『녀ᄌᆞ지남』·『자선부인회잡지』 등의 자료를 활용해, 1908년이라는 특정한 시기의 신문과 잡지에 나타난 여성 글쓰기의

1 이상경, 「여성의 근대적 자기표현의 역사와 의의」, 『한국 근대여성 문학사론』, 소명출판, 2002, 35~73쪽 참조.

2 전미경, 「개화기 '남녀동등' 담론에 나타난 여성에 대한 계몽의 시각」, 『한국가정관리학회지』 20-1, 한국가정관리학회, 2002, 87~101쪽 참조.

특질을 연구했다. 이 연구에서는 글쓰기를 통한 여성 주체의 형성 과정에 대한 고찰이 주된 관심사를 이룬다.[3] 유정숙의 「근대계몽기 '여성' 담론의 형성과 계기들－학술지 『태극학보』를 중심으로」는 근대계몽기의 유학생잡지 가운데 하나인 『태극학보』를 중심으로 여성 담론의 형성 과정을 정리한 것이다. 여기에서는 조선 여성의 근대적 정체성 논의가 대부분 '조선' 대 '서구'의 이항 대립적 가치 판단에서 출발했다는 점을 중시한다.[4]

이 글에서는 지금까지 수행된 이러한 연구들이 거둔 성과에 토대를 두고, 가능한 새로운 자료를 보완한 후, 여성 담론 전개사의 큰 틀을 확인해가는 방식으로 논지를 전개해 나가려 한다. 여성 필자의 글들은 물론, 남성 필자의 여성 담론에 대한 정리도 이 글이 관심을 갖는 주요 과제 가운데 하나이다.

3 홍인숙, 「근대계몽기 여성 글쓰기의 양상과 '여성 주체'의 형성 과정－1908년 『대한매일신보』, 『여자지남』, 『자선부인회잡지』를 중심으로」, 『한국고전연구』 14, 한국고전연구학회, 2006, 103～130쪽 참조.

4 유정숙, 「근대계몽기 '여성' 담론의 형성과 계기들－학술지 『태극학보』를 중심으로」, 『한국언어문화』 40, 한국언어문화학회, 2009, 159～183쪽 참조.

2. 근대 초기 잡지의 여성 담론의 전개와 특질

1) 부인 교양잡지

국내에서 발간된 근대잡지에 여성 담론이 수록되기 시작한 것은 『家庭雜誌(가뎡잡지)』가 처음이다. 『가뎡잡지』는 당시 잡지로서는 매우 드물게 순국문으로 기사를 게재하였고, 이따금 괄호 안에 한자를 병기하는 방식을 활용하였다. 애국계몽운동의 일환으로 탄생한 『가뎡잡지』는 순한글로된 우리나라 최초의 월간교양지로 분류된다.[5] 『가뎡잡지』는 1906년 6월 25일에 창간되어 1908년 7월까지 발간되었다.[6] 창간호부터 제7호까지는 류일선이 편집 겸 발행인을 맡았고, 1908년 1월호인 제2권 1호부터는 신채호가 이어서 편집・발행했다.[7] 창간 초기 잡지사의 사원 명단에 이름을 올린 사람들의 대부분이 국권 회복을 위한 비밀단체인 신민회新民會의 주요 회원들이었다는 점에서, 『가뎡잡지』가 신민회의 대중교육운동의 일환으로 발행된 것으로 보는 견해도 있다.[8]

『가뎡잡지』는 여성이 가정에서 하는 일들을 좀더 잘 하기 위해 필요

5 이장우, 「대한제국기 『가뎡잡지』에 대한 일고찰－애국계몽운동의 일단면」, 『서지학연구』 4, 한국서지학회, 1989, 258쪽 참조.

6 『가뎡잡지』는 그동안 극히 일부 호수만이 영인 공개된 상태였지만, 최근 제2권 2호 및 4~6호가 발굴된 바 있다. 이에 관해서는 임상석, 「근대지식과 전통 가치의 공존, 가정학의 번역과 야담의 번안 및 개작－『가뎡잡지』 결호의 발굴」(『코기토』 79, 부산대 인문학연구소, 2016, 52~83쪽)을 참조. 『가뎡잡지』의 새로운 발굴본을 본 연구에 활용할 수 있도록 도와준 임상석 교수께 감사드린다.

7 창간 당시의 사장이 근대 초기의 대표적 지식인 가운데 한 사람인 유길준兪吉濬의 동생 유성준兪星濬이라는 점과, 잡지사 찬성원贊成員 명단에 『제국신문』 사장 이종일과 정운복의 이름이 들어 있다는 사실도 특기할 만하다.

8 최덕교 편저, 『한국잡시백년』 1, 현암사, 2004, 286쪽 참조.

한 신문명을 소개하는 데 치중했다.[9] 이는 『가뎡잡지』의 권두 논설 「우리 잡지를 이어 발간ᄒᆞ는 일로 보시는 이에게 고ᄒᆞ는 말ᄉᆞᆷ」에서, 이 잡지의 성격을 "우리 잡지의 목뎍은 전국 동포의 가뎡의 묵은 습관을 고쳐 문명ᄒᆞᆫ 풍긔를 바다드리기로 직분을 삼ᄉᆞ오니"[10]라고 표현한 구절에서도 확인된다. 이러한 발행의 목적은 특히 위생衛生 관련 기사 및 일상생활 및 교양 관련 기사들을 통해 구현된다. 그런가 하면 『가뎡잡지』는 집안에서의 여성의 역할이나 남녀 간의 관계와 관련해서는 전통적인 여필종부女必從夫의 덕목을 떠올리게 하는 일화들을 수록하기도 했다. 동서양의 가정 미담을 소개하는 일화 가운데 「ᄂᆡ외간 화목ᄒᆞᆫ 일」이나 「사내가 녀인된 일」 등에서 이를 확인할 수 있다. 「싀어ᄆᆞ니 젓먹여 봉양ᄒᆞᆫ 일」 등도 전통 덕목을 강조한 글에 속한다.[11] 『가뎡잡지』가 "전통과 근대가 공존하는 경향이 강하고 독자의 흥미를 노린 기사도 적지 않다"[12]는 지적이 나오는 것도 이 때문이다.

『가뎡잡지』에 수록된 글들 가운데 여성 담론의 범주에 속하는 것으로는 우선 제4호에 수록된 주시경의 권두 논설 「일즉이 혼인ᄒᆞ는 폐」와 이종일이 집필한 제7호 권두 논설 「가뎡지남」을 들 수 있다. 주시경이 「일즉이 혼인ᄒᆞ는 폐」에서 강조한 것은 조혼早婚을 타파하고 자식에 대한 교육을 바르게 수행하는 것이다. 주시경은 조혼의 피해를 '나라 인민의 원기가 주는 것'과 '학문에 해가 되는 것'이라 주장한다. 조혼은 가정

9 이상경, 앞의 글, 38쪽 참조.
10 「우리 잡지를 이어 발간ᄒᆞ는 일로 보시는 이에게 고ᄒᆞ는 말ᄉᆞᆷ」, 『家庭雜誌(가뎡잡지)』 제2년 제1호, 1908.1.5, 2~3쪽.
11 「동셔양 가뎡미담」, 『家庭雜誌(가뎡잡지)』 제1년 제3호, 1906.8.25, 12~16쪽 참조.
12 임상석, 앞의 글.

경제를 어렵게 하고, 이로 인해 자녀교육을 소홀히 하는 결과로 이어지기 때문이다. 주시경은 특히 자녀교육을 위한 여성의 역할을 강조한다. 여자가 남자보다 자녀를 직접 대하고 양육하는 시간이 많으므로 자녀교육에 대한 여자의 역할이 크다는 것이 주시경의 견해이다.[13] 주시경의 논설에서 특히 주목해 보아야 할 점은, 조혼의 폐지가 결국 나라의 부강으로 이어진다는 결론이다. 조혼을 멀리해 학문을 깊이 하고 학문을 통해 가정의 경제를 일구면, 그 결과로 부강하고 문명한 나라를 이룰 수 있게 된다.[14] 이러한 주장은 『가뎡잡지』뿐만 아니라, 이후 계속해서 발간되는 근대 초기 잡지 소재 여성 담론의 기본적 틀로 자리 잡게 된다는 점에서 중요하다.[15] 『제국신문』 사장 이종일이 집필한 「가뎡지남」에서도 조혼 폐지와 자식에 대한 교육 이행은 주요 논제로 반복해서 다루어진다. 「가뎡지남」에서는 조혼의 폐해를 가족과 사회의 불행 초래라는 측면에서 설명하고, 교육의 필요성을 가정과 국가의 경제에 대한 도움이라는 측면으로 연결 짓는다.[16] 글의 마무리 부분인 '가족의 번영을 희망하고 국가의 부강을 원하는 동포들은 여기에 말한 것을 헛되이 알지 말고 시험해보기 바란다'는 구절에는 당시 『제국신문』의 논설의 주된 기조가 거의 그대로 반영되어 있다. 1896년의 『독립신문』 논설이 우리나라에서 여성이 불행해지는 주요 원인 가운데 하나를 조선의 혼인제도 즉 강제에 가까운 조혼제도라고 지목한 이래,[17] 조혼 폐지 논의는 근

13 쥬시경, 「일즉이 혼인ᄒᆞ는 폐」, 『家庭雜誌(가뎡잡지)』 제1년 제4호, 1906.9.25, 3쪽 참조.
14 위의 글, 6쪽 참조.
15 그런 점에서 '계몽 담론 안에서 여성에 대한 동등권의 부여 즉 여성의 자유는 국가의 부강함을 위한 수단이 되고 있다'(전미경, 앞의 글, 91쪽 참조)는 지적은 매우 설득력이 있다.
16 리죵일, 「가뎡지남」, 『家庭雜誌(가뎡잡지)』 제1년 제7호, 1907.1.25, 2~3쪽 참조.
17 『독립신문』, 1896.6.6, '논설' 참조.

대 초기 매체들에서 여성 담론의 핵심적 주제로 간주된다.

『가뎡잡지』에 게재된 남성 필자의 글 가운데 가장 적극적인 여성 담론은 제7호에 수록된 기서寄書 「부인을 낫게 봄이 불가흔 일」이다. 이 글은 후일 「금수회의록」을 집필하게 되는 안국선安國善이 필명인 안천강이라는 이름으로 투고한 것이다.[18] 안국선은 「부인을 낫게 봄이 불가흔 일」에서, 여인을 사나이보다 낫게 보는 동양의 풍속을 비판하고 그 폐단을 열거한다.[19] 안국선이 지적한 것은 첫째, 첩을 두는 폐단이며 둘째, 여자를 가르치지 않는 폐단이고 셋째, 인륜을 모르게 된 폐단이며 넷째, 여인을 노리개로 아는 폐단이다. 이는 단지 제일 심한 폐단 몇 가지를 예로 든 것일 뿐, 이밖에도 소소한 폐해가 적지 않음을 지적한 안국선은 '무릇 남녀의 권리가 동등한 원래의 이치를 생각해, 남자는 여자를 낮게 여기지 말고 부인네들은 남자의 압제를 면할 생각을 하면 좋을 듯하다'는 제안으로 글을 맺는다. 이 글이 발표된 1907년은 안국선이 진도 유배생활을 마치고 서울로 돌아와 『정치원론』(중앙서관, 1907)·『연설법방』(일한인쇄주식회사, 1907)·『외교통의』(보성관, 1907) 등의 저술 및 번역활동을 왕성하게 하던 시기였다. 아울러 그가 종교에 귀의해 독실한 기독교 신자로서의 삶을 살던 시기이기도 했다. 따라서 남녀의 위상이 동등한 것임을 주장하는 이러한 안국선의 사고의 바탕에는 남녀의 '천부적 인권'을 강조하는 기독교적 인식이 자리 잡고 있었던 것으로 보인다.[20]

---

18 안국선은 『가뎡잡지』 제4호에 「가뎡경제론」과 제5호에 「부즈런흘 일」을 이미 기고한 바 있다.
19 안텬강, 「부인을 낫게 봄이 불가흔 일」, 『家庭雜誌(가뎡잡지)』 제1년 제7호, 1907. 1. 25, 6쪽 참조.
20 전미경은 근대 초기 남녀동등의 계몽 담론은 '상보적인 음양론'과 기독교의 '천부인권설'이라는 인식의 장場 위에서 그 당위성을 공고히 했다고 정리한 바 있다. 그러나 전미경은, 여성에

『가뎡잡지』의 총무를 맡았던 변영헌의 글 「부인계에 쳣재 걱뎡」에서는 '부인에 학문이 없음'이 조선의 첫 번째 걱정거리로 제시된다. 학문은 진화進化를 낳고, 진화는 문명을 낳는다. 이 점을 생각할 때 우리나라 부인에게 학문이 없다는 사실은 우리사회의 큰 걱정거리가 아닐 수 없다는 것이다.[21] 변영헌이 여기서 부인들에게도 학문이 필요하다는 사실을 강조하는 가장 큰 이유는 자녀교육을 여자가 담당하고 있기 때문이다. 자녀교육을 위한 여자의 역할에 관한 논의는 앞의 주시경의 글뿐만 아니라 근대 초기 대부분 남성 필자들의 여성 담론에서 공통적으로 발견되는 현상이다. 변영헌의 글에서는 세상에 사회社會라 하는 것이 셋이 있으니 '가족사회와 민족사회와 국가사회'가 그것이라고 규정한다. 이중 가족사회는 민족사회와 국가사회의 기반을 이룬다. 여자의 학문이 중요한 것은 가족사회의 완전하고 완전하지 못함이 여자에게 달려 있기 때문이다. 이러한 주장은『가뎡잡지』같은 호에 실린 강대식의 기서 「부인의 의무」에서도 그대로 반복된다. 이 글의 서두에서는 '남자와 여자의 지혜가 동등할 지경이면 동등한 권리가 있음이 분명하다'는 주장이 제기된다. 태서각국의 문명한 나라뿐만 아니라 동양의 선진한 나라에서도 남자와 여자는 우열이 없으며 동등한 권리와 의무를 행사한다는 것이다. 이때 여자가 행사해야 할 가장 중요한 권리이자 의

게 기존의 전통적인 유교적 여성관의 미덕을 수용하면서 동시에 새로운 서구적 여성관의 미덕을 수용하고 있는 이러한 점은 궁극적인 '남녀동등'과의 거리를 만드는 걸림돌이 되기도 했다고 해석한다. 서구적 준거로 빌려온 기독교적 '남녀동등'이 여성의 권리에 당위성을 부여하기 위한 것이었다기보다는 조선의 경쟁력을 도모하기 위한 방편이었고, 이러한 주장의 궁극적 목적은 여성의 삶의 개선이 아니라 국가의 '강건함'이었다는 것이다(전미경, 앞의 글, 96~97쪽 참조). 그런가 하면, 천부적 인권론은 잡지보다는『독립신문』을 필두로 한 근대신문의 여성 담론에서 상대적으로 쉽게 발견할 수 있다.

21 변영헌, 「부인계婦人界에 쳣재 걱뎡」, 『家庭雜誌(가뎡잡지)』 제2년 제4호, 1908.5, 2쪽 참조.

무는 나라를 위하여 어린아이를 바르게 교육하는 것이다. 바른 교육이란 '항상 머리 속에 나라 사랑하는 정신을 넣어 줌으로써 어릴 때부터 나라를 위하여 몸을 버릴 줄 알고, 부모에게 효도하며, 형제에게 우애하고 동포를 사랑하는 마음을 가지도록 하는 것'이다.[22] 『가뎡잡지』에는 부인의 사회적 위상을 적극적으로 인정하려는 생각과 그 역할을 전통적 범주에 한정시키려는 보수적 주장이 혼재한다. 그런 점에서 '남녀평등론에 입각한 자유 경쟁의 주장은 『가뎡잡지』가 궁극적으로 추구한 것이 아니었다'[23]는 주장은 설득력이 있다. 변영헌이 「부인계의 둘직 격뎡」에서 우리사회의 두 번째 걱정거리를 '부인의 품행이 단정치 못한 것'이라 지적하고 이를 바로 잡기를 권고한 것도 이러한 맥락에서 이해가 가능하다.[24] 리상익이 「부인ᄉᆞ회에 권고」에서 "슬프다 하나님게서 군싱만물 마련ᄒᆞ실뎨 오작 사람에게 특별ᄒᆞᆫ 영혼을 주실 ᄶᅴ 남녀의 분등이 없이 평등ᄒᆞᆫ 권리를 쥬셧거ᄂᆞᆯ 엇지ᄒᆞ야 우리나라 부인은 뎌가티 남ᄌᆞ에게 압졔를 당ᄒᆞᄂᆞᆫ요"[25]라고 한탄하면서도, 여자가 힘써 학문을 닦은 후 해야 할 일로 '부모와 남편을 잘 섬기고 자손 양육에 더욱 주의해야 한다'는 사실을 강조한 것도 결국은 이러한 맥락에서 이해가 가능한 것이다. 논자에 따라 입장 차이가 적지 않았음에도 불구하고, 근대 초기의 유일한 부인 교양잡지였던 『가뎡잡지』는 여성 담론을 당시대 지식인들의 사회문명화 의지와 연결 지음으로써 여자에게도 학문이 필요하다는 견해를 거듭 제시했다는 사실만은 분명하다. 이는 다시 자

22 강대식, 「부인의 의무義務」, 『家庭雜誌(가뎡잡지)』 제2년 제4호, 7~9쪽 참조.
23 이장우, 앞의 글, 275쪽 참조.
24 변영헌, 「부인계婦人界의 둘지 격뎡」, 『家庭雜誌(가뎡잡지)』 제2년 제5호, 1908.6, 1~5쪽 참조.
25 리상익, 「부인ᄉᆞ회에 권고」, 위의 책, 5~6쪽 참조.

녀교육론과 민족교육론 등으로 이어지면서 자연스럽게 애국 담론으로 이어지는 구도를 형성한다. 이러한 구도는 동시대에 발간되는 학회지 등에서도 큰 차이 없이 반복적으로 구현된다.

『가뎡잡지』에 수록된 여성 담론 가운데 가장 주목해 보아야 할 것은 기서란에 실린 북산 여자 변월당의 글 「의무義務을 극진이 ᄒᆞ야 권리權利를 차질 일」과 「몃ᄇᆡᆨ년 죄인을 면ᄒᆞᆯ 일」이다. 지금까지 살펴본 논설 및 기서의 필자가 모두 남성 혹은 남성으로 추정되는 인물들이었던 것과는 달리 필자가 여성이라는 점도 눈길을 끈다. 「의무을 극진이 ᄒᆞ야 권리를 차질 일」에서도 '여자에게 학문이 필요하다'는 주장은 계속된다. 그러나 이 글에서 제안하는 여자가 학문을 하는 목적은 자식교육 혹은 가정교육에 있지 않다. 그보다는 잃어버린 여자의 권리를 찾는 데 있다는 점에서 기존의 논설 및 기서와는 차별화된 전혀 새로운 시각을 보여준다.

> 의무라 ᄒᆞᆷ은 무엇이요 곳 ᄉᆞ람마다 맛흔 ᄎᆡᆨ임이라 엇더케 ᄒᆞ여야 ᄎᆡᆨ임을 극진이 ᄒᆞᆯ가 말노 ᄎᆡᆨ임ᄎᆡᆨ임 ᄒᆞ면 될가 안될 말이요 공연히 말노만 ᄎᆡᆨ임ᄎᆡᆨ임 ᄒᆞ여 권리를 차질 것 갓흐면 오날날 우리가 찻질 ᄯᅢᄭᅡ지 잇겟쇼 이왕 몃백년 몃쳔년 젼 부녀들이 차졋겟지
>
> ᄎᆡᆨ임을 극진이 ᄒᆞᄌᆞᄒᆞ면 불가불 지식이 잇셔야 ᄒᆞᆯ 것이니 지식은 엇더케 ᄒᆞ여야 엇겟쇼 반다시 학문이 잇셔야 ᄒᆞᆯ 것이니
>
> 지금 우리가 학문을 슝상ᄒᆞ야 지식을 엇고 지식을 엇어 ᄎᆡᆨ임을 극진이 ᄒᆞ고 ᄎᆡᆨ임을 극진이 ᄒᆞ야 권리를 찻고져 ᄒᆞᆯ진ᄃᆡ 이왕 죽은 부녀들보담 아죠 쉽겟쇼[26]

북산 여자 변월당은 우리나라 여자들이 하늘이 주신 권리를 잃은 지 수천 년이 지났고 남자의 압제 속에 구속이 되어 동물과 다름없는 삶을 살아왔다고 한탄한다. 권리는 남자가 돌려주는 것이 아니라 여자가 스스로 찾아와야 하는 것이다. 여자가 권리를 찾는 방법은 학문을 통해 지식을 얻고 책임을 다하는 데 있다는 것이 변월당의 생각이다. 남성 필자들의 '여자에게도 학문이 필요하다'는 주장의 바탕에는 '남자는 이미 학문을 성취했으나 여자는 그렇지 못하다'는 인식이 전제되어 있었다. 하지만 변월당은 이러한 선입견에 대해서도 전혀 다른 생각을 드러낸다. 그는 '여자가 학문이 없어서 권리를 남자들에게 빼앗긴 것과 같이, 우리나라 남자들도 학문이 부패하여 자기들의 권리를 타국 사람들에게 빼앗기고 못 받을 압제를 받고 있다'고 생각한다. 그리하여 남자들의 학문과 지식이 여자보다 별로 나을 것도 없는 지금이 여자들이 남자들로부터 권리를 되찾아올 가장 적절한 시기라는 주장을 하게 되는 것이다. 변월당의 이러한 생각은 연이은 기서 「멧빅년 죄인을 면ᄒᆞᆯ 일」로 이어진다. 「멧빅년 죄인을 면ᄒᆞᆯ 일」은 한국 근대 초기 여성 담론의 전개사에서 가장 적극적으로 여성의 권리를 옹호한 글 가운데 하나이다. 이 글에서는 여자가 죄인 취급을 받게 된 이유가 남자들의 간휼한 수단에 빠졌기 때문이라고 주장한다.

슯흐다 사람이 죄를 짓고 률을 당ᄒᆞ야도 원통타 ᄒᆞ거든 하물며 죄도 업시 한죵신 중역을 당ᄒᆞ니 엇지 원통치 아니리오 마ᄂᆞᆫ 멧빅년 이ᄅᆡ로 뎌 남ᄌᆞ들

26 북산여ᄌᆞ 변월당, 「의무義務을 극진이 ᄒᆞ야 권리權利를 차질 일」, 『가뎡잡지』 제2년 제6호, 1908.7, 6쪽.

간휼ᄒᆞᆫ 슈단에 싸져셔 지금은 영이 습관이 되어 남ᄌᆞ가 녀ᄌᆞ를 ᄃᆡᄒᆞ면 의례히 죄인으로 ᄃᆡ뎝ᄒᆞ고 녀ᄌᆞᄂᆞᆫ 의례히 죄인으로 ᄌᆞ쳐ᄒᆞ야 어둡고 깁흔 디옥 쇽으로 드러가ᄂᆞᆫ도다[27]

변월당은 지금까지 여자가 남자에게 속아 왔다고 토로한다. '여자는 내외를 극진히 하고 설혹 출입을 하더라도 면목을 남이 보지 못하게 해야 범절이 장하다'거나 '문명국 여자들이 자유롭게 출입하는 것이 이적의 풍속이라고 조롱한 일' 등은 모두 남자가 여자를 속인 사례에 해당한다. 변월당은 자신도 그런 줄 알았다가, '우리나라 남자들이 이적이라 조롱하던 저 각국들은 나라가 부강하여 세계의 문명국이 되고 예절을 자랑하던 우리나라는 점점 쇠약해지며 우리 여자는 고사하고 밤낮으로 흰소리를 하던 남자들까지 그 사람들에게 천대를 받는 지경에 이르렀음'을 근래 깨닫게 되었다는 것이다. 이 글을 주목해 보아야 하는 가장 큰 이유는, 여자가 자유와 권리를 성취하는 방법이 남자와의 학문적 경쟁 구도에서 승리하는 데 있다고 주장한 점에 있다.

원ᄒᆞ노니 우리 녀ᄌᆞ 동포들아 어셔밧비 죄인의 모양을 버셔던지고 텬연한 면목으로 샤회에 나셔셔 교육을 밧고 학문을 힘셔 일엇든 ᄌᆞ격을 차져셔 뎌 학문업ᄂᆞᆫ 남ᄌᆞ들노 ᄒᆞ야곰 도로혀 우리 압뎨 쇽에 너허보면 그 아니 샹쾌ᄒᆞᆯ가 지금 시ᄃᆡᄂᆞᆫ 경ᄌᆡᆼᄒᆞ난 시ᄃᆡ라 만일 남ᄌᆞ들이 이 글을 보면 혹 우리에게 도로 압뎨를 밧을가 ᄒᆞ야 분격ᄒᆞᆫ 마ᄋᆞᆷ으로 학문을 슝샹ᄒᆞ야 긔어코 우

27 북산여ᄌᆞ 변월당, 「몃ᄇᆡᆨ년 죄인을 면ᄒᆞᆯ 일」, 『가뎡잡지』 제2년 제7호, 1908.8, 4쪽.

리를 압뎨코져 ᄒᆞᆯ 것이요 우리ᄂᆞᆫ 긔어코 남ᄌᆞ를 압뎨코져ᄒᆞ야 학문을 슝샹ᄒᆞ면 그 경ᄌᆡᆼᄒᆞᄂᆞᆫ 결과(結果)에 우리나라이 문명국이 될지 야만국이 될지 ᄌᆞ연 ᄒᆡ셕ᄒᆞᆯ 일이니 힘쓸지어다 동포들아[28]

큰 틀에서 보면 변월당의 글들은 근대 초기 여성 담론 가운데서는 예외에 속하는 것이다. 근대 초기 매체에서 '남자의 기만과 압제로 인해 여자가 고통을 받고 있다'고 주장하는 일은 그 자체만으로도 그리 흔한 것이 아니다. 더구나 여자가 남자의 기만과 압제를 벗어나 자유를 얻고, 더 나아가 남자와의 학문적 경쟁에서 승리해 그들을 여자의 압제 속에 넣어 보는 미래를 상상한 이러한 글은 이후에 다시 만나기가 쉽지 않다. 여자와 남자 모두가 학문을 숭상하고 서로 경쟁하면 그 결과로 인해 우리나라가 문명국이 될 수 있다는 주장 또한 그러하다. 『가뎡잡지』에 투고된 변월당의 글들은 학문의 목적을 인간의 자유와 권리 회복에 두었다는 점에서도 근대 초기 여성 담론의 전개사에서 독자적 가치를 지닌다.

2) 학회지

1900년대 후반 국내에서는 『대한자강회월보大韓自强會月報』를 필두로 『서우西友』, 『서북학회월보西北學會月報』, 『대한학회월보大韓學會月報』, 『기호흥학회월보畿湖興學會月報』 등의 학회지가 연이어 창간되었다. 이들 학회지는 대부분 여성 담론을 수록했다. 물론, 학회지 전체 기사 가운데 여성

28 위의 글, 7쪽.

담론이 차지하는 비중은 극히 미미하다. 그럼에도 불구하고 전통적 교육에 기반을 둔 남성 지식인 위주의 학회지들이 여성 담론에 관심을 가졌다는 사실은 주목할 필요가 있다. 다만, 이들 학회지에 나타난 여성 담론은 그 범주가 넓지 않고, 논지 또한 정형화되어 있다는 특징이 있다. 근대 초기 학회지의 여성 담론은 여성교육의 필요성을 강조하는 일과 조혼의 폐해를 들어 이를 근절시키고자 하는 의지를 드러내는 일의 두 가지로 집약된다.

『대한자강회월보』는 1906년 7월 31일 창간되어 1907년 7월 25일 통권 13호로 종간된 대한자강회의 기관지로서, 한말의 대표적 정치잡지로 꼽힌다.[29] 대한자강회는 계몽의 궁극적인 목적인 자강自強에 다가가기 위한 가장 시급한 과제로 '교육'과 '식산殖産'을 생각했다. 문명의 힘과 경쟁 능력의 부족을 실감하며, 힘 있는 외세에게 국권이 침탈당하는 현실을 뼈저리게 인식해야 했던 조선의 지식인들에게 교육과 식산은 나라의 힘을 배양할 수 있는 가장 직접적인 방책으로 간주될 수 있었기 때문이다.[30] 『대한자강회월보』에 교육 관련 기사 및 논설이 많이 실린 이유도 여기에서 찾을 수 있다. 『대한자강회월보』에 수록된 교육 관련 논설 가운데 여성 담론과 관계된 대표적인 글이, 여자교육의 필요성에 대한 윤효정의 연설을 정리한 「윤효정 씨尹孝定 氏가 여자교육女子教育에 필요必要란 문제問題로 연설演說ᄒᆞ 되」이다. 윤효정은 한말의 독립운동가로서 대한자강회와 대한협회를 조직 설립했을 뿐만 아니라, 자신의 딸 윤

29 최덕교 편저, 앞의 책, 68쪽 참조. 대한자강회는 한말의 대표적인 계몽단체 가운데 하나로, 1906년 3월 장지연, 윤효정, 심의성, 임진수, 김상범 등이 발기인으로 참여하여 설립되었다. 회장은 윤치호가 맡았고, 윤효정, 장지연 등이 평의원을 맡아 적극적으로 활동했다.

30 부산대 점필재연구소 고전번역학센터, 「대한자강회월보 해제」, 『대한자강회월보 편역집』 1, 소명출판, 2012, 261쪽 참조.

정원尹貞媛을 해외에 유학시킨 인물이기도 하다. 윤효정은 강연 참석자들을 향해 '나라의 슬기로움과 어리석음, 부유함과 가난함이 실로 여자를 가르치고 안 가르치는 것과 큰 관계가 있으며, 이는 실로 자강의 기본과 관련이 있는 것'이라는 전제를 바탕으로 논지를 전개한다.[31] 윤효정의 논지는 크게 다음의 네 가지로 구성된다. 첫째, 여자교육은 재산의 큰 자본이다. 둘째, 여자의 무교육은 재산의 큰 손해이다. 셋째, 여자교육은 교육의 큰 근본이다. 넷째, 여자의 무교육은 교육의 큰 원수이다. 아울러, 윤효정은 남녀에게 교육이 필요한 이유를 다음과 같은 구절로 설명한다. '무릇 나라는 반드시 인민이 있어야 하고 인민은 반드시 가정이 있어야 하고 가정에는 반드시 남녀가 있어서 함께 그 생활의 정리를 도모해야 한다. 남자의 의무는 국가사회에 많으며 여자의 의무는 가족사회에 많아 서로 표리를 이루는 데 그 의무를 다 하고자 하면 반드시 지식이 필요하고, 그 지식을 넓히고자 하면 교육이 필요하니, 이것이 실로 남녀에게 교육이 필요한 이유가 된다.' 윤효정이 생각하는 여자교육의 효과는 '자선과 친목으로 한 집안의 화평을 도모하고 청결로 한 집안의 위생을 도모하며, 만물의 경제를 살펴 수입 지출을 능히 기록하고 근검하고 절제하여 남편이 미치지 못하는 바를 보좌하는' 일이다. 윤효정이 여자교육의 효과를 가정과 나라의 부강으로 연결 짓는 이유는 그가 '교육'과 '식산'을 중시하는 관점에서 논지를 펼쳐가고 있기 때문이다. 여자교육에 관한 윤효정의 주장은 다음의 결론으로 이어진다.

31 「윤효정 씨尹孝定 氏가 여자교육女子教育에 필요必要란 문제問題로 연설演說ᄒᆞ되」, 『대한자강회월보大韓自强會月報』 1, 1906.7.31, 41~42쪽 참조.

家有幼年令愛者ᄂᆞᆫ 各使之入學修業ᄒᆞ고 惟盛年婦人之難於入學者則別設婦人會ᄒᆞ고 特迎內外國之高明女史ᄒᆞ야 時以閨門必要之學問演說로 開發其知識ᄒᆞ야 以革除其舊慣之惡而移步於文明之域이 實國家幸甚이오 本會希望이로다[32]

집안에 어린아이를 둔 이는 이들을 각기 입학시켜 수업을 받게 하고, 나이가 차서 입학하기 어려운 부인들은 따로 부인회를 설립하여 내외국의 고명한 여사를 초빙하여 학문과 연설로 지식을 개발하며 낡은 구습의 폐를 물리치고 문명의 영역으로 옮겨가야 한다. 이것이 곧 나라의 큰 다행이며 대한자강회의 희망이 된다는 것이다.

대한자강회 회장 윤치호는 『대한자강회월보』에 수록된 「윤치호 씨尹致昊 氏가 조혼早婚의 이해利害를 연설왈演說曰」에서 조혼의 폐해를 체육體育상의 폐해, 지육智育상의 폐해, 덕육德育상의 폐해로 나누어 거론한다. 조혼이 성행하는 이유를 지목하면서 이른바 '며느리의 노동력'을 거론하는 부분도 주목을 끈다. 대가 없이 노동을 치르는 우리나라의 며느리야말로 노예 중의 노예라는 것이다. 대한자강회가 조혼 금지를 정부에 건의한 것은 이러한 이유 때문이다. 논의의 결론에서 윤치호는 사람들이 정부의 결정에만 기대지 말고 스스로 이러한 풍속을 바꾸어 나갈 것을 권고한다.[33]

『대한자강회월보』에 이어 교육 관련 여성 담론을 수록한 학회지로

32 위의 글, 45~46쪽.

33 "無論某事ᄒᆞ고 俗不行法이면 法不成俗이니 幸望諸君은 政府小學論을 勿待ᄒᆞ고 一人一家의 私味ᄂᆞᆫ 姑舍ᄒᆞ고 子女와 國民의 前程大計를 思念ᄒᆞ야 個人個人히 早婚을 禁止ᄒᆞ야 墮落ᄒᆞᆫ 人種을 改良ᄒᆞ고 委靡ᄒᆞᆫ 國勢를 再振케 ᄒᆞ시오" 「윤치호 씨尹致昊 氏가 조혼早婚의 이해利害를 연설왈演說曰」, 『대한자강회월보』 2, 1906.8.25, 59쪽.

『서우』를 들 수 있다. 『서우』는 1906년 12월에 창간되어 1908년 5월까지 발행되었다. 이는 황해도와 평안도 출신 지식인 중심이 되어 발행한 잡지이다. 『서우』에서 여성교육의 필요성을 언급한 글로는 류동작柳東作의 「여자교육女子敎育」과 김하염金河琰의 「여자교육의 급선무急先務」를 들 수 있다. 먼저, 류동작은 「여자교육」에서 여자교육의 유무가 작게는 한 가정, 크게는 한 나라 및 사회의 성쇠盛衰와 관련이 있다고 주장한다.[34] 여자교육이 필요한 이유는 여자에게 적절한 교육을 베풀어 '유한정정幽閑貞靜의 조행操行과 공검근면恭儉勤勉ᄒᆞᆫ 미덕美德'을 기를 수 있게 하기 위함이다. 이러한 미덕은 자녀교육을 위해 꼭 필요한 것이기도 하다.[35] 김하염의 「여자교육의 급선무」는, 여자교육을 통해 국가의 부강을 도모할 수 있다는 주장을 펼친 글이다. 전 국민의 절반에 이르는 여자들의 참여 없이 국가가 부강해질 수 없다는 것이 이 글의 주된 논지를 이룬다.[36]

『서우』에 게재된 김규진의 「조혼早婚의 폐弊」에서는 우리나라의 결혼 풍습을 서양 및 중국・일본 등과 비교한 후, 우리나라가 유독 조혼의 악습을 지금까지 버리지 못했음을 비판한다. 이어서, 인종의 강약수요强弱

34 회원會員 류동작柳東作, 「여자교육女子敎育」, 『서우西右』 2, 1907.1.1, 12쪽 참조.

35 "此 感化의 最有力 有效ᄒᆞᆷ은 子女의 初步敎育에 在ᄒᆞᆷ이니 稚木을 搆ᄒᆞ야 鞍枝를 成ᄒᆞᆫ다 ᄒᆞᆷ은 童稚時의 敎育을 云ᄒᆞᆷ이라. 幼兒ᄂᆞᆫ 將來國民의 基礎니 其 基礎를 鞏固케 ᄒᆞ려 ᄒᆞ면 幼時의 敎育에 主意ᄒᆞᆯ지라. 要ᄒᆞ건ᄃᆡ 吾人이 幼時를 經치 아니ᄒᆞ고 成年에 達ᄒᆞᆫ 者ㅣ 未有ᄒᆞᆫ지라 幼, 成, 老 三期中 最有力ᄒᆞᆫ 固着性이 有ᄒᆞᆫ 初期에 感化를 女子의게 受ᄒᆞ리니 女子의게 敎育을 施ᄒᆞᆯ 必要가 卽 女子의게 敎育을 被ᄒᆞᆯ 必要로 由ᄒᆞᆷ이라 ᄒᆞ노라" 위의 글, 12~13쪽.

36 그의 주장은 "大抵 保國코져 ᄒᆞ면 其 國民이 各有其業ᄒᆞ야 各自生養然後에야 國可富强ᄒᆞᆯ지어ᄂᆞᆯ 今我 同胞가 二千萬이라 泛稱ᄒᆞ니 然則 女子가 半數에 在ᄒᆞ고 其餘一千萬人中에 能自業自食者ㅣ 未必盡數也오 不農不商에 遊食浪費者가 又不知幾百萬人이니 此 所謂一人耕之에 十人食之라. 如此而饑寒을 烏得免乎며 富强을 何可望乎리오"(김하염金河琰, 「여자교육女子敎育의 급선무急先務」, 『서우』 15, 1908.2.1, 13쪽)라는 구절에 잘 드러나 있다.

壽夭와 국가의 성쇠흥망盛衰興亡이 혼인제도와 연관되어 있음을 거론한 후 조혼의 폐습을 과감히 버릴 것을 주장한다.[37] 『서북학회월보』에 개재된 류경복의 「남녀학생男女學生의 조혼早婚을 의계宜戒」는, 조혼의 폐해를 특히 남녀학생의 학문 성취와 연관 지어 논의한 글이다.[38] 이 글에서는 혼취婚娶의 목적이 생식 발육과 가족 성립에 있는 것이거늘, 우리나라의 경우는 열 살만 넘어도 으레 혼취를 시도한다고 비판한다.[39] 조혼은 학문을 중도에 포기하는 일로 이어진다. 따라서 학문 지식이 만족할 만한 지점에 이르기까지는 어떠한 유혹이 있더라도 자신의 입지를 확고히 하여 조혼을 피하고, 장래의 위대한 사업을 도모해야만 한다는 것이다.

『서북학회월보』에 수록된 신민자新民子의 「여학생제씨女學生諸氏여」와 같은 유형의 글은 특히 주의해서 살펴볼 필요가 있다. 이 글은 여성사회의 변화를 바라보는 보수적 남성 지식인의 시각과 의식구조를 적나라하게 드러낸다. 이 글은 도입 부분만을 중심으로 판단하면 전형적인 근대적 여성 담론에 속하는 것으로 오해할 수 있다. 그러나 이 글의 전반적 논의 구조를 분석하면 실제로는 오히려 반反여성 담론의 성격을 띠고 있음을 알 수 있다. 「여학생제씨여」는 서두에서 과거 감옥과 같던 부인사회가 이십세기 문명 풍조를 맞이해 남녀동등의 자유를 주창하는 시대로 변화했음을 지적한다.[40] 그러나 정작 이 글이 강조하는 것은

---

37 회원會員 김규진金圭鎭, 「조혼早婚의 폐弊」, 『서우』 8, 1907.7.1, 19~22쪽 참조.

38 『서북학회월보』는 1908년 6월 창간된 서북학회의 기관지이다. 서북학회는 기존의 서우학회와, 함경도 출신 지식인 모임인 한북학회漢北學會가 통합되어 발족했다.

39 회원會員 류경복柳景馥, 「남녀학생男女學生의 조혼早婚을 의계宜戒」, 『서북학회월보』 4, 1908.9.1, 25쪽 참조.

40 신민자新民子, 「여학생제씨女學生諸氏여」, 『서북학회월보』 16, 1909.10.1, 46쪽 참조.

여성들이 경거망동하지 말고 유한정정幽閒貞靜의 본능을 잘 지키고 관유우상寬裕優尙의 절목節目을 확실히 지키며 근신勤愼해야 한다는 사실이다. 그렇게 하지 않으면, 이나마 새롭게 변화한 부녀사회를 스스로 박멸하는 결과를 초래하게 될 것이라는 경고를 보내고 있는 것이다. 여학생들이야말로 일반 부녀계의 모범이 되어 사회를 바르게 이끌 책임이 있다는 말 또한 일종의 경고로 들린다.[41]

부인사회의 변화에 대해 주목하고 여자교육의 필요성에 대해 동의하지만, 그것이 초래할 수 있는 이른바 사회적 부작용에 대한 우려를 나타내는 글이 과거에도 없었던 것은 아니다. 심지어 여성을 주된 독자로 삼아 발행되었던 『제국신문』조차도, 유지有志한 자들과 정부 당국자들이 여성사회의 변화를 잘 이끌지 못하면 오히려 큰 폐단을 불러올 것이라는 우려를 수차례 드러낸 바 있다. "시무의 유지혼 자들이어나 정부 당국자들은 깁히 강구ᄒᆞ야 녀ᄌᆞ샤회의 젼뎡을 잘 인도ᄒᆞ야 션미혼 결과를 보게"[42] 해야 한다는 주장이나, "이 ᄯᅢ를 당ᄒᆞ야 녀ᄌᆞ샤회의 발동ᄒᆞᄂᆞᆫ 것을 잘 됴졔치 안이ᄒᆞ고 그ᄃᆡ로 맛겨두면 큰 폐단이 ᄉᆡᆼ길 념려가 업지 안이"[43]하기 때문이라는 주장 등이 그러한 예가 된다. 이러한 주장

41 "今日 社會의 良妻될 者 | 諸氏며 家庭의 賢母될 者 | 諸氏라"(위의 글, 47쪽)는 구절을 통해서는 학생들이 지향해야 할 덕목과 역할이 양처良妻와 현모賢母라는 사실을 반복해 강조한다. 이 글은 "諸氏의 部分 中에 一二不完美혼 者의 行動이 有홈을 因ᄒᆞ야 諸氏의 全體名譽가 損傷됨을 深惜ᄒᆞ야 但 其 當者의 耳邊에 警鍾을 打送코자 홈이로다"(위의 글, 48쪽)라는 말로 마무리가 된다. 일부 여학생들의 우려되는 행동 대해 경종을 울리기 위해 자신이 이 글을 쓰고 있다는 사실을 강조하고 있는 것이다. 참고로, '양처현모'론은 1890년대 말 일본이 채택한 '부덕을 기르고 국민된 성격을 도야' 하려는 교육 정책에 바탕을 두고 있다. 이는 근대 초기뿐만 아니라, 1930년대까지의 여자고보의 교육과정에까지도 영향을 미친다. 이와 관련된 논의는 김수진, 『근대의 과잉』(소명출판, 2009, 76쪽) 참조.

42 「녀ᄌᆞ샤회의 발동」, 『제국신문』, 1907.5.29.

43 위의 글.

의 근거를 이루는 것은 '부인사회의 변화를 바르게 이끌 책임이 남성 지식인에게 있다'는 생각이다. 여성에 대해 특별히 우호적이었다고 평가를 받아왔던 『제국신문』 논설에도 실은 남성의 타고난 성품이 여성보다 우월하다는 생각이 바탕에 짙게 깔려 있다. 외형상 여성의 자유와 권리를 주장하는 것처럼 보이는 논설 「남녀의 분별」의 결구는 다음과 같다. "이 뜻슬 모로는 동양사ᄅᆞᆷ들은 닐으되 셔양사ᄅᆞᆷ이 녀인을 너무 과히 놉히ᄆᆡ 도로혀 ᄂᆡ외가 밧귄 모양이라 ᄒᆞ나니 이는 녀인을 즁히 넉여 남ᄌᆞ보다 놉히 넉임이 아니라 실샹은 녀ᄌᆞ가 잔약ᄒᆞ고 연ᄒᆞ야 능히 ᄌᆞ유권리를 찻지 못ᄒᆞᄆᆡ 남ᄌᆞ에 특별 보호ᄒᆞᆷ이 아니면 영히 폐ᄒᆞᆫ 사ᄅᆞᆷ되기를 면치 못ᄒᆞᆯ지라 힘을 밋어 약ᄒᆞᆫ쟈를 압제ᄒᆞᆷ이 엇지 공평타ᄒᆞ리오 그럼으로 아희와 로인과 녀ᄌᆞ는 특별히 한층더 ᄃᆡ졉ᄒᆞᆷ이니 엇지 덕화에 지극ᄒᆞᆷ이 아니리오."[44] 이러한 사고는 1910년 한일병합 이후 급격히 보수화의 길을 가게 되는 『매일신보』 소재 남성 필자들의 여성 담론에 반영되어 '여학생 교육과 그들에 대한 감시監視의 병행'이라는 주장으로 이어지게 된다.[45]

근대 초기 학회지에도 여성 필자의 글이 실려 있다는 점은 특기할 만하다. 윤정원과 한남여사漢南女史의 글이 그러한 예에 해당한다. 『대한자강회월보』 제10호에 수록된 윤정원의 글 「헌신적獻身的 정신精神」은 철저히 남성 필자 중심으로 운용되던 국내잡지에 게재된, 최초의 여성

44 「남녀의 분별 련속(4)」, 『제국신문』, 1902.10.3. 참고로, 「남녀의 분별」은 『제국신문』 1902년 9월 29일부터 10월 3일까지 네 회에 걸쳐 연재되었다. 「한국 근대 초기 여성 담론의 생성과 변모—근대 초기 신문을 중심으로」(『대동문화연구』 95, 대동문화연구회, 2016, 223~260쪽) 중 '두 회에 걸쳐'(239쪽)라는 서술은 오류이므로 바로잡는다.

45 이에 관한 자세한 논의는 위의 글, 238~252쪽 참조.

필자가 집필한 여성 담론이라는 점에서 의미가 있다. 이 글은 일본에 유학 중인 윤정원이, 국내에서 새롭게 출범한 여성단체인 한성부인학회漢城婦人學會를 위해 작성해 보낸 것이다.[46] 「헌신적 정신」과 함께 수록된 글 「불가무차일언不可無此一言」에 따르면 윤효정의 딸인 윤정원이 일본 유학을 시작한 것은 광무 2년(1898)의 일이다. 윤정원은 그해 8월 도쿄의 메이지여학교明治女學校에 입학하여 보통과와 고등과를 졸업했고, 이후 도쿄여자음악원東京女子音樂園 및 여자공예학교女子工藝學校 등에서 수학한 것으로 기록되어 있다.[47] 윤정원은 우리나라 최초로 일본 교육기관에 정식으로 입학해 수학한 여성이었고, 일찍이 유럽을 여행하며 서구의 문물을 접하고 견문을 넓힌 인물이기도 하다.[48] 윤정원이 부인학회에 보내는 메시지의 핵심은, 이러한 단체의 조직이 한국의 여성사회를 위해 지극히 필요하고 훌륭한 일이므로 헌신적 정신으로 단체의 목적 달성을 위해 노력해 달라는 것이다.[49] 과거 우리 한국의 여성은 다만 자기 집안의 좁은 방에 엎드려 칩거하며 세월을 허송할 뿐 서로 교제하는 일이 애초에 없었다. 그러나 이제 이러한 부인학회를 설립하게 되었으니, 헌신적 정신으로 여러 난처한 일을 극복해 나가야 한다는 것이 윤정원의 생각이다. 윤정원의 「헌신적 정신」은 여성단체에 보내는 메시

46 이 글은 원래 유학생잡지인 『태극학보』 7, 1907.2.24에 먼저 수록되었다.

47 자인紫人 홍필주洪弼周, 「불가무차일언不可無此一言」, 『대한자강회월보』 10, 1907.4.25, 58~61쪽 참조.

48 윤정원은 하란사에 이어 두 번째로 일본에 유학한 여성이다. 그러나 하란사가 1년여라는 짧은 기간 동안 청강생으로 일본에 머물렀던 것에 반해, 윤정원은 정식으로 일본에서 중등 및 고등 교육과정을 이수했다. 이에 관한 정리는 김성은, 「신여성 윤정원尹貞媛의 현실 인식과 사회활동」(『한국근현대사연구』 67, 한국근현대사학회, 2013, 295~327쪽) 참조. 우리나라 여성 최초의 정규 일본 유학생을 윤정원이라고 지칭하는 것은 이러한 이유 때문이다.

49 여사女史 윤정원尹貞媛, 「헌신적獻身的 정신情神」, 『대한자강회월보』 10, 1907.4.25, 63쪽 참조.

지로서는 다소 평범하고 일반적인 논지로만 채워진 느낌이 없지 않다.[50] 한남여사의 글은, 경기도와 충청도를 중심으로 한 지식인 단체인 기호흥학회가 발간한 『기호흥학회월보畿湖興學會月報』에 수록되었다. 한남여사가 『기호흥학회월보』에 게재한 첫 글은 '기서'인데 여기에 별다른 제목이 달려 있지는 않다. 한남여사가 주로 거론하는 것은 기호畿湖의 지식인들이 더욱 분발하여 학문을 흥하게 하고, 이를 바탕으로 국권의 회복을 도모는 일이다.[51] 한남여사의 또 다른 글 「오호형제동포자매嗚呼同胞兄弟姊妹여」 역시 학문을 통한 국권과 국토의 회복을 주된 논지로 삼고 있다.[52]

3) 여성단체 기관지

『녀즈지남女子指南』은 근대 초기의 여성단체인 여자교육회女子教育會가 발행한 월보月報 형식의 기관지이다. 우리나라 최초의 여성단체 회지[53]

50 이와 관련해서는 "국권 회복이라는 시대적 대의명분 아래서 국권 회복에 여성의 힘을 보태는 길을 찾으면서 여성도 국민의 일원임을 인정받고자 했던 윤정원으로서는 가부장제의 압제로부터 여성해방이라는 명제는 아직 떠올릴 수 없는 상황이었다"(이상경, 앞의 글, 45쪽)는 지적이 참고가 된다.

51 한남녀ᄉ, 「긔셔」, 『기호흥학회월보畿湖興學會月報』 5, 1908.12.25, 33쪽 참조. 이 글은 『제국신문』 1908년 12월 29일 자에도 게재되었다. 한남여사는 근대 초기의 대표적 여성 논설가 중 한 사람으로 『대한매일신보』와 『황성신문』 등에도 글을 실었다. 한남여사의 문필활동에 대해서는 김복순, 「『제국신문』의 힘–'여성 감각'의 탄생」(김복순 외편, 『제국신문과 근대–매체 · 담론 · 감성』, 현실문화, 2014, 15~63쪽) 참조.

52 한남여사漢南女史, 「오호형제동포자매嗚呼同胞兄弟姊妹여」, 『기호흥학회월보』 8 1909.3.25, 5~7쪽 참조. 이 글은 직접적인 여성 담론과는 다소 거리가 있다. 이와 관련해서는 한남여사의 글쓰기가 "수신자를 남/녀 범주를 특화시키기 않고 '국민'으로 상정한 경우"(김복순, 위의 글, 22쪽)에 해당한다는 지적이 참고가 된다.

53 이화여대 한국여성연구소 편, 「여자교육회女子教育會와 『여자지남女子指南』」, 『한국여성관련자료집韓國女性關聯資料集 한말여성지韓末女性誌』, 이화여대 출판부, 1981, 7쪽 참조.

로 분류되는 『녀ᄌ지남』의 발행처는 여자교육회 소속 교육기관인 여자보학원女子普學院이다. 여자교육회는 1906년 6월에 설립되었으며, 회원들은 대체로 상류층의 부녀자들로 구성되었다. 『녀ᄌ지남』은 1908년 4월 여자교육회의 총재인 리옥경의 주선으로 인가를 받아 출발했다.[54] 『녀ᄌ지남』은 여성들이 주동이 되어 만든 잡지로 알려져 있다.[55] 하지만 창간사에 해당하는 「녀ᄌ지남월보 취지서」를 윤치오尹致旿가 썼고 이어서 「여자보학원 유지 취지서女子普學院維持趣旨書」를 박은식朴殷植이 집필하는 등 꼭 그렇게 볼 수만은 없는 요소들이 많다. 판권란에는 이 잡지의 사장이 당시 학무국장學務局長이던 윤치오로 기재되어 있다. 편집은 여자보학원의 교장이던 강윤희姜玧熙가 맡았다. 여자교육회의 회원은 여성들이었지만, 산하의 여자보학원 유지회女子普學院維持會는 주로 남성들로 구성되어 있었다.[56] 윤치오는 「녀ᄌ지남월보 취지서」에서, 월보 『녀ᄌ지남』의 발간이 자신의 친구이자 여자보학원의 원장인 강윤희의 깨달음에 근거한 것이라는 사실을 기록하고 있다. 『녀ᄌ지남』 창간호의 경우 기명記名의 기사가 총 31편인데, 이 가운데 18편은 남성 필자가 그리고 13편은 여성 필자가 쓴 글이다. 기사 편집은 남성 필자들의 글을 전반부에 배치하고, 여성 필자들의 글들을 후반부에 수록하는 방식을 취하고 있다.[57] 여자교육회 총재 리옥경이 쓴 월보 발행 취지 관련

54 『녀ᄌ지남』은 창간호 표지에 이 잡지가 1908년 4월호임을 명기하고 있으나, 뒷면 판권지에는 실제 창간일이 1908년 5월 25일로 표기되어 있다.

55 최덕교 편저, 앞의 책, 295쪽 참조.

56 이와 관련해서는 "女子教育會는 李鈺卿을 頂點으로, 여성 중심의 女子教育會와 男性들로 구성된 女子普學院維持會의 두 단체로 사실상 분리 운영되게 되었다"(이화여대 한국여성연구소 편, 앞의 글, 7쪽)는 서술 참조.

57 기사의 숫자는 학생들이 작성한 「각 녀학교 생도 작문」을 제외한 것이다. 필자 가운데 한 사람인 명신학교 교사 리숙은 여성으로 추정되는데, 그의 글은 예외적으로 잡지 후반부가 아니

논설조차도 남성 필자들의 기사가 모두 끝난 뒤에야 게재된다. 윤치오가 쓴 「녀ᄌᆞ지남월보 취지서」에서는 이 잡지의 발간 목적을 "년고ᄒᆞᆫ 녀ᄌᆞ의 학식 도덕을 발달ᄒᆞ기 위ᄒᆞ야 지금 녀ᄌᆞ의 교육에 필요될 만ᄒᆞᆫ 녀ᄌᆞ지남이란 월보를 발힝ᄒᆞ기로 발긔ᄒᆞ야 녀ᄌᆞ교육을 일층 확쟝케ᄒᆞ되 현금 세틱 물경을 자상이 거두워 편찬ᄒᆞ야……"[58]라는 구절로 설명한다. 나이가 이미 성년이 되어 이제 학교에 입학할 수 없는 여자들이, 이 잡지를 통해 학식과 도덕을 배우고 익힐 수 있도록 하기 위하여 『녀ᄌᆞ지남』을 창간한다는 것이다. 윤치오는 이 글에서 여자교육의 중요성을 강조하면서 '여자의 학식과 도덕이 있고 없는 것으로 그곳 국가의 문명과 야만의 구별을 할 수 있다'는 논지를 펼친 바 있다. 윤치오가 이렇게 여자교육의 필요성을 강조한 이유는, '어진 어머니와 착한 아내만이 일등한 나라를 만들 수 있다'는 생각 때문이다. 전형적인 현모양처론에 근거한 여자교육의 필요성을 주장하고 있는 것이다.

『녀ᄌᆞ지남』 창간호에는 무려 열두 편의 축사가 실려 있다. 이들 축사의 필자들은 김윤식金允植, 현공렴玄公廉 등 대부분이 남성이다. 이들의 축사는 대체로 유사한 구조와 내용으로 이루어져 있다. 여성들의 능력과 역할의 중요성에 대한 인식, 여성에 대한 교육의 필요성 강조, 국가와 미래사회에 대한 여성의 기여 등으로 이어지는 구조와 내용이 그것이다. 예를 들면 김윤식은 「축ᄉᆞ」를 통해, 우리나라의 구습이 총명한

라 12편의 축사들 사이에 들어 있다. 이는 필자의 성별과 관계없이 모든 축사를 잡지 전반부에 배치했기 때문이다. 리숙과 리옥경의 경우는 그들의 직책을 표기했지만, 나머지 여성 필자들의 경우는 이름 앞에 모두 부인이라는 표기가 되어 있다. 리숙은 얼마 뒤, 여성 필자들의 원고로만 채워진 『자선부인회잡지』 창간호에도 축사를 게재하게 된다.

58 사샹 윤치오, 「녀ᄌᆞ지남월보 취지서」, 『녀ᄌᆞ지남女子指南』 1, 1908.5.25. 2쪽.

여자의 재질을 구속했음을 질타한 후 여성교육의 필요성을 강조한다. 아울러, 이 책을 자세히 열람하고 나면 지식이 개명하고 애국사상이 분발하게 될 것이라는 기대를 표명한다.[59] 당시 『대한매일신보』의 논설위원이던 장도빈 역시 「축ᄉ」에서, 여자교육과 평등주의 그리고 여자사회의 자유가 곧 한반도의 문명과 자유를 가져오게 될 것임을 강조한 바 있다.[60] 장도빈은 '산운'이라는 필명으로 기고한 「녀ᄌ교육의 필요」에서도 여자교육을 통한 문명한 국가의 실현을 주장한다. 여자가 남자와 동등한 학문의 수준에 이르게 될 때 온전한 육아와 가정교육이 가능해지며, 이를 통해 문명 부강한 나라가 될 수 있다는 것이 이 글의 논지인 것이다.[61] 최병찬의 「교육필요」 역시 여성교육의 최종 목적을 '우리나라 문명의 기초를 다지는 일'에 두고 있다는 점에서 장도빈의 글과 논지가 크게 다르지 않다. 최병찬은 여성이 교육을 통해 현부賢婦와 정녀貞女가 되어야 한다는 사실을 강조한다.

『녀ᄌ지남』에 수록된 논설들 가운데 주목할 만한 글은 청해빅옹의 「남녀의 동등론」이다. 「남녀의 동등론」은, 기독교에 바탕을 둔 '천부인권론'과 함께 근대 초기 남녀동등 계몽 담론의 한 축을 이루는 '상보적 음양론'에 속하는 글이다. 「남녀의 동등론」에서는 남녀의 역할과 위상을 하늘과 땅의 상보적 관계로 설명한 후, 남녀의 권리와 의무에 대해서도 견해를 제시한다.[62] 이 글은 결론에서 '우리 사회가 남자의 교육에만

59 김윤식, 「축ᄉ」, 위의 책, 3쪽 참조.

60 장도빈, 「축ᄉ」, 위의 책, 8쪽 참조.

61 산운, 「녀ᄌ교육의 필요」, 위의 책, 15~16쪽 참조. 당시 장도빈이 가장 자주 사용한 필명이 산운汕耘이다.

62 청히빅옹, 「남녀의 동등론」, 위의 책, 21~22쪽 참조.

힘쓰지 말고 여자의 교육에도 힘을 쏟아 이들이 동심동력으로 실업을 발달시키고 자녀를 자양하면 이것이 과연 하늘과 땅이 함께 힘써 만물을 생장시키는 것과 같다'는 주장을 펼치게 된다.[63] 「남녀의 동등론」의 뒤를 이어 수록된 여자교육회 총재 리옥경의 글에는 제목이 달려 있지 않으나, 이 글은 성격상 월보 발간의 취지를 밝힌 간행사라고 볼 수 있다. 여기서 리옥경은 여자교육의 필요성을 강조한 후 '남녀동등이 되어 내외하는 법을 폐지하고, 학문을 가르치며, 소년과부의 개가를 허용하고, 조혼을 금지할 것' 등을 주장한다.[64] 리옥경의 간행사 뒤에는 열한 편의 여성 필자의 글이 계속해서 게재된다. 여성 필자의 글들은, 과거 우리나라의 여성이 무익한 물건으로 취급받는 등 남성에게 차별을 받아왔으며 현재의 위상 또한 크게 다르지 않다는 점을 강조한다는 점에서 남성 필자의 글과 차이를 보인다.[65] 하지만, 이러한 위상에 대한 억울함을 토로하는 과정을 거치고 나면 그들이 선택하는 해법과 미래에 대한 전망은 남성 필자의 글과 거의 차이가 나지 않는다. 교육을 통해 남성과 동등한 지위를 확보하고 실업에 참여하며, 이를 통해 문명하고 부강한 나라를 만드는 데 일조해야 한다는 결론에서는 큰 차이가 없는 것이다.[66] 특히 자신들 스스로가 교육받아 현실을 바꾸기에는 이미 나

63 상보적 음양론에 토대를 둔 이러한 유형의 남녀동등 담론에 대해서는 "전통적인 여성의 성역할을 미화하고 여성을 그 역할 안에 가두는 데 사용되고 있다"(전미경, 앞의 글, 97쪽)는 견해도 있다.

64 여자교육회 총재 리옥경, 『녀ᄌᆞ지남女子指南』 1, 24~25쪽 참조.

65 이하 모두 『녀ᄌᆞ지남女子指南』 1에 수록된 글이다. 부인 김운곡, 「남녀동등의 의무」, 25쪽 참조. 이러한 내용을 담고 있는 글로는 다음과 같은 사례를 더 들 수 있다. 부인 최학암, 「의견서」, 26~27쪽; 부인 리강ᄌᆞ, 「녀ᄌᆞ의 자유」, 28~29쪽 등.

66 이하 모두 『녀ᄌᆞ지남女子指南』 1에 수록된 글이다. 부인 최학암, 「의견서」, 26~27쪽; 부인 박ᄉᆞ라, 「찬ᄉᆞ」, 27~28쪽; 부인 김영ᄌᆞ, 「학설」, 30~31쪽; 부인 청숑강, 「교육론」, 33~34쪽; 부인 홍죠홍, 「권학설」, 34~35쪽 등 대부분의 글이 이러한 논지를 펼치고 있다. 『녀ᄌᆞ지남』에 나타난 봉건적 여성관 비판과 관련된 연구는 홍인숙, 「근대계몽기 여성 글쓰기의 양상과 '여성 주체'의 형성

이가 들었으므로, 자녀를 잘 키우는 것이 여자의 미래를 바꾸는 가장 간편한 방법이라는 주장[67]을 통해서는 이른바 상류층 부녀자들로 구성된 여자교육회 회원들의 담론 성향을 짐작할 수 있게 된다.

『녀ᄌᆞ지남』에서 특기할 만한 사항은 잡지 후반부에 '각 녀학교 생도 작문'란을 따로 두어 총 아홉 편의 여학생 투고문을 수록하고 있다는 점이다. 열세 살 여학생이 투고한 글의 논지 또한, 앞에서 정리한 부인들이 작성한 글의 논지와 유사하다. 남녀의 위상 차이가 교육의 유무에 따른 것이라는 점과, 학문에 힘써 남녀가 동등하게 된 후 국권 회복에 진력해야 할 것[68]이라는 논리 전개의 틀 또한 별 차이가 없다. "대져 교육이라ᄒᆞᄂᆞᆫ 것은 국가뎍 경신을 양ᄒᆞ고 국가뎍 사상을 여러쥬ᄂᆞᆫ 것이오"[69]라는 구절을 통해서는 당시 여학교에서 교육의 가장 큰 목적을 국가정신의 함양에 두었다는 사실을 추론할 수 있다. 일곱 살 여학생의 글에서도 교육의 성과는 곧 국가의 수치羞恥를 물리치는 일로 귀결된다.[70] "녀ᄌᆞ도 학문을 힘써셔 남녀가 동등이 되면 사ᄅᆞᆷ의 권리ᄅᆞᆯ 회복ᄒᆞ난 그ᄯᆡ에 국권을 회복ᄒᆞᆯ지니"[71]라는 구절에서는 학문에 힘쓰는 것이 곧 남녀동등과 여성의 권리 회복뿐만 아니라 국권 회복을 위한 지름길이라는 생각을 확인할 수 있다.

『자선부인회잡지』는 1908년 5월 25일에 창간된 자선부인회의 기관

과정—1908년 『대한매일신보』, 『여자지남』, 『자선부인회잡지』를 중심으로」(『한국고전연구』 14, 한국고전연구학회, 2006, 120~122쪽) 참조.

67 부인 김임은, 「학셜」, 『녀ᄌᆞ지남女子指南』 1, 29~30쪽 참조. 부인 김상운의 글 또한 여자교육과 자녀교육을 통한 국가부흥을 거론한 글이다. 위의 책, 35~36쪽 참조.

68 양규의숙 학ᄉᆡᆼ 리룡ᄌᆞ, 「남녀동등의 희망」, 위의 책, 37~38쪽 참조.

69 녀학도 김슌희, 「국가의 경신은 남녀교육에 ᄌᆡ홈」, 위의 책, 40쪽.

70 녀ᄌᆞ보학원 칠셰학도 됴긔봉, 「국가의 경신은 남녀교육에 ᄌᆡ홈」, 위의 책, 38쪽.

71 양규의숙 학ᄉᆡᆼ 리룡ᄌᆞ, 앞의 글, 37쪽.

지이다. 자선부인회는 고아원 등의 지원을 위해 모인 경성에 거주하는 상류층 부인들의 모임이다. 이 잡지는 편집인을 최찬식으로 표기하고 있다. 하지만 실제 필자의 대부분이 여성이었고 원고 모집 광고문에도 "다만 녀ᄌᆞ에 한홈"[72]이라는 구절이 들어 있다. 따라서 이 잡지야말로 '명실상부하게 여성에 의한, 여성을 위한, 여성의 잡지'로 분류할 수 있다.[73] 『자선부인회잡지』가 발간사에서 가장 강조하고 있는 것은 '인간의 착한 본성의 실현'이다. "쳣지ᄂᆞᆫ 이 글을 보시고 자선심이 유연히 감발ᄒᆞ야 각각 하ᄂᆞᆯ이 쥬신 착ᄒᆞᆫ 성품 근본이 발가지시기를 바라며 둘지ᄂᆞᆫ 이 자선부인회의 목적이 도달ᄒᆞ기로 찬셩ᄒᆞ시기를 바라ᄂᆞᆫ 마음으로 이 잡지를 발힝ᄒᆞᄂᆞᆫ 바"[74]가 발간의 취지의 핵심이었던 것이다. 잡지의 발행 목적을 굳이 여성 담론과 연관 짓는다면, '인자하고 착한 마음이 남자보다 여자가 더 크다'는 구절 정도에서 찾을 수 있다. 달리 말하면 『자선부인회잡지』가 여성에 의한 잡지인 것만은 분명하지만, 근대적 여성 담론을 이끌어간 잡지는 아니었다.[75] 자선부인회의 총무를 맡았던 김석자의 권두 논문 「귀신의게 긔도히셔 복 빌지 말고 불상ᄒᆞᆫ 사ᄅᆞᆷ의게 자선을 베풀 일」은 이 잡지의 논조를 가장 잘 드러내는 글이다.

우리 녀ᄌᆞ도 문명ᄒᆞᆫ ᄉᆞ업에 진보ᄒᆞᄂᆞᆫ터인ᄃᆡ 엇지 지앙취ᄒᆞ기를 조아ᄒᆞ리

72 「셔화모집광고」, 『자선부인회잡지』 1, 1908.5.25, 30쪽.

73 이화여대 한국여성연구소 편, 「자선부인회와 『자선부인회잡지』」, 앞의 책, 81쪽 참조.

74 「발간취지」, 『자선부인회잡지』 1, 1908.5.25, 1쪽.

75 그런 점에서, 『자선부인회잡지』 안에서 "아직 근대적인 여성의식이라고 부를만한 것을 찾아보기 어렵다"(이상경, 앞의 글, 40쪽)는 지적은 타당하다. 이상경은, 이 잡지의 논설 등이 반봉건사상을 근저에 깔고 있는 경우라도 그것이 여성의 권리나 인격에 관한 글이 아니라는 점을 한계로 지적한다.

> 오 허무ᄒᆞ고 능력업ᄂᆞᆫ 귀신만 밋지 말고 ᄎᆞᆼ명ᄒᆞᆫ 졍신과 허비ᄒᆞᄂᆞᆫ ᄌᆡ물로 자션을 목젹ᄒᆞ야 ᄒᆞᆫ 사ᄅᆞᆷ을 구ᄒᆞ면 ᄇᆡᆨ 사ᄅᆞᆷ의 복을 밧을 것이오 두 사ᄅᆞᆷ을 구ᄒᆞ면 쳔 사ᄅᆞᆷ의 복을 밧을 것이니 이ᄂᆞᆫ 하ᄂᆞ님이 감동ᄒᆞ야 목을 주심이오 ᄯᅩ 사ᄅᆞᆷ이 ᄉᆞ사로 복을 밧음이로다[76]

김석자의 이러한 주장에서는 부인사회의 문명화에 대한 지향과 자선이라는 행위에 대한 기대감이 복합적으로 표현된다. 미신을 타파하고 자선을 베푸는 행위를 통해 복을 받게 되기를 소원한다는 것이다. 회장 차천경의 글 「정업ᄂᆞᆫ 것도 져 일월이오 반가온 것도 져 일월이라」도 과거 부인사회의 낡고 고루한 풍습을 비판하고, 교육을 장려하며 자선을 실행할 것을 권면한다는 점에서 앞의 글과 논지가 유사하다.[77]

『자선부인회잡지』의 여성 담론은 교육 및 문명 담론으로 이어지지만, 그것이 애국 담론으로는 연결되지 않는다. 이는 지금까지 살펴본 근대 초기 잡지의 여성 담론의 전개 양상 가운데 유일하게 예외에 속하는 것이다. 여타 잡지의 논의 구조가 여성 → 문명화 → 애국(부국강병)의 틀을 취하고 있는 것에 반해, 『자선부인회잡지』에서는 여성 → 문명화 → 자선의 틀을 취한다. 결국 『자선부인회잡지』에서는 '애국'의 자리를 '자선'이 대체하고 있는 것이다. 자선부인회 회원으로는 친일단체인 시천교侍天敎와 일진회一進會 등의 간부 부인들 또한 상당수 참여했다.[78] 자선부인회의 친일적인 행각은 일진회와의 관계에서도 드러난

76 총무 김셕ᄌᆞ, 「귀신의게 긔도ᄒᆡ셔 복 빌지 말고 불샹ᄒᆞᆫ 사ᄅᆞᆷ의게 자선을 베풀 일」, 『자선부인회잡지』 1, 1908.5.25, 5쪽.

77 회장 차천경, 「정업ᄂᆞᆫ 것도 져 일월이오 반가온 것도 져 일월이라」, 위의 책, 10~13쪽 참조.

78 최덕교 편저, 앞의 책, 300쪽 참조.

바 있다.[79] 『자선부인회잡지』에서 애국 담론이 사라진 주된 이유는 여기에서 찾아야 할 것이다. 그동안의 잡지 연구에서는, 자선부인회가 친일인사의 부인과 가족 등으로 구성되어 있었음에도 불구하고, 기관지 『자선부인회잡지』는 정치적 색채를 전혀 드러내지 않았던 것으로 평가받아왔다. 그러나 여성 담론의 전개 구도를 살펴보면 꼭 그렇지만은 않았다는 사실을 확인할 수 있다. 『자선부인회잡지』는 애국 담론을 배제하는 방식으로 구성원들의 정치적 성향을 반영하고 있었던 것이다.

4) 유학생잡지

근대 초기 유학생잡지에 여성 담론이 실리기 시작한 것은 『태극학보』의 경우가 처음이다. 『태극학보』는 일본 유학생 단체인 태극학회가 1906년 8월에 창간해 1908년 11월까지 통권 26호를 발행했다.[80] 태극학회는 서북 지방 출신 유학생들이 중심이 되어 1905년 일본 도쿄에서 설립한 친목단체이다. 그 점에서 보면, 『태극학보』는 앞에서 다룬 『서우』 및 『서북학회월보』와 지역적 친연성이 높다.

『태극학보』에 수록된 최초의 여성 담론은 이 잡지의 편집에 관여했던 김낙영金洛泳의 글 「녀ᄌ교휵」이다. 창간호 논설 가운데 하나인 이 글에서 김낙영은 여자교육의 중요성에 대해 거듭 강조한다. 김낙영의 이 글

79 "이들의 親日的인 행각은 一進會와의 관계에서도 드러난다. 즉 一進會에서 自衛團의 組織을 贊成하기 위하여 地方에 出張보내는 一進會員을 위해 자선부인회가 宴會를 베풀어 준 일도 있다." 이화여대 한국여성연구소 편, 「자선부인회와 『자선부인회잡지』」, 앞의 책, 81쪽.

80 이는 해외에서 발간된 최초의 유학생잡지였던 『친목회회보親睦會會報』(1896.2)에 이은 두 번째 간행물이기도 하다.

은 여타 국내잡지 남성 필자들의 글과 마찬가지로, 여자교육을 통한 자녀교육의 토대 마련 및 이를 통한 나라의 인재 양성이라는 목표에 초점이 맞추어져 있다.[81] 김낙영의 이러한 논지는 비슷한 시기에 『대한자강회월보』에 수록된 윤효정의 연설문 「윤효정 씨가 여자교육에 필요란 문제로 연설ᄒᆞ되」, 『서우』에 수록된 류동작의 「여자교육」과 김하염의 「여자교육의 급선무」 등에 담긴 주장과 별반 다르지 않다. 특히 류동작의 「여자교육」과 김하염의 「여자교육의 급선무」는 『서우』라는 매체의 성격과 발표 시기 및 글의 제목 등을 고려할 때, 김낙영의 이 글을 토대로 삼아 쓰였을 가능성이 크다.[82] 『태극학보』 창간호에 게재된 세태평론적 성격의 글 「수감수필隨感隨筆」에서는 "舊日 東洋的 觀念으로 論ᄒᆞ면 女子ᄂᆞᆫ 男子의 奴隷라. 同等權은 姑捨ᄒᆞ고 女子에게ᄂᆞᆫ 敎育을 不施ᄒᆞ야 今日 社會開發上에 不少ᄒᆞᆫ 害毒을 及홈이니 此等 頑習을 速히 打破ᄒᆞ고 女子敎育을 擴張홈이 今日 急務"[83]라는 구절이 주목을 끈다. 남녀동등에 대한 관심을 표명하고, 완고한 구습타파와 여자교육의 필요성을 강조하고 있는 것이다. 그러나 "女子가 生理上 精神上에 멀니 男子에 不及홈은 天定ᄒᆞᆫ 性分이라. 此를 保護扶翼ᄒᆞ야 兩性의 調和를 得ᄒᆞᆫ 然後에야 人類社會에 完全ᄒᆞᆫ 發達를 期ᄒᆞ리로다"[84]라는 구절을 보면 이 글의 필자 또한 여자가 남자에 비해 생리적・정신적으로 불급不及하다는 사실을 전제로 여자교

81 회원會員 김낙영金洛泳, 「녀ᄌᆞ교휵」, 『태극학보』 1, 1906.8.24, 41~42쪽 참조.

82 이러한 추정의 근거는 『태극학보』와 『서우』가 구성원들의 지역적 친연성을 바탕으로 기사 구성에서 상호 영향 관계를 유지했다는 사실에 있다. 예를 들면, 근대계몽기 『서우』가 주력하던 인물고의 연재는 그보다 수개월 앞선 『태극학보』의 전기류 문학 연재와 직접적인 관계가 있다. 이와 관련된 상세한 논의는 김영민, 「근대적 유학제도의 확립과 해외 유학생의 문학・문화활동 연구」(『현대문학의 연구』 32, 한국문학연구학회, 297~338쪽) 참조.

83 회원會員 박상락朴相洛, 「수감수필隨感隨筆」, 『태극학보』 1, 1906.8.24, 47쪽.

84 위의 책, 48쪽.

육의 필요성을 주장하고 있음을 알 수 있다.

『태극학보』를 통한 여성 담론 전개사에서 주목을 끄는 것은 윤정원의 글들이다. 윤정원이 『태극학보』에 연이어 글을 싣게 된 배경에는 태극학회의 발기인이며 부회장으로 활동했던 최석하와의 관계 때문이었던 것으로 보인다.[85] 윤정원은 『태극학보』에 「본국 졔형 졔민의게」(제2호), 「추풍일던」(제3호), 「공겸의 정신」(제4호), 「헌신적 정신獻身的 精神」(제7호) 등 모두 네 편의 글을 발표했다.[86] 윤정원이 첫 글 「본국 졔형 졔민의게」를 통해 강조하고 있는 것은 여자교육의 필요성과 그 시행의 시급함이다.[87] 윤정원의 「본국 졔형 졔민의게」는 『태극학보』에 먼저 실린 김낙영이나 박상락의 글들과 소재가 유사하다. 그러나 김낙영 등의 경우와 달리, 윤정원은 여성 자신의 사회적 감화력을 높이 평가하고 그가 감당해야 할 사회적 책임이 적지 않다는 사실을 강조한다. 「추풍일던」에서도 여성의 사회적 책임과 역할에 대한 논의가 이어진다. 이 글에서는 무엇보다 여성의 능력에 대한 깊은 신뢰를 볼 수 있는데, 불평곤궁한

85 김성은, 「신여성 윤정원尹貞媛의 현실 인식과 사회활동」, 『한국근현대사연구』 67, 한국근현대사학회, 2013, 301쪽 참조. 윤정원은 후일 최석하와 혼인한다.

86 이 가운데 「헌신적 정신」은 앞에서 다룬 『대한자강회월보』 제10호에 게재된 것과 동일한 글이다. 「추풍일던」(1907.10.30), 「공겸의 뎡신」(1907.10.31), 「헌신적 정신」 등의 글은 『제국신문』에도 재수록되었다. 이 가운데 「헌신적 정신獻身的 精神」은 「별보—몸을 밧치는 정신」(1907.10.23~24)이라는 제목으로 바뀌어 게재되었다. 이와 관련된 논의는 김복순, 앞의 글, 31~38쪽 참조.

87 이 글은 "녀ᄌᆞ라 ᄒᆞᄂᆞᆫ 것은 국민지모요 샤회지화요 인류지틔양"(여사女史 윤뎡원尹貞媛, 「본국 졔형 졔민의게」, 『태극학보』 2, 1906.9.24, 38쪽)이라는 구절로 시작된다. 여자가 국민의 어머니이며 사회의 꽃이고 인류의 태양임에도 불구하고, 우리나라 여자들은 자신의 감화력이 사회적으로 얼마나 큰 것인지 알지 못한다는 것이다. 한 가정을 풍요롭게 하고 사회를 번화 찬란케 하고 국가를 창성케 하는 일의 절반 이상이 여자의 힘에 달려 있다는 점에서 여자의 책임은 중대하다. 여자교육은 이러한 책임을 다하기 위한 준비 과정이다. 그럼에도 불구하고 아직 우리나라 사람들이 여자교육에 적극적이지 않다는 사실에 대해 윤정원은 거듭 안타까움을 표시한다.

인간세계를 도와 바로 세울 수 있는 자가 곧 여자라는 것이다. 여자는 세상을 이롭게 하려는 의도를 '몸으로 실행하는 자'이다.[88] 여성의 역할에 대한 무한한 기대와 의미 부여만으로도 「추풍일던」은 여성 담론 전개사에서 주목할 가치가 있다. 「공겸의 정신」은 서두에서, 여성에게 특히 필요한 것이 공겸恭謙의 정신임을 강조한다. 공손하게 자신을 낮추는 일이 필요하다는 것이다. 이는 문맥상 「추풍일던」에 대한 독자들의 반응에 대해 해명하는 것처럼 보인다. 여성의 역할과 자부심에 대한 강조가 일종의 교만함으로 받아들여질 수 있는 현실에 대한 우려를 표명한 부분들이 포함되어 있는 것이다. 『태극학보』에 게재된 여성 담론에서 또 하나 주목할 것은, 기서 형식으로 수록된 「불학무식ᄒᆞᆫ 집안의 가ᄉᆞ ᄊᆞ홈을 구경홈」이다.[89] 이 글이 이른바 '본래 무식한 여인'의 서술임에도 불구하고 여성 → 문명 → 애국의 논지 전개 구도를 유지하고 있다는 사실 또한 흥미롭다.

1900년대에 간행된 유학생잡지 가운데 여성 담론을 수록한 또 다른 매체로는 『대한학회월보』를 들 수 있다. 대한학회의 기관지 『대한학회월보』는 1908년 2월에 창간되었다. 대한학회는 유학생 단체 가운데 비교적 조선 독립 지향의 정치적 성격이 강했던 모임으로 분류된다. 『대

88 이 글에서는 다음과 같은 결구를 통해 여자교육의 중요성을 거듭 강조한다. "이를 비컨ᄃᆡ 남ᄌᆞᄂᆞᆫ 젼심진력ᄒᆞ여 발연명구ᄒᆞᄂᆞᆫ 쟈ㅣ오 녀ᄌᆞᄂᆞᆫ 직각 실ᄒᆡᆼᄒᆞᄂᆞᆫ 쟈ㅣ라. 연고로 뎨일 덕당 착실케 그 본분을 씌닷고 직히ᄂᆞᆫ 쟈ㅣᄂᆞᆫ 녀ᄌᆞ라 ᄒᆞ고 뎨일 바르게 그 길을 밝게 ᄒᆞᄂᆞᆫ 것슬 녀학이라 ᄒᆞ고 이 길을 좃ᄎᆞ ᄀᆞᄅᆞ치ᄂᆞᆫ 것을 녀ᄌᆞ교휵이라 ᄒᆞ다더라." 여사女史 윤정원尹貞媛, 「추풍일던」, 『태극학보』 3, 1906.10.24, 47쪽.

89 이 글은 회원 리원붕의 모친 백 씨가 기고한 것이다. 「불학무식ᄒᆞᆫ 집안의 가ᄉᆞ ᄊᆞ홈을 구경홈」에는 글쓴이가 보고 들은 이웃집 여인의 사정이 담겨 있다. 이 글에서 가장 눈길을 끄는 것은, 차별받고 살아가는 당 시대 여성들에 대한 현장감 있는 서술이다. 회원 리원붕의 모친 백씨, 「불학무식ᄒᆞᆫ 집안의 가ᄉᆞ ᄊᆞ홈을 구경홈」, 『태극학보』 9, 1907.4.24, 19~23쪽 참조.

한학회월보』 제3호에 수록된 김갑순金甲淳의 기서 「대성질호아국민적 정신大聲疾呼我國民的精神」은 『대한학회월보』의 여성 담론의 성격을 대표적으로 드러내는 글이다. 이 글에서는 우리나라의 국민적 정신國民的精神이 바로 서지 못한 원인을 다음의 두 가지로 정리한다. 하나는 사람을 차별하는 '인류계급人類階級 숭상崇尙의 관습' 때문이고 다른 하나는 '여자교육을 실시하지 않은' 때문이다. 따라서 이러한 원인을 제거하고 대처하는 일이 곧 국민정신을 함양하는 일이 된다.[90] 「대성질호아국민적정신」에서는 국민정신이 위태롭게 된 이유를 남녀 사이의 구별과 여성에 대한 교육 차별에서 찾고, 여학교를 다수 설립하는 것을 문제에 대한 해결책으로 제시한다. 하지만 그럼에도 불구하고 이 글은 근대여성 담론으로서는 근본적인 한계 또한 안고 있다. 이 글에서 여성은 철저히 수단으로만 인식된다. 여자교육의 필요성을 강조하는 사고의 바탕에는 여성을 지금보다 더 고급한 노동력으로 만들려는 시도가 잠재되어 있다. 이는 근대화되어 가는 가정과 사회에서 여성을 더욱 철저히 그리고 더 효율적으로 소모시키고자 하는 의도를 반영한다. 1900년대 근대잡지에 남성 필자들이 투고한 여성 담론의 바탕을 이루는 공통된 사고구조의 핵심 또한 여기에 있다. 흥미로운 것은, 근대 초기 잡지의 여성 담론의 주된 논지가 당시의 신소설에서도 유사하게 구현되고 있다는 사

90 "故로 我韓 急務ᄂᆞᆫ 上述ᄒᆞᆷ과 如히 國民的 精神을 奮發ᄒᆞᆷ에 在ᄒᆞᄂᆞ니 國民의 精神을 奮發코자 ᄒᆞᆯ진된 先湏히 種種의 階級을 擘破ᄒᆞ고 奴隷ᄅᆞᆯ 廢止ᄒᆞ야 人類의 平等主義를 實行ᄒᆞ야 一面으론 各自的 獨立心을 養成ᄒᆞ고 一面으론 共同的 團合心을 奮勵ᄒᆞᆷ이 前部ᄅᆞᆯ 占ᄒᆞᆯ지요 女學校ᄅᆞᆯ 各 地方에 多數 設立ᄒᆞ고 科程을 準備ᄒᆞ야 一般 婦人의 智識을 開發ᄒᆞ야 家庭敎育의 基礎ᄅᆞᆯ 鞏固케 함이 後部ᄅᆞᆯ 占ᄒᆞᆯ지라. 二者ᄅᆞᆯ 實施ᄒᆞᄂᆞᆫ 날은 國民的 精神이 奮發ᄒᆞᄂᆞᆫ 日이요 國民的 精神이 奮發ᄒᆞᄂᆞᆫ 날은 ᄀᆞᆺ 我大韓萬年無疆ᄒᆞᆯ 獨立紀念日인 줄 一枝筆노 豫保ᄒᆞ노니 勉之哉어다 同胞여 勉之哉어다 同胞여" 김갑순金甲淳, 「대성질호아국민적정신大聲疾呼我國民的精神」, 『대한학회월보』 3 1908.4.25, 19쪽.

실이다. 다만 이 문제는 이 글의 범위를 벗어나는 일이고, 또한 이와 관련해서는 주목할 만한 기존 연구[91]가 존재하므로 여기서 길게 논의하지는 않는다.

유학생잡지의 여성 담론은 1910년 한일병합 이후에도 지속적으로 전개가 된다. 한일병합 직후 국내매체에서는 여성 담론이 급격히 사라져 버리게 된다는 점을 생각하면, 근대여성 담론 전개사에서 유학생잡지가 수행한 역할은 상대적으로 의미가 크다. 1910년대 이후 유학생잡지의 여성 담론에서는 여성→문명화→애국의 틀이 더 이상 유효하지 않다. 점차 여성의 삶 자체에 대한 인식이 더욱 중요해지는 시기로 들어서게 되는 것이다.

기존의 연구들이 주목하지 않았던 사실 가운데 하나로, 유학생잡지 여성 담론의 주요 필자 가운데 일부가 여성이 아니라 남성이었을 가능성을 제기하면서 이 글을 마무리하고자 한다. 예를 들어, 1910년대를 대표하는 유학생잡지 『학지광』의 전신인 『학계보』 창간호[92]에 수록되어 있는 논설 「부인론婦人論」의 필자 '무명여사無名女史'는 당시 「조선유학생친목회」의 회장을 맡고 있던 남성 필자 조용은이었다. 『학계보』에 수록된 「부인론」과 조용은의 문집에 들어 있는 「동유략초東遊略抄」 중 「부인

91 권보드래, 「가족과 국가의 새로운 상상력－신소설의 여성 주인공을 중심으로」, 『한국현대문학연구』 10, 한국현대문학회, 2001, 27~51쪽 참조. 다음과 같은 지적이 특히 주목할 만하다. "1900년대에 개인·가족과 국가는 주로 은유적 동질성의 관계로 조명되었지만, 개인이 모여 가족을, 가족이 모여 국가를 이룬다는 집합적 상상력 또한 중요하게 자라나고 있었다. 신소설은 이 두 가지 상상력의 교차를 보여주는 가운데 특히 가족을 국가의 기본 단위로 조명하는 시각을 서사적으로 구체화해 갔다"(36쪽), "가정은 미래의 국민을 훌륭하게 길러냄으로써 국가의 기본 단위로서의 역할을 완수할 수 있다고 했다"(37쪽), "모성이 국민 양육의 분담자로서 의료화·과학화되는 것, 이것이 1900년대 남녀동등론의 실질적인 결론이었다"(42쪽).

92 『학계보』는 1912년 4월에 창간되어 한 호만을 발행하고 종간되었다.

론」을 대조해 보면, 그 두 글이 완전히 일치하는 것은 아니지만 동일한 필자의 글임에는 틀림이 없다.[93] 「부인론」에는 '우리 여자'라는 표현이 여러 번 등장해 형식상 서술의 주체가 마치 여성인 것처럼 보인다. 「부인론」의 경우로 미루어 보면, 근대 초기에 발행된 매체에서 이름이나 서술 형식으로 필자의 성별을 단정 짓는 일이 결코 쉽지 않음을 알 수 있다. 「부인론」의 사례는 이후 『학지광』에 수록된 여성 담론의 성격을 이해하는 데도 적지 않은 참고가 된다. 『학지광』 제2호에 수록된 논설 「여자계女子界의 달관達觀이라」를 쓴 '고금여사古今女史' 역시 남성일 가능성이 크다. 이 글이 새로운 남녀관계 정립의 필요성을 제안하면서도, 여성들이 여권을 주장하기 위해 전래적 미풍美風을 거스르는 경거망동을 해서는 안 된다는 사실을 강조한 것 등은 「부인론」의 기조와 일치한다.[94] 『학지광』 제3호에 수록된 나혜석羅蕙錫의 첫 글 「이상적理想的 부인婦人」은 고금여사의 「여자계의 달관이라」와는 전혀 다른 시각으로 여성의 삶에 대해 접근한다.[95] 고금여사와 나혜석의 글을 나란히 놓고 읽으면, 나혜석의 「이상적 부인」이 고금여사의 「여자계의 달관이라」에 대한 반론으로 시작되었음을 알 수 있다. 나혜석의 주장들은 고금여사가 여성들에게 '신성神聖한 연애 도덕을 보존하여 양처현모良妻賢母의 영예를 누릴 것'을 제안한 것과 크게 상반된다. 온양유순溫良柔順의 윤리가 여자들

93 「부인론」의 필자가 조용은이라는 사실을 처음 확인한 연구자는 다케이 하지메武井一이다. 다케이 하지메는 소앙素昂 조용은의 일기 「동유략초東遊略抄」를 통해 이러한 사실을 확인한 바 있다. 다만, 다케이 하지메는 「부인론」을 '게재지를 알 수 없는 글'이라 정리하고 있다. 이와 관련된 자세한 논의는 다케이 하지메, 『趙素昂と東京留學』(波田野硏究室, 2009, 227~228쪽) 및 오노 야스테루小野容照, 「1910년대 전반 재일유학생의 민족운동—재동경조선유학생친목회를 중심으로」(『숭실사학』 27, 숭실대사학회, 2011, 225~256쪽)를 참조.

94 고금여사古今女史, 「여자계女子界의 달관達觀이라」, 『학지광』 2, 1914.4, 6~8쪽 참조.

95 나혜석羅蕙錫, 「이상적理想的 부인婦人」, 『학지광』 3, 1914.12, 13~14쪽 참조.

을 노예로 만들기 위한 것이라는 나혜석의 주장 또한 고금여사가 여자들에게 온유수미溫柔粹美한 품성을 지킬 것을 강조한 것과 대비된다.

3. 마무리

근대 초기 국내잡지의 여성 담론을 견인하는 두 개의 축은 문명 담론과 애국 담론이다. 교육은 두 개의 담론 모두에 관여한다. 아직 개발되지 않은 잠재력을 일깨워 여성을 문명의 세계로 이끌기 위한 수단이 교육이다. 교육의 최종 목적은 부유하고 강건한 나라를 세우는 일에 있다. 여성 담론과 문명 담론 및 애국 담론의 결합은 『가뎡잡지』에서부터 『대한자강회월보』, 『서우』, 『서북학회월보』, 『대한학회월보』, 『기호흥학회월보』 등의 학회지를 거쳐 『녀ᄌᆞ지남』에 이르기까지 예외 없이 확인된다. 다만 친일적 성향을 띤 『자선부인회잡지』에 오면 '애국'의 자리를 '자선'이 대체하게 된다. 해외에서 발간된 유학생잡지의 경우도 1900년대 말까지의 여성 담론의 주된 구조는 문명화 및 애국 담론의 틀을 크게 벗어나지 않는다.

국내 발간 잡지 가운데 처음으로 여성 담론을 수록한 것은 『가뎡잡지』이다. 그러나 『가뎡잡지』는 발간의 목적이 여성의 삶 자체에 대한 관심보다는 가정의 문명화에 있었고 기사의 초점도 여기에 맞추어져 있었다. 『가뎡잡지』에는 부인의 사회적 위상을 적극적으로 인정하려는 생각과 그 역할을 전통직 범주에 한징시키려는 보수석 주상이 혼재한다. 『가뎡잡지』는 여성 담론을 당시대 지식인들의 사회문명화 의지와 연결 짓고 여자에게도 학문이 필요하다는 주장을 반복한다. 이는 다시 자녀교육론과 민족교육론 등으로 이어지면서 자연스럽게 애국 담론으로 이어지는 구도를 형성하게 된다. 이러한 구도는 동시대에 발간되는 학회지 등에서도 큰 차이 없이 반복적으로 구현된다. 『가뎡잡지』 기서란에 투고된 변월당의 글들은 근대 초기 여성 담론의 전개사에서는 예외에 속하는 것이다. 변월당의 글들은 학문의 목적을 인간의 자유와 권리 회복에 두었다는 점에서 독자적 가치를 지닌다.

『대한자강회월보』 등 1900년대 국내에서 발간된 학회지 가운데 상당수는 여성 담론을 수록했다. 이들 학회지에 게재된 전체 기사 가운데 여성 관련 기사의 비중은 상대적으로 극히 미미한 것이다. 하지만 전통적 교육에 기반을 둔 남성 지식인 위주의 학회지들이 여성 담론에 관심을 가졌다는 사실은 그 자체만으로도 적지 않은 의미가 있다. 학회지에 수록된 여성 담론은 그 범주가 넓지 않고, 논지 또한 정형화되어 있다. 이는 여자교육의 필요성 강조와 조혼의 폐해를 들어 이를 근절시키고자 하는 의지를 드러내는 일로 집약된다. 『대한자강회월보』 등 근대 초기 학회지는 여자교육이 국가 재산의 근본이며 여자를 교육시키지 않는 것은 사회적 손실이라는 주장을 폈다. 조혼의 폐해는 지・덕・체 전 분야에 걸쳐 제기되었다. 이들 학회지에는 내용상 반反여성 담론으로 볼 수 있는 기사들도 게재되었다. 이는 보수적 남성 지식인의 시각과 의식구조를 적나라하게 드러내는 것으로, 여성 지식인이 경거망동하거나 전통적 미덕을 해치지 말 것을 경고하는 방식으로 전개되었다. 이러한 주장은 1910년대 한일병합 직후 급격히 보수화되어 가는 『매일신보』 소재 남성 지식인 필자들의 여성 담론에 반영되어 여학생 교육과 그들에 대한 감시의 병행이라는 결과로 이어지게 된다.

『여자지남』은 근대잡지 중 최초로 여성들이 주동이 되어 만든 잡지로 알려져 있으나, 이는 잘못된 것이다. 『여자지남』은 여자교육회 소속 교육기관인 여자보학원에서 발행했다. 이 잡지의 실제 편집과 발행은 여자보학원 유지회가 주도했는데, 여기에 관여한 인물들은 대부분 남성 지식인들이었다. 기사의 배열 등 실제 잡지의 편집 방식을 보더라도 이는 남성 필자 중심의 잡지였음이 분명하다. 『여자지남』의 편집진들은 '지남指南'이라는 제호의 의미를 살려 여성을 이끌고 가르치려는 의도를 드러냈다. 『여자지남』의 남성 필자들은 대부분 현부정녀賢婦貞女 및 현모양처를 지향하는 여성 담론을 전개했다. 이들의 주장은 한국 근대 초기의 보수적인 여성 담론을 대표한다. 『자선부인회잡지』는 근대 최초로 여성들이 주축이 되어 발간한 잡지이다. 하지만 이 잡지 또한 당시의 여성 담론을 선도하지는 못한다. 이 잡지가 발간사에서 가장 강조하고 있는 것은 '인간의 착한 본성의 실현'이다. 근대 초기 잡지의 여성 담론의 전개 구도가 대부분 여성→문명화→애국의 틀을 취하고 있는 것에 반해, 『자선부인회잡지』에서는 여성→문명화→자선의 틀을 취한다. 근대 초기 잡지에서 여성 담론이 애국 담론과 결합되지 않는 경우는 『자선부인회잡지』가 유일한 사례에 해당한다. 『자선부인회잡지』에서 애국 담론을 찾을 수 없는 이유는, 이 잡지의 발행 주체인 자선부인회 회원의 상당수가 친일단체와 관련을 맺고 있기 때문이다.

유학생잡지였던 『태극학보』의 여성 담론은 『서우』, 『서북학회월보』 등 필자들 사이의 지역성 친연성이 높은 국내 학술지의 여성 담론과 논지가 유사하다. 근대 초기 남성 필자들이 집필한 여성 담론은 국내 발간 잡지와 유학생잡지 사이에서 별다른 논지 차이를 발견하기 어렵다. 『대한학회월보』가 여자교육의 필요성을 강조하는 사고의 바탕에는 여성을 지금보다 더 고급한 노동력으로 만들려는 시도가 잠재되어 있다. 이는 근대화되어 가는 가정과 사회에서 여성을 더욱 철저히 그리고 더 효율적으로 소모시키고자 하는 의도를 반영한 것이다. 1900년대 근대잡지에 남성 필자들이 투고한 여성 담론의 바탕을 이루는 공통된 사고구조의 핵심이 여기에 있다.

새로운 학문세계를 접한 1900년대의 남성 지식인들은 여필종부의 전통적 도덕을 낡은 것이라 비판했다. 하지만 그럼에도 불구하고 이들에게 현모양처의 구호는 계속해서 유용했다. 근대 초기 지식인들 사이에서 여필종부의 시대는 이제 막을 내렸지만, 현모양처가 아직도 유용한 덕목으로 남은 가장 큰 이유는 한말 부국강병의 토대가 현모양처에 있다는 판단 때문이었다. 양처의 실업 참여는 가정과 국가의 부강을 위한 여성의 헌신 강요와 도구화라는 방향으로 그 의미가 점차 수렴되어 갔다.

근대 초기 매체의 여성 담론에서 신문과 잡지가 가장 큰 차이를 보이는 부분은 풍속에 관한 것이다. 1900년대에 발행된 『제국신문』과 『만세보』 등의 여성 담론이 인권보다는 풍속에 대한 관심으로 점차 집중되는 현상이 나타났던 것에 비하면, 잡지에서는 이러한 모습은 거의 발견되지 않는다. 근대 초기 매체의 여성 담론에서 신문과 잡지가 공통적으로 보이는 현상은 민족 담론과의 결합이다. 근대 초기 잡지의 여성 담론은 신문의 경우와 마찬가지로 궁극적으로는 애국 담론을 지향하고 부국강병론과 결합하게 된다. 이는 국권이 흔들리던 한말이라는 특정한 시기에 여성 담론이 거둔 주목할 만한 성과이기도 하다. 그러나 역설적으로 이는 여성 담론의 근대적 진화를 가로막는 원인이 되기도 했다. 근대 초기 국내외 잡지를 통해 전개된 여성 담론의 가장 큰 한계는 그것이 애국 담론 혹은 부국강병 담론과 분리가 어려울 만큼 매우 밀접한 관계를 유지하고 있었다는 점이다. 여성 담론이 애국 담론과 연결되는 틀 자체가 의미 없는 것은 결코 아니다. 한말에는 여성 담론이 애국 담론과 결합되었기 때문에 보수적 남성 지식인들까지도 여성 담론에 관심을 표명하게 되었고, 남성 필자가 중심이 되었던 다수의 학회지들까지도 여성 담론에 지속적인 관심을 보일 수 있었다는 해석도 가능하다. 1900년대 국내 발간 매체에서 여성 담론의 출현 빈도가 한일병합 이후인 1910년대보다 월등히 높은 이유, 1910년 한일병합과 함께 일시적으로 여성 담론이 소멸되는 현상을 보이는 이유는 이와 연관이 있다. 거친 토양 위에서 새롭게 성장해 간 근대여성 담론이 다시 모습을 드러내게 되는 것은 1910년대에 발행된 『학계보』 및 『학지광』과 『여자계』 등의 유학생잡지를 통해서이다. 한일병합 직후 국내매체에서 여성 담론이 급격히 사라져 버리게 된다는 점을 생각하면, 근대여성 담론 전개사에서 유학생잡지가 수행한 역할은 상대적으로 더욱 의미가 크다. 1910년대 이후 유학생잡지의 여성 담론에서는 여성 → 문명화 → 애국의 틀이 더 이상 유효하지 않다는 점도 주목할 필요가 있다. 이 시기에는 여성의 삶 자체에 대한 관심이 더욱 중요해지고, 다양한 필자들을 통한 다양한 형태의 담론이 유포되기 시작한다. 여성 담론과 애국 담론이 분리된 상황에서는 남성 필자들이 여성 담론의 적극적 생산자로 참여하는 것이 다소 망설여지는 일이었을 수도 있다. 1910년대 이후 유학생잡지에서 남성 필자들이 '무명여사'와 '고금여사' 등의 필명을 사용해 활동한 것은 이러한 상황에 대처해 나가는 하나의 방편이었을 것으로 생각된다. 1910년대 이후 여성 담론의 전개 상황에 대한 정리는 원래 설정한 이 글의 연구 범주를 벗어나는 것이므로 여기서 더 자세히 다루지는 않는다. 다만, 나혜석의 첫 글 「이상적 부인」이 '고금여사'의 주장에 대한 반론의 형식으로 시작되었다는 점은 이후 『학지광』 등 유학생잡지의 여성 담론 전개사를 연구하는 데 하나의 시사점이 될 수 있을 것이다.

『황성신문』의 '시평時評' 연구

「비설飛屑」, 「국외냉평局外冷評」을 중심으로

반재유

1. 시평의 출현

'시평'은 그 시대時代 중요 시사時事에 대한 비평批評이나 평판評判을 서술한 작품을 지칭한다. 1876년 개항 이후 동서양의 근대문화・지식・사상 등이 한국의 전통적인 것들과 통섭되면서 근대 시기 신문・잡지 등에 '시평'을 다룬 저작물들이 출현하기 시작했다.

집필진의 의도에 따라 '재담'이나 '우언' 등의 단형서사로 반영되기도 하고, 때론 '한시', '가사' 등 시가의 형태로 연재되기도 하였다. 당시 국한문신문이었던 『황성신문』의 경우 전통서사의 관습과 새로운 글쓰기의 모형들이 충돌되면서 다양한 은유와 상징이 내포된 복합적 성격의 작품들이 연재되었다. 이 같은 저작물들은 과거 전통서사가 근대매체를 통해 변모・굴절된 형태를 살필 수 있는 중요한 자료인데, 이 글에서는 「비설飛屑」(1907.8.15~1907.9.9)과 「국외냉평局外冷評」(1909.7.2~1910.1.29)에 주목하였다.

기존 연재물과 달리, '논설' 등에서 자주 활용되었던 문답체가 연재의 적지 않은 비중을 차지하고 있는 점과, 해학성을 갖춘 내용 속에 반영된 시의성時宜性, 그리고 작품 「국외냉평」마다 별도의 논평부論評部를 부기하고 있는 특징 등은, 1906년 이후 급감한 '서사적 논설'[1]의 이행과 변모 과정을 살필 수 있는 주요한 근거 자료가 된다. 또한 비슷한 시기 「사회등社會燈」(『대한매일신보』 국한문판)・「시사평론」(『대한매일신보』) 등과 같이 유사한 성격의 '시평' 작품들이 발표되었다는 점도, 해당 논의가 요구되는 지점이라 할 수 있다.

그동안 『황성신문』의 '시평' 연재물은 서사를 찾기 힘든 짧은 내용과 구성, 다수의 비속어가 포함된 심한 구어체적 글투로 인하여 근대 시기 연구자들의 외면을 받았다. 따라서 이 글에서는 『황성신문』 '시평' 연재물의 특징을 살펴보고, 작품 간 비교・분석을 통해 근대 시기 '시평'의 의미를 고찰해 보고자 한다.

---

1 정선태는 『대한매일신보』의 논설에서 서사-문학적 성격을 지닌 것들을 거의 찾아볼 수 없는 이유는, 1905년을 전후한 시기에 이르러 문학적 글쓰기가 비로소 의식되기 시작했기 때문이라고 언급하며, 1906년 이후 『황성신문』에서도 서사-문학적 논설이 현저하게 감소하고 있는 사실도 이와 연관할 수 있다고 주장했다. 정선태, 『개화기 신문 논설의 서사 수용 양상』, 소명출판, 1999, 43쪽 참조.

2. 근대신문 속 '소화笑話'

1906년을 전후로 단형서사가 '논설'란에서 자취를 감추게 되지만, 비슷한 유형의 작품군들은 이후 '잡보'란을 통해 지속적으로 발표된다. 실례로 1907년 8월 15일~1907년 9월 9일, 3면 '잡보'란에는 짧은 단평 문답체 형식의 글, 「비설」[2]을 싣고 있다.

「비설」은 약 한 달여간 1~2일 간격으로 총 열네 편의 작품이 발표되었다. 선행연구에서는 이들 작품을 시가로 분류했지만,[3] 몇몇 작품에 압운押韻이 보인다는 특징 외에 시가로 볼 수 있는 근거를 찾기는 어렵다.

먼저 작품마다 '△' 표시의 연 구분은 「비설」을 시가 작품으로 볼 수 없는 이유라 할 수 있다. 선행연구에서는 이를 가사 작품의 '一', '二', '三'의 구분과 같은 분연의 표시로 보았지만, 당시 『황성신문』의 서사 작품에서는 단락마다 방권方圈('△') 등 특정 부호를 붙여 단락을 구분하는 방식을 취하곤 하였다.[4]

또한, 일련의 제명에서 볼 수 있듯, '○○問答', '○○謾評', '○○謾題', '○○奇談', '○○對話', '○○小史' 등 산문에 어울리는 작명을 이루고 있다. 그 뿐만 아니라 전체 작품의 구성 또한 '문답체 방식'으로 단형서사의 형태를 갖추고 있으며, 문답의 시작이나 말미에 각각 발화자를 구분하고 있는 점도 애당초 시가가 아닌 산문을 염두에 둔 표기 방식이라 할 수 있다.

2 1907년 8월 15·16일에 「진단비설塵端飛屑」의 명칭으로 작품이 발표된 이후로 매회 명칭이 바뀌게 되지만, 유사한 성격의 작품군이므로 이 글에서는 「비설飛屑」로 지칭했다.

3 이수진, 「근대계몽기 『皇城新聞』 소재 시가 작품 연구」, 『온지논총』 33, 온지학회, 2013, 72~73쪽 참조.

4 반재유, 「『皇城新聞』 소재 서사문학 연구」, 연세대 박사논문, 2017, 162~163쪽 참조.

〈표 1〉「비설(飛屑)」(1907.8.15~1907.9.9)의 작품 목록

번호	작품명	날짜	게재란	게재면
1	塵端飛屑	1907.8.15	잡보	3면 3단
2	塵端飛屑	1907.8.16	잡보	3면 2단
3	우숩도다	1907.8.17	잡보	3면 1단
4	能見難思	1907.8.19	잡보	3면 1단
5	어리셕더고	1907.8.20	잡보	3면 1단
6	國漢文問答	1907.8.21	잡보	3면 1단
7	婚姻問答	1907.8.22	잡보	3면 2단
8	閒中謾評	1907.8.23	잡보	3면 1단
9	醉餘謾題	1907.8.27	잡보	3면 3단
10	一片奇談	1907.8.29	잡보	3면 2단
11	一把笑柄	1907.8.30	잡보	3면 2단
12	第一조흔날	1907.9.2	잡보	3면 2단
13	橘仙對話	1907.9.7	잡보	3면 2단
14	滑稽小史	1907.9.9	잡보	3면 2단

이 같은 문답체 형식은 기존 한글신문의 '문답체 방식'(서사적 논설)과 유사한 특징을 지닌다.[5] 단 기존 단형서사에 비해 분량이 매우 짧아졌다는 점과 별도의 논평부를 기획하지 않고 오로지 대화 내용만을 통해 주제의식을 전달하고 있다는 차이점을 가진다. 그로 인하여 기존 단형서사에 비해 많은 구어체와 은유적인 표현 등이 다양한 해석의 여지를 남기고 있다.

△ 여보게 왼 世上사람이 머리를 다 싹는데 자네는 웨 아니싹나 斷髮生

△ 남이 아니 싹그닛가 나도 아니싹지 長髮者

5 김영민은 '서사적 논설'을 크게 서술체 방식과 문답체 방식, 토론체 방식으로 분류하였다. 김영민, 「해제－근대계몽기 단형 서사문학 자료연구」, 『근대계몽기 단형 서사문학 자료전집』 상, 소명출판, 2003, 557~563쪽 참조.

△ 나ᄂᆞᆫ 남에게 드르니ᄭᅡ 자네가 아니ᄶᅡᆨ거셔 못ᄶᅡᆨᄂᆞᆫ다고 ᄒᆞ데그려 斷髮生

△ 허허 글세 長髮者[6]

△ 여보게 世上에 무엇이 第一 무셔운가 好問生

△ ᄂᆞᄂᆞᆫ 東大門밧게 關雲將畵像이 무셥데 西鄰生

△ ᄂᆞᄂᆞᆫ 北村 金貫子 玉貫子 붓친 兩班이 무셥데 南隣生

△ ᄂᆞᄂᆞᆫ 南山골 달각바리 生員임이 무셥데 北鄰生

△ ᄂᆞᄂᆞᆫ 貞洞近處 코놉흔 親舊가 무셥데 東鄰生

△ ᄂᆞᄂᆞᆫ 第一 무셔운 것이 가난 貧字데 一身이 貧ᄒᆞ면 一身이 亡ᄒᆞ고 一家가 貧ᄒᆞ면 一家가 亡ᄒᆞ고 一國이 貧ᄒᆞ면 一國이 亡ᄒᆞ너니 慨時生[7]

두 인용문에서, '단발생斷髮生'과 '장발생長髮者', '호문생好問生', '개시생慨時生' 등 대화자의 명칭만을 통해서도 글의 주제를 확연히 파악할 수 있도록 간결한 구성을 선택하고 있다. 기존 단형서사와 유사한 문답체(토론체) 형식을 기반하여 한글 구어체를 적극적으로 활용하고, 각 단락마다 방권('△')으로 구분하여 전달력을 높인 것으로 보아 한문 독자층과 더불어 보다 다양한 독자층(한글 독자층)을 겨냥했음을 짐작할 수 있다.

두 작품 모두 압운을 활용하고 있는데, 특히 두 번째 인용문의 경우 'ᄂᆞᄂᆞᆫ'이라는 두운頭韻과 '무셥데'라는 각운脚韻이 연이어 반복되어 운율韻律을 조성하는 면모를 보인다. 그러나 이는 시가 형식으로서의 운율이 아닌, 언어유희를 기반에 둔 기획이라 할 수 있다. 이를 통해 해학성

6 「塵端飛屑」(雜報), 『황성신문』, 1907.8.15.

7 「塵端飛屑」(雜報), 『황성신문』, 1907.8.16.

을 극대화시키고 있으며, 특별한 서술자의 평론 없이도 풍자를 통해 서술자의 메시지를 전달하고 있다. 이 같은 특징은 이전 단형서사와 차이점이라 할 수 있는데, 조선 후기 '소화笑話' 형식이 단형서사의 형태로 발표된 것이라 할 수 있다.

『황성신문』 '소설'란에 연재된 「신단공안神斷公案」의 경우도 『고금소총古今笑叢』의 영향을 받았다.[8] 매회 긴장감과 흡입력이 필요했던 신문 연재소설에서 '소화'의 풍성한 이야깃거리는 반드시 필요했던 제재였는데, '소설'란을 비롯하여 '잡보'란 연재물에서도 적극적으로 차용하였던 것이다.

1910년 이후에는 「이어약利於藥」(『매일신보』), 「일소화一笑話」(『매일신보』), 「소화笑話(우숨거리)」(『매일신보』) 등[9] 근대 소화[10]의 면모를 보이는 작품들이 지속적으로 발표되었는데, 「비설」은 이 같은 작품 군의 초기적 성격을 보여주는 연재물이라 할 수 있다. 작품의 제명대로 애당초 '근거 없이 떠돌아다니는 자질구레飛屑'하고 '우습기도(우숩도다)' 하지만, '골계滑稽'를 갖춘 산문 연재물을 기획한 것이다.

이 같은 작품들이 꾸준히 신문에 연재되며 독자의 이목을 끌 수 있었던 것은 시의성 있는 주제와 소재를 다루고 있기 때문이다. 당대 김홍집 내각이 내정개혁에 주력하면서 전국에 단발령을 내린 시대적 상황

---

8 반재유, 「「神斷公案」과 『古今笑叢』의 비교연구」, 『열상고전연구』 43, 열상고전연구회, 2015.

9 일제 치하 재담집과 『매일신보』의 연재물과의 관계에 대해서는 정명기의 「일제 치하 재담집에 대한 재검토」(『국어국문학』 149, 국어국문학회, 2008)를 참조할 것.

10 기존 연구에서는 1920년대 중반까지 '소화'라는 용어가 후대의 재담을 포함하는 넓은 의미로 쓰였으며, 1920년대 후반을 전후하여 '소화'는 유머로, '재담'은 위트로 정착되어 가는 양상을 읽어낼 수 있다고 하였다. '재담'은 재담꾼이 나와 구연을 하는 등의 구비적인 성향을 강하게 드러낸 반면, '소화'는 매체에 기록되어 읽는 형태로 나타난다. 김준형, 「근대전환기 패설의 변환과 시항」, 『구비문학연구』 34, 한국구비문학회, 2012, 103~105쪽 참조.

과, 각종 세금과 관리들의 수탈로 인해 극심한 빈곤에 시달렸던 민중들의 삶도, 앞서 인용한 두 작품 속에서 인물 간 대화를 통해 웃음으로 희화되고 있다.[11]

이러한 특징으로 인하여, 압운 등 형식상의 언어유희가 존재하지 않더라도, 발화자의 명칭과 대화의 문맥만으로도 서술자가 의도한 골계미를 확인할 수 있는 작품들이 다수 존재한다.

△ 여보 近日에 早婚을 禁ᄒᆞᆫ다지요 (未婚者)

△ 그럿타오 나는 念慮업쇼 벌셔 婚姻힛시니ᄭᆞ (已婚者)

△ 老兄 몃살이오 (已婚者)

△ 나요 스물두살이요 (未婚者)

△ 그람 老兄도 念慮업쇼 (已婚者)

그란데 나는 걱정이오 念慮는 업지마는 엇든 女子허구 婚姻ᄒᆞ는 거시 조흘지 (未婚者)

△ 으ㅡ응 婦人의 資格이오 그건 ᄂᆡ가 지ᄂᆡ보니ᄭᆞ 第一 몸이 康健히야 ᄒᆞ깃십듸다 第二ᄂᆞᆫ 마암자리가 조와야 ᄒᆞ깃십듸다 第三은 諺文字ᄅᆡ도 좀 아라야 ᄒᆞ깃십듸다 第四는 얼골도 좀…… (已婚者)

△ 그럿치만 그것을 웃터케 아오 (未婚者)

△ 別數 업시 보고 定ᄒᆞ는 것이 第一임넨다 (已婚者)[12]

11 『황성신문』의 연재소설인 「신단공안神斷公案」에서도 시의성時宜性을 살펴볼 수 있다. 「신단공안」은 『고금소총古今笑叢』과 같은 소화笑話(文獻說話)의 토대 속에서 부분적 개작을 통해 당대의 문제의식(구사법제도의 개선, 구신분제도의 철폐, 구종교의 척결)을 드러내고 있다. 반재유, 「「神斷公案」과 『古今笑叢』의 비교연구」, 『열상고전연구』 43, 열상고전연구회, 2015, 197~211쪽 참조.

12 「婚姻問答」(雜報), 『황성신문』, 1907.8.22.

△ 自由自由ᄒᆞ야 우리가 증말 羈絆버슨 自由니 아무리 쒸놀기로 어느 壯士가 벼록 굴네 씨엿단 말 들어보앗나 (蚤)

△ 道德心은 우리가 第一이야 ᄉᆞᄅᆞᆷ들은 利ᄉᆞ만 보면 싸우기로 主張ᄒᆞ되 우리ᄂᆞᆫ 먹을것만 만나면 ᄉᆞ랑ᄒᆞᄂᆞᆫ 同胞를 마니 請ᄒᆞ지 혼ᄌᆞ 먹ᄂᆞᆫ 法 업네 (蠅)

△ 行世軍 되랴거든 나를 ᄇᆡ우게 옷에 잇스면 희게 變ᄒᆞ고 머리에 잇스면 금게 變ᄒᆞ네 시방 世上은 이ᄅᆡ야 살 世上이데 (虱)

△ 世上에 우순것 잇데 여름밤 캉감ᄒᆞᆫ데 ᄉᆞᄅᆞᆷ의 귀ᄲᅡ위로 잉ᄒᆞ고 지ᄂᆡ가면 제가 졔바람에 제손으로 졔쌈치ᄂᆞᆫ것 (蚊)

△ ᄉᆞᄅᆞᆷ 잘 ᄲᅡ려먹ᄂᆞᆫ 기집더러 蝎甫라 아니ᄒᆞ나 우리가 ᄲᅡᄂᆞᆫ 데ᄂᆞᆫ 鬼神이 哭ᄒᆞ지마ᄂᆞᆫ ᄲᅡᄂᆞᆫ 놈만 英雄이지 ᄲᅢᆯ니ᄂᆞᆫ 놈은 病身아닌가 (蝎)[13]

첫 번째 인용문에서는, '혼인하지 않은 자未婚者'와 '이미 혼인한 자已婚者'가 조혼早婚 금지에 대한 소식을 전하면서, 서로 대화하는 장면이 등장한다. '이미 혼인한 사람'이 조혼을 금한다는 소식에 자신은 아무 염려가 없다며 너스레를 떠는 장면과, 그의 경험을 통해 미혼자에게 일러주는 신붓감의 조건들, 그리고 그 조건들을 미리 알아보는 방법 등은 독자들로 하여금 실소를 불러일으키기에 충분하다.

이 같은 주제의 선택은 전통적 조혼 풍습이 해당 시기인 근대로 이행하면서 윤치호尹致昊를 비롯한 당대 지식인들에게 집중적인 비판의 대상되고, 결국 갑오개혁(1894)을 통해 법률로 금지되었던 역사적 배경과 맥을 같이 한다. 또한 나라에서는 조혼을 법으로 금했지만 식민지 말기

13 「滑稽小史」(雜報), 『황성신문』, 1907.9.9.

까지 국내 결혼의 일정 비중(4~14%)을 차지했으며, 심지어 1930년대에는 조혼의 비율이 급격하게 증가했던 사실도 해당 작품이 출현하게 된 배경과 무관하지 않다.[14] 작품에서는 이 같이 혼란한 사회상, 그리고 여전히 전통의 영향력이 강하게 잔존한 사회적 면모를, 직접적 비판이 아닌 유쾌한 웃음을 통해 서술하고 있는 것이다.

두 번째 인용문에서는 조蚤, 승蠅, 슬虱, 문蚊 갈蝎이 차례로 등장한다. 누구보다 자유自由로운 벼룩蚤과, 도덕심道德心 많은 파리蠅, 그리고 이虱, 모기蚊, 갈충蝎 등의 입을 빌려 인간세상을 풍자하고 있다. 동물우언을 이용하여 사회를 비판하던 방식[15]은 전통적인 글쓰기 방식 가운데 하나였다. 따라서 동물우언은 야담, 설, 전 등에 수용되어 다양한 형태로 향유되었는데,[16] 근대 시기에 와서는 이 같은 글쓰기가 '논설'에서도 차용되어 발표되었던 것이다.

특히 『황성신문』은 동시대 여타 신문들에 비해[17] 동물우언 형식의 글

14 김경일, 『근대의 가족, 근대의 결혼』, 푸른역사, 2012, 125~157쪽 참조.

15 동물설動物說은 전통적인 한문학의 한 갈래인 '설說'을 이용하여, 동물에 관한 설화나 기이한 사실, 또는 동물세계에서 일어난 일을 우언寓言으로 하여 인간 본성이나 현실사회를 풍자諷刺하고 암유暗喩하기 위한 목적으로 지어진 일련의 작품의 지칭한다. 윤승준, 「조선 시대 '동물설'에 대한 일고찰」, 『한문학논집』 15, 근역한문학회, 1997, 227쪽 참조.

16 설화의 흥미성을 추구하면서도 이를 통해 교훈적 의미나 세교적 효용성에 가치를 둔 것이 '야담野談'에 수용된 동물우언이라면, '전傳'에 수용된 동물우언은 '거사직필擧事直筆'하여 '전범어후傳範於後'하려는 '전'의 본질적인 성격으로 인하여 단편적인 하나의 사건, 동물의 기적이행을 통해 인간사회에 귀감이 될 만한 규범적 가치를 끌어내려 하였다. 그에 비해 '설說'에 수용된 동물우언은 특정 문제(특히 정치적・사회적 문제)에 대해 자신의 주장을 구체적으로 펼치는 '설'의 본질적 성격과 관련하여 현실에 대한 우의와 비판의 특성이 두드러진다. 윤승준, 「朝鮮時代 動物寓言의 傳統과 寓話小說」, 단국대 박사논문, 1997, 108~109쪽 참조.

17 문한별에 의하면, 근대전화기 우화체 단형서사는 신문과 학회지 두 매체에 집중되어 수록되었는데, 근대신문에 수록된 작품으로는 『조선크리스도인회보』에 3편, 『그리스도신문』에 1편, 『독립신문』에 6편, 『협성회회보』에 1편, 『매일신보』에 4편, 『제국신문』에 7편, 『대한매일신보』에 6편, 『경향신문』에 8편, 『대한민보』에 1편이 각각 수록되어 있다고 설명했다. 문한별, 「근대전환기 우화체 서사의 특질 연구」, 『국어문학』 58, 국어문학회, 2015, 359쪽 참조.

들이 다수 존재한다. 이는 과거 한문산문 형식을 적극적으로 수용한 『황성신문』의 특징으로, 해당 시기에 이르러서는 '논설'란을 비롯하여 '잡보'란의 다양한 연재물에까지 확대 적용된 것이라 할 수 있다. 단 기존 작품에서는 서술자 평 등을 통해 주제의식을 명확히 전달한 것에 비해 「비설」에서는 내용과 형식상의 희화에 비중을 줌으로써, 시평時評을 함의한 근대 소화의 형식을 갖추게 된 것이다. 「비설」에서 보이는 '시평'의 면모는 약 2년 뒤, 「국외냉평」을 통해 보다 구체적인 형태를 띠게 된다.

3. '소화'에서 '시평'으로

「국외냉평」은 1909년 7월 2일부터 1910년 1월 29일까지 총 127편을 연재한 글이다. '국외냉평局外冷評'이란 명칭에서 알 수 있듯, 여러 사회적 이슈에 대하여 '해당 사건에 관계없는' 논평자가 중립적인 시각을 유지하며 서술한 글이다. 따라서 작품마다 시대상을 반영하는 주제를 함의하고 있다.

「국외냉평」이 연재된 시기에는 「명소고적名所古蹟」(1909.7.3~1909.10.23), 「시사일국時事一掬」(1909.9.17~1910.8.23), 「진담珍談」(1909.10.19~1910.6.14) 등 『황성신문』 내 수많은 연재물들이 지면을 달리하며 발표되었다. 각각의 연재물은 주제와 구성면에서 그 성격을 달리하는데, 「국외냉평」의 경우, 앞서 「비설」과 같이 '문답체(토론체)'의 전달방식과 시의성, 비유적 표현법 등에서 유사한 면모를 확인할 수 있다.

'문답체(토론체)' 형식은 근대 시기 단형서사에 자주 사용되던 서술 방법 중 하나이다.[18] 이 같은 문답체 형식이 종종 동물우언의 형태로 서술된 작품들이 많았는데, 앞서 「비설」에서처럼 「국외냉평」에서도 동물우언의 작품이 있어 주목할 만하다.

> △ 一富翁家에셔 大宴을 設홀시 其家에 飼畜ᄒᆞᄂᆞᆫ 牛, 馬, 鷄, 犬, 豚이 會議曰 主家의 宴日이 只隔ᄒᆞ니 畢竟은 吾儕中에셔 犧牲을 供홀지라 誰가 몬져 獻身홀고 牛曰 我ᄂᆞᆫ 主人에게 耕田의 功이 有ᄒᆞ오 馬曰 我ᄂᆞᆫ 主人에게 運輸의 功이 有ᄒᆞ오 鷄曰 我ᄂᆞᆫ 主人에게 報時의 功이 有ᄒᆞ오 犬曰 我ᄂᆞᆫ 主人에게 守盜의 功이 有ᄒᆞ오 最末에 豚이 默默而坐ᄒᆞ얏다가 乃曰 물ᄭᅳ려라 ᄒᆞ더라 評曰 嗚乎라 世上天下에 但 食主人之祿而無尺寸之報者 | 豈不以富家之豚으로 爲戒哉아[19]

위 작품에서는 한 부옹富翁의 잔칫날에 소, 말, 닭, 개, 돼지 등 다양한 가축들이 등장하여 그들 가운데 누가 희생될지를 논의하는 장면이 등장한다. 소와 말, 닭, 개는 자신들이 그동안 주인에게 베풀었던 공로들을 열변하지만, 돼지만이 스스로 공로가 없다고 판단하여 헌신을 결심한다. 토론 중 가축들이 열변했던 공로의 내용들은 글을 읽는 모든 독자들이 알만한 해당 동물들의 보편적인 속성들로서, 충분히 예측 가능한 내용들을 가축들의 입을 빌려 흥미롭게 서술하고 있다.

해당 이야기는 앞서 『대한매일신보』에서도 「육축쟁공六畜爭功」이란

18 김영민, 『한국의 근대신문과 근대소설』, 소명출판, 2006, 126쪽 참조.

19 「局外冷評」, 『황성신문』, 1909.7.24.

제명으로 발표되었다. 전문을 소개하면 다음과 같다.[20]

▲門外牧畜場에셔 六畜이 會集ᄒᆞ야 各其功勞를 誇張ᄒᆞᆫ다

(牛) 나ᄂᆞᆫ 鄕曲道路로 周行ᄒᆞ면셔 主人家일만ᄒᆞᆯᄲᅮᆫ 아니라 ᄂᆞᆷ의 田을 耕ᄒᆞ기와 ᄂᆞᆷ을 卜을 駄ᄒᆞᄂᆞᆫᄃᆡ 善ᄒᆞ여도 ᄆᆡ질 不善하여도 ᄎᆡ직질ᄒᆞᄂᆞᆫ 것을 不計ᄒᆞ고 他國 사람의 일이라도 力을 不惜ᄒᆞ고 잘ᄒᆞ여주지

(馬) 나ᄂᆞᆫ 重하나 輕ᄒᆞ나 실탄말도 못ᄒᆞ고 盡死力而卜駄ᄒᆞᄂᆞᆫᄃᆡ 近日에ᄂᆞᆫ 尤極困難ᄒᆞᆫ거슨 日兵인지 무엇인지 留馬로 執ᄒᆞ야 各地方으로 驅馳ᄒᆞ니 여물죽도 어엿시 엇어 먹지 못ᄒᆞ고 짐삭도 잘 밧지 못ᄒᆞ지

(狗) 나ᄂᆞᆫ 大門間으로 방을 ᄉᆞᆷ고 外賊을 직히노라니 晝夜장천 ᄃᆞᆫ잠노 잘 못ᄌᆞ지

(鷄) 나ᄂᆞᆫ 數萬長安家〃戶〃 깁히든잠 깁히든ᄭᅮᆷ 어셔 ᄭᆡ라고 목을 느리고 홰를 치면셔 울어 ᄯᅢᄅᆞᆯ 일치 안코 警告ᄒᆞ니 사ᄅᆞᆷ이 다ᄭᆡ여 제ᄯᅢ 일을 ᄒᆞ지

(羊) 나ᄂᆞᆫ 性質이 元來純良ᄒᆞ야 남이 이리 來하라면 이리 來ᄒᆞ고 뎌리 往하라면 뎌리 往ᄒᆞ야 指揮命令을 恒常順從ᄒᆞ니 使ᄒᆞ기ᄂᆞᆫ 第一이지

(豕) 여보게 ᄌᆞᄂᆡ들 功勞라고 ᄌᆞ랑ᄒᆞ지마ᄂᆞᆫ ○他國 샤람의 일을 잘ᄒᆞ여주니 ᄎᆡᆺ직 마져 ᄊᆞ지 ○ 짐삭도 못ᄇᆞᆺ고 ᄃᆞᆫ이니 죽도 못엇어먹어 ᄊᆞ지 ○ ᄇᆞᆺ겻 적 직혀셔 네집안이 평안ᄒᆞ냐○ ᄉᆞᄅᆞᆷ이 다 ᄭᆡ여셔 ᄂᆞᆷ의 奴隷가 되엿ᄂᆞᆫ냐

20 기존 연구(김준형, 앞의 글, 106~100쪽)에서 「저원취사猪願就死」(『교수잡사攪睡襍史』)와 「육축쟁공六畜爭功」(『대한매일신보』)의 차이점을 언급한 바 있다. 시기적으로 보았을 때 「저원취사」가 「국외냉평」(『황성신문』)과 「육축쟁공」 등에 영향을 주었을 것으로 짐작된다. 내용은 대동소이하지만, 「저원취사」에서 토론을 주관하던 주인의 역할이 「국외냉평」과 「육축쟁공」에서는 전혀 찾아볼 수 없다는 차이점을 가진다. 근대매체에서 주인의 대화 내용을 생략하며 동물들의 대화로만 꾸민 것은 동물우언의 효과를 극대화시키고, 대화의 분량을 줄이기 위한 기획이라 할 수 있다.

○ 남의 指揮만 順從ᄒᆞ니 몃날이나 便ᄒᆞᆯ손야 ○ ᄌᆞ네들 쌘쌘도스럽다 아모 功勞도 업ᄂᆞᆫ 나만도 못ᄒᆞ다 糞으로나 在ᄒᆞ여라[21]

「육축쟁공」에서는 '돼지'가 여타 동물들의 잘못을 낱낱이 비판하는 역할을 담당하고 있다. 일본 사람을 위해 일을 하는 소와 그들에게 필요한 유마留馬로 징발되는 말, 진정한 도적을 지키지 못한 개, 자국민을 진정 일깨우지 못한 닭, 남에게 순종만 하는 양들에게, 차라리 죽어 국으로 끓여지는 것이 낫다고 주장한 것이다. 「국외냉평」에서 돼지가 스스로 공로가 없다고 판단하여 헌신을 결심하는 내용과는 상반된 면모를 보인다.

「육축쟁공」에서 돼지의 비판적인 발화 내용이 「국외냉평」에서는 헌신의 내용으로 바뀌지만, 작품 말미에 별도의 서술자 논평 부분을 첨가하면서 비평의식을 보다 직접적으로 전달할 수 있게 되었다. 논평부의 시작을 '評曰', '記者 ㅣ曰', '聽者曰', '局外生曰' 등으로 본문과 구분하는 방식은 이전 '논설'란의 '서사적 논설'의 형식과 동일한 방식이라 할 수 있다.[22]

「국외냉평」이 연재된 신문지면을 통해서도 '서사적 논설'과의 연관성을 짐작할 수 있다. 앞서 「비설」이 신문 3면에 발표되었던 반면, 「국외냉평」은 논설과 함께 줄곧 신문 2면에 연재되었다. 『황성신문』이 신문 3면에 '고사', '소설' 등의 서사문학을 싣고 신문 2면에는 논설과 더불

21 「六畜爭功」, 『대한매일신보』, 1908. 1. 29.

22 기존 '논설'란에서는 '서사적 논설'의 형태로 다양한 작품들을 싣고 있었는데, 1906년을 전후로 '논설'란에서 자취를 감춤에 따라 '서사적 논설'은 '잡보'란의 연재물을 통해 그 속성을 이어간 것이라 할 수 있다. 반재유, 「『皇城新聞』 소재 서사문학 연구」, 연세대 박사논문, 2017, 159~164쪽 참조.

어 시사를 담은 잡보기사들을 발표한 것에 미루어 보았을 때, 「국외냉평」의 2면 연재는 그 시사성時事性에 비중을 둔 것으로 사료된다.

논평부의 '주인에 녹을 받고도 조금의 보답조차 없는 자食主人之祿而無尺寸之報者가 어찌 부잣집 돼지로써 경계삼지 않겠는가豈不以富家之豚爲戒哉'라는 내용으로 미루어보았을 때, 어려운 시국에서도 제 역할을 하지 못하는 관리들을 비판·경계하고 있는 작품이라 할 수 있다.

「국외냉평」에는 이 같은 동물우언의 작품[23]도 존재하지만, 당시의 시대상을 비판·풍자한 '소화' 작품들도 다수 발표되었다. 이는 앞서 「비설」의 성격과 유사하다고 볼 수 있다. 단 「비설」에서는 골계적인 요소에 비중을 두었던 반면, 「국외냉평」에서는 상대적으로 사회 비판적인 주제들을 보다 직접적으로 전달하고 있다. 이 같은 면모는 별도의 논평부가 없었던 「비설」과 달리 다수의 작품에서 논평부를 부기하고 있다는 점에서도 확인할 수 있다.[24]

> △ 身數가 否塞ᄒᆞᆫ 놈은, 잡바져도, 코가 ᄭᅵ진다더니 我國人을 두고 準備한, 말이여 如此히 財政이 恐慌하야 人民의 血脈이 枯竭한 今日에 또 天災가 荐至하야 西道에ᄂᆞᆫ 連日暴雨에 人命渰死와 家屋頹沒과 畜産漂失이 不計其數라 ᄒᆞ고 南道에ᄂᆞᆫ 自春旱乾에 農作이 判歉ᄒᆞ야 未久에 餓莩가 相屬ᄒᆞ깃다니 此를 將次 엇지 하잔 말인가 (憂世生) 왜 我國만 然하다던가 日本도 亦然ᄒᆞ다네 關西의 地震과 大坂의 火災와 三島의 藥庫爆發이, 다 如干災變인가 (廣

23 「局外冷評」, 『황성신문』, 1909.7.29; 「局外冷評」, 『황성신문』, 1910.1.29.

24 논평부가 없는 작품이라 할지라도 대화 내용을 통하여 당면했던 사회 문제를 비판의 대상과 함께 구체적으로 언급하는 특징을 보여주고 있다.

聞子) 허, 이 사름, 그말 말게 日本은, 암만, 그러터라도 政府에셔 救恤方針을 講究ᄒᆞ야 其被害ᄒᆞᆫ 人民을 拯濟ᄒᆞᆺ지만 我國政府야 人民이, 다, 죽던가 살던가 相關ᄒᆞᆺ나 (憂世) 그러치만ᄂᆞᆫ 苟有人心이면, 혈마 生覺잇ᄭᆞᆺ지 (廣聞)

評曰 哀我同胞여 受灾何辜오 卽當上訴於玉皇香案前ᄒᆞ리라[25]

△ 新年에ᄂᆞᆫ 韓國에 開明星이, 빗춰엇나, 內腫病이, 들엇나, 外面으로 觀ᄒᆞ면 所謂一進會合邦問題도 影響이 無ᄒᆞ고 內面으로 忖度ᄒᆞ면, 엇덧코엇덧라ᄒᆞᄂᆞᆫ 傳說이 有ᄒᆞ니, 되지도, 못ᄒᆞᆯ 言論은 不一ᄒᆞᆫ가부데만언, 四千餘年歷史舊國이, 그ᄃᆡ지 容易ᄒᆞᆺ나 東洋平和가 此自로 歸定이 有ᄒᆞᆯ걸[26]

첫 번째 인용문은 자국의 앞날을 걱정하는 '우세생憂世生'과 이를 전혀 개의치 않는 '광문자廣聞子'의 대화 내용을 통하여, 주변국인 일본과 달리 동일한 재해(경제공황, 자연재해 등) 속에서도 구휼방침을 전혀 강구하지 못하는 조선정부의 무능함을 드러내고 있다. 말미의 논평에서도 '불쌍한 우리 동포들은 이 재앙들을 허물할 곳이 없으니, 옥황상제 향안香案 전에 상소나 하라'는 냉소적 표현으로, 어찌할 도리가 없는 현실을 비판하고 있다.

그 밖에도 타국과 비교하여 국내 자산가[27]나 정계 인물[28] 등을 비판하는 내용들까지 다양한 시사 문제를 다루고 있다. 특히 한일강제병합이 가까워지는 1909년 말에는 희언戲言의 성격이 많은 부분 퇴색되고, 보다

25 「局外冷評」, 『황성신문』, 1909.8.22.
26 「局外冷評」, 『황성신문』, 1910.1.5.
27 「局外冷評」, 『황성신문』, 1909.7.25.
28 「局外冷評」, 『황성신문』, 1909.7.27.

시대 비판적인 색깔을 뚜렷이 드러낸다. 그 실례로 '일진회一進會 합방문제合邦問題'를 다룬 두 번째 인용문을 들 수 있다.

'일진회 합방 문제'는 1909년 12월 4일 100만 일진회 회원의 이름으로 대한제국 순종과 내각, 통감부에 「일한합방상주문日韓合邦上奏文」을 제출하고, 대한제국 2,000만 동포 앞으로 일한합방 촉구성명서를 발표한 사건을 지칭한다. 『황성신문』에서는 12월 5일 '잡보' 2면에 일진회성명서를 소개하며, 일진회 회장 이용구와 소네통감을 비판하였는데,[29] 당시 「국외냉평」에서 이 같은 시대상을 반영한 작품들[30]이 다수 발표되었다.

『대한매일신보』(국한문판)에서도 「국외냉평」과 유사한 성격의 「사회등」(1909.11.17~1910.5.24)이란 명칭의 고정란이 존재했다.[31] 논설이 시론時論의 성격을 가졌다면, 「사회등」은 시평時評의 성격을 가진 작품이다. 기존 연구에서는 작품 속에 등장하는 '記者'라는 호칭을(「맹편광음猛鞭光陰」(1908.10.15), 「함소수원含笑受怨」(1908.11.17), 「구면신화舊面新話」(1908.11.9)) 통해 당시 『대한매일신보』의 주필이었던 단재 신채호가 「사회등」을 저술했다고 보고 있다.[32] 이 같은 주장을 따른다면 「국외냉평」에 빈번히 등장(총 9회)하는 '기자'라는 어휘도 주필을 가리키는 호칭이며, 「국외냉평」 또한 「사회등」과 같이 시평時評의 성격을 띤 작품으로 볼 수 있다. 더불어 「국

29 "一進會長 李容九氏는 全會總務員 四名을 帶同ᄒᆞ고 昨日午前十一時에 曾禰統監을 統監府에 訪問ᄒᆞᆫ 後 何等關係가 有ᄒᆞᆫ 聲明書를 提出ᄒᆞ얏는ᄃᆡ 曾禰統監은 默默히 一言도 答지 아니ᄒᆞ고 該聲明書를 受接ᄒᆞ얏다더라" 「聲明書提出」(雜報), 『황성신문』, 1909.12.5.

30 「局外冷評」, 『황성신문』, 1909.12.22.~24 · 1910.1.5 · 8 · 11 · 14 · 18.

31 「사회등社會燈」(『대한매일신보』 국한문판)은 '애국계몽기 가사'가 실린 연재란으로서, 「시사평론」(『대한매일신보』 국문판)과 함께 일찍이 주목을 받아왔지만, '애국계몽기 가사' 외 여타 서사 연재물에 대해서는 논의가 진척되지 못하고 있다. 이에 대한 자세한 논의는 추후 연구를 통해 진행할 예정이다.

32 김주현, 「사회등가사 서사로서의 신채호」, 『어문학』 114, 한국어문학회, 2011, 338~344쪽 참조.

외냉평」을 논설과 함께 신문 2면에 배치한 것도 논설의 '시론時論'을 보충하는 역할(시평時評)로서 지면을 기획한 것이라 할 수 있다.

'시평'은 짧은 길이 속에서 비평 기능을 수행해야 하기 때문에 논설에서 보이는 논리적인 설득보다는 직설적인 비판이 주를 이루며, 앞서 소개한 간결한 문답이나 동물우언을 비롯하여 짧은 시가 형태 등을 통해 전달력을 높이고 있다. 다음은 「국외냉평」에 수록된 시가 형태의 작품들이다.

> △坐ᄒᆞ야라 보쟈 立ᄒᆞ야라 보쟈 立ᄒᆞ야도 爾가 아니오 坐ᄒᆞ야도 爾가 아니로고나 爾가, 아닌 爾로 坐ᄒᆞ야 演說은 可怪ᄒᆞ고 可憎ᄒᆞ도다 爾貌樣이 如彼ᄒᆞ니 爾演說을 可知로다 嗚呼라 龜頭剝落生莓苔라ᄒᆞ던 正直豪傑士가 果有孫이로고
>
> 評曰 每聞有不肖孫이오 未聞有光於祖者ᄒᆞ니 祖若有靈이면 可曰 吾孫가[33]

> △ 오날밤 月色이, 하조흐니 落望歌나 하여보세 社會를 團合ᄒᆞ쟈 世事가 板蕩하니 國民의 落望이오 法律을 硏究ᄒᆞ쟈 司法權을 委任ᄒᆞ니 法學者의 落望이오 學校를 設立ᄒᆞ쟈 財政이 絶乏ᄒᆞ니 敎育家의 落望이오 新聞紙를 發刊ᄒᆞ쟈 言權이 無由ᄒᆞ니 執筆者의 落望이오, 오금은 쓰쟈 殘錢分업스니 蕩子輩의 落望일세, 아셔라 마러라, 그리를 마러라 落望을 變ᄒᆞ야 希望을 두어라 希望이 變ᄒᆞ면 實望이 되리라, 흥
>
> 評曰 里巷歌謠之詩가 有正有變ᄒᆞ니 觀風者ㅣ 採之ᄒᆞ야 續諸三百篇之末이 未知何如오[34]

---

33 「局外冷評」, 『황성신문』, 1909.9.5.

34 「局外冷評」, 『황성신문』, 1909.10.23.

첫 번째 작품은 규칙적인 압운이 들어간 시가 작품이다. 작품 말미에 서술된 "龜頭剝落生莓苔(거북머리 벗겨지고 이끼 끼어)"라는 대목은 '이백李白'의 「양양가襄陽歌」 가운데 한 소절이다. 진晉 대에 양양襄陽, 峴山 도독都督으로 부임한 '양호羊祜'가 죽자 많은 사람들이 산 위에 비석을 세우고 눈물을 흘렸는데, '이백'은 술주정뱅이였던 '산간山簡'과 자신을 동일시하고, '양호'처럼 어진 정치를 못할 바에는 명을 재촉하지 않는 게 상책이라며 술을 예찬하였다. 이는 당시 정직한 호걸사가 없던 세태를 비판한 것이다. 한일강제병합 방침이 결정(1909.7.6)되고 간도협약까지 체결(1909.9.4)되는 상황 속에서 아무런 비판이나 대안이 없었던, 정계 인물들에 대한 질타를 해당 소절에 빗대어 드러낸 것이라 할 수 있다.

두 번째 작품인 「낙망가落望歌」(희망을 잃은 노래) 또한 이 같은 사회적 분위기 속에서 발표된 작품이라 할 수 있다. 사회(정치), 법률(사법권), 학교(교육), 신문(언론) 등에 대한 비판・기롱을 '낙망落望'과 '희망希望', '실망實望'의 압운을 통해 전달하고 있다.

또한 도입부에서 서술된 "오날밤 月色이, 하조흐니 落望歌나 하여보세"는 마치 판소리의 아니리를 연상시킨다. 자칫 무거울 수 있는 작품 분위기를 이 같은 음조의 문장[35]을 통하여 흥을 고조시키고 독자의 이목을 집중시킨 것이다. 그밖에도 전체 127편의 「국외냉평」에는 당대 정치・사회 문제에 대한 주제들을 다양한 방식으로 구현하고 있는데, 신문의 다양한 독자층과 가독성의 측면을 고려한 선택이었다고 볼 수 있다.

35 "近日 寒威는 果是凌陰世界로구나 오릐간만에 冷評이나 흔번 ᄒ야볼가" 「局外冷評」, 『황성신문』, 1909.12.14.

4. 시평의 의미

지금까지 『황성신문』 '시평' 연재물인 「비설」과 「국외냉평」의 특징을 살펴보고, 작품 간 비교・분석을 통해 근대 시기 '시평'의 의미를 고찰해보았다. 그 내용을 정리하면 다음과 같다.

먼저, 「비설」(1907.8.15~1907.9.9)은 작품의 대부분이 '문답체' 형식으로 구성되어 있다는 특징을 가진다. 이 같은 '문답체' 형식은 기존 단형서사(서사적 논설)의 방식과 유사한 특징을 지닌다. 단 기존 단형서사에 비해 분량이 매우 짧아졌다는 점과 별도의 논평부를 기획하지 않고 오로지 대화 내용만을 통해 주제의식을 전달하고 있다는 차이점을 가진다. 그로 인하여 기존 단형서사에 비해 많은 구어체와 은유적인 표현, 언어유희 등을 통해 해학성을 극대화시키고 있으며, 특별한 서술자의 평론 없이도 풍자를 통해 서술자의 메시지를 전달하고 있다. 이 같은 특징은 이전 단형서사와 차이점이라 할 수 있는데, 조선 후기 '소화笑話'의 형식이 '시평'을 함의한 단형서사의 형태로 발표된 것이라 할 수 있다. 「비설」에서 보이는 '시평'의 면모는 약 2년 뒤, 「국외냉평」을 통해 보다 구체적 형태를 띠게 된다.

「국외냉평」(1909.7.2~1910.1.29)은 연재된 신문지면을 통해서도 '서사적 논설'과의 연관성을 짐작할 수 있다. 「국외냉평」은 줄곧 신문 2면에 연재되었는데, 『황성신문』이 신문 3면에 '고사', '소설' 등의 서사문학을 싣고 신문 2면에는 논설과 더불어 시사를 담은 잡보기사들을 발표한 것에 미루어 보았을 때 「국외냉평」의 2면 연재는 그 시사성에 비중을 둔 것으로 사료된다.

「국외냉평」에도 앞서 「비설」의 성격과 유사한 '소화' 작품들이 다수 발표되었다. 단 '문답체'뿐만 아니라 시가 형식 등 다양한 글쓰기 방식을 활용하고 있으며, 별도의 논평부를 두어 집필진의 비판의식을 보다 직접적으로 전달하고 있다는 차이점을 가진다.

『황성신문』의 「비설」과 「국외냉평」은 전통적 '소화' 형식이 근대매체를 통해 '시평'으로 변화된 면모를 확인할 수 있는 연재물이다. 당시 집필진들이 '서사적 논설'을 통해 '논설'란을 더욱 풍성하게 만들었듯이, 이 글에서 살펴본 「비설」·「국외냉평」의 다양한 언술 형식도 근대화의 과정 속에서 생산된 새로운 서사 양식이라고 할 수 있다.

『만세보』를 통해 본 한말 위생 담론 연구

손동호

1. 위생 담론의 등장 배경

이 글의 목적은 『만세보』[1]에 실린 다양한 기사를 분석하여, 한말 조선의 보건위생 담론을 보다 구체적으로 조명하는 데 있다. 『만세보』가 창간되기 1년 전인 1905년, 일제는 대한제국을 자신들의 감리하에 두고 통감을 통해 모든 것을 지휘・감독하며, 외국과의 조약체결권을 박탈하는 내용의 을사보호조약을 강제적으로 체결하였다. 천도교 지도

1 『만세보』는 천도교주 손병희孫秉熙의 발의로 1906년(광무 10년) 6월 17일 창간되었다. 사장은 오세창吳世昌, 총무 겸 주필은 이인직李人稙, 발행 겸 편집은 신광희申光熙가 맡았다. 이 글은 1985년 아세아 문화사에서 출간한 『만세보』 영인본을 주 텍스트로 삼았다. 『만세보』는 1906년 6월부터 1907년 6월 말까지 293호가 발행되었는데, 영인본에는 8호, 245호, 275호, 281호가 유실되어 있음을 밝힌다.

부는 국운이 쇠하게 된 원인을 낮은 국민의식에 있다고 보았다. 이러한 분석에 따라 지도부는 국민교육을 통한 국민의식의 고양이 국권 회복의 지름길이라고 판단하였다. 이에 천도교 지도부는, 국민의 지식 계발을 통해 국가문명의 증진에 기여하고자 『만세보』를 발행하였다.[2] 국가역량을 축적하여 완전한 독립국가를 목표로 하는 개화사상의 핵심은 국민계몽이었으며, 이를 위해 위생 담론이 적극 활용되었다. 위생은 국민의 생명에 직접적인 영향을 미칠 뿐만 아니라 문명의 지표이자 정수로 받아들여졌기 때문이다.

근대의 보건위생은 개인 차원에서는 삶의 질을 개선시키고 수명을 연장시키며, 국가 차원에서는 인구를 늘리고 강병을 이룩하게 하는 강력한 수단이며, 동시에 제국주의적 지배를 원활하게 하는 효과적인 권력의 수단이기도 했다. 국민의 건강 보호는 집단의 생명을 지켜야 한다는 공리주의적 행복이나 군주 또는 국가의 가부장적인 배려에서 제공되는 것이 아니라 국민이 그것을 누려야 할 당연한 권리인 것이다. 따라서 어떠한 이유에서건 근대국가에서 보건위생은 강조될 수밖에 없었고, 조선이라고 해서 예외는 아니었다.

이에 『만세보』는 소설, 논설, 기서寄書, 잡보란 기사, 국문독자구락부, 광고 등 신문지면을 최대한 활용하여 위생 담론을 전개하였다. 하지만 매체를 중심으로 위생 담론을 다룬 기존 연구[3]에서 『만세보』의 위생 담

2 손동호, 「『만세보』 연구」, 연세대 석사논문, 2008.

3 신문 매체의 위생 담론에 관심을 기울였던 초기 연구는 위생 담론을 우호적인 시선으로만 고찰하여, 당시 계몽을 주도했던 필진들의 생각을 그대로 재언급하는 데 그치고 말았다(이인숙, 「『독립신문』 論說에 나타난 體育 · 衛生思想硏究」, 이화여대 석사논문, 1984). 이후 1990년대 후반부터 근대 초기 위생 담론을 살펴본 연구자들은 당시 위생 담론에 대해 좀더 해석적으로 바뀌었다. '근대'라는 표상에 대한 비판적 해석을 시도한 것으로 신동원(『한국 근대 보건의료사』, 한울,

론에 주목한 논의는 찾기 어렵다. 비록 『만세보』가 발행 기간은 길지 않았다 할지라도 근대 초기에 위생 담론을 활발하게 생성・유포했던 매체라는 점에서 연구의 필요성이 제기된다. 따라서 이 글에서는 『만세보』의 위생 담론을 소개하고, 같은 시기 『황성신문』, 『대한매일신보』 등의 매체가 전개한 위생 담론과의 변별점을 중심으로 논의하고자 한다.

2. 『만세보』의 위생 담론

1) 『만세보』 위생 담론의 전개

개항 이후 서양의 근대적 보건위생이 도입되는 과정에서 조선정부의 활동은 소극적이었을 뿐만 아니라 철저하지도 못하였다. 공고한 제도 확립을 목표로 하기보다는 임시방편적인 정책을 시행하기에 급급했던 것이다. 이 과정에서 제도의 수용자와 많은 마찰을 빚기도 하였다. 이에 각 매체에서는 위생의 내용과 목적, 그리고 그 의의에 대해 선전하기 시작하였다. 위생제도 시행으로 인한 정부와 인민과의 갈등을

1997)과 박윤재(「韓末・日帝 初 近代的 醫學體系의 形成과 植民 支配」, 연세대 박사논문, 2002)의 연구가 대표적이다. 이밖에 근대 초기 매체 중 『독립신문』, 『황성신문』, 『대한매일신보』를 선별하여 고찰한 고미숙(「『독립신문』에 나타난 '위생' 담론의 배치」, 『근대계몽기 지식 개념의 수용과 그 변용』, 소명출판, 2004; 「『황성신문』에 나타난 '위생' 개념의 담론적 배치」, 『근대계몽기 지식의 발견과 사유 지평의 확대』, 소명출판, 2006; 「『대한매일신보』와 '병리학'의 담론적 배치」, 『근대계몽기 지식의 굴절과 현실적 심화』, 소명출판, 2007)의 연구도 주목할 만하다.

보도한 후 효과적인 해결책을 제시한 사례는 가장 적극적인 움직임이었다. 위생을 둘러싼 각종 논의들은 매체의 성격과 입장을 추론할 수 있는 근거라는 점에서 중요하다. 따라서 『만세보』 위생 담론의 전개를 본격적으로 살펴보기에 앞서 이전 시기 매체에서 위생 담론이 어떻게 전개되었는지 정리함으로써 『만세보』 위생 담론의 내용에 접근하고자 한다.

매체에 위생 담론이 등장하기 시작한 것은 김옥균이 『한성순보漢城旬報』에 「치도약론治道畧論」[4]을 게재하면서부터이다. 이 글에서 위생은 나라를 다스리기 위한 구체적인 방안 중에서도 가장 시급하고 중요한 사항으로 언급된다. 즉 위생이 치도治道의 구체적인 방안의 하나로 제시되는 것이다. 특히 '거리에는 똥과 오줌을 누는 사람과 가축이 길을 메울 정도로 많다고 한다 하니 어찌 차마 들을 수 있는 말인가'라는 표현에서는 불결한 조선의 모습에 열등감을 느끼고 있으며 문명한 외국인의 시선을 의식하고 있음을 알 수 있다.[5] 「치도약론」은 서구적 의미의 위생에 관한 개념이 소개된 자료라는 점에서 중요한 의미를 지닌다. 당시 개화파라고 불렸던 김옥균, 박영효 등은 '치도'와 함께 이를 담당할

---

4 『한성순보』 원본에는 음력으로 "朝鮮開國四百九十三年甲申閏五月十一日"로 표기되어 있다. 영인본에는 양력으로 환산하여 날짜가 표기되어 있는데, 「치도약론治道略論」을 언급한 논문이나 저서에서 여전히 음력인 5월 11일과 양력인 7월 3일을 섞어 쓰고 있어 혼란을 주고 있다. 이 글에서는 이러한 혼란을 피하기 위해 양력으로 표기하였다.

5 "나의 생각에는 實事求是하는 것이 제일이라 여겨진다. (…중략…) 그러나 각각의 절실하고도 중요한 政治와 技術을 찾아보면 첫째는 위생이요, 둘째는 農桑이요, 셋째는 도로인데 이 세 가지는 비록 아시아주의 성현들이 나라를 다스리던 법도로 보더라도 어길 수 없는 것이다. (…중략…) 나는 전에 들으니 외국 사람들이 우리나라를 유람하고 돌아가서는 반드시 우리나라 실정을 사람들에게 이야기하기를 '조선의 산천은 비록 아름다우나 인구가 적어서 빨리 부강을 이룩하기는 어려울 것이다. **거리에는 똥과 오줌을 누는 사람과 가축이 길을 메울 정도로 많다'고 한다 하니 어찌 차마 들을 수 있는 말인가.**"(강조는 인용자) 「治道略論」(『漢城旬報』, 1884.7.3), 관훈클럽, 『한성순보번역』, 1983, 498쪽에서 인용.

경찰제도를 도입하여 부강한 국가를 만들어야 한다는 주장을 하였다.

유길준 역시 『서유견문』을 통해 위생의 필요성과 위생 실무를 담당할 경찰에 대해 언급하였다. 그는 사람이 건강을 지키는 것은 인간의 도리이자 직분으로 이해했다. 따라서 위생은 반드시 익혀야 할 현실적 과제로 제시되었다. 이를 위해서는 위생을 실행할 학문을 닦아야 한다고 주장하였다. 그는 먼저 서양 사람들이 건강을 돌보는 규칙을 소개하였는데, 자신의 건강을 돌보는 방법 가운데 가장 요긴한 것으로 지체운동을 들고 있다. 이 외에도 침식과 의복을 신중하게 선택하는 것, 음식 먹는 방법, 집과 길을 깨끗하게 하는 일도 건강을 돌보는 방법으로 제시하였다. 하지만 우리나라에 사는 가난한 자들의 형편을 생각할 때 현실에서 이를 지키기가 어려움을 지적하며 위생 실현의 현실적인 문제점을 고민하기도 하였다. 그는 항목을 바꿔 위생제도의 실무를 담당할 경찰에 대해서도 언급하였다. 경찰은 크게 행정경찰과 사법경찰로 나누어 설명하였다. 설명에 따르면 행정경찰은 '국민의 건강을 보살피는 일'을 맡고, 사법경찰은 '범인을 수색하거나 체포해서 국민들의 환난을 제거'하는 일을 한다고 하였다. 행정경찰이 담당하는 세부 항목으로 '전염병의 예방법 및 소독법과 종두 · 음료수 및 식료품 · 의약품 · 가축도살장과 묘지 · 화장터와 기타 위생법에 관계되는 사항'을 소개하였다.[6]

『한성순보』에서 시작된 신문매체의 위생 담론은 개화파가 주도적으로 개입하여 발간한 『독립신문』에도 그대로 이어졌다. 『독립신문』은 논설을 통해 병에 걸리지 않고 건강하게 살기 위해서 해야 할 일들을 제시하

6 유길준, 『서유견문』 제10편 '경찰제도', 292~296쪽 · 제11편 '건강을 돌보는 방법', 315~320쪽 참조. 유길순, 허경진 역, 『서유션문』, 서해문집, 2004.

였다. 몸을 깨끗하게 하는 방법으로 목욕이 소개되는데, 이는 가장 대표적인 청결법으로 다른 매체에서도 빈번하게 소개된 위생 방법이었다. 논설에서는 이밖에도 운동하는 방법, 청소하는 방법, 음식에 대한 주의법, 올바른 식수 사용법 등 위생에 대한 논의를 이어나갔다. 특히 박테리아에 대해서 소개하는 등 서양의학 지식을 전달하고, 이러한 위생에 관련한 지식을 습득하는 것이야 말로 부국강병책이라는 주장은『독립신문』의 대표적인 입장이었다. 이러한 점에서 볼 때『독립신문』은 당시 매체들의 위생 담론과 맥을 같이 하였다는 것을 알 수 있다.[7] 이밖에도『독립신문』은 위생국이나 경무청 관리들의 역할과 대중의 의무[8]에 대해서도 자세히 언급하고 있다.『독립신문』의 논설은 대중을 향해 지시적인 어조를 사용하여 위생에 관한 한 당위적으로 접근하는 방식을 택했다는 점이 특징이다.

당시 신문매체를 발간한 주체들은 대부분 신문물에 대해 호의적인 입장을 취했으며, 서구적 위생 관념을 그대로 답습하여 전파하는 데 앞장섰다.

---

7 "일기가 차차 더워 오기에 ᄇᆡᆨ셩들이 병 안나기를 위ᄒᆞ야 요긴ᄒᆞᆫ 말을 조곰 ᄒᆞ노라 **집에 병이 업스라면 졍ᄒᆞᆫ거시 뎨일이니** (…중략…) 쳣ᄌᆡ 몸을 졍하게 ᄒᆞ여야 ᄒᆞᆯ 터인ᄃᆡ 몸 졍케 ᄒᆞ기ᄂᆞᆫ 목욕이 뎨일이라 ᄆᆡ일 사ᄅᆞᆷ마다 **운동을 몃시 동안식 ᄒᆞ고 져녁에 목욕을 ᄒᆞ고** 자거드면 쳣ᄌᆡᄂᆞᆫ 밤에 잠을 잘 자니 됴코 둘ᄌᆡ 음식이 잘 ᄂᆞ릴터이니 쳬증이 업슬터이라 (…중략…) 우물에셔 나ᄂᆞᆫ 물은 대개 ᄀᆡ쳔물 걸는거시니 겨울에ᄂᆞᆫ 위ᄐᆡᄒᆞ기가 덜ᄒᆞ거니와 날이 더워지면 그물쇽에 각ᄉᆡᆨ ᄉᆡᆼ물이 잇ᄂᆞᆫᄃᆡ 그 ᄉᆡᆼ물은 셔양말노 ᄇᆡᆨ테리아라 ᄒᆞᄂᆞᆫ거시라 이 물건이 사ᄅᆞᆷ의 쇽에 들어가 각ᄉᆡᆨ 병을 모도 ᄆᆞᆫ드ᄂᆞᆫᄃᆡ (…중략…) 병 아니 나도록 ᄒᆞᄂᆞᆫ거시 병 난 후에 고치ᄂᆞᆫ 일 보다 더 쇼즁ᄒᆞᆫ 일이니 **ᄇᆡᆨ셩이 병이 업서야 나라이 강ᄒᆞ여지고 ᄉᆞ롱공샹이 흥ᄒᆞᆯ터이니** 우리ᄒᆞᄂᆞᆫ 말을 별노히 쥬의들 ᄒᆞ야 말ᄃᆡ로 시힝ᄒᆞ기를 ᄇᆞ라노라"(강조는 인용자)『독립신문』, 1896.5.19, '논설'.

8 『독립신문』1896년 6월 27일 자 논설을 보면, 내부의 위생국과 경무청에 대하여 다음의 10가지 방안을 제시하였다. 개천 정비, 노상방뇨 금지, 물 끓여 마시기, 푸성귀를 개천에서 못 씻게 할 것, 길가에서 밤에 잠자지 못하게 할 것, 아이들 벌거벗고 다니지 못하게 할 것, 술집에서 호흡을 서로 가까이 하지 말 것, 위생국에서 도성 안에 목욕집 설치할 것, 반찬 가게에서 상한 고기와 생선 팔지 못하도록 경무청에서 감시할 것, 순검이 순행하여 청결을 유지할 것. 그리고 백성들에 대해서는 위생이란 결국 편민이국便民利國의 방편이니 인민의 위생과 재산과 인명을 보호하기 위한 것이므로 잘 따르도록 권고하고 있다.

이 시기의 위생 담론은 위생이 곧 문명이라는 전제에 입각하여 위생의 개념을 소개하고 구제적인 실천방안을 제시하는 식으로 전개되었다. 위생 실무를 담당할 주체로 경찰을 호명하였으며, 위생제도 확립 과정에 위생경찰이 중요한 역할을 맡아야 한다고 목소리를 높였다. 이러한 개화파의 위생 담론은 이후 직접적으로 위생제도 확립 과정에 반영되기도 하였다.

『만세보』는 이전 매체에 비해 더욱 적극적으로 위생 담론을 유포·확산시켰다. 동원 가능한 신문지면을 최대한 활용하여 전방위적으로 위생 담론을 전개한 것이다. 구체적으로 신문 1면에서는 소설과 기서寄書, 2면에서는 논설과 잡보, 3면에서는 잡보와 국문독자구락부, 4면에서는 광고 등을 통해 위생 담론을 전개하였다. 지금부터는 『만세보』가 위생 담론을 전개하는 과정에서 어떠한 기사를 어떻게 활용하였는지에 초점을 두고 논의를 진행하고자 한다.

위생이 국민의 생명을 보전하는 중심적인 가치로 부각된 사례는 우선 소설에서 찾을 수 있다. 『만세보』에는 「단편」, 「혈의 루」, 「귀의 성」, 「백옥신년」 등 네 편의 소설 작품이 실렸다. 이 중 「혈의 루」와 「귀의 성」에는 근대적 의료기관인 병원이 직접 언급되기도 하였다.

> 玉蓮(옥련)의, 왼편 다리에, ᄇᆡᆨ혀, 너머저셔, 그날밤을, 그ᄉᆞᆫ에셔, 목숨이 붓터 잇셔써니, 그잇튼날 日本赤十字看護手(일본적십자간호수)가 보고 野戰病院(야전병원)으로, 시려보ᄂᆡ니 軍醫(군의)가 본즉 重傷(중상)은아니라 鐵丸(철환)이, 다리를 ᄯᅮᆯ코, ᄂᆞ갓ᄂᆞᆫᄃᆡ
>
> —「혈의 루」, 『만세보』, 1906.8.17(강조는 인용자 이하 동일)

> 박참봉이 본ᄅᆡ 찬찬ᄒᆞᆫ 사ᄅᆞᆷ이라 츈쳔집이 우물에 ᄲᅡ저 쥭으려다가 우물

돌 우에셔 밋기려저 너머저셔 동틔되야 ᄭᅩᆷᄶᅡᆨ을 못ᄒᆞᄂᆞᆫᄃᆡ ᄌᆡᆨ골 네거리지셔 슌검이 구ᄒᆞ야 ᄌᆞ긔 집에 긔별하던 말과 자긔가 **한셩병원**으로 다리고 가던 말을 낫낫치하니 김승지ᄂᆞᆫ 그말을 듯고 엇지ᄒᆞ면조흘지 모르ᄂᆞᆫ 모냥이라

—「귀의 성」, 『만세보』, 1906.11.15

첫 번째 인용문은 소설 「혈의 루」의 주인공 옥련이가 일본군의 총에 맞아 부상을 입자, 치료를 위해 야전병원으로 이송되는 장면을 그리고 있다. 일본 적십자 간호수가 옥련이를 야전병원으로 보내자 일본 군의가 옥련을 치료한다는 내용이다. 이후 군의가 옥련이를 가엾게 여겨 자신의 양녀로 삼아 일본으로 보내 양육한다는 소설의 내용까지 고려할 때, 일제의 폭력성을 은폐하고 시혜성을 강조하고자 한 의도를 엿볼 수 있는 대목이다.

두 번째 인용문은 소설 「귀의 성」의 주인공 춘천집이 자살을 시도하다가 실패하여 한성병원으로 치료를 받으러 가는 장면이다. 여주인공을 구원하는 장면에서 병원이라는 물리적 공간이 직접 언급됨으로써 서사적 개연성을 확보했다는 점이 흥미롭다. 지금의 시점으로 본다면 동태動胎로 산모가 위험에 처한 경우 병원으로 옮겨 치료를 받는 일이 당연한 상식이다. 하지만 당시만 하더라도 근대적인 의학기구를 찾기보다는 재래의 민간요법이나 한의원을 이용하는 것이 자연스러웠을 텐데 소설에서는 이미 병원의 기능과 위상이 분명해 보인다. 근대 의학기구인 병원이 『만세보』 수록 서사물에는 자연스럽게 녹아있는 듯 보이지만, 실제로 당시 의료체계는 이제 막 형성되려던 시기였다.

「귀의 성」에서 춘천집이 치료를 받기 위해 찾아간 곳이 '한성병원'이

라는 점은 더욱 문제적이다. 왜냐하면 한성병원은 일제가 "개항 이후 서양의학 시술을 통해 조선인을 회유하고, 그 기반 위에서 병원을 조선 진출의 기지로 활용"[9]한 병원이었기 때문이다. 1895년에 설립된 이 병원은 설립 초기만 해도 일본 거류민 진료에 중점을 두었다. 그러나 청일전쟁 이후 의술을 통해 조선의 정부 관리 내부에 일본 세력을 부식한다는 정치적 목적을 강하게 드러내기 시작하였다. 이와 더불어 일반 조선인민들에게는 무료 혹은 저가 치료를 함으로써 조선인을 회유하고자 하였다.[10] 소설 「귀의 성」에 등장한 한성병원은 이러한 일제의 의도를 은폐하는 데 활용된 것이다.

계속해서 「혈의 루」를 살펴보면 청일전쟁 때 부모와 헤어진 옥련은 7살 어린 나이에 일본 정상 부인의 양녀로 가게 된다. 옥련이 일본에 가서 가장 먼저 한 일은 목욕집에 가서 목욕을 한 일이었다. 주인공 옥련이 일본에 입양 가서 가장 먼저 목욕을 했다는 서술은 단순히 신체상의 때를 씻어 내는 데 그치는 문제가 아니었다. 목욕이라는 통과의례를 거침으로써 전근대라는 조선의 때를 씻어내고 청결한 근대인으로 재탄생함을 의미하는 것이었기 때문이다.

> 今世界의 文明을 唱ᄒᆞᄂᆞᆫ 邦國에ᄂᆞᆫ 반다시 淸潔로써 先問題를 ᄉᆞᆷᄂᆞᆫ 故로 人生生活上에 關한 何物을 勿論ᄒᆞ고 精潔로 主치 아니ᄒᆞᆷ이 無ᄒᆞᄂᆞ니 허물며 人의 一身上에 直接한 汙穢物을 엇지 恬然히 帶有ᄒᆞ리오 故로 生活的에 困難이 無한 者ᄂᆞᆫ 自家에 沐浴室을 必置ᄒᆞ며 此에 力不贍ᄒᆞᆫ 者ᄂᆞᆫ 些少의

9 박윤재, 『한국 근대의학의 기원』, 혜안, 2005, 91쪽.

10 한성병원에 대한 자세한 논의는 위의 책, 90~98쪽 참조.

金錢을 帶ᄒᆞ고 商賈的 沐浴湯屋으로 向ᄒᆞᄂᆞ니 此ᄂᆞᆫ 富貴貧賤을 無論ᄒᆞ고 其肉體를 潔코ᄌᆞᄒᆞᆷ이 一也라(…중략…) 如此則幾個湯屋主ᄂᆞᆫ 營業的利益을 立見할거시오 衆人은 沐浴ᄒᆞᄂᆞᆫ 習慣이 次第로 生ᄒᆞ리니 清潔이니 衛生이니 唱ᄒᆞᄂᆞᆫ 者ᄂᆞᆫ 人의 身體上에 垢匣을 先去ᄒᆞ고 슬囊을 次第로 換着ᄒᆞᆷ이 可한 쥴로 先唱할지어다

—「목욕」, 『만세보』, 1906.12.11

인용한 논설 「목욕」에서는 '지금 세계에서 문명을 외치는 나라는 반드시 청결을 우선 문제로 삼으며, 청결이니 위생이니 외치는 자는 사람의 신체상에 때를 먼저 씻어야 한다'고 말한다. 문명국의 기본은 개인의 청결을 유지해야 하는 것이며, 목욕은 이를 실현하는 구체적인 행위로 묘사되는 것이다. 이를 통해 위생이 문명의 전제조건이며 가장 먼저 달성해야 할 지표라는 결론을 다시금 확인할 수 있다. 이처럼 『만세보』는 비위생적이고 청결하지 못한 조선을 비판하고 이러한 상태를 야만으로 규정함으로써 위생을 지향해야 할 당위성을 획득하였다. 그리고 청결과 위생을 근거로 삼아 일본이 이미 문명국이므로 조선은 일본의 앞선 위생제도를 시급히 수용해야 함을 주장할 수 있었다.

위생에 대한 본격적인 논의는 논설에서 찾을 수 있다. 『만세보』에 실린 위생 관련 논설을 정리하면 〈표 1〉과 같다.

논설의 경우, 위생의 개념을 먼저 정리한 후 세부적인 사항의 논의를 전개해 나갔다. 위생이 무엇이며, 왜 중요한지에 대해 먼저 소개한 후, 본격적인 논의를 이어갔다는 점에서 체계적인 계획하에 논설 연재가 이루어졌음을 알 수 있다. 가장 먼저 연재된 「위생」은 연재 시기를 고

〈표 1〉『만세보』의 위생 관련 '논설' 목록

연재 일자	논설 제목	내용 요약
1906.7.21	衛生	생명과 직결되는 위생의 중요성에 대해 언급
1906.8.22	淸潔方法	재래의 화장실을 개량할 수 있도록 정책 촉구
1906.8.29	避病院	유행 전염병에 대처하기 위한 피병원 설립 촉구
1906.9.7	飮食店	도회지 음식점의 철저한 위생 관리 요구
1906.9.8	農畜	재래의 도축 과정 비판과 소의 유행전염병 경고
1906.9.9	農畜(續)	우역(牛疫) 유행 시 수의사 파송해 줄 것 요구
1906.9.11	醫藥改良	중국의학과 한의학 비판
1906.9.12	醫藥改良(續)	서양의술의 장점을 근거로 의학원 설립 주장
1906.10.23	森林	나무가 위생에 이로움을 근거로 삼림 개발 주장
1906.10.24	自治淸潔議	자치청결 법령 반포할 것을 주장
1906.10.25	飮料水	경성의 식수 문제 지적과 해결 방안 제시
1906.12.11	沐浴	우리의 불결 비판 후 목욕탕 이용하는 방법 소개
1907.3.21	共躋仁壽之域	사회 각 부분의 진보됨을 언급(위생 발달)
1907.6.20	京城飮料水	식수오염을 지적 후 우물개량과 수도 부설 주장

려하여 여름철 위생 관리의 중요성에 대해서 언급하였다. 특히 위생하는 방법을 몰라 이를 지키지 않을 경우 구토, 곽란癨亂, 설사, 적리赤痢(급성전염병인 이질의 한 가지), 장티푸스, 콜레라 등 악질이 발생하여 본인의 생명은 물론 이로 인해 위생상 주의하던 사람도 피해를 입을 수 있다며 경고하였다. 논설은 이러한 정황을 근거로 경찰관리가 위생에 방해가 되는 행위를 강제적으로 금지할 수 있다고 밝히고 있다. 이러한 논조는 이전 시기 매체에서 위생경찰의 필요성을 언급했던 기사에서도 쉽게 발견할 수 있다.

이후 논설에서는 화장실 개량 문제, 피병원 설립 촉구, 음식점의 위생 문제, 식수 문제, 검역을 위한 수의사 파송 요구, 의학원 설립 요구, 목욕탕 설치 촉구, 자치청결 법령 반포 촉구 등 주로 제도나 정책적인 문제를 계속해서 다루었다. 화장실, 부엌, 우물, 상점, 도로 등 모든 것이 비위생적인 것으로 지적되었으며, 심지어 한의학까지 비합리적이며 시대에 뒤떨어지는 구시대의 유물로 치부되었다. 위생은 문명을 위해 반드시 필요한 덕목으로 강조되었으며, 서구의 발전된 위생제도를 시급히 받아들여 우리 인민의 생명을 보호해야 한다는 것이 주된 주장이었다. 이러한 주장을 강화하기 위해 도로 곳곳에 아직도 오예물이 넘쳐나는 조선을 야만의 상태로 규정하고 위생에 대한 무지를 강하게 비판하는 전략을 취하였다.

그런데 지금껏 위생 발달 문제에 대해 회의적이던 태도와 달리 1907년 3월 21일 자 『만세보』 논설에서는 이 문제에 대해 긍정적 태도로 돌변한다. 도로와 가옥의 청결을 실시하고, 제도규정을 의논하고, 자치소방단自治消防團을 발기하여 생명과 재산을 보호하는 등 제도가 나날이 나아가고 있다는 것이다. 또한 적십자사와 위생원衛生院 그리고 제중원의 시료방법이 확실하여 인민의 질병을 구제함으로써 국민 건강이 나날이 나아갈 것을 기대한 것이다.[11] 이전까지만 해도 위생 관련 제도가 정비되지 않았으며, 인민의 사상 역시 불철저하므로 위생이 발달하지 못했다며 비판을 이어왔는데 이러한 급작스런 태도 변화의 원인은 무엇일까.

해당 논설은 황태자 폐하께 축수하는 날을 맞아 이를 경축하는 내용을 담고 있다. 이에 따라 사회 전반에 걸쳐 문명이 발달하여 진보되었음을 강조할 필요가 있었던 것이다. 논설에서 위생 발달의 근거로 제시

11 "道路家屋의 清潔을 實施하며 市制章程을 議論ᄒᆞ며 自治消防團을 發起하야 生命財産을 保護ᄒᆞᄂᆞᆫ 制度가 日進홈을 期待ᄒᆞ깃고 赤十字社의 慈善目的과 衛生院과 濟衆院의 施療方法이 確實ᄒᆞ야 疾病夭札을 救濟ᄒᆞ야 國民健康이 日進홈을 期待하깃고" 「共躋仁壽之域」, 『만세보』, 1907.3.21.

한 내용은 도로, 가옥의 청결 실시, 제도 의논, 자치소방단 발기, 적십자사, 위생원, 제중원 등의 우수성 등이다. 그런데 이들 사례들은 이미 논설에서 지속적으로 언급했던 내용들이었다. 결국 경축일을 맞이하여 지금껏 위생이 발달하였다고 고평하는 동시에 정부의 지속적인 위생 제도 마련을 촉구하고자 한 의도가 내포된 것으로 볼 수 있다. 논설의 핵심은 국가적 기념일에 맞춰 지금까지의 위생 정책 성과를 선전하고 지속적인 위생 정책 추진을 요구하는 데 있었던 것이다.

『만세보』의 위생 담론은 논설란에 한정되지 않았다. 외국 서적을 번역한 것으로 보이는 「위생학衛生學」이 1907년 1월 18일부터 3월 24일까지 44회에 걸쳐 연재[12]된다. 167호와 168호에는 「위생개론衛生概論」이라는 표제로 되어 있는데, 여기서 「위생학」이 필요한 이유와 배경에 대해 서술하고 있다. 그 다음 169호에서부터 42회에 걸쳐 「위생학」이라는 표제어로 연재가 이어진다. 이 「위생학」의 배치 공간을 주목할 필요가 있는데, 이 글은 『만세보』라는 신문명 바로 옆, 그러니까 신문의 맨 첫 장인 1면 1단에 자리하고 있다.

오늘날에도 그렇지만 신문의 1면은 중요한 지면이다. 『만세보』 역시 1면의 중요성을 인식했던 것으로 보인다. 신문 발행 초창기에는 1면 1

12 1907년 2월 8일(183호)에는 관보초록, 1907년 2월 19일(187호)부터 1907년 2월 20일(188호)까지는 논체육설(石蘇 李東初라는 필명 게재), 1907년 3월 21일(212호)에는 축사가 「위생학」을 대체하여 게재되었다. 「論體育說」의 필자 이동초를 주목해 볼 필요가 있다. 1907년 6월 6일(275호)부터 6월 8일(277호)까지 연재된 「국민정신적교육」에 필자로 기재된 일본 동경유학생 이동초와 동일인물로 보이는데, 「위생학」을 이동초가 번역했을 가능성도 있다. 「위생학」 연재 중간에 갑자기 그의 글이 연재된 것도 자신이 번역해 올리던 글이기에 가능했을 수 있다. 또한, 1908년에 발행된 『대한학회월보』 1・2・3・5・7호에 「위생요람」이라는 글이 실려 있는데 이 글이 이동초 역술로 되어 있다. 이 「위생요람」이라는 글이 『만세보』에 실린 「위생학」의 일부분과 그 내용이 같다는 점 역시 이동초가 「위생학」을 번역했을 가능성에 무게를 실어준다.

〈표 2〉『만세보』의 위생 관련 '1면 1단' 기사 목록

연재 일자	기사 제목	연재 횟수	표기
1906.7.24~1906.7.28	天道教典	5회	국한문
1906.7.29~1906.8.3	天道教志	5회	국한문
1906.8.4~1906.8.8	天道太元經	4회	국한문
1906.8.9~1906.9.18	準備時代	32회	국한문
1906.9.19~1906.11.22	國家學	53회	순한문
1906.11.23~1906.12.14	教友自省	18회	국한문
1906.12.15~1906.12.23	論富强文明之五大利器	8회	순한문
1906.12.25~1907.1.7	政治觀念과 政體發展	15회	국한문
1907.1.18~1907.3.24	衛生學	44회	국한문
1907.2.19~1907.2.20	論體育說	2회	국한문
1907.3.30~1907.4.17	玄機問答	15회	국한문
1907.4.18~1907.5.2	天道教文(텬도교문)	11~12회	순국문
1907.6.2~1907.6.5	綠林時代를嘆홈	3회	국한문

단 기사가 정비되지 않은 채 일관성 없이 여러 가지 기사가 실린다. 창간 첫 날(1906.6.17)의 사설을 필두로, 이어 축사, 논설, 기서寄書, 외보, 관보초록官報抄錄이 실리기도 하고, 동아청년회보담東亞青年會報膽, 경고동아청년인문警告東亞青年人文, 전주문운비평全州文運批評 등의 글이 게재되기도 했다. 그러나 1906년 7월 24일 자 24호부터 1면 1단은 나름의 정체성을 찾아가기 시작한다. 신문 발간 주체와 관련된 천도교에서 반포한 글이라든가 혹은 신문 편집진이 중요하다고 판단한 외국 서적 등을 번역하여 1면 1단에 배치한 것이다. 그리고 그 뒤에 관보초록, 외보, 소설 순으로 1면을 채웠다. 24호부터 신문의 1면 1단에 연재된 글은 다음과 같다.

〈표 2〉에서 확인할 수 있듯이 「위생학」은 1907년 1월 18일부터 1907년 3월 24일까지 44회에 걸쳐 연재되었다. 물론 천도교와 관련된 글까

지 포함한다면 천도교 관련 기사가 단연 높은 비중을 차지한다. 1면 1단에 천도교 관련 기사가 가장 많은 것은 『만세보』가 천도교의 기관지라는 정체성에 기인한다. 「위생학」이 1면 1단에 배치되었다는 상징성과 더불어 많은 연재 횟수는 그만큼 『만세보』가 위생을 중요하게 생각했다는 증거이기도 하다.

1면 1단에 배치한 「위생학」 연재 이후에도 1면에 연재된 또 다른 위생 관련 글이 있다. 1907년 6월 13일 자 281호부터 1907년 6월 19일 자 284호까지 4회에 걸쳐 연재된 「위생법衛生法」[13]이 그에 해당한다. 「위생법」은 연재 1회분에 해당하는 부분을 확인할 수 없어 그 전모를 알기는 어렵지만 연재된 부분에서는 양치하는 방법, 찬물로 눈 씻기, 음식의 주의, 건강법, 공기의 관계(산소의 중요성), 주거지의 관계, 가옥의 관계 등을 서술하였다. 「위생학」과 더불어 전문적인 학술지식을 신문 독자에게 전달했다는 점이 특징적이다. 또한 문체의 경우 국한문체를 사용함으로써 지식인 독자를 염두에 두었음을 시사한다.

『만세보』는 전체 4면 중 2면과 3면에 걸쳐 잡보를 게재하였다. 잡보는 주요인사의 근황을 소개하거나, 정치, 군사, 상업 등 사회 제 분야의 소식을 전하였다. 이밖에 학원 설립, 교단 소식 등을 내용으로 하였다. 단일 기사 수로 봤을 때 가장 많은 비중을 차지하는 난에 해당한다. 주요 기사의 경우에는 내용 강조를 위해 큰 활자를 사용하였으며, 본문은 부속국문으로 표기하였다. 잡보란은 주로 국내 사건을 다뤘으며 게재란의 이름에 부합하듯 여러 다양한 층위의 기사가 실렸다. 이러한 잡보란

13 영인본에서 281호를 확인할 수는 없지만, 282호에 있는 「위생법」의 앞에 [續] 자가 게시되어 있는 것으로 보아 281호부터 시작한 것으로 추정할 수 있다.

〈표 3〉『만세보』의 위생 관련 '잡보' 기사 목록

연재 일자	기사 제목	내용 요약
1906.8.1	病院設立	사토 박사가 경성 내에 병원 설립함을 알림
1906.8.3	衛生有助	장의 벗고 적삼 입은 부녀들의 의복에 대한 글
1906.8.9	溫泉病療廠	온양온천에 일본인이 병료창 설시
1906.8.10	韓醫亦叅病院	적십자병원에서 한국의사 구인 광고
1906.8.23	清潔申飭	경무청의 도로 청결 경계
1906.8.28	良醫辭錢	한봉사라는 의원의 선행 소개
1906.8.29	神藥可用	보생사에서 판매하는 약의 효능 탁월함 광고
1906.8.30	食物賣買宜愼	덜 익은 과일과 부패한 음식 먹지 말라고 주의
1906.8.31	病牛害人	병든 소를 도축하여 먹다가 사망한 사건 보도
1906.9.7	牛疫大熾	농상공부의 우역 대처법 소개
1906.9.9	牛乳種痘兩所開設	정부가 우유착취소와 종두제조소를 개설함
1906.9.9	病院建築基址	사토 박사가 세울 병원 부지 언급
1906.9.15	病院建築計劃	사토 박사가 병원 설립한다는 소식 전함
1906.9.15	佐藤醫院將設	사토 박사가 병원 설립한다는 소식 전함
1906.9.18	病院事務委員選定	사토 박사의 병원 사무 맡을 위원 선정함
1906.9.23	病院引渡民단	한성병원 수리 후 거류민단에 인도
1906.9.27	醫師一行到着	병원의 부속 목장 책임자가 동경에서 출발
1906.9.30	醫院設置內定	대한의원 부속 목장 부지로 덕촌이 선정됨
1906.10.9	牛乳製造改良	대한의원 부속 목장에서 양호한 우유 공급함
1906.10.11	仝仁會病院設施	일본 동인회에서 경북 대구에 병원 설시함 알림
1906.10.13	金氏 清潔 注意	계동 사는 김명제 씨의 청결 방법 소개
1906.10.17	仁港病院擴張	인항병원 본관과 부속실 신축, 임원 소개
1906.10.23	佐藤氏 發程	사토 박사가 30일 동경에서 출발함을 알림
1906.10.23	船舶檢疫	일본 오사카에서 오는 배를 진남포에서 검역
1906.11.6	佐藤博士到着	사토 박사 일정 소개
1906.11.9	醫學速成科	동제학교(同濟學校)의 속성과 소개
1906.11.11	齒磨良劑	치약 광고
1906.11.17	安救病院規則	공립 안구(安救) 병원 규칙 소개

에 위생과 관련한 기사를 쉽게 찾을 수 있다는 사실은 잡보란에서도 위생이 차지하는 비중이 상당했음을 방증한다. 〈표 3〉은 『만세보』 잡보란에 수록된 위생 관련 기사를 표로 제시한 것이다.

『만세보』 잡보의 경우 병원 등 근대 의료기관 설립 보도, 여름철 건강 유의법, 질병 유행 보도, 청결 안내, 위생 설비의 필요성, 구제도 비판, 검역 안내 등 다양한 층위에서 위생 담론이 전개되었다. 특징적인 것은 대한의원 부지 소개, 대한의원의 사무위원 소개, 사토 박사佐藤進의 일정 등 대한의원[14]과 사토 박사가 집중 보도되고 있다는 점이다. 사토 박사는 일본 육군 군의총감으로 대한의원 설립자로 알려져 있다. 잡보에서는 대한의원이 어떤 과정을 거쳐 설립되는지 상세하게 소개함은 물론 조선인들에 대한 무료 시술 실시 등 우호적인 입장에서 보도하고 있다. 하지만 대한의원이 이러한 시혜적 행위를 통해 "조선인들의 위생적 후진성을 인정하게 하고, 일본의 지도를 수용하도록 하는 지배의 효과를 노리고 있었"[15]음을 간과해서는 안 된다. 당시 『대한매일신보』에서는 사토 박사의 대한의원 설립에 대해 강하게 반대 입장을 표명했지만[16] 『만세보』의 태도는 이와는 사뭇 대조적인 모습이다. 대한의원 건립이 통감부의 의학 분야 지배를 완결한 것[17]이라는 입장에서 볼 때, 『만세보』 잡보란에서 대한의원의 시혜성에만 주목한 것은 충분히 문제적이다.

---

14 대한의원 설립 목적과 설립 과정에 대해서는 박윤재의 앞의 책, 175~197쪽과 신동원의 앞의 책, 338~349쪽, 그리고 신규환의 「대한의원의 설립 배경과 성격」(『연세의사학』 10-1, 의사학연구소, 2007) 참조.

15 박윤재, 앞의 책, 193~194쪽.

16 『대한매일신보』, 1906.4.18, 3면.

17 박윤재, 앞의 책, 197쪽.

잡보란의 성격상 다양한 층위의 기사가 실리는 점은 수긍할 수 있으나 이미 독립적으로 분화된 광고기사가 잡보란에 혼입되어 있다는 점 역시 특징적이다. 『만세보』의 광고는 주로 3면 하단에서 시작하여 4면까지 이어졌는데 특히 4면은 전면 광고로 채워졌다. 『만세보』에는 유독 병원이나 약藥 광고[18]가 많이 실렸다. 그런데 같은 지면의 잡보란에도 이러한 광고가 실려 있다. 1906년 8월 29일 3면 잡보란에는 「신약가용神藥可用」이라는 제목으로 기사가 실려 있다. 보생사에서 판매하는 약의 효능이 탁월하다고 광고하는 것이 주된 내용이다. 1906년 11월 11일 3면 잡보란에도 「치마양제齒磨良劑」라는 제목으로 치약을 광고하고 있다. 광고란이 같은 지면에 독립되어 있음에도 불구하고 잡보란에도 약 광고가 실린 것은 그만큼 『만세보』에서 위생이 차지하는 비중이 컸다는 사실을 알 수 있다.

'국문독자구락부國文讀者俱樂部'라는 기획기사에서도 위생을 언급한 사례를 쉽게 찾을 수 있다. 국문독자구락부는 소서리화消暑俚話, 청등잡조靑燈雜俎, 홍엽만제紅葉漫題, 남산추우南山秋雨, 낙목한성落木寒聲, 만필謾筆, 소춘월령小春月令, 일양소식一陽消息, 구구소한九九銷寒, 백자향풍栢子香風, 신년희대新年戲臺, 도화유수桃花流水 등으로 게재란의 이름이 바뀐다. 계절의 변화와 맞물려 게재란의 이름을 바꾸었으며, 다수의 발언자를 내세워 능동적인 대화 양식을 지향했다는 특색이 있다. 투고자의 이름을 비실명

18 "◉ 九轉靈砂ᄂᆞᆫ 本人이 妙法으로 神備ᄒᆞ야 製造ᄒᆞᆫ 靈丹인ᄃᆡ 男女老少에 無論何症하고 通治하오며 無時病에도 服ᄒᆞ면 平生의 身體가 健康하며 小兒ᄂᆞᆫ 四五戔重ᄆᆞᆫ 服하면 十歲안에 無病하기를 擔保하오며 (…중략…) 內需司前독갑이골上隅第一家 李鎬廷 告白. 『만세보』 1906.6.17. 4면. ◎特別廣告◎◉ 本局에셔 今番에 神靈한 八寶坤順丹과 萬明膏를 製造ᄒᆞ얏난대 此神方은 大韓楊根地에 丁承旨(若용)先生에 著述ᄒᆞ신 神方이옵기 玆에 廣布홈 (…중략…) 皇城大寺洞濟生局 丁奎元 告白." 『만세보』 1906.6.17, 4면.

〈표 4〉『만세보』의 위생 관련 '국문독자구락부' 기사 목록

연재 일자	발언자	내용 요약
1906.7.6	憂時子	토사병의 원인으로 덜 익은 과일 먹는 습관 지목
1906.7.8	嘆時生	아이의 장수를 기원하면서 우두를 하지 않음을 비판
1906.7.8	直言子	위생에 철저하지 못한 세태 비판
1906.7.14	祝賀生	궁중숙청의 궁금령 제정하여 오예물 세척함 경축
1906.7.15	嫉妖生	미신으로 병을 치료했다는 항간의 소문 비판
1906.7.24	淸潔生	근일 질병이 유행하니 그에 대비한 청결 방법 소개
1906.8.26	白重生	찬바람이 부니 위생에 주의할 것 당부
1906.12.18	拍掌生	도로에 미죽 폐기한 것을 보고 감기 유행을 추측
1906.12.26	悲悲子	최근 한파에 동사(凍死)자 발생함을 보도
1907.1.29	怕寒人	감기가 유행하는데 이는 차라리 동사(凍死)보다 낫다고 말함
1907.1.31	所見生	감기가 극렬하여 노상에 미죽 난발함을 보도

처리한 점이나 신문 창간일부터 연재되었다는 점에서 실제 독자가 투고한 기사라기보다는 편집진들이 기획한 기사로 보인다. 국문독자구락부는 국문을 사용하는 독자가 사회의 제 현상에 대해 자신의 의견을 피력하는 형식으로 구성되었다.

논설이나 잡보의 경우 저자를 굳이 밝히지 않았음에 비해 국문독자구락부는 비록 비실명이기는 하지만 발언자를 명시하고 있다. 제시된 표를 보면 우시생, 탄시생, 직언자 등으로 발언자를 밝히고 있는데, 발언자의 이름이 발언의 내용과 밀접한 관련을 맺고 있다는 점이 특기할 만하다. 최근 성중에 토사병이 유행하니 위생상 경찰이 필요하다고 말하는 이의 이름은 우시자憂時子로 '시세를 걱정하는 자'로 명명되고, 자식을 귀애하면서도 우두를 시행하지 않는 부모를 비판하는 이의 이름은 탄시생嘆時生, 즉 '시세를 탄식하는 자'로 명명된다. 이밖에 미신으로 병을 치료했다는 항간의 소문을 비판하는 자는 질요생嫉妖生, 청결 방법

을 소개하는 자는 청결생淸潔生으로 명명되고 있다. 이처럼 비실명 투고자의 이름만 보아도 투고자가 화제에 대해 어떤 입장을 지녔는지 쉽게 알 수 있다. 이를 통해 편집자들이 위생에 무지한 민중을 계몽하기 위해 그들의 실태를 고발하고 비판하려는 전략을 취했음을 알 수 있다. 국문독자구락부의 위생 관련 기사의 또 다른 특징으로는 그 내용이 다른 란에 비해 개인 차원의 문제를 구체적으로 다루고 있다는 점이다.

지금까지 살펴본 바와 같이 『만세보』 지면은 위생으로 채워져 있다 해도 과언이 아니다. 이렇듯 신문지면을 최대한 활용하면서 위생을 강조해 말한 이유는 무엇일까. 다음 항에서는 『만세보』에 실린 위생 관련 기사들을 분석하여 위생 담론의 내용과 그 특징을 알아보기로 한다.

2) 『만세보』 위생 담론의 특징

『만세보』 위생 담론의 가장 두드러진 특징은 관官을 중심에 두고 위생제도 시행을 강제한 점이다. 『만세보』의 위생 관련 글들에서 다루는 내용은 기존에 제시되어 왔던 위생 논의에 기반을 두고 있다. 하지만 위생 관련 소재는 기존의 논의를 집약해서 다루고 있지만 이러한 위생 담론을 전개하는 태도는 크게 차이가 난다. 『만세보』 위생 담론의 가장 큰 특징은 정부에 의한 위생 관련 정책의 강제 시행 및 강제 규제를 촉구한다는 점이다. 일례를 들자면 다음과 같다.

위싱 폐히 금지 경찰관리 칙임상 자지 즉 최론 필요
衛生의 弊害로 禁止ᄒᆞᆷ은 警察官吏의 責任上에 自在ᄒᆞᆫ 則 贅論ᄒᆞᆷ이 必要

가 無ᄒᆞ거니와

—「위생」, 『만세보』, 1906.7.21

其一은 國家에셔 共同清潔을 大擴張ᄒᆞ야 警察力으로 壓制的清潔을 施行ᄒᆞ든지 國庫金으로 清潔費를 豫算ᄒᆞ야 一新改良ᄒᆞ든지 ᄒᆞᆯ 件이오 其二ᄂᆞᆫ 資本家에셔 商業的으로 肥料會社를 設始ᄒᆞ야 家家戶戶에 便篅을 埋ᄒᆞ고 清潔人夫를 雇用ᄒᆞ야 逐日肥料場으로 聚合ᄒᆞ야 相當價值를 收ᄒᆞ고 田家에 賣却ᄒᆞᆯ 件이오 其三은 各坊曲洞里에셔 自治團體的으로 若干金을 收合ᄒᆞ야 駈利馬와 便篅과 人夫를 準備ᄒᆞ야 逐日掃除ᄒᆞᆫ 件이니

—「청결방법」, 『만세보』, 1906.8.22

我國都會處에 往往히 傳染病이 盛行ᄒᆞ야 人種減縮의 悲觀이 有ᄒᆞᄂᆞ 警務廳調査가 無ᄒᆞᆷ으로 國人이 不知中에 在ᄒᆞᆯ ᄯᆞ름이라 吁라 至重ᄒᆞᆫ 者ᄂᆞᆫ 人의 生命이라 間接直接을 勿論ᄒᆞ고 生命에 害되ᄂᆞᆫ 것은 맛당이 警務廳에셔 嚴禁하야 人民이 共同利益을 被케 ᄒᆞᆯ 것이라 엇지 默視ᄒᆞ리오

—「음식점」, 『만세보』, 1906.9.7

위의 인용문에서 보듯이, 위생 업무는 경찰이 담당해야 하는 영역이며 국민 다수의 이익을 위해서 정부가 강제적으로 정책을 시행해야 함을 밝히고 있다. 논설에서는 위생 문제의 실무를 담당하고 있는 경찰관리가 직접 언급된다. 그리고 위생 관련 법령을 반포하여 이를 불편하다고 여기는 사람들에 한해서는 처단할 수도 있음을 주장하고 있다. 위생 제도에 대한 확신은 이미 성공한 사례 즉 일본 위생에 대한 절대적인 신

뢰에서 비롯한다.[19]

이러한 논조는 이미 『한성순보』[20]와 『독립신문』[21]에서도 다루어진 바 있다. 그러나 『한성순보』와 『독립신문』에서 순검의 역할을 강조했다고 해서 『만세보』의 논조와 동일한 것은 아니다. 전자의 경우는 순검의 감시와 규제를 강조하면서도 그들의 도덕적 면모 역시 감시받아야 함을 역설하고 있기 때문이다. 더욱이 『만세보』가 발간되는 시점이 을사조약으로 인해 주권이 이양되기 시작한 이후라는 점을 간과해서는 안 된다. 이 시기는 이미 위생법을 시행함으로써, 경찰들의 감시와 처벌체계로 인한 피해를 호소하는 대중이 생겨나고 있었다.[22] 하지만 『만세보』는 이를 외면하고 관리·감독자의 입장만 대변하고 있는 것이다. 『대한매일신보』의 논조와 비교해 보면 그 차이를 더 선명하게 느낄 수 있다.

● 위싱의방해 셔셔 한림동 둥디에 도슈장을 셜치흔후로는 쇠똥과 더러

19 일본은 이미 청일전쟁과 러일전쟁을 치르면서 군진의학軍陣醫學 분야에서 큰 성과를 이루었으며 이러한 자신감을 바탕으로 조선에서의 통치 명분에 이를 이용하려 하였다. 이종찬, 「메이지 일본에서 근대적 위생의 형성 과정」, 『의사학』 12, 대한의사학회, 2003 참조.

20 "一. 治道局을 설치한 뒤 일을 施行할 때 巡檢을 두지 않아서는 안 된다. 가령 50戶마다 한명의 巡檢을 두되 부지런하고 정직하고 사리에 밝은 자를 선발하여 職帖을 주어 직무에 이바지하게 하고 巡視·糾察할 때 고의로 놓아주거나 억압하는 일이 있으면 그 일에 따라 징벌하되 常民보다 갑절의 무거운 벌을 준다. (…중략…) 一. 순검이 관할하는 경계마다 本局(治道局)에서 木廠 2, 3칸을 설치하고 칸마다 木簡을 따로따로 묻어서 행인들의 大小便의 급함을 해결하게 한다. 이와같이 했는데도 오히려 냇가·축대 및 담 밑과 廊側에 어지럽게 오줌똥을 누는 사람이 있으면 罰則에 따라 처벌한다." 「치도약론」, 『한성순보』(1884.7.3), 관훈클럽, 『한성순보번역』, 1983, 499~500쪽에서 번역본 인용.

21 『독립신문』 1896년 6월 27일 자 논설에서도 "이규칙들을 사름마다 힝ᄒᆞᄂᆞᆫ지 슌검들이 슌힝ᄒᆞ며 슬피게 ᄒᆞ고 만일 규칙에 짐짓 범ᄒᆞᄂᆞᆫ 쟈 잇스면 엄히 다ᄉᆞ리ᄂᆞᆫ거시 빅셩을 위ᄒᆞᄂᆞᆫ 근본"이라며 위생제도의 강제시행에 대해 주장하고 있다.

22 실제로 위생 사무는 분과되기 전이나 후나 경무청警務廳에 속해 총무국總務局 관장사무로서 처음부터 경찰행정 범주에 속했었다고 한다. 그런데 1906년 위생경찰에 대한 조항이 첨가되면서 그 경찰의 역할이 좀더 강화된 것으로 보인다. 김영환, 「韓國 近代衛生 行政에 關한 硏究」, 『한국환경보건학회지』 17-1, 한국환경보건학회, 1991 참소

운 물건을 ᄇᆞ리여 산ᄀᆞᆺ치 싸이니 악ᄒᆞᆫ ᄂᆡ음ᄉᆡ가 사ᄅᆞᆷ의 코를 찌르ᄂᆞᆫᄃᆡ 위ᄉᆡᆼᄒᆞᄂᆞᆫ법에 대단히 손해가 되ᄂᆞᆫ고로 그동리 ᄇᆡᆨ셩들이 경시청에 호소ᄒᆞ여 도슈장을 옴기던지 인민을 어대로 이졉케ᄒᆞ던지 두가지즁에 죠쳐ᄒᆞ여달나 ᄒᆞ엿다더라

—『대한매일신보』, 1907.8.21, '잡보'

▲ 원슈로다 々々々々 위ᄉᆡᆼ국이 셜시되면 가々호々 청결ᄒᆞ야 무병ᄒᆞᆯ줄 알앗더니 ᄑᆞᆫ젼난득 이내산업 일본슌사 뎌등쌀에 식뎡ᄭᆞ지 뎐당잡혀 ᄯᅩᆼ통 셜시 ᄒᆞ엿ᄂᆞᆫᄃᆡ 놀보집이 아니여든 ᄯᅩᆼ텬디가 무슴일고 그즁에도 청결비를 ᄆᆡ호ᄆᆡ간 이젼식에 젯동주고 갑을내니 ᄀᆡ화ㅅ법은 이러한가 쟝ᄅᆡ위ᄉᆡᆼ 고사ᄒᆞ고 금일당쟝 못살겟네 ᄂᆞᆷ의ᄐᆞᆺ을 ᄒᆞᆯ것잇나 ᄯᅩᆼ구멍이 원슈로다

—『대한매일신보』, 1908.10.23, '시사평론'

『대한매일신보』의 필진들 역시 서구적 위생 관념의 전파에 많은 노력을 기울였다. 하지만 위생이 행정적으로 시행되는 과정에서 민중들이 겪었던 고통 역시 담아내려고 노력했다. 하지만 『만세보』의 경우 민중의 목소리는 배제하고 일방적으로 국가의 입장에서 정책 집행자의 목소리를 대변할 뿐이었다.

自治淸潔을 施行ᄒᆞᄂᆞᆫ 거시 警察行政에 第一 必要함이오 人民의 衛生 淸潔의 第一 必要ᄒᆞᆷ이니 法令을 嚴重히 頒布ᄒᆞ야 令이 不便ᄒᆞ다ᄂᆞᆫ 人民은 勘罪ᄒᆞ고 服從ᄒᆞᄂᆞᆫ 洞里ᄂᆞᆫ 褒証을 給ᄒᆞ얏스면 警察官吏의 일일로 指揮費力ᄒᆞᆷ도 無ᄒᆞᆯ 거이오 人民의 淸潔義務에 難處ᄒᆞᆫ 事情노 無ᄒᆞᆯ 거니니 汲汲히 自治淸潔

의 制度[뎨도]를 頒佈[반포]ᄒᆞᆷ을 希望[희망]ᄒᆞ노라

—「자치청결의」, 『만세보』 1906.10.24

인민의 위생 청결을 위해서는 법령을 엄중히 반포해야 하며, 이를 불편하게 여기는 인민에 대해서는 죄인을 심리하여 처단해야 한다는 주장을 하고 있다. 바로 이러한 점이 『만세보』가 『대한매일신보』의 시각과 변별되는 지점이다. 『만세보』는 이용구나 송병준, 그리고 일진회 등에 대해 상당히 비판적인 논조의 기사를 자주 실었다.[23] 게다가 통감부에 대해서도 부정적인 기사를 많이 실어[24] 수차례 정간을 당한 바 있다. 하지만 『만세보』는 위생제도 개선의 문제에서만큼은 한 치의 양보가 없다. 이는 위생이 국민의 생명을 담보하는 일이기 때문이다. 이것은 또한 개인의 문제를 넘어선 사회(국가)의 문제이기 때문이기도 하다. 감시체계를 수긍하고 더 나아가 적극 지지하는 『만세보』의 관점은 그런 점에서 제국주의적 규율이 작동되는 시점에 대중들에게 무의식적으로 그것을 용인하도록 하는 결과를 초래했을 수도 있다.

---

23 일진회는 송병준이 지도하는 친일단체로 일본 군부의 영향 아래 있었다. 1905년에는 이용구가 회장을 맡게 되는데 이용구는 일진회의 이름으로 을사보호조약에 찬성하는 성명서를 발표한다. 이 문제로 이용구는 손병희와 마찰을 빚고 손병희는 천도교를 선포한다. 당시 천도교의 재정은 이용구에 의해 장악되었기에 손병희는 이용구를 회유하려 하였으나 실패하고, 결국 손병희는 일진회를 정치적 기반으로 확보하려는 계획을 포기하고 1906년 9월 20일 일진회와 그 간부를 출교시킨다. 『만세보』의 이러한 변화는 다음의 논설을 통해 확인할 수 있다. 1906년 8월 26일 「일진회」, 1906년 8월 30일부터 31일까지 「송병준」, 1906년 9월 2일에는 「이용구」, 1906년 9월 25일 「천도교와 일진회」.

24 『만세보』는 1907년 5월 14일 자 논설 「춘몽정부」에서 '정부정령은 유명무실하고 시작만 있고 끝이 없어 인민의 신앙심이 절무하여 요요무단搖搖無端한 춘몽'과 같다며 꿈에서 깨어날 것을 촉구하는 등 정부를 비판하였다. 이밖에 「정당평민구별政黨平民區別」, 「행세군行世軍」, 「환수임관換手任官」, 「어전회의정일御前會議定日」, 「식구食口」, 「전고폐풍銓考弊風」, 「학무국장송영學務局長送迎」, 「정부실책政府失策」, 「진보정도進步程度」, 「경고궁중부중警告宮中府中」, 「경고참정대신警告叅政大臣」, 「도로의 성道路의聲」, 「활동사진活動寫眞」 등의 논설을 통해 정부의 실정을 폭로하고 비판하였다.

『만세보』 위생 담론의 또 다른 특징은 위생 담론의 지속성이다. 앞서 밝혔듯 『만세보』가 발행된 시기는 1년 남짓으로 그리 긴 기간은 아니다. 하지만 이 짧은 간행 시기 내내 위생에 대한 언급을 그치지 않고 지속하였다. 이는 같은 시기 발행되던 『황성신문』에서 위생에 관한 논의 자체가 현저하게 축소되어 일종의 공백기[25]를 이룬 것과 비교할 때 매우 대조적인 현상이다.

『만세보』 위생 담론의 지속성을 보여주기 위한 표로 앞서 언급한 다양한 기사를 날짜별로 정리해 보았다. 〈표 5〉에 의하면 1906년에는 위생 관련 기사가 지속적으로 고루 분포하고 있음을 확인할 수 있다. 하지만 1907년 3월 21일에 실린 논설 이후에는 위생에 관련된 기사가 보이지 않다가 폐간 직전인 1907년 6월 19일 1면 '위생법' 기사와 6월 20일 논설 「경성음료수」가 나오는 것이 전부로 되어 있다. 이에 따르면 『만세보』 위생 담론이 일시적이나마 단절되는 것처럼 보일 수 있다.

〈표 5〉에서 위생 담론의 단절 현상이 보이는 원인은 두 가지다. 하나는 표에서 위생 담론으로 포함할 수 있는 광고 기사를 반영하지 않았다는 점이다. 광고는 신문 창간일부터 폐간일까지 하루도 거르지 않고 4면에 배치되었다. 아무리 『만세보』의 발행 기간이 짧았다고 하더라도 이를 모두 표로 제시하는 것은 현실적으로 제약이 있어 표에는 광고기사를 반영하지 못했다.

25 고미숙은 논문에서 여러 차례에 걸쳐 『황성신문』 위생 담론의 희박성과 모호성에 대해 강조하였다. 그리고 그 이유에 대해 만민공동회의 해산 이후 모든 정치적 공간이 폐쇄된 점, 담론의 주체들이 거대 담론에 치중함으로써 미시적 통찰을 소홀히 한 점 등을 제시하였다. 이와 관련한 자세한 논의는 고미숙, 「『황성신문』에 나타난 '위생' 개념의 담론적 배치」(『근대계몽기 지식의 발견과 사유 지평의 확대』, 소명출판, 2006) 참조.

〈표 5〉『만세보』의 위생 관련 전체 기사 목록

연재 일자	기사 제목	게재란
1906.7.6	憂時子	국문독자구락부
1906.7.8	嘆時生	국문독자구락부
1906.7.8	直言子	국문독자구락부
1906.7.14	祝賀生	국문독자구락부
1906.7.15	嫉妖生	국문독자구락부
1906.7.21	衛生	논설
1906.7.2~1906.10.10	혈의 루	소설
1906.7.24	淸潔生	국문독자구락부
1906.8.1	病院設立	잡보
1906.8.3	衛生有助	잡보
1906.8.9	溫泉病療廠	잡보
1906.8.10	韓醫亦叅病院	잡보
1906.8.22	淸潔方法	논설
1906.8.23	淸潔申飭	잡보
1906.8.26	自重生	국문독자구락부
1906.8.28	良醫辭錢	잡보
1906.8.29	避病院	논설
1906.8.29	神藥可用	잡보
1906.8.30	食物賣買宜愼	잡보
1906.8.31	病牛害人	잡보
1906.9.7	飮食店	논설
1906.9.7	牛疫大熾	잡보
1906.9.8	農畜	논설
1906.9.9	農畜(續)	논설
1906.9.9	牛乳種痘兩所開設	잡보
1906.9.9	病院建築基址	잡보
1906.9.11	醫藥改良	논설
1906.9.12	醫藥改良(續)	논설

연재 일자	기사 제목	게재란
1906.9.15	病院建築計劃	잡보
1906.9.15	佐藤醫院將設	잡보
1906.9.18	病院事務委員選定	잡보
1906.9.23	病院引渡民단	잡보
1906.9.27	醫師一行到着	잡보
1906.9.30	醫院設置內定	잡보
1906.10.9	牛乳製造改良	잡보
1906.10.11	仝仁會病院設施	잡보
1906.10.13	金氏 淸潔 注意	잡보
1906.10.14~1907.5.31	귀의성	소설
1906.10.17	仁港病院擴張	잡보
1906.10.23	森林	논설
1906.10.23	佐藤氏 發程	잡보
1906.10.23	船舶檢疫	잡보
1906.10.24	自治淸潔議	논설
1906.10.25	飮料水	논설
1906.11.6	佐藤博士到着	잡보
1906.11.9	醫學速成科	잡보
1906.11.11	齒磨良劑	잡보
1906.11.17	安救病院規則	잡보
1906.12.11	沐浴	논설
1906.12.18	拍掌生	국문독자구락부
1906.12.26	悲悲子	국문독자구락부
1907.1.18~1907.3.24	衛生學	1면 1단 기사
1907.1.29	怕寒人	국문독자구락부
1907.1.31	所見生	국문독자구락부
1907.3.21	共躋仁壽之域	논설
1907.6.13~1907.6.19	衛生法	1면 기사
1907.6.20	京城飮料水	논설

또 다른 원인은 『만세보』가 국채보상운동에 깊은 관심을 보이며 적극적으로 이 운동에 동참했다는 점이다. 1907년 2월 28일 3면 국채보상금 의연義捐 광고를 시작으로 논설만 하더라도 「국채보상의연 일평一評」(4.11), 「국채보상연합 근황」(4.13), 「국채보상」(6.15) 등 모든 논의가 국채보상운동에 집중되는 현상을 보이게 된다. 이는 『만세보』가 현실 문제에 민감했으며 문제를 해결하기 위해 노력했음을 의미한다. 결국 『만세보』가 위생 문제를 꾸준하게 제기했다는 사실은 그만큼 위생을 시급한 문제로 인식하고 이를 개선하기 위해 노력하였음을 방증하는 것이다.

〈표 5〉에서와 같이 위생에 관한 기사는 광고를 제외하고, 발표지면을 달리하며 지속적으로 유포되었다. 중요한 점은 담론의 성격에 따라 게재란을 선택했으며 그에 따라 문체 역시 고려하는 등 치밀하게 기사를 통제하고 있다는 점이다. 이는 위생 담론을 여러 번에 걸쳐 단순 나열한 것이 아니라 편집진들이 독자를 염두에 두고 의식적으로 기사를 배치한 기획의 산물임을 시사한다.

'국문독자구락부' 기사는 국문을 사용하는 계층을 주 독자층으로 상정하였기 때문에 문체는 비록 국한문혼용체를 사용하였으나 부속국문을 사용하여 한문을 모르는 사람도 내용을 이해할 수 있도록 배려하였다. 이 기사가 다룬 내용은 주로 위생에 대해 무지한 사람들의 입을 빌려 위생에 대한 몰이해로 인한 피해 등을 부각함으로써 자조적인 비판을 유도하였다. 더 나아가 독자의 입으로 위생 관련 제도 시행의 당위성을 역설하도록 유도함으로써 정책 입안 및 시행에 정당성을 부여할 수 있도록 일종의 조작된 독자를 이용하였다는 점에서 치밀함이 엿보인다.

이후 등장하는 논설을 통해서는 위생의 개념을 구체적으로 밝히고 위생의 필요성을 강조하며 본격적인 담론을 전개하였다. 논설에서 위생에 대해 다룬 부분은 논조에 일관성이 유지되었으며 주로 위생 관련 정책을 정부에 건의하는 내용이 많았다. 문체는 국문독자구락부와 마찬가지로 부속국문을 사용하여 한자를 사용하는 독자층과 국문을 사용하는 독자층 모두를 포섭할 수 있었다.

잡보에 실린 기사는 국문독자구락부 기사와 논설과 함께 위생 담론을 전개하는 하나의 축 역할을 하였다. 특히 잡보에서 중요하게 다루었던 대한의원 설립에 관한 내용은 일반 보도와 나란히 배치하여 의식적으로 객관적인 사실을 전달한다는 효과를 노렸다. 이뿐만 아니라 병원 설립에 대한 소식을 지속적으로 보도함으로써 병원 설립이 차질 없이 잘 진행되고 있다는 메시지를 전달하였다. 잡보 역시 부속국문을 사용함으로써 문체에 의해 분리된 두 독자층을 모두 고려하였다.

『만세보』 1면 1단에는 「위생학」이라는 제목으로 위생에 관한 전문적인 지식을 장기간 연재하였다. 신문 1면 1단에 연재했다는 상징성과 더불어 위생을 과학문명의 하나로 여기고 있음을 확인할 수 있다. 서구의 발달된 위생 이론을 소개함으로써 선진문명을 받아들여야 하는 당위를 전달하고자 하였다. 순한문체를 사용한 것으로 보아 주로 식자층을 대상으로 한 기사임을 짐작할 수 있다.

이처럼 『만세보』는 위생을 시급한 문제로 보고 현실적인 개선책을 고심하였다. 이를 위해 위생과 관련된 기사는 광고를 제외하고, 발표지면을 달리하며 지속적으로 유포되었다. 중요한 점은 기사의 성격과 종류에 따라 게재란을 바꿔가며 그에 따라 문체도 달리 적용했다는 사실이다. 이는 위생 담론을 단순히 여러 번에 걸쳐 기계적으로 나열한 것이 아니라 편집진들이 독자를 염두에 두고 의식적으로 기사를 배치한 것으로 볼 수 있다. 『만세보』의 위생 담론은 철저하게 기획된 산물이었던 것이다.

『황성신문』 역시 위생을 지상과제로 설정하고 담론을 전개하였다. 하지만 『황성신문』의 위생 담론의 특이성은 "언표가 희박하다는 것, 발언 자체가 드물 뿐 아니라, 발언을 할 때조차도 자신을 전면에 드러내기보다 의미를 다소 모호하게 흐리고 있다"[26]는 말에서 알 수 있듯이 언표의 희박성에 있다. 그리고 『황성신문』 위생 담론의 모호성은 "양생과 위생을 동시적으로 사유하면서 새로운 대안을 모색하는 방식이 아니라, 양생과 위생 사이를 왕복하면서 기계적으로 절충"한 데 그 원인이 있었다. 분명한 점은 『황성신문』이 『만세보』와 달리 위생에 관한 논의 자체가 적었을 뿐만 아니라 그 논의마저도 포괄적으로 제시되었다는 점이다.

3. 『만세보』 위생 담론의 특질과 의의

『만세보』는 국민의 지식 계발을 통해 국가문명의 증진에 기여하려는 목적으로 발행되었다. 위생은 문명의 구체적인 성과물로 지목되었으며 시혜성을 가시화함으로써 주된 담론으로 부상할 수 있었다. 『만

26 위의 책, 238쪽.

세보』는 비록 1년이라는 비교적 짧은 기간 동안 간행된 매체이지만 당시 위생 담론을 살피는 데 많은 시사점을 주었다.

『만세보』는 다양한 방법으로 위생 담론을 전개하였다. 논설은 제도 및 정책적인 차원에서 위생의 필요성과 구체적 방안을 제시하였다. 1면 기사는 지식인 독자층을 대상으로 위생에 대한 학술적 접근을 하였다. 반면 잡보는 대한의원과 사토 박사에 주목하여 총독부의 구체적 성과를 홍보하였으며, 국문독자구락부는 개인 차원의 위생 문제를 다루어 위생에 무지한 당시 민중을 계몽하였다. 『만세보』의 위생 담론은 전반적으로 위생에 대해 호의적인 입장이었으며 정부에 구체적인 정책 방안을 제안하는 형식을 취했다는 공통점이 있다.

『만세보』가 전개한 위생 담론은 정부에 의한 위생 관련 정책의 강제 시행 및 강제 규제를 촉구하는 일방향성을 특징으로 한다. 제도를 따라야 하는 민중들의 목소리는 배제하고 정부의 입장만 일방적으로 대변하였다. 민중들에 대해서는 위생에 대한 무지를 비판하는 동시에 위생 관련 제도의 시혜성만 강조하였다. 종두법이나 전염병의 치료 등 서양 의학의 장점을 소개한 것이나 위생 관련 정책이 국가의 문명 발달에 도움을 준다는 내용들이 대표적인 사례에 해당한다. 그리고 이러한 위생 관련 담론을 다양한 방식으로 지속적으로 유포함으로써 위생제도 시행의 당위성을 다시 강조하였다. 이는 『만세보』가 같은 시기에 간행된 『대한매일신보』와 『황성신문』과 변별되는 지점이기도 하다.

한말 근대 초, 민족적 위기를 극복하려는 다양한 노력 중의 하나가 개화사상이었다. 『만세보』는 이러한 계몽의식과 근대화에 대한 욕구를 해소해 줄 가시적 성과물로 위생 담론을 적극 활용하였다. 위생은 국민의 생명을 보전해 주는 것이므로 그 자체로 선한 것이며 청결과 위생을 근거로 일본은 문명국의 지위를 획득할 수 있었다. 따라서 위생제도를 완비한 일본을 통해서 위생을 배워야 문명에 이를 수 있다는 논리가 가능하게 되었다.

1907년 이후 『제국신문』의 성격과 의병 인식

심철기

1. 미공개 『제국신문』을 통한 의병 분석

1907년 의병전쟁은 1907년 7월 서울을 중심으로 전개된 광무황제강제퇴위반대운동[1]이 도화선이 되어 8월 1일 실시된 군대 해산으로 폭발하였다. 이어 민긍호가 이끄는 원주진위대의 봉기를 비롯하여 전국적으로 의병봉기가 확산되었다. 그 결과 이인영의 관동창의대, 허위의 경기의병, 이강년의 호좌의진을 중심으로 13도창의군이 창설되고 서울

1 조선의 역대 왕에 대한 호칭이 묘호廟號를 사용하고 있어 공식 학술용어로 고종(태)황제를 주로 사용하나 이 글에서는 1907년 당시 황제퇴위반대운동을 강조하는 의미에서 광무황제를 사용하였다.

진공작전이 실시되었다.[2] 이처럼 1907년 의병전쟁의 상황을 파악할 수 있는 기록은 의병장의 문집 등 의병이 남긴 기록이나 『폭도에 관한 편책』, 『폭도사편집자료』 등 의병을 탄압한 일본군이 남긴 기록이 중심이 되었다. 그러나 이러한 기록은 후대에 만들어지거나 보고를 위해 만들어진 것이어서 당대 일반민들이 접할 수 있는 기록들이 아니었다. 당대 일반민들이 의병전쟁에 대해 접할 수 있는 방법은 신문, 잡지 등의 매체를 통하거나 의병의 통문, 창의문, 전해지는 풍문 등이었다. 그런 점에서 의병에 대한 소식을 전하는 것과 동시에 의병에 대한 여론을 형성할 수 있었던 신문기사는 주목된다.

의병 관련 기사는 당시 신문의 2면, 3면의 '잡보', 「지방정형」 등에 주로 실렸다.[3] 주된 내용은 각 지역에서 일어난 의병봉기, 일본군과의 교전, 의병에 의한 피해, 일본군의 탄압 등 전개 상황에 관련된 것이었다.[4] 신문에 게재된 의병기사는 통신, 편집, 정보 획득 등의 여건에 따라 상황일보다 며칠 늦게 게재되거나 지역적 오류 등이 나타나기도 하였다. 그러나 사실관계를 이해하는 대는 부족함이 없었다. 따라서 신문을 구독하는 사람들은 신문에 실린 의병 관련 기사를 통해 의병전쟁을 파악하였다. 반대로 의병 관련 기사는 일반민들이 의병에 대한 인식을 형성하는 데 일정 정도 영향을 미쳤다. 특히 신문의 성격에 따라 의병에 대

2 광무황제강제퇴위반대운동과 1907년 의병전쟁에 대해서는 심철기, 「한말 원주의병의 발달 과정과 운동 방략」(연세대 박사논문, 2014) 참조.

3 당대 신문으로 『대한매일신보』, 『황성신문』, 『제국신문』 등이 있다.

4 의병기사에 대한 연구로는 다음이 있다. 채백, 「『독립신문』의 의병 관련 보도」, 『언론과 정보』 6-1, 부산대 언론정보연구소, 2000; 조영애, 「『황성신문』과 『대한매일신보』의 의병 인식 비교」, 『청람사학』 22, 한국교원대 청람사학회, 2013; 김헌주, 「후기 의병의 사회적 성격과 관한 연구」, 고려대 박사논문, 2018.

한 인식의 차이를 보였는데, 주로 논설을 통해 표현되고 있었다. 즉 논설은 독자가 의병을 이해하고 파악하는 데, 큰 영향을 미쳤을 것으로 보인다. 그런 측면에서 『제국신문』은 주목된다.

『제국신문』은 1898년 8월 10일 창간된 순한글신문으로 『황성신문』, 『대한매일신보』와 함께 대한제국 시기를 대표하는 신문이었다. 순한글신문이었기에 하층민, 부녀자 등도 쉽게 접할 수 있어 다양한 독자층을 두고 있었다. 또한 1907년 이후 『제국신문』의 주필과 사장으로 개화자강론자이면서 『경성일보』 한글판 주필, 서북학회 회장을 지낸 정운복이 활동하면서 일본의 침략 정책에 대한 대응으로 자강의 중요성을 강조하였다. 따라서 『제국신문』을 구독하는 사람들, 특히 재정난으로 정간되었다가 유지들과 독자들의 의연금으로 속간된 1907년 10월 3일 이후 구독자들에 대한 분석은 당시 『제국신문』의 입장을 받아들인 사람들이라는 점에서 중요하다. 특히 1907년 의병의 특징 중 하나인 평민들의 대거 의병 참여와 관련하여 같은 계층이라고 할 수 있는 하층민, 부녀자 등이 『제국신문』을 통해 형성된 의병 인식과 『제국신문』을 받아들인 지역의 특성을 이해하는 데 중요하다. 그러나 아쉽게도 그동안 공개된 『제국신문』은 1907년 5월 14일까지라서 의병전쟁에 대한 인식을 파악하기 힘들었다.

그런데 연세대 국학자료실에 미공개 상태로 『제국신문』 1907년 5월 17일부터 1909년 2월 28일까지 발행분이 소장되어 있었다. 최근에는 이 미공개분에 대해 논설을 중심으로 일부 공개되었으며,[5] 잡보와 외보에

5 강현조, 권구연 · 김기란 · 김복순 · 김현주 · 박애경 · 이대형 · 최기숙 편역, 『제국신문 미공개 논설 자료집－1907.5.17～1909.2.28』, 현실문화, 2014.

대한 연구도 진행되었다.[6] 이에 이 글은 연세대 국학자료실에 소장되어 있는 『제국신문』을 이용하였다. 이를 통해 1907년 이후 『제국신문』의 성격, 시국 인식, 의병전쟁에 대한 인식을 파악해 보고자 한다. 우선 『제국신문』의 「유지록有志錄」에 기록되어 있는 사람들을 분석한다. 「유지록」은 1907년 10월 3일 속간된 이후 처음 나타난 것으로 『제국신문』의 신규 구독자에 대한 기록이다. 이를 통해 새로 독자층이 형성되고 있던 지역과 구독자들의 성격을 파악하여 1907년 이후 『제국신문』의 성격에 대해 알아본다. 또 구독자의 지역적 분포를 분석하여 의병전쟁이 전개되고 있던 지역과의 상관관계를 파악해 보고자 한다. 둘째, 1907년 이후 『제국신문』의 논설을 중심으로 광무황제강제퇴위, 군대 해산, 의병봉기 등 1907년 이후 전개되고 있던 정치적 상황을 어떻게 파악하고 있었는지를 볼 것이다. 이는 『제국신문』의 시국 인식으로 의병에 대한 인식의 바탕이 된다고 할 수 있다. 셋째, 의병과 관련된 기사를 분석할 것이다.[7] 이를 통해 의병에 대한 인식과 그런 인식이 만들어지는 과정에 대해 살펴본다.

6 김현주, 「1907년 이후 『제국신문』 외보란의 담론 구성 방식」, 『현대문학의연구』 63, 한국문학연구학회, 2017; 강현조, 「『제국신문』 잡보란 연구—신자료 지면확대판(1907.5.17～1909.2.28)을 중심으로」, 『현대문학의연구』 63, 한국문학연구학회, 2017.

7 대한제국기 언론의 의병 인식에 관련 연구로는 다음이 있다. 이만형, 「구한말 애국계몽운동의 대의병관—대한매일신보를 중심으로」, 『해군사관학교 논문집』 18, 해군사관학교, 1983; 홍순권, 「'을사늑약' 전후 개화 지식인들의 정국 인식과 대응」, 『한국독립운동사연구』 24, 문화체육관광부, 2005; 조영애, 「『황성신문』과 『대한매일신보』의 의병 인식 비교」, 『청람사학』 22, 한국교원대 청람사학회, 2013; 앙드레 슈미드, 정여울 역, 『제국 그 사이의 한국 1895～1919』, 휴머니스트, 2007.

2. 『제국신문』의 성격과 지역별 구독 양상

『제국신문』은 1898년 8월 10일 창간되어 12년 동안 약 3,240호 정도가 발행된 것으로 추정되는 순한글신문이다.[8] 1907년 9월 21일부터 10월 2일까지 정간된 적도 있지만 순한글신문으로 하층민, 부녀자 등을 포함한 폭넓은 독자층을 확보하고 근대지식을 전파한 신문이었다.[9] 그것은 『제국신문』이 정간된 후 임피군수臨陂郡守 임진섭林震燮이 제국신문사에 보낸 공함과 1907년 10월 3일 속간하면서 게재한 「독자성讀者聲」 등을 통해서 알 수 있다.

①

『제국신문』은 남자보다 부인에게 유익한 신문이니 우리 여러 자매는 내일부터 각설대명성화년간 소설책 그만두고 『제국신문』 사서 소일 삼아봅시다[10]

②

신문이라 하는 것은 인민의 이목이라 내외국의 형편을 일일이 보도하여 지식을 발달하는 효력이 가장 크도다 (…중략…) 귀 신문은 우리 국문으로 간행하는 고로 남녀노소를 물론하고 한문을 모르는 자라도 거침없이 볼 뿐

8 최기영, 『대한제국 시기 신문 연구』, 일조각, 1991, 60~63쪽.

9 『제국신문』의 창간 과정, 논설위원 변동 등 성격에 대해서는 장영숙, 「뎨국신문帝國新聞의 성격과 자료적 가치」(『동아시아문화연구』 58, 한양대 동아시아문화연구소, 2014) 참조.

10 「讀者聲」, 『제국신문』, 1907.10.3.

더라 곁에서 듣는 자까지도 모두 알아듣는 중 더욱 농리와 물리화학에 이르러서는 귀를 기우려 재미있게 듣는 자 많으니 어리석은 백성의 지혜를 개도함은 이에서 더 지나는 것이 없는 줄 믿었다가[11]

즉 신문은 백성들의 지식 발달에 큰 영향을 미치는데, 『제국신문』은 순한글로 되어 있어 남녀노소는 물론이고 한문을 모르는 사람들까지 볼 수 있으며, 듣는 것을 통해서도 쉽게 이해할 수 있다는 것이다. 특히 자강에 필요한 물리화학 등 근대지식도 재미있게 듣는 자가 많아 백성들을 개도하는 데 가장 좋은 신문이라는 것이다. 또한 남성보다는 여성에게 유익한 신문이기에 소설책을 읽는 것보다 『제국신문』을 통해 지혜를 넓혀 보자고 하였다. 이는 학문과 시국에 대해 알려 국가 개명에 일조하겠다는 창간 취지[12]를 재확인하는 것이었으나, 내적 상황은 다른 것이었다.

이 시기는 1906년 4월 통감부가 '보안규칙', 1907년 7월 '광무신문지법'[13] 등을 통해 신문에 대한 탄압을 강화해 가던 시기였다. 그 결과 경영상의 어려움이 대두되었고 이를 해결하고자 1907년 정운복鄭雲復[14]을 주필로 임명하였다. 이어 '신문 보는 가운데서 지식이 생기고 학식과 문견이 늘어서 자기의 자유와 재산을 보호할 수 있는 기틀이 생긴다',

11 「림피군으로 모범을 삼을 일」(논설), 『제국신문』, 1907.10.26.
12 『제국신문』, 1898.8.10, '사고'.
13 『대한제국 관보』, 1907.7.27.
14 정운복은 1895년 오사카 상업학교를 다녔으며, 1897년 영국으로 유학을 떠나 유럽의 선진문물을 보고 왔다. 러일전쟁 때에는 일본군을 지원했으며, 공진회 회장, 대한자강회, 대한협회 회원으로 활동하였다. 이외 정운복의 행적에 대해서는 「친일반민족 행위자 결정이유서」, 『친일반민족 행위진상규명 보고서』 IV-16, 238~248쪽 참조.

'동포가 신문을 구독하고 구독료를 냄으로써 유지시켜야 한다' 등의 논설을 집중적으로 게재하였다.[15] 이는 신문 구독률을 높여 위기를 타개해 보고자 한 것이었으나 당장 효과를 보지 못하고 9월 20일 자를 마지막으로 정간되었다. 그러나 정간 기간 동안 유지들과 독자들의 의연금으로 10월 3일 속간되었다. 속간된 이후 『제국신문』은 정운복을 사장으로 임명하고 새롭게 출발하면서 신문의 지속적인 발간이 중요한 과제가 되었다. 그렇기 때문에 신문의 필요성, 유익성 등을 강조할 수밖에 없었다. 또한 지속적인 구독이 이뤄져야 『제국신문』이 추구하는 대중에 대한 문명개화를 진행할 수 있었다.

현 시국에서 문명개화는 『제국신문』의 입장에서 국권을 지킨다는 차원으로 매우 중요한 것이었다. 『제국신문』은 백성은 나라의 근본이고, 나라는 백성을 대표하는 법률기관으로 백성을 지휘한다고 하였다. 또 법률은 아래로부터 생겨나며 교육상 학문으로부터 나오는 것으로 교육이 발달된 나라는 법률이 공정하여 그 나라가 문명에 진보하고, 교육을 멸시하는 나라는 법률이 문란하여 나라가 야만에 불과하다[16]고 하였다. 즉 국권이 침탈되어 가는 상황에서 문명으로 진보하기 위해서는 백성들을 교육시켜야 한다는 것이다. 그러한 교육은 신문이 해야 하고 그 방법으로는 신문 구독뿐만 아니라 직접 읽지 못하는 사람들도 듣는 것으로 근대지식을 전달하여 개도해야 한다는 것이었다. 그것은 1907년 6월 27

15 「어찌할 수 없는 일」(별보), 『제국신문』, 1907.9.5; 「어찌할 수 없는 일(전호 속)」(별보), 『제국신문』, 1907.9.6; 「어찌할 수 없는 일(전호 속)」(별보), 『제국신문』, 1907.9.7; 「붓을 들고 통곡함」(논설), 『제국신문』, 1907.9.10; 「붓을 던져 신문 사랑하는 여러 동포에게 작별을 고함」(논설), 『제국신문』, 1907.9.20.

16 「신문의 관계」(별보), 『제국신문』, 1907.11.9.

일 자 「남의 노예를 면치 못할 일」이란 논설을 통해서도 이해할 수 있다.

> 우리가 이 신문을 낼 때에 이익을 남겨서 의식을 넉넉히 하고자 함도 아니오 세상 소문이나 날마다 전하여 우리 동포로 하여금 누가 무엇하고, 누가 어찌되었다는 일이나 알게 하고자 함도 아니오 다만 일단 정□이 전국 동포의 지식을 열어 우리 국민도 남의 국민과 같이 나라 사랑하는 사상도 생기고 또 세계 형편도 짐작하고 또 학문상의 이치도 알아서 사람마다 그 지식과 그 학문이 있게 되면 우리 인민이 장차 좋은 정부도 해산하고 외국 압제도 벗어나기를 도모하여 (…중략…) 그런즉 신문 보는 본의는 학문공부가 제일이거늘[17]

『제국신문』의 목적이 신문을 통해 근대지식을 보급하고 이를 통해 깨어있는 국민을 만들어 자주독립의 길로 나간다는 것이었다. 이를 위해서는 일정한 형식이 필요하였는데, 『제국신문』은 논설, 사설, 기서, 전보, 외보, 별보, 잡보, 소설, 광고, 본국, 소무, 회록 등으로 구성되어 있었다.[18] 이러한 형식을 통해 체계적으로 근대지식을 전달함으로써 독자의 정신을 새롭게 깨우치고, 국제정세를 파악하며, 국가의 형편에 대해 이해할 수 있도록 하였다. 특히 논설이 중요한 역할을 하였는데, '학문의 필요', '물리학-지구', '농업을 개량할 일', '법규와 풍속의 관계'[19]

17 「남의 노예를 면치 못할 일」, 『제국신문』, 1907.6.27.

18 「신문의 관계」(별보), 『제국신문』, 1907.11.9.

19 「학문의 필요」(논설), 『제국신문』, 1907.7.7; 「물리학-지구」(논설), 『제국신문』, 1907.7.18; 「농업을 개량할 일」(논설), 『제국신문』, 1907.8.20; 「법규와 풍속의 관계」(논설), 『제국신문』, 1907.9.19.

등을 연속기획으로 연재하기도 하였다. 이는『제국신문』의 목적이 정치개량보다는 대중에 대한 교육을 통한 풍속개량이었다는 것을 알 수 있다. 그런 측면에서 장단군수, 벽동군수, 강동군수, 흥양군수, 구성군수, 창성군수, 임피군수 등 지방군수 중에서는 인민의 지식을 계발하고 산업을 흥하게 할 목적으로『제국신문』을 30~40부씩 구독하기도 하였다.[20] 1907년 5월 이후 발간된『제국신문』의 기본적인 목적은 창간 초기부터 견지해 온 문명개화, 자강이었다. 그러나 을사늑약 이후 국권이 침탈당하는 상황에서 대중의 성장을 통한 근대국가의 성립과 함께 지속적인 발간을 유지해야 한다는 절박함이 내포되어 있었다.

한편『제국신문』은 1907년 10월 3일 속간되면서 신규 구독자를「유지록」을 통해 알렸다.「유지록」은 주로 3면에 게재된 것으로 새로 구독하는 독자의 이름, 주소 등을 기재한 것으로 이전에 없던 형식이었다. 이전에는 신문 구독, 신문대금 납부 등을 지사사무실에서 처리한다는 특별광고를 통해 구독 지역을 파악할 수 있었지만, 구독자의 내용에 대해서는 알 수 없었다.[21] 따라서「유지록」을 분석하면『제국신문』을 구독하고 있던 독자층·구독 지역의 성격 등을 파악할 수 있다.「유지록」은 1907년 11월 7일 처음 게재된 이후 1909년 2월 28일까지 인물, 단체 등은 총 835건이 게재되었다. 이를 지역별 신규 구독자 현황으로 정리한 것이〈표 1〉이다.

20 「리천군수 리철영 씨에게 경고함」(논설),『제국신문』, 1907.11.21.
21 「특별광고」,『제국신문』, 1906.8.8.

〈표 1〉『제국신문』 지역별 신규 구독자(1907.11～1909.2)

지역		개인							단체			합계	비고
		개인		개인 (학교)	개인 (상업)		개인 (기관)		학교	상업	기관		
		한	일		한	일	한	일					
서울		188	20	2	2	1	1	4	3	11	1	233	
경기	개성	124	-	4	3	-	-	-	-	-	-	131	
	강화	1	-	-	-	-	-	-	-	-	-	1	
	인천	4	-	-	1	-	-	-	-	-	-	5	
	부평	1	-	-	-	-	-	-	-	-	-	1	
	삭녕/영평	3	-	-	-	-	-	-	-	-	-	3	
	수원	2	-	-	-	-	1	-	-	-	-	3	
	남양	1	-	-	-	-	-	-	1	-	-	2	
	안성	1	-	-	-	-	-	-	-	-	-	1	
	양근	2	-	-	-	-	-	-	-	-	-	2	
	양지	1	-	-	-	-	-	-	-	-	1	2	
	광주	1	-	-	-	-	-	-	-	-	-	1	
	이천	11	-	-	-	-	-	-	1	-	-	12	
	진위/평택	4	-	-	-	-	2	-	-	-	-	6	
	소계	156	-	4	4	-	3	-	2	-	1	170	
강원	철원	1	-	-	-	-	-	-	-	-	-	1	
	소계	1	-	-	-	-	-	-	-	-	-	1	
경남	마산	1	-	-	-	-	-	-	-	-	-	1	
	진해	-	-	-	-	-	-	-	-	-	1	1	
	양산	-	-	-	-	-	-	-	1	-	-	1	
	소계	1	-	-	-	-	-	-	1	-	1	3	
경북	상주	1	-	-	-	-	-	-	1	-	-	2	
	지례(김천)	1	-	-	-	-	-	-	-	-	-	1	
	대구	-	-	-	1	-	-	-	-	-	-	1	
	안동	2	-	-	-	-	-	-	-	-	-	2	
	소계	4	-	-	1	-	-	-	1	-	-	6	

지역		개인							단체			합계	비고
		개인		개인(학교)	개인(상업)		개인(기관)		학교	상업	기관		
		한	일		한	일	한	일					
전남	장흥	2	-	-	-	-	-	-	-	-	-	2	
	완도	1	-	-	-	-	-	-	-	-	-	1	
	소계	3	-	-	-	-	-	-	-	-	-	3	
전북	전주	2	-	-	-	-	1	-	-	-	-	3	
	익산	2	-	-	-	-	-	-	-	-	-	2	
	고창	-	-	-	-	-	1	-	-	-	-	1	
	무장	-	-	-	-	-	-	-	2	-	-	2	
	여산	1	-	-	-	-	-	-	-	-	-	1	
	임피(군산)	1	-	-	-	-	-	-	-	-	-	1	
	소계	6	-	-	-	-	2	-	2	-	-	10	
충남	공주	2	-	-	-	-	-	1	-	-	-	3	
	면천(당진)	1	-	-	-	-	-	-	-	-	-	1	
	아산	1	-	-	-	-	-	-	-	-	-	1	
	예산	-	-	-	-	-	1	-	-	-	-	1	
	직산(천안)	1	-	-	-	-	-	-	-	-	-	1	
	한산	1	-	-	-	-	-	-	-	-	-	1	
	홍주	2	-	-	-	-	-	-	-	-	-	2	
	소계	8	-	-	-	-	1	1	-	-	-	10	
충북	보은	1	-	-	-	-	-	-	-	-	-	1	
	영동	11	-	-	-	-	-	-	-	-	-	11	
	청주	-	-	-	-	-	1	-	-	-	-	1	
	충주	1	-	-	-	-	1	-	-	-	-	2	
	소계	13	-	-	-	-	2	-	-	-	-	15	
평남	삼화	-	-	-	-	-	14	-	-	-	-	14	
	성천	4	-	-	-	-	-	-	-	-	-	4	
	안주	1	-	-	-	-	-	-	-	-	-	1	
	평양	1	-	1(일)	-	-	-	1	-	-	-	3	
	영유	-	-	-	-	-	-	-	1	-	-	1	

지역		개인							단체			합계	비고
		개인		개인 (학교)	개인 (상업)		개인 (기관)		학교	상업	기관		
		한	일		한	일	한	일					
	(평원)												
	소계	6	-	1(일)	-	-	14	1	-	-	-	22	
평북	강계	2	-	-	-	-	-	-	-	-	-	2	
	박천	4	-	-	-	-	-	-	-	-	-	4	
	선천	-	-	1	-	-	-	-	1	-	-	2	
	신의주	-	-	-	-	-	-	1	-	-	-	1	
	안주	2	-	-	-	-	-	-	-	-	-	2	
	영변	1	1	-	-	-	-	-	-	-	-	2	
	벽동	-	-	-	-	-	1	-	-	-	-	1	
	철산	65	-	1	-	-	35	-	4	-	161	266	
	소계	74	1	2	-	-	36	1	5	-	161	280	
함남	원산	-	-	-	-	-	1	1	-	-	-	2	
	단천	1	-	-	-	-	-	-	-	-	-	1	
	소계	1	-	-	-	-	1	1	-	-	-	3	
함북	경흥	1	-	-	-	-	-	-	-	-	-	1	
	경성	-	-	2	-	-	-	-	-	-	1	3	
	부령	1	-	-	-	-	-	-	-	-	-	1	
	회령	-	-	-	-	-	-	-	1	-	-	1	
	소계	2	-	2	-	-	-	-	1	-	1	6	
황해	백천	-	-	-	-	-	-	-	1	-	-	1	
	서흥	3	-	-	-	-	-	2	-	-	-	5	
	신계	1	-	-	-	-	-	-	-	-	-	1	
	신천	-	-	-	-	-	-	-	1	-	-	1	
	안악	3	-	-	-	-	-	-	1	-	-	4	
	은률	1	-	-	-	-	-	-	-	-	-	1	
	해주	51	-	-	-	1	-	-	-	-	-	52	
	소계	59	-	-	-	1	-	2	3	-	-	65	
해외	미국	3	-	-	-	-	-	-	-	-	-	3	
	일본	-	1	3	-	-	-	-	-	-	-	4	
	중국	-	-	-	-	-	1	-	-	-	-	1	

지역		개인							단체			합계	비고
		개인		개인(학교)	개인(상업)		개인(기관)		학교	상업	기관		
		한	일		한	일	한	일					
	소계	3	1	3	-	-	1	-	-	-	-	8	
합계		526	23	14(1)	6	2	61	10	19	11	163	835	신문종남소 161

〈표 1〉에 의하면 구독자가 가장 많은 지역은 평안북도로 280건이었다. 이는 전체 835건의 33.5%에 해당하는 것이었다. 다음으로 서울, 경기 순이었는데, 각각 전체 대비 26.7%, 20.3%였다. 이 세 지역이 전체의 81.8%를 차지하고 있었다. 이를 다시 도시별로 살펴보면 구독자가 가장 많은 도시는 평안북도 철산군으로 266건으로 평안북도 전체 280건에 95%에 해당하는 것이고 전체 835건에 31.8%에 해당하였다. 그 다음으로 서울, 경기도 개성, 황해도 해주 순이었다. 개성은 131건으로 경기도 전체의 77%에 해당하고 전체의 15.6%를 차지하였다. 해주는 52건으로 황해도 전체 65건의 80%에 해당하고 전체의 6.2%를 차지하였다. 또한 신규 구독자가 많았던 지역 중에는 기존 구독자가 있는 지역과 상당수 중복된 지역이 있었다. 예컨대, 기존의 『제국신문』 지사사무실이 설치되어 있던 선천, 삼화항, 철산, 인천항, 개성 등이 신규 구독자가 많았던 지역과 중복되었다.[22] 또 『제국신문』의 구독자였던 『하재일기荷齋日記』를 작성한 지규식池圭植이 거주하고 있던 양근 지역도 중복되었다.[23] 즉 「유지록」이 신규 구독자의 기록이기는 하지만 기존 구독 지역을 포함하고 있어 1907년 5월 이후 『제국신문』을 구독하고 있던 지역을 파악할 수 있다.

22 『제국신문』, 1906.8.8, '특별광고'; 『제국신문』, 1906.8.9, '특별광고'.
23 김헌주, 「후기 의병의 사회적 성격에 관한 연구」, 고려대 박사논문, 2017, 133쪽.

〈표 2〉 대한자강회, 서북학회, 대한협회 도별 지회

구분	대한자강회	서북학회	대한협회
경기	강화, 남양, 인천	개성	포천, 장단, 개성, 가평
평안	강서, 삼화, 영유, 증산, 평양, 영변, 운산, 의주, 정주, 창성, 철산	개천, 금천, 숙청, 은산, 평양, 정주, 철산, 태천, 가산, 구성, 박천, 영변, 운산, 의주	평양, 영유, 삼화, 선천군남도, 운산, 철산, 정주, 창성, 선천, 의주, 용천, 구성, 태천
황해	재령, 해주	평산, 백천, 장원 재령	재령, 해주, 곡산
함경	단천, 북청, 영흥, 원산, 성진	정주, 함흥, 고원, 단천, 문천, 북청, 성진, 영흥, 원산, 이원, 갑산, 길주, 명천	영흥, 단천, 덕원, 함흥, 원산, 북청, 이원, 홍원, 경성, 길주
충청	직산		직산, 부여, 은진, 홍주
전라	여산		광주, 남평, 무안, 목포, 지도, 나주, 전주, 임실, 부안, 군산, 흥덕, 만경, 정읍, 김제, 금구, 함열, 순창, 고부, 태인, 남원, 장수, 고산, 무장, 고창
경상	김해, 동래, 부산, 개령, 고령, 선산, 인동, 청도		김해, 동래, 진주, 마산, 남해, 함안, 밀양, 협천, 하동, 부산, 사하, 창원, 대구, 김천, 선산, 인동, 경주, 자인, 성주, 영천, 안동, 무릉, 영산, 칠곡

전재관, 「한말 애국계몽단체 지회의 분포와 구성」, 『숭실사학』 10, 숭실대사학회, 1997, 168~170쪽; 조현욱, 「西北學會의 關西地方 支會와 支校」, 『한국민족운동사연구』 24, 한국민족운동사학회, 2000, 130~131쪽 참조.

〈표 1〉에 나타난 『제국신문』의 구독 지역과 관련해서 특징적인 것은 첫째, 애국계몽운동단체인 대한자강회, 서북학회, 대한협회의 지회가 설치된 곳에서 많이 구독하고 있었다는 것이다. 구독자가 가장 많았던 철산, 개성, 해주는 〈표 2〉에서 보는 것과 같이 서북학회, 대한협회의 지부가 설치된 곳이었다. 또한 철산군 고성면장으로 신규 구독자인 김재성이 서북학회 관서 지방의 학사시찰위원으로 활동하고 있었다.[24]

이는 『제국신문』의 성격이 기본적으로 이들 단체들과 같다는 것을 보여주는 것과 동시에 1907년 10월 사장으로 취임한 정운복의 영향력이 미쳤다는 것을 보여주는 것이다. 정운복은 1906년 10월 서우학회를 조직하여 회장을 역임하고, 1907년 10월 대한협회 발기인으로 참여해 평의원으로 선출되었다. 또 1908년 1월 서우학회와 한북학회가 합쳐져서 조직된 서북학회의 부회장, 회장을 역임하였다. 즉 정운복은 서북 지역 애국계몽운동에 영향력을 미칠 수 있었고, 이들 지역을 중심으로 『제국신문』에 대한 구독이 증가하였던 것이다.

둘째, 지역적 특성이 철산, 개성, 해주의 구독 증가에 영향을 미치고 있었다. 우선 평안북도와 철산군을 보면, 평안북도는 지리적으로 대륙문화를 수입하는 관문이었고, 청과의 빈번한 교류 속에서 기독교의 요람이 되고 있었다. 특히 장로교의 중심지였다. 후대의 기록이긴 하지만 1918년 『조선총독부통계연보』를 보면 평안북도의 장로교회가 전국의 장로교회 총수에 차지하는 비율은 26.6%였으며, 도내 교회 총수에서 장로교회가 차지하는 비율은 91.5%으로 357개소에 이르렀다.[25] 또 애국계몽운동 단체와 기독교적 영향 속에서 민족교육의 중심지로 신명학교, 보명학교, 보광학교, 보제야학교, 야소교명흥학교 등 주요 학교들이 들어서고 있었다. 이는 이후 평안북도가 근대교육의 중심지로 전국 일반 사립학교 323교의 16.9%에 해당하는 82개교와 종교계 사립학교가 58교가 설치되는 바탕이 되었다.[26] 특히 신명학교, 야소교명흥학교

24 조현욱, 「西北學會의 關西地方 支會와 支敎」, 『한국민족운동사연구』 24, 한국민족운동사학회, 2000, 133쪽 참조.
25 조선총독부, 『조선총독부통계연보』, 1918.
26 조선총독부, 『조선총독부관보』, 1918.7.27.

는 철산군에 설치된 학교로 철산군은 일찍부터 근대교육의 혜택을 받고 있었다. 이러한 지역적 분위기는 근대지식 수용을 통한 문명개화를 이해할 수 있었고, 그 결과 〈표 3〉에서 보는 것과 같이 주요 학교, 면장, 동장, 각 리 신문종남소 등에서 『제국신문』을 구독하고 있었던 것이다. 특히 신문종람소는 1908년 2월 철산군 운산면 신문종람소에서 구독한 것을 시작으로 1908년 9월 18일부터 26일까지 철산군 고성면, 백량면, 운산면, 정혜면, 부서면, 여한면, 서님면 각 리의 신문종람소에서 새롭게 구독하여 철산군 전체가 『제국신문』을 구독할 수 있게 되었다.[27]

이러한 경향은 개성, 해주 등지에서도 나타나는 현상이었다. 개성은 해상을 통해 일찍부터 상업이 발달하였으며, 경의선이 통과하고 있어 교통의 요지였다. 이러한 환경 속에서 1904년 미국 남감리교회 여선교사 캐롤carrlo, A.이 세운 개성여학교가 설치되어 있어 여성교육을 선도하고 있었다. 이와 함께 개성 송명학교, 개성 광명학교 등이 설치되었으며, 개성교육총회가 결성되어 교육을 통한 자강운동이 전개되고 있었다.[28] 이들 학교에서도 『제국신문』을 구독하고 있었다.

해주도 해상교통이 발달하여 일본 오사카행 화물선이 운항하였으며, 그로 인해 일본인 거류지가 형성되어 일본인 자녀들을 위한 해주공립심상고등학교가 1907년에 설치되었다. 또한 기독교 선교사들을 중심으로 근대 교육기관이 설치되어 1904년 미국 감리교 선교사인 아서 노블W.A.Noble, 魯普乙이 남학생을 대상으로 의창학교懿昌學校를 설립하였

27 「유지록」, 『제국신문』, 1908.2.26·9.18~19·22~26.

28 김형목, 「한말 경기도 사립학교 설립운동의 전개와 성격」, 『한국독립운동사연구』 32, 문화체육관광부, 2009, 133쪽.

〈표 3〉『제국신문』 구독 기관(1907.11~1909.2)

구분	학교	상업	기관
서울	보성학교, 동덕여자의숙, 용산협성학교, 순학교, 여자교육회본부	천일은행, 한성은행출장소, 철물점, 유기상점, 목림상점, 제일양복점, 대동서시지점, 한일은행, 경성기업주식회사 삼일월여관, 필문합명회사, 삼광운수회사, 동양합자회사 여자교육회 공립병원	통감부, 대한협회, 군사령부, 수진궁, 경성기독교회
경기	개성송명학교, 보홍학교 개성광명학교, 개성교육회 사립광홍학교	인항 시탄회사, 개성 서부 만물상점, 개성 북부 만물상점, 개성상업회의소	수원역전우편국, 양지헌병분견소, 진위군 여방면장, 진위군 병파면장
경남	원명학교		진해만요새사령부
경북	광홍학교		대구지방재판소
전북	무창학교, 동명학교		조경묘, 고창재무서
충남			공주재정고문지부, 예산헌병분견소
충북			충주소파면장, 청주경찰서
평남	숙정여학교, 일어학교		삼화군 원당면 구장 등
평북	신명학교, 보명학교, 보광학교, 보제야학교, 야소교명홍학교,		신의주우편국, 동장, 신문종남소, 면장
함북	함일학교, 기양학교, 회홍여학교		경성대한협회지회
황해	무동학교, 양영학교, 사립정신여학교	세옥여관	서홍군우편취급소
일본	야마구치고등상업학교, 나가사키확수여학교, 히로시마여학교		
중국			상해대동보국회

다. 1909년에는 미국 감리교 선교사인 홀Hall Sherwood이 의정여학교懿貞女學校를 설립하였다.[29] 이밖에도 무동학교, 양영학교, 사립정신여학교가 설립되어 근대교육이 실시되고 있었다.

셋째, 학교, 기관 등에서 『제국신문』을 구독하는 경우가 많았다. 1907년 이후 『제국신문』을 구독하고 있던 단체는 〈표 3〉과 같다. 이들 단체의 특징을 보면 주로 근대교육을 실시하고 있던 학교들이 많았다. 이들 학교는 지역의 애국계몽운동 단체와 연계된 경우도 상당수 있었다. 또 대도시가 있는 서울, 경기도를 중심으로 상업활동에 종사하는 사람들이 구독하고 있는 특징을 보였다. 그리고 기관으로는 신문종남소, 면장 등이 구독하여 마을 전체가 구독할 수 있도록 하는 경우가 대부분이었는데, 통감부, 군사령부, 우편취급소, 이사청, 재정고문지부, 일어학교 등 일제의 침략기구에서도 구독하고 있었다.

한편 『제국신문』은 미국, 일본, 중국에서도 구독하고 있었다. 미국은 개인이 직접 구독하고 있었지만 하와이 같이 대한자강회 지회가 설립된 곳에서도 구독하고 있었다. 일본은 여학교에 재학중인 유학생들이 구독의 중심에 있었다. 중국은 미국에서 근대교육과 정치운동을 지향하면서 조직된 대동보국회의 상하이 지회가 구독하고 있는 특징을 보였다. 또한 일본인의 직접 구독도 나타나고 있었는데, 그 수는 35명에 이르렀다.[30]

이를 통해 볼 때 1907년 이후 『제국신문』은 애국계몽운동 단체 특히 서북학회의 지회가 설치된 곳을 중심으로 근대문물을 일찍부터 접했던 지역을 중심으로 구독되고 있음을 알 수 있다. 이는 『제국신문』이 하층

29 황해도지편찬위원회, 『황해도지』, 1981.

30 「유지록」, 『제국신문』, 1907.11.20 · 1907.12.11 · 1908.4.4 · 1908.7.26 · 1908.9.17 · 1908.10.28.

민, 부녀자 등도 볼 수 있는 순한글로 작성하여 백성들을 개도하려는 목적을 가지고 있었지만, 그 구독층은 근대지식을 이해하고 있었던 계층을 중심으로 형성되었다고 볼 수 있다. 즉 『제국신문』이 하층민 등을 대상으로 하고 있다고 하여도 그들이 직접 구독하는 경우보다는 근대지식의 수용을 통해 문명개화라는 것에 동의하는 사람들이 중심이 되어 구독하고 있었고, 이들이 신문 낭독 등을 통해 전달하거나,[31] 학교, 신문종람소 같은 곳에서 누구나 읽을 수 있도록 하고 있었다. 그렇기 때문에 서북학회 등 애국계몽운동 단체의 활동이 활발하게 전개되고, 일찍부터 서구문물을 접하고 근대지식을 수용하고 있던 평안도, 경기도, 황해도 등지에서 구독자가 많았던 것이다. 『제국신문』은 하층민과 여성 등을 대상으로 한 신문이라고 하지만 구독자를 중심으로 보면 다양한 계층이 구독한 신문으로 근대시민이 중심이 된 근대국가를 구상한 신문이라고 할 수 있겠다.

따라서 무장투쟁을 통한 국권 수호를 추구하였던 의병에 대한 인식은 부정적일 수밖에 없었다. 이는 강원, 경북, 전남, 충북에 『제국신문』의 신규 구독자가 거의 없었던 것으로도 이해할 수 있다. 강원, 경북, 전남, 충북 등지는 일찍부터 의병운동이 활발하게 전개된 곳이었으며, 위정척사사상의 대표적인 학파인 화서학파, 노사학파의 근거지였다. 특히 강원도 원주, 춘천, 충북 제천, 전남 장성, 나주 등지는 화서학파, 노사학파의 사상적 중심지이면서 을미, 을사, 정미의병의 중심지였다.

31 신문낭독과 관련해서 1909년 일본인 우스다 잔운薄田斬雲 쓰고, 도리고에 시즈에鳥越靜岐가 그린 『朝鮮漫畫』의 '신문의 낭독'에서 신문을 구독하는 형태를 이해할 수 있다. 그 내용을 보면, '조선에 신문종람소가 없다고 말하지 말라. 조선 사람에게는 간단한 신문낭독 방법이 있다. 큰 길을 향한 문밖에 대여섯 명이 모여 땅에 웅크리고 앉아 볕을 쬐는 가운데 근처의 박식한 사람이 어제의 신문을 큰 소리로 읽는다'라고 하였다.

〈표 4〉 1907.5~1909.2 『제국신문』 논설 수

연도	논설 수	연도	논설 수	연도	논설 수
1907.5	30	1908.1	49	1908.10	38
1907.6	78	1908.2	51	1908.11	26
1907.7	58	1908.3	54	1908.12	27
1907.8	63	1908.4	57	연도별 합계	531
1907.9	39	1908.5	74	1909.1	23
1907.10	65	1908.6	53	1909.2	27
1907.11	69	1908.7	42	연도별 합계	50
1907.12	63	1908.8	33	총 합계	1,046
연도별 합계	465	1908.9	27		

즉 이 지역은 애국계몽운동 단체들의 활동 기반이 약했으며, 그들의 사상을 받아들일 수 있는 지역적 분위기와 상황이 조성되기 어려운 곳이었다. 물론 이 지역의 유생, 의병장들도 근대학문, 국제정세 등에 대해 이해하고 있었지만 『제국신문』이 추구하는 풍속개량을 통한 문명개화론까지는 받아들이기 힘든 사상적 기반을 가지고 있었다고 하겠다.

3. 시국과 의병에 대한 인식

『제국신문』의 1907년 의병 인식을 이해하기 위해서는 당시 시국에 대한 인식을 먼저 이해할 필요가 있다. 이는 『제국신문』에 실린 논설을 통해 확인할 수 있다. 전국적으로 의병활동이 활발하게 전개되고 있던

〈표 5〉 1907.5~1909.2 탄해생 게재 논설 수

연도	논설 수	연도	논설 수	연도	논설 수
1907.5	0	1908.1	6	1908.10	5
1907.6	16	1908.2	7	1908.11	0
1907.7	11	1908.3	2	1908.12	1
1907.8	8	1908.4	7	**연도별 합계**	**79**
1907.9	2	1908.5	17	1909.1	1
1907.10	15	1908.6	12	1909.2	0
1907.11	16	1908.7	11	**연도별 합계**	**1**
1907.12	16	1908.8	8	**총 합계**	**164**
연도별 합계	**84**	1908.9	3		

1907년 5월부터 1909년 2월까지 『제국신문』에 게재된 논설은 〈표 4〉에서 보는 것과 같이 총 1,046건이었다.

이 중 탄해생으로 작성된 논설은 〈표 5〉와 같이 총 164건으로 같은 시기 『제국신문』 논설 총 1,046건의 15.6%에 해당하였다. 탄해생은 정운복의 필명이었는데, 단일 필자로 가장 많은 논설을 작성하였다. 또 논설을 작성한 시기가 주필과 사장을 역임하고 있을 때였다. 따라서 탄해생으로 작성된 논설은 『제국신문』의 입장이라고 할 수 있다. 탄해생이 작성한 논설을 중심으로 시국과 의병에 대한 인식을 파악해 보고자 한다.

『제국신문』의 의병 인식에 대한 근본적인 바탕을 이해하기 위해서는 광무황제강제퇴위, 정미7조약 등에 대한 인식을 파악할 필요가 있다. 이 사건들은 1907년 의병전쟁이 일어나는데 결정적인 역할을 하였다. 우선 주목되는 논설은 1907년 7월 23일 자 「전국 동포에게 경고함/탄해생」이라는 논설로 광무황제강제퇴위에 대한 인식과 대응을 보여

주는 기사이다. 내용은 다음과 같다.

> 오늘날 우리 대한 신민된 자의 처지는 하늘을 부르지르며 땅을 두드리고 통곡하여도 가하고 칼과 총을 무릅쓰고 쏘다가 죽어도 가하고 피를 흘려 삼천리 강산초목에 뿌려도 가한지라 무엇을 다시 돌아보고 희망할 여지가 있다 하리오 연고로 근일 도하에 인심이 물 끓듯하여 종로 대도상에 포성이 그치지 아니하고 검극이 삼렬하여 내외국인 중에 죽고 상한 자 이삼십 여명에 달하고 총리대신 이완용 씨의 사저에 불을 질러 몰수케 하였으니 이 일이 가히 통쾌하다 할지나 그러나 무릇 사람의 일이라 하는 것은 분함을 참지 못하여 목전의 쾌한 일을 보고자 하면 필경 영원한 큰 사업을 이루지 못하는지라 동양으로 말하면 월와 구천이 오왕에게 패한 바 되어 섭헤누어 쓸개를 맛보아 비상한 욕과 비상한 괴로움을 참을 새 종의 옷을 입고 소를 치는 일까지 당하면서 서서히 실력을 양성하여 필경 부끄럼을 씻고 천하에 패업을 이루었으며 (…중략…) 우리 오늘날 당한 지원극통한 분과 욕을 결단코 씨쳐 볼 땅이 있으리라 하노니 생각할지어다 여러 동포여[32]

이 논설의 핵심은 현 시국이 일제에 의해 굴욕적이지만 독립을 지키고 국권을 수호하기 위해서는 참고 실력을 길러 오늘의 굴욕을 복수하자는 것이다. 지금 당장의 통쾌함을 위해 총칼을 들어 저항하다가 일제의 탄압을 받게 되면 실력을 양성해 보지도 못하고 독립의 길이 멀어진다는 것이다. 이러한 논리는 당시 문명개화를 주장하던 세력에서 보이

32 탄해생, 「전국 농포에게 경고함」(논설), 『제국신문』, 1907.7.23.

는 모습이라고 할 수 있다. 즉 일제의 침략을 받는 현실이 일제의 침략성과 이익에 기반한 것보다는 우리의 무능이 더 크다는 사회진화론이 사상적 기반이었다. 따라서 주권을 침해당하는 현실이 안타깝지만 참고 실력을 양성한 후에 국권을 회복할 수 있다고 주장하였다. 이러한 인식을 근저에 깔고 있었기에 의병같이 직접적인 무력항쟁에 대해서 부정적인 입장이었던 것이다.

광무황제강제퇴위반대운동에 대한 수습책도 이러한 인식에서 벗어나지 못하고 있었다. 1907년 7월 26일 자 논설 「민심 수습하기를 힘쓸 일/탄해생」을 통해 광무황제강제퇴위반대운동에 대한 수습책을 제시하였다.

> 백성은 참 어린 아이와 같아 먹을 것을 잘 주고 좋은 말로 달내면 즐거워 놀고 배가 고프던지 몸이 편치 못하면 울며 떼를 쓰는데 만일 어른이 때리고 꾸짖진 즉 떼쓰며 울기를 마지 아니하나니 (…중략…) 부득불 품에 안고 달내며 입에 맞는 물건을 주어 먹게 하는 것이 상책이라 하노라 그런 즉 정부 제공은 우리 백성을 어린 아이로 알아서 그 마음을 거스리지 말고 수습하기로 힘쓰기를 천만축수하노이다[33]

광무황제강제퇴위반대운동에 참여하고 있던 백성들을 아무것도 모르는 어린아이로 취급하고 이에 맞는 수습책을 내놓을 것을 정부 당국자에게 요구하였다. 그 수습책은 강경한 진압이 아니라 우선적으로 효

33 탄해생, 「민심 수습하기를 힘쓸 일」(논설), 『제국신문』, 1907.7.26.

유하고 상황에 따라서는 경제적 이익을 취할 수 있도록 하자는 것이었다. 이는 백성들에 대한 기본적인 인식이 주체성을 가지고 운동의 주체가 될 수 있다고 보는 것이 아니라 계도되어야 할 대상으로만 인식하고 있었던 것이다.

한편, 일본의 압력에 의해 체결된 정미7조약에 대해서도 앞서 살펴본 것과 같은 맥락에서 인식하였다. 차관정치를 통해 대한제국의 주권 침탈을 가속화하는 상황에 대해 「신협약에 대한 의견/탄해생」[34]이라는 논설을 통해 비판하기도 하였다. 그러나 그 비판은 차관정치를 통한 침탈의 문제가 아니라 이미 통감의 지도를 받고 있는 상황에서 아무런 의미도 없는 조약이 체결되었다는 것이다. 정미7조약의 폐지를 주장하였지만 일반민들의 분노와 정도의 차이가 있었다. 그러므로 정미7조약 이후 전국적으로 확산되고 있던 일반민들의 분노에 대한 수습책도 한계를 보였다. 「락심하지 말 일/탄해생」이라는 논설을 통해 일반민들에 대한 수습책을 내놓았다.

> 신협약이 성립된 후에 인심의 내용을 살핀 즉 전일에 강개하던 사람이 모두 낙담상혼이 되어 아무 경영도 없고, 아무 희망도 끊어진 줄로 생각하여 속담에 이른바 맥이 풀렸은 즉 국민의 원기가 이같이 저상하고서야 나라이니 백성이니 의론할 여지가 어디 있으리오 일전에 이르는 바 폭동과 같은 것은 나라와 백성에게 추호도 이는 없고 해만 끼칠 따름이니 이런 일이 다시 생겨서는 만만불가하거니와 낙심실망하여 만사에 경황이 없는 사람도

34 「신협약에 대한 의견」(논설), 『제국신문』, 1907.7.27.

심히 옳지 못하니 바라건대 우리 동포는 각기 정신을 가다듬고 기상을 활발히 하여 영원한 사업을 경영할지어다 (…중략…) 이전보다 백배나 천배를 분발하고 용진할 기세와 사상으로 나아가되 결단코 경조하고 망동하는 폐단이 없이 우리의 나늘이 주신 의무와 직책을 다함이 가하다 하노라 (…중략…) 국가가 무엇인지 인민이 무엇인지 꿈에도 생각하지 않는 정부관리에게 부탁할 수 없고 다만 우리 인민에게 달렸으니 우리의 직책이 중요하고 크도다 이 중대한 직책을 가진 바에는 어려온 일을 당하였을지라도 낙심하지 말기를 간절히 바라노라[35]

라고 하여 정미7조약으로 주권일 침탈당했지만 크게 실망하지 말고 자신의 일에 최선을 다하여 극복해 나가자고 하였다. 즉 근대국가를 만들어가는 과정에서 생긴 시련으로 생각하고 더욱 분발하자는 것이다. 또 근대국가의 완성을 위해 정부관리가 아닌 우리 스스로가 노력해 나가자고 주장하였다. 여기서도 일제의 침략성에 대한 인식보다는 치욕을 참고 이겨내야 하는 우리의 몫을 강조하였다. 그러므로 저항의 의미로 의병을 일으키는 것은 경거망동하는 일로 우리 스스로를 망치는 길이니 절대로 해서는 안된다고 강조하였다. 주권이 침탈되는 위기 상황에서도 의병과 같은 무장투쟁에 대한 부정적인 인식을 그대로 나타내고 있었다.

앞서 살펴본 것과 같은 인식을 기본적으로 가지고 있었기에 1907년 8월 1일 군대 해산 직후 일어난 시위대의 봉기에 대해서도 비판하였다.

35 탄해생, 「락심하지 말 일」(논설), 『제국신문』, 1907.7.28.

또한 해산군인들의 반발이 전국적으로 확산되어 의병항쟁으로 확대되는 것을 경계하였다. 그것은 1907년 8월 2일 자 논설 「해산한 군인이게 고함/탄해생」[36]에 잘 나타나 있다. 즉 군대 해산의 억울함과 국권침탈의 위기 상황은 이해되지만 지금 대한제국의 힘이 없는 상황에서 일본과 싸워봤자 죽음만 있을 뿐이고 죽는 자만 불쌍한 것이니 깊이 생각해서 행동하라는 것이었다. 그리고 군대 해산이 군인들의 허물이 아님을 강조하였다. 진실로 국권을 회복하기 원한다면 천운이 돌아와 국권을 회복할 기회가 있을 때까지 각자의 생업을 찾아 최선을 다해 살면서 후일을 도모해야 한다고 주장하였다. 특히 국가가 망했는데 일신의 안보를 챙겨 무엇하겠냐고 하지만 내가 죽어 나라의 국권을 회복할 수 있으면 백 번이고 죽을 수 있다고 강조하였다. 이는 의병을 일으켜 무장투쟁을 하는 것은 무의미하다는 것이다. 그런 측면에서 군대 해산에 반발하여 봉기한 시위 제1연대 제1대대의 무장투쟁도 비판하였다. 시위대 군인들이 군인으로 순종치 않고 항거함으로써 인심을 흉흉하게 만들어 나라와 백성에게 오히려 폐만 끼쳤다는 것이다. 그들의 항쟁이 애국충군과 희생정신에 나온 것이라고 인정하지 않는 것이었다. 당시 상황에서 무장투쟁은 무의미한 것으로 인식하고, 실력 양성을 위해 노력해야 한다는 것이다. 그러므로 의병운동에 대해 우호적인 인식을 가질 수 없었던 것이다.

그렇다고 일본의 침략을 알지 못했던 것은 아니다. '독립하는 국가는 타국의 간섭을 받지 않고 자주하는 권리를 굳게 지키거늘 하물며 스스

36 「해산한 군인이게 고함」(논설), 『제국신문』, 1907.8.2.

로 타국에 의뢰코져 하는자가 어찌 있으리요, 무릇 타국의 일에 간섭하는자는 자기 나라의 이로움을 위하여 함이니 만일 이로움이 없으면 간섭하여 달라고 청하여도 행하지 아니할지라 그런고로 독립국이 되어 타국의 의뢰코져 하는자는 그 자주 권리를 버리고 부용지국 되기를 스스로 구함과 같으니……'[37]라고 하여 일본의 침략의도와 이에 동조하고 있던 친일관료들의 행태에 대해서 정확히 파악하고 있었다.

실력을 양성한 후에 후일을 도모하자는 『제국신문』의 호소에도 1907년 8월 5일 원주진위대의 봉기를 시작으로 전국적으로 의병봉기가 확산되었다. 급기야 일본군이 특별편성부대를 편성하여 원주, 충주 등지로 급파되는 등 긴박한 상황을 맞이하였다. 이런 상황에서 의병과 관련된 '별보'를 게재하였다. 이 별보를 통해 의병운동에 대한 직접적인 인식을 처음 나타냈다. 그것은 1907년 8월 29일 자 별보로 「한국통치의 근본주의」였다.

> 지금 한국은 군대를 해산한 후로부터 각 지방에 폭도가 일어나는데 경기, 충청, 전라, 강원 제도가 우심하고 그 폭도의 성질은 대만의 土匪와 흡사하여 동섬서홀에 모이고 헤어짐이 무상한 즉 예사 수단으로써 토멸할 수 없으며 군대도 오히려 곤란한 모양이라 이 형세가 오래가면 작은 항만이 많은 한국 바다가에 병기와 탄약을 비밀히 수입하는 자가 생겨서 토멸하기 더욱 곤란할지라 혹은 철도선로에 방해를 더하여 교통이 불편케 하며 각 지방에 헤어져 있는 우리 동포도 왕왕 살상하는 화를 입어 그 업을 편안히 하게 못

37 「國民의 須知」(논설), 『제국신문』, 1907.8.6.

할는지도 아지 못하겠으니 이는 크게 근심하고 염려할 바이다. 본래 이번의 폭도는 해산한 군대에서 나아간 불평한 무리와 무뢰배에 지나지 않은 즉 그 활동하는 힘의 많고 적음은 가히 알지나 그러나 불행히 한국 인민 가운데 우리 일본 사람을 대하여 불쾌한 생각을 품은 자가 많은 고로 불평당의 선동함과 협박함을 성공하기 용이하여 양민이 변하여 비도가 되고[38]

여기서 보면 의병이 집중적으로 일어나고 있던 지역인 경기, 충청, 전라, 강원 등지의 의병을 대만의 토비土匪와 비교하면서 의병을 부정적인 이미지로 포장하였다. 의병에 대한 부정적 이미지로 크게 네 가지를 강조하였다. 첫째, 의병이 무기밀수, 철도파괴 등으로 실업에 막대한 지장을 준다는 것이다. 둘째, 의병활동이 인민의 생명에 위협을 미친다는 것이다. 셋째, 의병은 불평한 무리와 무뢰배에 지나지 않다는 것이다. 넷째, 선동과 협박을 통해 양민을 비도로 만들고 있다는 것이다. 의병을 국가를 위해 싸우는 세력을 보지 않고 국가에 위해를 끼치는 존재로 보고 있었던 것이다. 이런 『제국신문』의 인식을 통해 구독자 중심으로 의병에 대한 부정적 여론이 형성될 수 있었다.

그럼에도 불구하고 의병 세력은 더욱 성장하여 경기・강원・충청 의병을 중심으로 대규모 연합의병이 결성되었다. 전술적인 측면에서도 전신주를 파괴하는 등 어느 정도 결실을 이루고 있었다. 이러한 성과는 의병의 사기를 높였고, 의병 확산을 촉진시켰기에 확산을 막을 필요가 있었다. 그리하여 의병의 근간이 될 수 있는 청년, 일반민들을 대상으로

38 「한국통치의 근본주의」(별보), 『제국신문』, 1907.8.29.

효유하는 논설을 발표하였다. 1907년 11월 13일 「전국 청년에게 경고함/탄해생」이란 논설을 통해 '구차히 고치지 말고 일신하게 고쳐서 우리도 남과 같이 좋은 집에서 유여하게 살림하기를 희망하노니 이 고치는 직책은 우리 일반 청년에게 있다 하노라'[39]라고 하여 청년이 주역이 되어 새 국가를 만들 수 있도록 하고 지금의 위기 상황을 타개하자는 것이었다. 즉 의병에 참여하지 말고 새 국가 형성에 노력하자는 것이었다. 이와 함께 1907년 11월 16일 「백성의 믿음이 없으면 서지 못함/탄해생」이란 논설에서 "근일에 민심이 소란하여 향할 바를 알지 못하고 스스로 도탄에 빠짐은 엇짐이뇨 이는 다름 아니라 정부에서 백성에게 信을 잃은 연고이니 슬프다 정부 당국자는 민심을 순하게 하여 信을 잃지 말지어다"[40]라고 하여 지금의 의병전쟁은 정부 당국자가 민심을 잃은 것에서 비롯된 것이기 때문에 민심을 얻을 수 있도록 하자는 것이었다. 이는 일본의 침략이라는 것은 배제되고 자강하지 못한 정부에 책임이 있고 민들이 깨어나야 한다는 것을 강조한 것이었다.

논설을 작성한 정운복은 대한제국이 독립하고 근대국가로 나가는 길은 선진문물을 받아들여 자강하는 것이고 그것은 일본을 통해 가능하다고 생각하였다. 그렇기 때문에 대한제국이 국권을 침탈당하는 것은 일본의 침략성보다는 대한제국 정부가 자강하지 못한 것에서 원인을 찾고 있었다. 따라서 의병이 추구한 무장투쟁은 치안을 방해하고 사회를 혼란스럽게 하는 것으로 자강의 길에 어려움만 주는 것으로 인식하였던 것이다.

39 「전국 청년에게 경고함」(논설), 『제국신문』, 1907.11.13.
40 「백성의 믿음이 없으면 서지 못함」(논설), 『제국신문』, 1907.11.16.

의병과 관련된 논설도 주로 '탄해생'의 필명으로 정운복이 작성하였다. 의병 관련 논설은 앞서 살펴본 「해산한 군인에게 고함」, 「전국 청년에게 경고함」, 「백성의 믿음이 없으면 서지 못함」, 「의병에게 권고함(1~4)」 등으로 1907년 12월까지 나오고 그 다음에는 게재되지 않았다. 정운복은 「의병에게 권고함」이란 논설을 제외한 의병 관련 논설에서 의병은 시의를 모르고 울분에만 찬 세력으로 묘사하였다. 이와 함께 『제국신문』은 현재 일어나고 있는 의병운동을 비롯하여 배일운동의 원인이 일본이 한국에 대한 행동이 세계 사람의 공론에 화합하지 못한 까닭이라고 보았다.[41] 즉 일본의 침략 정책이 결국 의병전쟁을 일으키게 된 것이라고 본 것이다. 따라서 일본의 정책 변화를 촉구하기도 하였다.

한편, 의병이 최전성기를 달리면서 13도창의군을 결성하고 서울진공작전을 추진하고 있던 12월에 처음으로 의병을 직접 대상으로 한 논설을 작성하였다. 1907년 12월 4일부터 8일까지 연재된 논설 「의병에게 권고함/탄해생」이 그것이다. 이 시점에서 의병에 대한 논설이 나왔다는 것은 치솟고 있던 의병전쟁의 기세를 꺾어 놓고 상황을 진정시키겠다는 의도가 있었다. 4번에 걸쳐 게재된 논설에서 의병에 대한 비판을 바로 하기보다는 현재의 대한제국 상황이 왜 일어나게 되었는지와 스스로에 대한 자강에 대해 먼저 이야기하였다. 그것은 강화도조약과 서구열강과 맺은 통상조약에서부터 시작하였다. 조선이 맺었던 서구열강과의 조약은 불평등조약으로 우리가 자강하지 못해서 일어난 것이라고 하였다. 특히

41 「일본당국자에게 경고함」(논설) 『제국신문』, 1907.9.20.

> 마관에서 평화조약을 체결할 적에 조선의 독립을 승인한다는 조목이 있으니 대저 독립이라는 것이 재물이 넉넉하고 군사가 강하여 스스로 서서 남의 침로와 결제를 받지 아니함이거늘 (…중략…) 그 두나라가 승인치 않아도 우리의 실력이 강대하여 그 남의 간섭을 받지 않을 것 같으면 독립국이 될지오 (…중략…) 불평한 무리들이 스스로 완고당인 체하고서 정사를 그르다 하며 아라사에 의지하여 나라를 팔 계책으로 일본을 배척하는 것으로 대의를 삼아 일본에 관계있는 사람을 죽이고 귀향 보냄이 몇백 명에 달하였으니 외교의 권형이 또 평평치 못한지라 일본과 아라사가 서로 원수같이 하다가 필경은 세계의 대전쟁을 일으켰으니 이 허물이 누구에게 있느뇨 우리나라 역신의 무리가 두 나라 사이에 서서 세력을 다투노라고 싸움을 붙인 것이로다.[42]

라고 하였다. 즉 강화도조약 이후 일어난 주요 사건의 원인을 자강하지 못한 조선에 두고 있다. 더욱이 청일전쟁, 러일전쟁의 원인도 조선에 원인을 두고 있으며, 일본의 입장에서 자강을 강조하는 모습을 보이고 있다. 앞서 보아온 것과 같이 일본의 이익과 침략이라는 것은 없고 모든 원인이 조선의 관료와 자강하지 못한 것에 있음을 강조하고 있다. 그렇기 때문에 독립하기 위해서는 의병으로 싸우는 것이 아니라 우리 정부를 자강해야 한다는 의미를 내포하고 있는 것이다.

이러한 인식하에 의병의 성격에 대해 의심하였다. 즉 지금 일어난 의병이 나라가 망함을 한탄하여 일어난 자들도 있지만 화적의 무리가 의

42 탄해생, 「의병에게 권고함(一)」(논설), 『제국신문』, 1907.12.4.

병을 사칭하고 있다는 것이다. 이들이 양민을 노략질함으로써 사회를 더욱 혼란스럽게 만들고 있다고 보았다. 또 군사를 일으켜 싸울려면 나를 알고 적을 알아서 강약과 허실을 논해야 하는데 의병과 일본군의 전력차가 너무 커 논하는 것 자체가 무의미하다는 것이다. 의병의 활동이라는 것이 일본군과 교전 없이 피해 다니면서 동포에게만 피해를 주고 있다고 보았다.[43] 의병에 대한 이러한 인식은 1909년 단계의 의병활동에서는 일정 부분 맞는 말이지만 1907년 12월에는 의병을 사칭하는 자들이 있다고 하더라도 13도창의군이 결성되는 등 전체적인 의병의 상황과는 맞지 않는 것이었다. 다른 측면에서 의병활동의 부정적인 측면을 강조해서 의병에 대한 일반민들의 지원을 끊어 의병을 위축시키고자 한 의도가 있는 것으로 보인다.

그리고 의병이 성공하여 지금 일본을 물리친다고 해도 우리가 가난하고 약하여 스스로 서지 못하면 또 다른 나라의 억압을 받게 될 것이라고 보았다. 더욱이 일본을 몰아내기 위해 미일전쟁이나 러일전쟁을 통해 강대국의 힘을 빌리는 것은 더욱 안된다고 강조하였다. 분함과 아픔을 참고 우리 손으로 군사무기를 만들 수 있는 능력이 갖춰지면 북으로 러시아의 광대한 영토를 점령하고 대한제국의 높은 이름을 세계에 빛나게 할 수 있다는 것이다. 그러니 조급한 마음을 버리고 천천히 자강을 도모하면 다 이뤄질 수 있다고 강조하면서 지금 강대한 일본군에 항거하려는 의병을 애석하게 여긴다고 하였다.[44]

『제국신문』은 의병활동이 실질적으로 국가의 독립에 아무런 도움이

43 탄해생, 「의병에게 권고함(二)」(논설), 『제국신문』, 1907.12.5.
44 탄해생, 「의병에게 권고함(二)」(논설), 『제국신문』, 1907.12.7.

되지 않고 오히려 방해만 된다는 입장이었다. 또한 의병들이 일제의 침략에 최일선에 있었던 일본 상인, 이에 동조하고 있던 일진회에 대한 처단도 부도덕한 것으로 치부하고 있었다.[45] 이는 문명국가에 대한 열망과 갈망이 스스로의 행동에 대한 제약으로 나오는 것으로 보인다.[46] 자강의 입장에서 침략을 모든 책임을 조선에 묻고 저항을 무의미한 것으로 보는 것이다. 이러한 인식은 교육을 통한 자강, 풍속개량론으로 대표되는 문화주의적 경향, 식산흥업을 통한 부국의 기치를 통해 국가와 국민의 자강을 추구하였기 때문이다.[47]

4. 의병기사에 나타난 의병

이 절에서는 『제국신문』의 의병 관련 기사를 통해 의병을 어떻게 표현했는지를 파악해 보고자 한다. 『제국신문』이 논설을 통해 의병에 대한 직접적인 인식을 나타냈다면, '잡보' 등에 게재된 의병기사를 통해서는 의병에 대한 입장과 간접적인 의병 인식을 나타냈다고 할 수 있다. 『제국신문』의 의병에 대한 입장은 당시 의병성격과 관련해서 중요하다. 1907년 의병전쟁은 이전 시기와 달리 해산군인, 농민 등의 참여가 크게 증가

45 탄해생, 「의병에게 권고함(四)」(논설), 『제국신문』, 1907.12.8.
46 여기에 1907년 10월 이후 『제국신문』에 친일파가 간여하면서 친일파의 논리가 내포되어 있었다.
47 김현조 · 권두연 · 김기란 · 김복순 · 김현주 · 박애경 · 이대형 · 최기숙, 앞의 책, 21쪽.

한 시기였다. 즉 문명개화의 대상인 농민 등의 의병 참여가 증가하는 상황에서 의병에 대한 기사를 어떻게 보도하고 있는지는 『제국신문』의 성격과 의병전쟁에 대한 입장을 이해하는 중요한 지표 중 하나라고 하겠다. 그러므로 '잡보' 등에 게재된 의병기사을 분석하는 것은 중요하다.

『제국신문』에서 의병 관련 일반기사는 주로 2면, 3면의 '잡보'란에 게재되었으며, 『제국신문』의 직접적인 입장이 반영된 것은 주로 논설에 게재되었다. 의병과 관련해서 첫 논설은 8월 2일 시위대의 봉기에 대한 것으로 「해산군인에게 고함」이었다.[48] 이 논설에는 시위대의 봉기를 시작으로 전국적으로 의병봉기가 확산되는 것을 경계하는 것과 함께 의병운동에 대한 부정적인 인식이 담겨져 있었다. 이러한 의병에 대한 인식은 의병 관련 보도에 대한 기본적인 바탕이 되었다.

한편, 의병에 관한 직접적인 기사는 1907년 8월 7일 '잡보'란에 실린 「충주기요忠州起擾」였다.[49] 이 기사는 충주에서 의병이 충주우편소를 공격하고 일본인을 처단하는 내용인데, 의병이라고 하지 않고 '인민 수백 명이'라고 표현하고 있다. 이는 1907년 7월 4일 민종식의 평리원 교형絞刑선고를 전할 때 의병장이라고 표현했던 것과 대조적인 것이었다.[50] 하지만 같은 날 『대한매일신보』를 보면 원주에서 일어난 의병봉기를 설명하면서 '원주에서 인민 수백 명이 모여 작일 오전에 일본수비대 이소대 병정과 두 시간가량이나……'[51]라고 하여 '인민 수백 명'이라고 표현하고 있는 것으로 보아 의병전쟁 초기 상황에 대해 정확히 확인되지

48 탄해생, 「해산군인에게 고함」(논설)·「解散兵의 情況」(잡보), 『제국신문』, 1907.8.2.
49 「忠州起擾」(잡보), 『제국신문』, 1907.8.7.
50 「義將處絞宣告」(잡보), 『제국신문』, 1907.7.4.
51 「원주의전쟁」(잡보), 『대한매일신보』, 1907.8.7.

않은 상황에서 일반적인 표현이었다고 보여 진다.

그런데 1907년 8월 8일 자 기사부터 의병, 비도, 폭도 등의 용어가 나타나기 시작하였다. 그 기사는 다음과 같다.

> 금번 해산시킨 원주진위대 병정 등이 의병을 창기한다 칭하고 비도 등과 합심하여 충청북도 각 군으로 다니며 포군을 모집하여 민심이 대단 소요함으로 해도 관찰사서리 송회원 씨가 내부에 보고하고 속히 진압함을 청하였다더라.[52]

위 기사는 원주진위대가 의병봉기를 칭하면서 비도匪徒들과 결합하여 소요를 일으키고 있다는 내용이다. 의병이라는 용어가 처음 나왔지만 칭한다고 하여 그 의미를 퇴색시켰으며 오히려 비도를 강조해 보이는 듯하다. 이러한 의병에 대한 입장은 다음의 기사에서도 확인된다.

> ①
>
> 마침 그날에 소위 의병 삼십여명이 각각 기계를 가지고 해군에 돌입하여 경무분파소를 파쇄하고 총과 순검 등의 모자와 군도와 복장 등속을 몰수히 탈거하였는데 이 관찰은 다행히 피신하여 화를 면하였다더라'[53]
>
> ②
>
> 신돌석 위명한이 소위 의병대장이라 칭하며 그 동당을 다수히 영솔하고

52 「解送兵稱義募黨」(잡보), 『제국신문』, 1907.8.8.
53 「匪徒襲擊淸風警所」(잡보), 『제국신문』, 1907.8.8.

경상북도 영해군 등지로 출몰하여 전재와 물품을 약탈한다는 말은 이왕에도 기재하였거니와 해도경무서에서 진력 추포하여 해긴가 외에 동당을 다수히 포착하였다더라'[54]

이 기사에 의하면 의병은 불법적으로 관공서를 공격하여 파괴하고 물품을 약탈하며 관리를 위해하는 세력이었다. 비록 의병이라는 표현을 쓰고 있지만 '소위', '자칭'이라는 말을 넣어 의병들의 활동이 애국충군에서 나온 의로운 활동이 아니라 약탈을 일삼는 비도임을 전하기 위한 의도가 내포되어 있다고 하겠다.

그러나 당시 상황은 원주진위대와 원주 장날에 모인 의병 세력 및 일반민들이 연합하여 일제의 최일선 침략기구인 경찰분견소, 우편취급소 등을 공격한 것이었다. 또 인근 지역인 횡성, 여주, 제천 등지에서 원주의병봉기에 호응하여 의병봉기가 일어나고 있었다. 즉 지역적 호응 속에서 의병이 일어나고 있었음에도 '원주진위대가 비도 등과 합심'하고 있다고 하는 등 평가절하하여 의병봉기의 의미를 훼손하고 있었다. 또한 의병봉기에 호응하고 있던 대다수의 민들에 대한 평가에 대해서도 '금번 한일신협약 이후로 일반 인민이 시의는 모르고 단지 울분한 마음만 있어서 각 지방에서 종종 소요하여 대단 소요한 일'[55]이라고 하여 의병봉기를 비도와 시의를 모르는 단지 울분에만 찬 무지몽매한 백성들에 의해 일어나고 있는 것으로 보도하고 있다. 이와 관련해서 인민의 효유와 관련된 기사를 보도하기 시작하였다.

---

54 「假義黨逮捕」(잡보), 『제국신문』, 1907.8.8.
55 「砥平起擾의 解散」(잡보), 『제국신문』, 1907.8.8.

①

지평군에서도 일전에 인민 수백 명이 회집하여 불온한 상대를 행하야 하는 것을 여주분파소에서 순검을 파송하여 극력 효유하여 해산은 되었으나 민심이 아직도 진정치 못하였다고 경기 경무관 김선영 씨가 내부에 보고하였다더라[56]

②

충청북도관찰사 이호성 씨가 각군 민심을 효유 안도케 하기 위하여 본월 삼일에 청풍군에 도착한[57]

이러한 보도는 의병을 진정시키기 위해서는 인민에 대한 효유가 필요하다는 인식하에 보도되고 있었으며, 그 효유의 주체는 일제가 아닌 대한제국 정부 관료가 되고 있었다. 이는 당연한 것이겠지만 의병전쟁과 관련해서 정부가 할 수 있었던 것은 효유밖에 없었다는 것을 간접적으로 보여주는 것이다. 결국 군대가 해산된 시점에서 의병을 직접적으로 탄압할 수 있는 세력은 일본 군경이었던 것이다. 일본 군경에 대한 기사는 원주를 중심으로 의병 세력이 확산되어 가는 시점인 8월 9일 이후 나타나기 시작하였다.

①

강원도내 각군 인민 등의 폭동됨을 진압하기 위하여 재작일에 일본군대

56 「砥平起擾의 解散」(잡보), 『제국신문』, 1907.8.8.
57 「匪徒襲擊淸風警所」(잡보), 『제국신문』, 1907.8.8.

가 다수히 원주 등지로 下往하였다더라'[58]

②

강원도 원주군에 둔취한 비도 등이 본월 오일에 충북 제천군 관아를 습격하려 한다는 소문을 듣고 충주 경부서 총순 홍건영 씨가 순검 7인과 순사 3인과 일본헌병 2명 보병 3명을 대동하고 제천군에 출장하였는데'[59]

위의 기사는 일본군이 의병탄압을 위해 투입되고 있는 상황을 보도한 것이다. 역시 의병을 폭도로 표현하여 일본군의 의병탄압이 폭도를 진압하기 위한 군사작전으로 묘사하였다. ②의 경우는 경찰이 중심이 되고 일본군은 지원하고 있는 것으로 보도하였다. 그러나 원주진위대가 봉기 직후 충주수비대와 교전했던 것에서 알 수 있듯이 의병봉기 직후에도 일본군수비대가 의병에 대한 정보 획득, 탄압 등을 담당하고 있었음에도 불구하고 기사에는 그런 내용이 없었다.

이와 함께 의병, 일진회, 일본군에 의해 무고한 피해를 입은 학생에 대한 기사를 게재하여 의병전쟁으로 인한 인민의 피해를 강조하였다. 이 기사의 내용은 영어학교를 다니는 학생이 일진회원으로 오해받아 의병에게 고초를 당하고, 해산군인으로 오해받아 일본군에 고초를 당하였는데, 의병봉기 이후 각 지방에서는 '개화인'으로 상징되는 단발한 사람이 어려움을 겪고 있다는 것이다.[60] 이러한 기사는 의병전쟁으로

58 「日兵下往原州」(잡보), 『제국신문』, 1907.8.9.
59 「忠北警報」(잡보), 『제국신문』, 1907.8.10.
60 「斷髮人의 行路難」(잡보), 『제국신문』, 1907.8.13.

인하여 다방면에서 불편이 초래되고 있다는 것을 인식시켜 주는 효과를 거둘 수 있고, 의병에 대한 부정적인 이미지를 심어 줄 수 있었다.

그런 상황에서 8월 14일 「제천정형堤川情形의 선보先報」[61]라는 기사에서 1907년 8월 1일 시위대의 봉기 이후 처음으로 의병이라는 용어를 사용하였다. 이어 8월 15일 이후 의병에 대한 효유와 일본군의 의병탄압에 대한 기사가 구체적으로 나타나기 시작하였다. 특히 일본군 특별편성부대가 원주로 파견되는 시점을 전후해서 의병에 대한 기사가 전개과정을 중심으로 상당히 상세히 나오기 시작하였다.[62] 중요한 사건에 대해서는 비중 있게 보도하기도 하였다. 8월 중순부터 9월 초까지 게재된 의병 관련 기사들은 의병활동을 구체적으로 보여주고 있지만 약탈, 행정기구에 대한 파괴, 인명 살상 등이 주된 내용이었다. 또한 8월 5일 이미 원주진위대 봉기에 대한 기사가 보도되었음에도 불구하고 8월 11일에 '원주대소요'라는 제목으로 다시 정리하여 보도하였다. 이러한 보도 형태는 의병에 대한 부정적인 이미지를 만들거나 의병운동을 재평가할 수 있는 구도를 만들 수 있었다. 더욱이 약탈, 파괴, 살상 등의 단어가 들어감으로써 폭력성이 강조될 수 있었다. 따라서 의병에 대한 진압을 요구하거나 의병활동의 중단을 요구하는 여론을 형성될 수 있었다. 그러나 일본군에 대해서는 일본군의 진군 상황에 대한 것만 있을 뿐 일본군에 의한 피해 상황 등에 대해서는 보도되지 않고 있었다.[63] 이

61 「堤川情形의 先報」(잡보), 『제국신문』, 1907.8.14.

62 「江原警報」(잡보), 『제국신문』, 1907.8.9; 「원주대소요」(잡보), 『제국신문』, 1907.8.11; 「제천정형의 선보」(잡보), 『제국신문』, 1907.8.14; 「각지방정보」(잡보), 『제국신문』, 1907.8.14; 「忠北警署查報」(잡보), 『제국신문』, 1907.8.15; 「各地情報」(잡보), 『제국신문』, 1907.8.17; 「堤川一進會長被殺」(잡보), 『제국신문』, 1907.8.20; 「訓飭暴徒等嚴懲」(잡보), 『제국신문』, 1907.8.30; 「洪州義兵乂起」(잡보), 『제국신문』, 1907.9.1; 「지방정보」(잡보), 『제국신문』, 1907.9.2.

는 통감부의 신문 통제 때문에 보도되기 어려웠던 상황이 반영된 것이다. 따라서 일본군의 의병탄압으로 인한 지역적 상황이 신문을 통해 전달되기에는 한계가 있었다.

의병에 대한 기사는 '원주의병'[64]이라고 지칭하여 지역성을 나타내는 기사도 있었지만 교전 상황, 의병에 의한 피해 상황 등에 대한 보도가 점차 늘어나기 시작하였다. 특히 9월 이후 「지방정보地方情報」에 실린 의병 관련 내용은 의병이 군자금 명목으로 일반민들에게서 재물을 약탈하고 있다는 것이 상당수 차지하고 있었다. 즉 특별편성부대의 파견 등을 통해 일본군이 거점 지역을 장악한 이후 지방에 대한 통제권을 확보해 가던 9월 중순 이후 시점부터 의병에 대한 부정적인 기사가 증가하기 시작하였다.

당시 『제국신문』에 게재된 의병 관련 기사는 1907년 8월 14일부터 1908년 7월 14일까지 총 184회였다.[65] 또한 의병을 지칭하는 용어로 사용된 '비도', '폭도'도 각각 141회, 113회 등장하였다. 이 통계에 따르면 의병을 지칭하는 용어로 '의병'이 가장 많이 사용되었음을 알 수 있다. 그러나 의병은 주로 의병전쟁 초창기에 사용되었으며, 부정적인 기사일지라도 의병을 사용하고 있었다. 따라서 의병을 사용하였다고 하여 전부 긍정적인 기사였던 것은 아니었다. 의병에 대한 부정적인 표현인 '비도', '폭도'는 1908년 7월 이후 증가하고 있었다.[66] 즉 의병에 대한 보

63 「日兵動止」(잡보), 『제국신문』, 1907.8.15, 2면 5단; 「元山來電」(잡보), 『제국신문』 1907.8.16.
64 「各地情報」(잡보), 『제국신문』, 1907.8.17.
65 강현조, 「『제국신문』 잡보란 연구—신자료 지면 확대판(1907.5.17~1909.2.28)을 중심으로」, 167쪽.
66 위의 글, 168쪽.

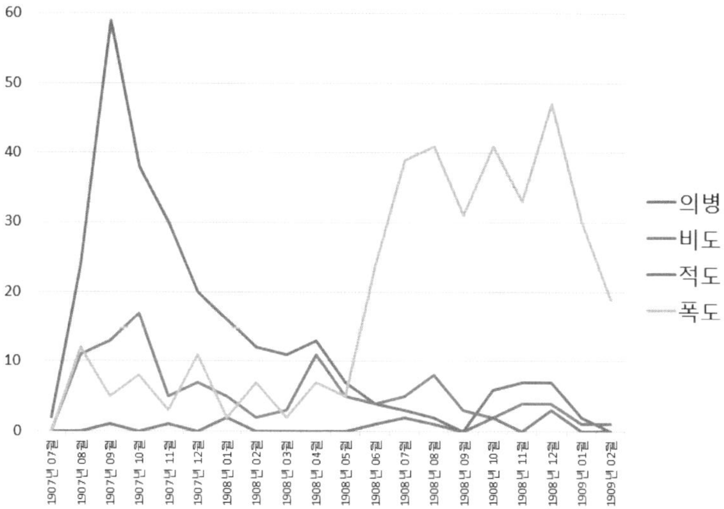

〈그림 1〉 의병 관련 기사 출현 빈도(『황성신문』)

도 형태는 전반적으로 부정적이었으며, 후반부로 갈수록 높아지고 있었던 것을 알 수 있다. 이러한 의병에 대한 보도 형태는 정도의 차이는 있지만 당대 신문들과 비슷한 모습을 보여주고 있었다. 당시 『대한매일신보』는 의병이 2,295건, 의도義徒가 261건, 비도匪徒 41건, 폭도暴徒 130건이었다.[67] 『황성신문』은 1907년 7월부터 1909년 2월까지 의병 263건, 비도 111건, 적도 13건, 폭도 367건이었다. 『황성신문』의 경우를 그래프로 나타내면 〈그림 1〉의 그래프와 같다.[68]

〈그림 1〉의 그래프에 의하면 『황성신문』은 이인영, 민긍호, 이강년,

67 김헌주, 「후기 의병의 사회적 성격에 관한 연구」, 고려대 박사논문, 2017, 139쪽.
68 『제국신문』, 『황성신문』, 『대한매일신문』의 의병 관련 기사의 추이를 비교해서 나타내는 것이 필요하나 이는 추후 위 세 가지 신문을 비교 · 정리할 연구에서 보충하는 것으로 하겠다. 본 그래프는 김혜진 HK연구교수(연세대 근대한국학연구소)의 노움으로 작성되었다.

허위 등 주요 의병장이 13도창의군을 결성하여 서울진공작전을 시행하던 1907년 8월부터 1908년 1월까지 의병 용어가 자주 사용되었으나 1908년 6월 이후 폭도가 급증하고 있는 것을 볼 수 있다. 즉 의병 관련 기사는 1907년 의병전쟁 초기 대규모 연합의병을 형성하였던 상황에서 의병에 대한 부정적 입장이라고 하여도 그 활동을 전통적인 의병으로써 표현할 수 있었다면, 1908년 중순 이후 의병부대가 소규모 유격대로 전환되면서 의병의 성격이 변화하고, 의병을 사칭하는 세력 등이 등장하여 사회적 문제가 대두되면서 의병에 대한 부정적인 인식이 급속토록 늘어난 상황이 반영된 것이었다. 이런 현상은 『제국신문』에서도 비슷하게 나타난 것이었다.

『제국신문』의 의병 관련 기사의 보도 양상에 대해서는 두 가지 측면에서 생각해 볼 수 있다. 첫 번째는 『제국신문』이 추구하는 문명개화의 측면에서 볼 때 의병은 치안을 방해하고 질서를 문란케 하는 세력으로 인식되었다는 것이다. 두 번째는 1907년 7월 24일 발표된 광무신문지법에 따른 통감부의 언론 통제에 따른 것으로 볼 수 있다. 즉 경영 악화 속에서 1907년 9월 정간이라는 위기를 겪었던 신문사의 입장에서 통감부의 언론 통제를 따를 수밖에 없었으며, 이런 상황에서 의병활동도 신문을 통한 문명개화에 있어 방해된다고 인식한 것이었다.

5. 1907년 이후 『제국신문』의 의병 인식

1907년 5월 이후 발간된 『제국신문』은 기본적으로 창간 이후 견지해 온 문명개화, 자강이라는 발간 목적을 이어가면서 신문 발간의 유지라는 새로운 과제를 해결해야만 하였다. 즉 한차례 정간을 경험했던 『제국신문』은 을사늑약 이후 국권이 침탈당하는 상황에서 신문 발간을 유지하는 것도 중요한 과제가 되었다. 따라서 신문 구독률을 높여 신문을 통해 대중의 성장을 이끌고 문명개화, 자강을 달성하고자 하였다. 이에 논설을 통해 신문의 필요성, 유익성 등을 강조하였으며, 이전에 없던 형식인 「유지록」을 통해 신규 구독자를 게재하였다. 그런데 「유지록」은 독자층을 기록한 것이었기에 『제국신문』의 구독자와 구독 지역의 성격을 파악할 수 있었다. 물론 「유지록」에 게재된 사람들은 신규 구독자였지만 그들의 지역적 분포를 보면 『제국신문』 지사가 설치된 곳이나 기존 구독자가 있는 지역도 포함되어 있었다. 「유지록」에 의하면 1907년 5월 이후 『제국신문』은 애국계몽운동 단체, 특히 서북학회의 지회가 설치된 곳을 중심으로 근대문물을 일찍부터 접했던 지역에서 주로 구독하고 있었다. 지역적으로는 평안도, 황해도, 경기도 등이었다. 이는 『제국신문』이 하층민 등을 대상으로 하고 있었지만 그들이 직접 구독하는 경우보다는 근대지식을 이해하고 있던 계층에서 주로 구독하고 있었다는 것을 의미한다. 하층민, 부녀자 등은 주로 학교・신문종람소 같이 누구나 읽을 수 있도록 한 곳에서 접하거나 신문 구독자들이 신문 낭독 등을 통해 전달한 것으로 보여 진다. 『제국신문』은 하층민, 부녀자 등을 대상으로 한 신문이었지만 구독자를 중심으로 보면 다양한 계층이 구독한 신문이었다.

한편, 의병운동이 활발하게 전개된 지역에서는 『제국신문』의 신규 구독자가 거의 없었다. 특히 강원, 경북, 전남, 충북 등지는 일찍부터 의병운동이 활발하게 전개된 곳이었으며, 위정척사사상의 대표적인 학파인 화서학파, 노사학파의 근거지였다.[69] 즉 이 지역은 애국계몽운동 단체들의 활동 기반이 약했으며, 그들의 사상을 받아들일 수 있는 지역적 분위기와 상황이 조성되기 어려운 곳이었다. 물론 이 지역의 유생, 의병장들도 근대학문, 국제정세 등에 대해 이해하고 있었지만 『제국신문』이 추구하는 풍속개량을 통한 문명개화론까지는 받아들이기 힘든 사상적 기반을 가지고 있었다고 하겠다.

『제국신문』은 교육을 통한 자강, 풍속개량, 식산흥업을 통한 부국의 기치를 통해 국가와 국민의 자강을 추구한 신문이었기에 무장투쟁을 통한 국권 수호를 추구하였던 의병에 대한 인식은 부정적일 수밖에 없었다. 의병활동이 실질적으로 국가의 독립에 도움이 되지 않고 오히려 방해만 된다는 입장이었다. 이러한 인식은 당시 『황성신문』, 『대한매일신보』 등이 가지고 있던 의병 인식과 유사한 것이었다. 그러나 『제국신문』은 경영난을 극복하기 위해 정운복이 사장으로 취임한 이후 친일세력이 간여하면서 성격이 다소 변질되었다.[70] 이는 의병 인식에 영향을 미쳤을 것으로 보인다. 예컨대 침략 정책의 최일선에서 활동하고 있

69 강원도 원주・춘천, 충북 제천, 전남 장성・나주 등지는 화서학파, 노사학파의 사상적 중심지이면서 을미・을사・정미의병의 중심지였다.

70 최기영, 『대한제국기 신문 연구』, 일조각, 1991, 11쪽.

던 일본 상인 등과 이에 동조하여 각종 매국 행위에 앞장섰던 일진회에 대한 의병의 처단도 부도덕한 것으로 치부하였다. 이는 문명국가에 대한 열망과 갈망이 스스로의 행동을 제약하는 것이기도 하였지만 친일파의 논리를 내포한 것이기도 하였다. 일제의 침략을 대한제국의 책임으로 전가하고 저항을 무의미한 것으로 보는 것이다. 따라서 의병에 대한 기사도 긍정적인 것보다는 부정적인 것이 많았던 것이다.

제2부

근대 지식인의 세계 인식과 전통의 변혁

근대 초기 이중언어 표기와 일선어 저술

현공렴의 저작물을 중심으로

노혜경

1. 문제제기

이 글의 목적은 한국 근대 초기 현공렴玄公廉(1876~1932)의 저작물에 사용된 이중언어二重言語 표기의 양상을 정리하고, 그 특질과 의미를 밝히는 것이다. 그동안 학계에서 이중언어 표기 및 그 저작에 대한 선행 연구가 없었던 것은 아니다. 그러나 이들 연구의 대부분은 식민지 말기에만 집중되어 있다. 식민지 시기 후반, 조선어의 사용 금지 및 일본어의 국어화가 진행되면서 이중언어 표기 혹은 일본어를 활용한 조선인들의 문학 작품 창작이 권장되었다는 것이 선행연구의 큰 흐름이었다고 할 수 있다. 작품 창작에 사용되는 언어 및 표기 방식에 대한 연구가 작품의 가치 및 의미 연구에서 빼 놓을 수 없는 매우 중요한 연구 분야를 점유한다는 점에서 이러한 연구들이 학계의 관심을 끌었다.[1]

그런데 여기서 새롭게 주목해 보아야 할 것은, 식민지 말기뿐만 아니라 그 초기에도 이중언어 표기를 활용한 저술활동이 적지 않게 이루어졌다는 사실이다. 물론 식민지 말기와 초기의 이중언어 표기는 그 성격이 크게 다르다. 식민지 말기의 이중언어가 조선어를 대체하는 언어로 일본어를 사용하여 작품을 창작하는 것이었다면 초기의 이중언어 표어는 조선어와 일본어의 병존을 시도한 것이었다. 한말 이후 근대 초기부터 부속국문과 후리가나 등을 활용한 이중언어 표기가 다양한 출판물들에 시도되었고, 특히 한일병합 직후인 1910년대부터는 한글과 일본어를 함께 나란히 적는 한일병기체 표기, 이른바 일선어日鮮語 표기가 더욱 적극적으로 시도되었다는 사실은 지금까지 학계에서 크게 주목받지 못했다. 일선어 저작에 관한 연구는, 현공렴의 일선어 신소설 『동각한매』의 원작이 라쿠고落語 『분시치모토이文七元結』임을 밝혀낸 이건지李健志의 「바다를 건넌 닌죠바나시－조선 개화기의 문학 『동각한매』와 「분시치모토이」海を渡った人情噺－朝鮮開化期の文学『東閣寒梅』と「文七元結」」(『江戸の文事』, ぺりかん社, 2000) 정도이다. 단 이건지의 논고에서도 일선어 표기 방식 자체에 관한 정리는 이루어진 바 없다. 근대 초기 이중언어 표기 저작물에 관한 연구가 부진한 가장 큰 이유는 이들 저작에 사용된 일선어 표기법 자체

1 임종국의 『친일문학론』(평화출판사, 1966)이나 김윤식의 『한일문학의 관련 양상』(일지사, 1974) 등은 모두 일제 말기 작가들의 이중언어 글쓰기에 관심을 표명한 초창기 업적들이다. 식민지 시기 후반을 연구의 대상으로 삼았다는 점에서는 이경훈의 『이광수의 친일문학 연구』(태학사, 1998)나 김재용의 『식민주의와 문화 총서』(역락, 2003) 연작물 등 최근의 연구 성과도 별반 차이가 없다.

에 대한 선행연구가 거의 없고, 그 가치를 어디에 두고 작품을 분석해 나갈 것인지 가늠하기 어려웠기 때문이다. 아울러, 깊이 있는 분석을 위해서는 근대 초기 일본어에 대한 전문적 독해가 필수적이라는 점도 그동안의 연구를 방해한 주요 요인 가운데 하나로 생각된다.

근대 시기 이중언어 표기의 실체를 확인하고 그 의미에 다가가기 위해서는 이 시기 일선어 저작물에 대한 연구가 필수적이다. 한일병기체의 이중언어 표기는 1910년 한일병합 직후부터 활성화되어 사전류나 교재류 및 실용서뿐만이 아니라 문학 작품의 창작에도 활용되었다. 이러한 일선어 저작물들은 일종의 언어교육용 저작물의 성격을 띠면서, 한일병합 직후 대중들 사이에서 적지 않은 관심의 대상이 되었던 것으로 알려져 있다. 일선어 저작물의 창작과 보급에 선구적이면서 또한 중심적 역할을 한 인물이 현공렴이다. 현공렴은 근대 초기의 대표적인 출판인이자 저술인이다.[2] 1910년 한일병합이 이루어지자 일본 서적에 대한 수요가 급증하게 되고 현공렴은 이러한 시대적 수요에 부응하여 조선어와 일본어를 병기한 일선어 서적들을 발행한다. 현공렴은 대중 독자를 대상으로 삼은 신소설류의 작품들뿐만 아니라, 지식인 독자를 대상으로 한 다양한 종류의 출판물을 간행했고, 어학서 및 교과서와 같은 실용서 등도 적지 않게 출판했다. 그러나 그가 간행한 출판물들은 당시

2 현공렴은 『유년필독』, 『동국사략』의 저자로 유명한 현채의 장자로 태어났다. 현공렴의 가계는 역관 가문으로 유명한 천령川寧 현씨玄氏이다. 이러한 가계에서 성장하며 관립 한성외국어학교 일어부를 졸업한 현공렴은 1895년 무렵에는 일본 규슈의 사립학원私立學院 제제횡당濟濟黌堂에 유학을 한다. 제제횡당은 현 구마모토현립熊本県立 제제횡고등학교의 전신으로 구마모토 출신의 교육자이자 정치가인 국권파의 삿사 도모후사佐々友房가 설립한 학교이다. 현공렴은 1905년에는 일본의 전문서를 번역하여 출간하고 이어서 문학 작품 등을 번역하여 자신의 출판사인 대창서원에서 출판하기 시작한다. 1908년에는 야노류케矢野龍溪의 정치소설 『경국미담經國美談』을 번역하여 출간한다.

의 서적 광고 목록 등을 통해서 간접적으로 확인할 수 있을 뿐, 정작 실물이 전하는 경우는 그리 많지 않다.

이 글에서는 그의 초기 일선어 저술을 대표하는 두 편의 저작물 『정선 일어통편』(보급서관 · 서적급모자제조소, 1911.8)과 『일선담화』(대창서원 · 광한서림, 1915.9)를 기본 자료로 삼아 먼저 이중언어 표기의 방식과 그 특징을 고찰할 것이다. 이어서 표기 방식과 유기적으로 연관되어 있는 저작물의 내용에 대한 정리를 시도한 후, 각 저작물들의 내용 선별의 원칙과 그 의미 등에 대해 고찰해 보고자 한다. 『정선 일어통편』은 조선인을 위한 일본어 교재로 만들어진 것이다. 『일선담화』는 이중언어 표기를 활용한 일선어 소품집이다. 『일선담화』류의 소품집들은 당시 『정선 일어통편』 등을 통해 일본어를 습득한 조선인들을 위한 실제 독해 텍스트의 역할을 했을 것으로 판단된다. 『정선 일어통편』은 영인본 등의 형태로 학계에 제공되고 있는 자료이다. 그러나 『일선담화』는 이 글을 집필하는 과정에서 필자가 새롭게 발굴한 자료로, 지금까지 그 존재가 국내에 소개된 바 없다.[3]

3 『일선담화』의 소장처는 미국 하버드대의 옌칭연구소 도서관(Harvard Yenching Institute Library)이다. 이 자료는 영인 출간된 바 없다.

2. 이중언어 표기의 방식과 특징

1) 『정선 일어통편』

『정선 일어통편』(이하 『일어통편』으로 약칭)은 현공렴이 저술한 일본어 교재이다.[4] 현공렴은 이 책에 상당히 공을 들였고, 양장판(1원 30전)과 반양장판(1원) 두 가지로 출판된 것을 보면 독자들의 호응도 컸던 듯하다. 이 책이 1915년의 출판사 간행 도서 목록에도 포함되어 있는 것을 보면 출간 이후 수년 간 지속적으로 판매되었음을 알 수 있다. 『일어통편』은 1911년에 간행되었지만 실제로 집필한 시기는 이보다 앞선 것으로 추정된다. 책 본문 중의 "此年ハ西歴千九百九年デセウ(올은 셔력일천구빅구년이지요)"(14)[5]라는 서술을 통해 유추하면 그 시기는 적어도 1909년까지 거슬러 올라간다. 이를 증명하듯 책 속에는 1909년에 일어난 사건에 관한 기술이 많다. 결국 현공렴은 한일병합 이전부터 조선어와 일본어 이중언어 표기를 활용한 일본어 교재를 구상했던 셈이다.

전 309면의 『일어통편』은 가나假名의 발음, 품사 등 문법 설명에 문어체와 담화체의 비교, 일본식 한문 읽기, 편지 쓰기 등 고급 내용까지 망라되어 있다. 『일어통편』이라는 서명은 이러한 책의 성격을 잘 보여준

4 『일어통편』에 관한 선행연구로는 언어학적인 관점에서 음운 현상 중 어미 '-아/어(X)'의 교체에 대해 논한 김세환의 「『精選 日語通編』에 보이는 어미'-아/어(X)'의 교체에 대하여」(『한민족어문학』 49, 한민족어문학회, 2006)가 있다.

5 『일어통편』, 『일선담화』를 직접 인용할 경우 해당 쪽수를 아라비아 숫자로 표시하고, 논의 전개상 필요한 경우에 한해서 조선어문과 일본어문을 병기하였다. 후리가나와 부속활자도 필요한 경우에 한해서 붙였다.

다.『일어통편』은 저자가 현공렴으로 되어 있고, 원본, 저본의 존재에 관해서는 별도의 언급이 없다. 당시 외국의 원서를 번역한 번역서, 번안서가 원저나 저자를 밝히지 않는 경우는 흔한 일이었다. 이 책을 구성하는 수많은 문례, 문장이 현공렴의 창작인지, 다른 책을 참고한 것인지 명확히 변별할 수는 없다. 다만 다양하고 상당히 전문적인 내용으로 구성되어 있는『일어통편』전체를 현공렴 자신이 모두 저술했을 것이라고는 생각하기 어렵다. 김민수金敏洙는『일어통편』영인본(『역대한국문법대계』 제2부 51, 탑출판사, 1977)의 해설에서,『일어통편』이 오오쓰키 후미히코大槻文彦의『광일본문전廣日本文典』(1897)을 많이 참조한 것으로 보인다고 하였으나 구체적인 근거는 제시하지 않았다.『광일본문전』은 '양학洋學' 계열의 일본어 연구 성과와, '국학國學' 계열의 연구 성과를 절충한 것으로 현재에 이르기까지 일본에서 간행된 각종 일본어 문법서의 원형으로 불린다. 그런데 필자가 조사한 바에 의하면『일어통편』이 직접 참조했을 가능성이 높은 것은「어법지남語法指南」이다.「어법지남」은 최초의 근대적 일본어사전으로 평가받는 오오쓰키 후미히코의『언해言海』(1889) 권두에 게재된 문법개설인데, 1890년에 단행본으로 발행되었다. 이「어법지남」을 개정 증보한 것이『광일본문전』이다.

「어법지남」과『일어통편』을 비교하면 우선 품사구분 등 차이가 있지만,[6]『일어통편』의 각 품사에 관한 설명은「어법지남」과 대단히 유사하다. 예를 들어 자동사와 타동사에 관한 설명을 비교하면,

6 두 책 모두 일본어 품사를 8품사로 구분한 것은 같지만「어법지남」에서는 명사, 동사, 형용사, 조동사, 부사, 접속사, 데니오하, 감동사로 분류하는 데 반해,『일어통편』은 명사, 대명사, 후치사(데니오하), 형용사, 부사, 감동사, 동사, 조동사로 분류하여 접속사에 관한 언급이 없다.

> 自ラ動作シテ、他ノ事物ヲ處分スル事ナキコト意ノモノヲ自動性トス。例ヘバ「花、飛ブ、蝶、驚ク」ノ「飛ブ、驚ク」ノ如シ、(…中略…) 他動性ハ動作ノ他ノ事物ヲ處理スル意アルモノヲ他動性トス。例ヘバ「蠶ハ、絲ヲ吐ク、蜂ハ、蜜ヲ釀ス」ノ「吐ク、釀ス」ノ如シ。(「어법지남」 17)[7]
>
> 自動은스스로動ᄒᆞ야他事物을處分ᄒᆞ는事가無ᄒᆞᆫ意이니假令「花、飛ブ」「蝶、驚ク」의「飛ブ」等이오他動은動作이他事物을處理ᄒᆞ는意가有ᄒᆞᆫ者이니假令「蠶ハ、絲ヲ吐ク」「蜂ハ、蜜ヲ釀ス」의 「吐ク」와「釀ス」와 如ᄒᆞ니(『일어통편』 119)

와 같이 설명에서부터 예문까지 그대로 사용했음을 알 수 있다. 그러나 책 전체를 놓고 볼 때는, 「어법지남」과 『일어통편』은 그 성격이 많이 다르다. 「어법지남」이 문법 설명으로 일관한 문법서인데 비해, 『일어통편』은 일본어 문법에 관한 설명을 최대한 간략화한 경향이 보인다. 예를 들어 문법에서 가장 큰 비중을 차지하는 동사에 관해서는 제5편 '회화會話, 동사 및 격언動詞及格言' 제7장 '동사' 첫머리에 아래와 같이 이 책에서 다룰 범위를 밝힌다.

> 動詞ᄂᆞᆫ萬物의動作을表顯ᄒᆞᄂᆞᆫ文字이니尾字의변경ᄒᆞᆷ을從ᄒᆞ야自他의別과一,二,三,四의別이生ᄒᆞ며令動의異와 過去, 現在, 未來, 命令의別이又生ᄒᆞᄂᆞ니就中其數爻와變換이最多最甚ᄒᆞᆫ者ᄂᆞᆫ四段及二段이라故로下에四段을先論ᄒᆞᆫ後에他段에及코자ᄒᆞ노라(118)

7 「어법지남」의 인용은 1893년에 간행된 제3판(小林新兵衛)에서 인용.

그러나 사단四段 및 이단二段에 관하여 언급하겠다고 해놓고 실제로는 사단동사를 소략하게 설명하고 자동사와 타동사에 관해 조금 부언하는 데 그쳤다. 동사에서 중요한 활용에 관한 설명도 별반 없으며, 문법에 관한 서술이 『일어통편』 전체에서 차지하는 비중도 크지 않아서 본격적인 문법서로 보기는 어렵다.

현공렴은 『일어통편』을 집필하면서 「어법지남」 외에도 『일어전벽日語全璧』 등 일본에서 간행된 기존의 교재를 참조한 것으로 보인다. 일본에서는 메이지 30년대 이래 중국인 학습자를 위한 한역 일본어 교재가 많이 간행되었다.[8] 『일어전벽』은 1906년 일본 분큐도文求堂에서 발행된 일본어 교재로 중국어 역이 붙어 있다. 『일어전벽』의 본문은 크게 발음편, 단어편, 성구편, 산어편, 담화편으로 구성된다. 『일어통편』 각 장에 열거한 항목명과 단어, 배열, 설명 방식 및 책의 구성이 대단히 유사하다. 현공렴이 『일어통편』 집필 시 참고했을 가능성이 있다. 『일어전벽』 단어편 중 '기구물품器具物品'이라고 한 것을 『일어통편』에서는 '가옥 및 가구류家屋及家具類'라고 하고 다음과 같은 방식으로 설명한다.

『日語全璧』 > 望遠鏡(ボウエンキャウ)(天理鏡) / 『일어통편』 > 望遠鏡(ボウエンキャウ)(天理鏡)(천리경)

이러한 사례를 통해 보면, 두 책의 설명 방식이 대단히 유사함을 알 수 있다. 『일어통편』이 기존의 일본어 교재를 참고했을 가능성이 큰 것이다. 그런 반면, 『일어통편』에 일본어 어법에 맞지 않는 오류 문장이

8 古岡英幸, 「明治の日本語会話教材」, 『早稲田大学日本語教育研究』 1, 2002, 136쪽.

적지 않게 존재한다는 점은 특기할 만한 사항이다.

① ソレデハ私達(ワタシダチ)モ明日(アシタ)ニ延(ノ)ベマセウ(33) / ② 表(オモテ)ヲ見タ(180) / ③ エダ / ④ 船體(センタイ)ニ損所(ソンショ)ガ出來ダト見エ(182)

⑤ 色ガ濃過(コイス)ギル(63) / ⑥ 月ノ光(ヒカリ)ハ明(アカル)イデ、風ハ涼(スヾ)シイデス (110) / ⑦ 新(シン)キニ(159) / ⑧ 喰ベル方ガ、ヨイダト申シマス(195)

⑨ 娘ガ相応ニ生レタケレドモ、未ダ年ガ若クテ、嫁入リスヤウニナリマセン(147)
쏠이얌젼히 싱기엿지마는, 아직나히어려셔, 시집가게못되얏소

⑩ コレハ玉露デス、併シ價ガ安クアリマスカラ、旨味ハアリマスマイ(197～198)
이것은옥로올시다, 그러나갑시 싼고로,　　　　맛이 업겟지오

위 사례 중 ①~④는 탁음 표기가 틀린 경우이다.[9] ⑤~⑧은 형용사 읽는 법, 활용이 잘못된 예이다. ⑨, ⑩은 조선어식 일본어 표현이다. 이 사례들의 공통점은 일본어를 구사할 때에 특히 조선인이 범하기 쉬운 어법적 오류라는 점이다. 이러한 문례들의 존재는 그것을 현공렴이 직접 저술했을 가능성을 보여주는 증거가 된다. 현공렴은 『일어통편』을 엮으면서 기존의 일본어 교재를 참고했지만, 일부 문장은 자신이 직접 저술한 것으로 판단된다.

그런데, 여기서 중요한 것은 현공렴이 명확한 의도를 가지고 문례를 선별하고 서술하여 『일어통편』을 기획했다는 점이다. 『일어통편』의 표기

9 이준환, 「『兒學編』 일본어 어휘의 한글 표기와 국어와 일본어의 음운론적 대응 양상」(『한국어학』 63, 한국어학회, 2014, 305~343쪽)은 『兒學編』(1908)의 사례를 들어 조선어 화자들이 두음에서 청탁음을 잘 구별하지 못하는 경향이 있음을 지적했다.

는 제1편 '음운音韻'이나 품사의 설명 부분, 주석을 제외하고는 그림과 같이 조선어와 일본어를 병기한 대역문으로 이루어져 있다. 먼저 한자와 가타카나를 혼용한 일본어문을 배치하였다. 세로쓰기를 한 일본어문 한자 오른편에는 주로 가타카나로 후리가나가 달려 있다(이 글에서는 위쪽). 일본어문의 왼쪽에는 조선어문을 배열하였다. 『일어통편』의 제1편 '음운'이나 각 편 각 장의 주석 등 해설 부분의 조선어문은 기본적으로는 띄어쓰기가 되어 있지 않다. 대역문에서는 조선어문과 일본어문이 최대한 대응하도록 아래와 같이 어절 간격을 조절하여 학습자가 이해하기 쉽도록 했다.

> いろ　にほ　ち　わ　よ た　つね
> 色は 匂へど、散りぬるを、我が世誰れそ、常ならむ (3)
> 빗은, 향긔러우ᄂᆞ, 써러지거든, 우리셰상누가, ᄒᆞᆼ상누리야

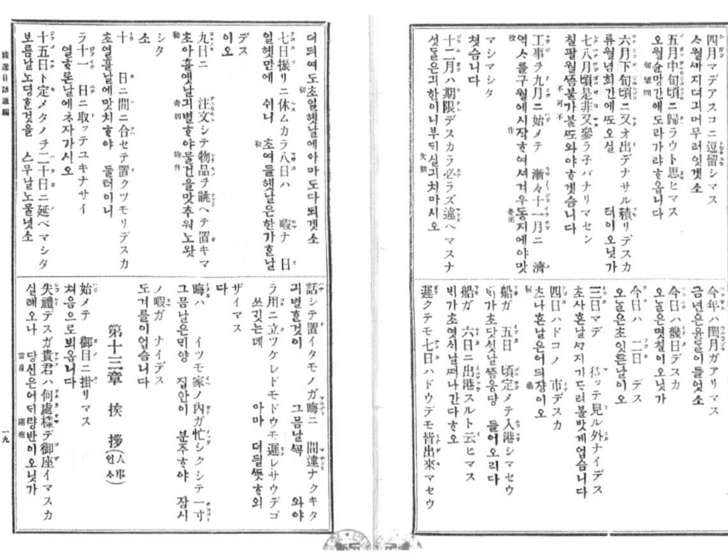

『일어통편』

조선어문은 기본적으로는 순국문인데 아래 예문과 같이 일부 한자어에는 왼편에 부속한자를 붙였다(이 글에서는 조선어문 아래).

コウジ　クガツ　ハジ　　ヤウヘ　ジフイチガツ　ス
工事ヲ九月ニ始メテ　漸々十一月ニ　濟マシマシタ(18)
역ᄉ를구월에시작ᄒ여셔 겨우동지에야　맛쳣습니다
役　作　冬至

ホンネン　アヒカハ　ゴコンイ　ネガ
本年モ相變ラズ　御懇意ニ　願ヒマス
금년도한모양으로　친ᄒ시기를 바라옵ᄂ니다
今　貌様　親

이와 같이 일본어문과 조선어문에 모두 부속활자를 붙인 경우는 당시의 다른 어학용 교재에서는 찾아보기 힘든 사례이다. 일본어문의 한자(ホンネン 本年)와 조선어의 부속한자(今)를 함께 놓고 보면, 조선어 단어(금년)를 모르는 일본 사람이라도 그 의미를 추측할 수 있다. 이러한 부속활자의 사용은 이 책이 조선인을 위한 일본어 교육용 교재이기는 하나, 거꾸로 일본인이 조선어를 배우는 데도 이용할 수 있게 구성한 것임을 짐작하게 한다. 이러한 사실은 "先ヅ諺文"이라는 구절의 '諺文'의 발음을 '온문(オンムン)'이라고 조선어 발음을 제시하고 그 다음에 '겐분(ゲンブン)'이라는 일본어 발음을 보여주는 사례에서도 확인할 수 있다.

オンムン/ゲンブン

マ　マナ　オ　ゴガク　ハヤ　スヽ
先ヅ　諺文ヲヨク、　學ンデ置イタナラバ、語學ガ早ク進ミマセウ(103)

이 책의 곳곳에 달아 놓은 주석도 다양한 양상을 보여주어 특기할 만하다.

未(マ)だ歸(カ)ヘリマセヌ(20)
오지아니ᄒᆞ엿슴니다(ヌᄂᆞᆫン字와ᄀᆞᆺ치發音ᄒᆞᆯ事)

위 사례에서는 “ヌᄂᆞᆫン字와ᄀᆞᆺ치發音ᄒᆞᆯ事”라고 발음하는 요령을 설명한다. 또한 아래와 같이 번역할 때의 참고 사항을 이르기도 한다.

ハイ暫(シバラ)ク　　居(ヲ)ッテ見様(ミヤウ)ト思(オモ)ヒマス(20)
네ー 얼마동안잇셔　　보랴고ᄒᆞ오
(思ヒマス는「ᄉᆡᆼ각ᄒᆞ오」惑「네기오」라고도번역ᄒᆞᆯᄯᆡ가잇스니讀者ᄂᆞᆫ注意ᄒᆞᆯ지어다)

彼(アレ)ハ　　大抵(タイテイ)善(ヨ)ク時間(ジカン)ヲ守(マモ)リマス(27)
그사ᄅᆞᆷ은ᄆᆡ양잘ー　시간을 직히오
(日語에彼를其로譯ᄒᆞᆯ時가間々有ᄒᆞ니라)

다음 주석은 그 내용이 전문적이라는 점에서 눈여겨 볼만하다.

我回心曲과如ᄒᆞᆫ歌曲이니「有爲の奧山」ᄂᆞᆫ佛經에三界輪迴의境界니即變遷의意오此歌의大旨ᄂᆞᆫ變遷無常ᄒᆞᆫ世에處ᄒᆞᆫ것이맛치一場春夢과如ᄒᆞ다ᄒᆞᆷ이라(3)

注意半紙ᄂᆞᆫ半切ᄒᆞᆫ紙ᄂᆞ今에ᄂᆞᆫ別로히反紙의長廣으로製造ᄒᆞ야朝鮮에셔白紙라ᄒᆞ면無人不知와如히通用語오美濃紙ᄂᆞᆫ美濃地方所産이라(17)

첫 번째 인용문은 '以呂波歌'에 대한 주이고, 두 번째 인용문은 '紙十帖(조희열권)'에 대한 주이다. 이와 같이 전문적인 내용으로 되어 있는 주석은 책 전편에서 확인할 수 있다. 위와 같이 다양한 주석들은 이중언어 표기를 보완하기 위한 것이다. 이는 저자가 『일어통편』을 단순한 어학 교재로서 뿐만 아니라 독자에게 지식을 제공하는 수단으로 활용하고자 한 의도가 있었음을 짐작하게 한다. 이는 이 책이 고급 독자를 대상으로 삼아 기획 출간되었음을 의미하기도 한다. 이와 관련해서 다음 사례들은 흥미로운 시사점을 제공한다. 아래 인용문은 하나의 일본어 문장을 두 가지 이상의 조선어 표현으로 번역하여 제시하고 있는 사례들이다.

① 手付金(テツケキン)ヲ上(ア)ゲマセウカ(55) / ② 萬事繰合(バンジクリアハ)セテ(61)
　보증금/션금을 ᄂᆡ오릿가　　　　만ᄉᆞ를졔쳐노코/졔ᄇᆡᆨᄉᆞ하고

③ 冬着(フユギ)ノ 背廣(セビロ)ハ(62)
　겨울의옷 뒤너른옷은/세비로는

④ <u>細君</u>ハ 小供ヲ抱イテ海面ヲ指シテ(178)
　<u>부인</u>은 아ᄒᆡ를안ㅅ고 바다를가ᄅᆞ치며

　紳士ハ愛女ヲ樽ノ中ニ入レ、手早く<u>細君</u>ノ細帯ヲ引キ解イテ
　신ᄉᆞ가 계집ᄋᆞᄒᆡ를 통ㅅ속에너코, 손싸르게 <u>가</u>ᄂᆡ의가는허리씌를글너서

　上カラ(183)
　우희서

　<u>細君</u>ノ手ヲ曳キ乍ラ(183)
　<u>가인</u>의 손을끌면서.

細君ト共ニ海中ニ捲キ込マレタ紳士ハ(184)

실인과홈ᄭᅴ히즁에말녀드러갓다신ᄉᆞ가(밑줄은 인용자)

『일어통편』에는 인용문 ①~④와 같이 하나의 일본어 표현에 대해 다양한 조선어 표현을 대응시킨 경우가 많다. ①은 같은 지면에서 ‘手付(テツケ)金(キン)’에 대해 ‘보증금’, ‘션금’이라는 두 가지 조선어 단어를 제시한다. 대개 먼저 직역에 가까운 단어를 배치하고 그 다음에 보다 자연스러운 단어를 제시하는 경향을 보인다. ③의 ‘背廣(セビロ)’와 같이 조선에 없는 단어는 먼저 뜻으로 풀이하고, 다음에는 일본어 원 단어의 발음을 제시했다. 또한, ④는 아내의 의미로 메이지 시기에 많이 쓰인 ‘細君’ 을 ‘부인’, ‘가내’, ‘가인’, ‘실인’ 등 여러 가지 표현으로 번역하였다. 이는 모두 외국어를 학습하거나 사용할 때의 실제적인 측면을 고려한 것이며 오랫동안 통역 및 번역에 종사해온 저자이기에 가능한 착안일 것이다.

위에서 살펴본 대로 『일어통편』은 조선어와 일본어 대역이라는 이중언어 표기와, 그에 더하여 부속한자, 후리가나, 주석 방식 등의 면에서 높은 완성도를 보여준다. 이것이 어학교재로서 교육 효과를 최대화하려는 의도에서 비롯된 것임은 분명하다.

2) 『일선담화』

『일선담화』도 『일어통편』과 마찬가지로 조선어문과 일본어문의 이중언어 표기를 사용하였다. 이하, 『일선담화』의 표기 특징을 논함에 있어 『일어통편』과 동일한 부분은 생략하고 상이한 부분만을 중심으로 서술하기로 한다.

전 48면의 이 책은 4편의 이야기로 구성된 소품집이다. 책은 상단과 하단 2단으로 구성되어 있다. 상단에는 숙어란을 별도로 만들어 단어의 해설, 주석을 국한문 혼용문으로 붙여 놓았고 하단에는 본문을 배치하였다. 이러한 책의 체재는 독본 등 당시 일본의 교재류 스타일과 유사하다. 현공렴은 『일선담화』와 같은 시기에 발행된 『일선골계화』(1915.8), 일선어 신소설 『동각한매』(1911.9), 『죽서루』(1911.10) 등에서도 동일한 체재를 채용하였다.

본문에 일본어문을 우선 배치하고 그 다음에 조선어문을 둔 점은 『일어통편』과 같다. 다만 『일선담화』는 일본어와 조선어 문장을 『일어통편』과 같이 어절 단위로 정확하게 대응시키지 않고 크게 문단 단위로 대응시키는 등, 실제로 일본어와 조선어 문장을 일대일로 대조해 가며 학습하기는 어려운 구조로 되어 있다. 따라서 어학 학습이라는 측면에서 보면 『일어통편』에 비해 학습 효과가 현저히 떨어진다고 할 수 있다. 일본어문은 한자와 가타카나를 혼용하였고, 한자에는 가타카나로 후리가나를 붙였다. 한편 조선어문은 순국문으로 표기하였다. 『일어통편』의 조선어문 한자어에 부속한문이 달려 있던 것에 비해 이 책의 조선어문에는 부속한자가 붙어 있지 않다.

『일선담화』의 숙어란에 실린 항목들은 생소하거나 의미 자체가 어려운 단어의 주석을 한 것과 일본어의 고유한 표현이나 단어를 풀이한 것으로 나눌 수 있다. 첫 번째 유형의 사례로는 ‘亡者(マウジヤ)’, ‘無常(ムジヤウ)’, ‘哩(マイル)’에

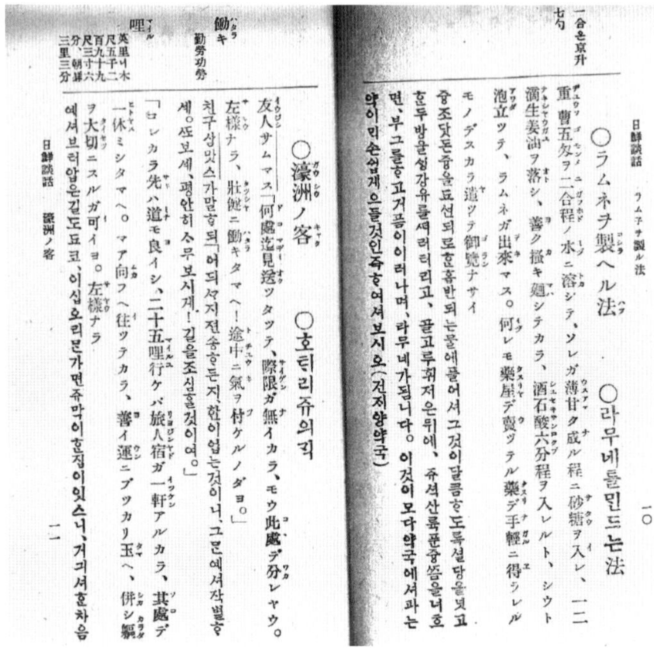

日鮮談話 ラムネヲ製ル法 一〇

一合은京升七勺

○ラムネヲ製ヘル法 ○라무네를민드는法

重曹五匁ヲ二合程ノ水ニ溶シテ、ソレガ薄甘ク成ル程ニ砂糖ヲ入レ、一二滴生姜油ヲ落シ、善ク掻キ廻シテカラ、酒石酸六分程ヲ入レルト、シウト泡立ツテ、ラムネガ出來マス。何レモ藥屋デ賣ツテル藥デ手軽ニ得シレルモノデスカラ遣ツテ御覧ナサイ

중조닷돈중을됴션되로홉반되는물에풀어셔그것이달금ᄒᆞ도록설당을넛고ᄒᆞᆫ두방울싱강유를셰러리리고、잘고루휘저은뒤에、쥬셕산륙푼중쯤을너흐면、부그를ᄒᆞ고거픔이이러나며、라무네가됩니다。이것이모다약국에셔파는약이미손쉽게으들것인즉ᄒᆞ여셔보시오(전지양약국)

働キ 勤勞功勞

哩 英里ㄴ木尺五千二百九十九尺三寸六分、朝鮮三里三分

○濠洲ノ客 ○호듀리쥬의각

友人サムマス「何處迄見送ツタツテ、際限ガ無イカラ、モウ此處デ分レヤウ。左様ナラ、壯健ニ働キタマヘ！途中ニ氣ヲ付ケルノダヨ。」

친구상맛스가말ᄒᆞ되「어ᄃᆡᄭᆞ지전송ᄒᆞᆫ든지、ᄒᆞᆫ이업는것이니、그런예셔작별ᄒᆞ세。또보세、평안히ᄉᆞ무보시게！길을조심ᄒᆞᆯ것이여。」

「ロレカラ先ハ道モ良イシ、二十五哩行ケバ旅人宿ガ一軒アルカラ、其處デ一休ミシタマヘ。マア向フヘ往ツテカラ、善イ運ニブツカリ玉ヘ、併シ瓢ヲ大切ニスルガ可イヨ。左様ナラ

예셔브터압은길도됴코、이십오리만가면쥬막이ᄒᆞᆫ집이잇스니、거긔셔ᄒᆞᆫ차음

日鮮談話 濠洲ノ客 一一

『일선담화』

관한 주석 등이 있다.

亡者(マウジヤ) → 佛敎에,死人,又其靈魂이尙히人體가되야冥土에在ᄒᆞᆫ者의稱又僧家의魚의隱語,亡靈 / 無常(ムジヤウ) → 生滅이輪廻無常 / 哩(マイル) → 英里ㄴ木尺五千二百九十九尺三寸六分, 朝鮮三里三分

숙어란의 두 번째, 일본어 표현을 설명한 사례로는 '氣樂(きらく)', '合點(ガッテン・ガテン)' 등이 있는데 명사뿐만 아니라 용언에 이르기까지 다양하다. 『일어통편』에 문례와 관련된 전문적인 내용의 주석이 많았던 것에 비하면 『일선담

화』는 일본어 어휘 자체의 설명에 중점을 둔 주석이 많다.

> 氣樂(キラク) →安心 / 合點(ガッテン ガテン) →批點, 承諾, 知, 料量 / 働(ハタラ)キ→勤勞功勞 / 辿(タド)ル →尋, 索, 찬는다 / ボウボウ →蓬々, 더부룩 / 讀(ヨ)ンデ →讀ᄒᆞ고, 誦算ᄒᆞ고, 唱, 詠, 作歌 / 案(アン) →草案, 冊床, 推測, 生覺 / 定(ヂヤウ)→ 必定 / 案(アン)/定(ヂヤウ) →意向과갓치쇽

어려운 단어는 '案(アン)/定(ヂヤウ)'의 사례와 같이 먼저 '案(アン)'과 '定(ヂヤウ)' 각각의 의미를 설명한 후 '案(アン)/定(ヂヤウ)'를 설명하는 방식을 취했다. 이러한 단계적인 설명은 교육적 효과를 고려한 것이라 생각된다. 이 주석들이 기본적으로 일본어 표현에 대한 풀이에 중점을 두고 있는 점으로 미루어 보면 책의 번역과 구성이 일본어를 학습하는 독자를 상정한 것임을 쉽게 알 수 있다.

『일선담화』의 표기 방식 중 흥미로운 것은 "是(コ)レマデノ事(コト)ハ"라는 일본어 문장을 "요ᄉᆡᄉᆡ지의 일이"라는 표현과 "쇼경사가"[10]라는 표현으로 번역해 놓은 사례와 같이 하나의 일본어 문장을 두 가지의 조선어 표현으로 번역하여 제시했다는 점이다. 이와 같이 하나의 일본어 표현을 직역과 보다 자연스러운 표현 두 가지로 번역해 놓은 사례는 작품 곳곳에서 찾아 볼 수 있다.

> 此運命全知(コノウンメイゼンチ)ノオ蔭(カゲ)サ(8)
> 이운명을예측ᄒᆞ는데셔나온덕이라
>
> 쇼득이라

10 쇼경사는 '所經事'.

ウメジマハク　ボク　ケイカイ　シン　　　タ　　ヤ
梅島伯ハ僕ノ警戒ヲ信ジナイ為メニ遣ラレタ(9)
ᄆᆡ도ᄇᆡᆨ이나의　경계를밋지안키ᄯᅢ문에ᄋᆡᆨ을당ᄒᆞ얏다

당ᄒᆞ얏셔

ハヤシ　コトバ　どこ　　　フシギ　サツハリ ガ テン　ユ
林ノ言葉ハ何處マデモ不思議デ颯張合點ガ往カナイ(9)
어듸ᄭᆡ디든지　ᄒᆞᆷ으로
림야의말은절々히모다 이샹ᄒᆞ야셔왼통료량이나지아니ᄒᆞ여

이러한 시도 역시 일본어를 학습하는 조선어 독자의 편의를 위한 것이라 할 수 있다. 뿐만 아니라 이러한 사례들은 일본어에 대응하는 보다 적절한 조선어 표현을 찾아가는 번역의 과정 그 자체를 보여준다는 점에서도 흥미롭다. 『일선담화』의 주석을 비롯한 본문의 구성이나 표현방식은 일본어를 학습하는 조선어 독자를 고려한 언어 교육적 측면이 강하다는 것을 알 수 있다.

『일선담화』의 이중언어 표기 방식은 큰 틀에서는 『일어통편』과 유사한 점이 많지만, 세부적으로는 차이가 있다. 『일선담화』와 『일어통편』이 동일한 작가의 저작물이고, 이들 모두가 조선인의 일본어 학습을 위한 교재의 성격을 지니고 있다는 점에서 두 책의 이중언어 표기 방식이 유사한 것은 당연해 보인다. 그럼에도 불구하고 이 두 저술의 이중언어 표기 방식이 완전히 일치하지 않는 이유는 두 책의 용도가 차이가 있기 때문이다. 『일어통편』이 언어 습득을 위한 기본 교재이고, 『일선담화』가 습득된 언어를 기초로 한 독해 교재라는 점은 그 한 가지 차이가 될 수 있다. 하지만, 두 저술에서 보이는 이중언어 표기 방식의 근본적 차이는 『일선담화』가 조선인을 위한 어학 교재였다면, 『일어통

편』은 조선인과 일본인 모두를 위한 어학 교재로 고안된 것이었다는 사실에서 유래한 것으로 판단된다.

3. 내용과 의미

1)『정선 일어통편』

『일어통편』의 본문은 제1편 '음운', 제2편 '숫자용법 및 연어數字用法及連語', 제3편 '품사 및 회화品詞及會話', 제4편 '회화 및 품사의 응용會話及品詞ノ應用', 제5편 '회화會話, 동사 및 격언動詞及格言', 제6편 '회화 및 한문독법會話及漢文讀法', 제7편 '회화會話' 등 전 7편으로 구성되어 있다. 각 편은 적게는 6장(제1편)에서 많게는 26장(제7편)까지 다양한 소제목이 붙은 각 장으로 나뉜다. 각 편의 각 장은 문법에 관한 서술, 대화문, 문장 등 다양하게 구성되어 있다. 각 편에 있는 '회화' 부분은『일어통편』의 성격을 보여주는 특징적인 부분인데, 여기서 말하는 '회화'가 꼭 대화체 문장을 가리키는 것이 아님은 유의해야 한다. 예를 들어 제5편 '회화, 동사 및 격언'의 각 장은 1장 '구미의 진보歐米ノ進步', 2장 '학교 및 잡화學校及雜話', 3장 '천문天文', 4장 '언어連語', 5장 '지리地理', 6장 '연어', 7장 '동사動詞', 8장 '조동사助動詞', 9장 '연어', 10장 '조합組合', 11장 '고등변소高等便所', 12장 '화한의 격언 및 속어 이로하 순和漢ノ格言及俗語イロハ順(一)'으로 이루어져 있다. 1장은 서술문, 2장은 정중체(조선어문에서는 하오체) 문장, 3장은 천문과 관련된 어휘 모음, 4장은 3장에서 열거한 어휘를 연결하여 만든 문례 즉 '연어', 5장은 지리에 관한 어휘 모음, 6장은 5장의 '연어', 7장은 동사에 관한 설명, 8장은 조동사에 관한 설명, 9장은 동사 문례, 10, 11장은 서술문, 12장은 격언 모음이다. 5편의 제목 '회화, 동사 및 격언'과 각 장의 내용을 비교하면, 7장과 8장이 동사와 조동사에 관한 설명이고, 12장 격언을 제외하고는 다양한 문장과 어휘 모음을 통틀어서 '회화'로 묶었음을 알 수 있다. 이는 『일어통편』의 다른 편도 마찬가지이다. 현공렴이 각 편의 제목에서 사용한 '회화'란 대화체 문장뿐만 아니라 다양한 문장을 포괄하는 읽을거리 전반을 가리키는 의미이다. 즉 이 '회화'의 의미를 대화체 문장으로 한정하고 '회화'가 큰 비중을 차지하는 『일어통편』을 단순히 회화서로 규정해서는 책의 성격을 정확하게 규명할 수 없다.

각 편의 '회화'에서는 구성 방식이나 문장, 문례의 선정에 있어서 다양한 시도가 이루어졌다. 예를 들어 "電話デ願届ガ出來ルト聞ク(뎐화로 청원보고를, ᄒᆞ게된다ᄒᆞᆷ을드른)"(232)이라는 구절에는 '주의注意'라 하여 "大阪셔는近來報告를書字로人民이行ᄒᆞ는것이迅速爲主ᄒᆞ는時代에不協ᄒᆞ다ᄒᆞ야電話로行케ᄒᆞ얏소"(233)라고 전화의 보급과 사람의 업무를 대신하게 되었다는 일본 상황에 대한 해설을 덧붙였다. 책 곳곳에 배치되어 있는, 내용과 관련된 이러한 상세한 보충 해설은 책의 용도가 단순한 어학용 교재에만 한정되는 것이 아니라는 사실을 보여준다.

또한 '회화'를 구성하는 각 장은 단순한 문례의 나열이 아니라 장 전체 혹은 각 장 상호 간에 내용면에서 유기적으로 연결되어 있는 경우가 많다. 예를 들어 제2편의 15장 '양등洋燈', 16장 '취침就寢', 17장 '화사火事'

는 양등(램프)과 취침, 램프로 인한 화재 위험 등 연상할 수 있는 내용으로 구성되어 있다. 결과적으로 이렇게 구성된 본문 문장에는 자연히 저자의 생각, 저술의 의도가 명백하게 드러난다. 저자는 독자들에게 어학 지식을 전달할 뿐만 아니라, 그들의 흥미를 자극하고 지식욕을 충족시킬 수 있는 읽을거리를 제공하려는 의도를 지니고 있었다. '회화'편의 다른 문장들도 이와 같은 맥락에서 살펴볼 필요가 있다. 다음 인용문은 제2편 17장 '화사'의 일부이다.

①

ジャウキ　キ　ヨ
ソレ蒸氣ポンプガ來タカラ、オ退ケナサイ(28)
저것증긔무ᄌᆞ위가　왓스니,　비켜ᄂᆞ시오

②

ソノヒクラ　ヲ　ヤ　ダ　ジツ　ツラ
其日暮シヲシテ居ルモノナドハ燒ケ出サレルノハ實ニ辛イヿデス(29)
그날버러, 그날산림을ᄒᆞ는사ᄅᆞᆷ들이불에틔이면　오작ᄡᅡᆨᄒᆞ겟소

カアイサウ　イマ　コメ　タカ
可愛相ニソウシテ、今ハ米モ高イシ
가외에 그럴ᄲᅮᆫ외라,　지금은쌀갑이빗사

③

ホンゴウ　シタヤ　ホンジョ　ニホンバシ　ヨ　ショ　ミナサウオウ
本鄕ニ下谷ニ本所ニ日本橋ト四ケ所モアリマシタガ皆相應に
본향과하곡과본쇼라던지 일본교등 네군데ᄂᆞ될ᄲᅮᆫ외라　모다상당히

大キナ火事デシタ(30)
큰 불이앗습니다

ニホン　セウバウフ　なか　キビン　ハタラ　ヤウ　ワケ　ジュウブン
日本ノ消防夫ハ仲々機敏ニよく働ク様デスガ、ドウ云フ譯デ消防ガ充分ニ
일본쇼방부가　썩　민쳡히　잘 ᄡᅳᄂᆞᆫ모양이ᄂᆞ,　엇지ᄒᆞᆫ식ᄃᆞᆰ으로ᄡᅳᄂᆞᆫ것이ᄆᆞᄋᆞᆷᄃᆡ로

行届(ユキトヾ)カヌノデセウカ

손이도ᄅᆞ가지아니ᄒᆞ는 가오

消防夫ガ惡(ワロ)イノデハアリマセン、日本ノ家屋(カオク)ノ作(ツク)リ方(カタ)ガ惡イノデス

쇼방부가서툴너서그런것이아니오, 일본 가옥 제도가 글는ᄶᅢ돍이외다

오ᄂᆞᆯ ᄋᆞ참에기집ᄒᆞ인이작야에큰불이ᄂᆞᆫ것을말ᄒᆞ기젼ᄭᆞ지는아모도몰낫다ᄾ

위 인용문은 화재에 관한 서술인데 당시의 일본 사정에 관한 정보가 담겨 있다. 인용문 ①의 '증긔무ᄌᆞ위'는 소방용 증기 펌프를 가리키는데 당시 매체의 외신에 "지나간 십구일오젼에 일본 횡빈 야모졍 일인ᄌᆞ등무태광집에셔 불이 낫ᄂᆞᆫ ᄃᆡ (…중략…) 경찰셔에셔ᄂᆞᆫ 증긔무자위를 가지고 진력ᄒᆞ야 불을쩟스나"(「일본횡빈에화지」, 『대한매일신보』, 1910.3.22, 2면 6단)와 같이 등장하기도 한다. 증기무위차, 즉 증기 펌프는 소방 근대화를 상징하는 신문물이다. 일본에서는 1884년 영국에서 증기펌프를 처음 수입한 이래 국산화에 힘쓴 결과 1899년에는 일본 국내 제작에 성공하여 메이지 후기에서 다이쇼 초기에 걸쳐 소방활동에 큰 활약을 했다. 조선에서도 1907년 인천에서 발생한 큰 화재에서 증기 펌프가 큰 역할을 했다.[11] ③에서"본향과하곡과본쇼라던지일본교등네군데ᄂᆞ될ᄲᅢ외라 모다상당히 큰 불이얏습니다"라고 언급한 본향, 본쇼, 일본교 또한 실제로 1881년 1월에 발생한 간다神田 대화재 때 피해를 입은 지역이어서, 이 서술이 사실에 입각한 것임을 알 수 있다.[12]

11 「唾成珠玉」. "日本셔 消防機械ᄂᆞᆫ 火災를 預防ᄒᆞ랴고 多數金額으로 大韓에 賣渡ᄒᆞ더니 日昨仁川圻浦에셔 日人家屋五百餘戶가 一時에 燒燼ᄒᆞᄂᆞᆫᄃᆡ 良好ᄒᆞᆫ 消防機械를 用ᄒᆞ야도 非常ᄒᆞᆫ 慘禍를 遭ᄒᆞ얏스니 運之否泰ᄂᆞᆫ 人力이 難致로다", 『대한매일신보』 1907.3.8, 2면 6단.

12 国立公文書館, 「神田人火」(http://www.archives.go.jp/exhibition/digital/saigai/contents/02_0

일본의 화재뿐만 아니라 1907년 3월의 인천 대화재에 대해서도 "一昨年仁川に、大火事が出テ、家が四百戸焼ケマシタ(ᄌᆡ작년에인쳔서, 큰화ᄌᆡ가나셔, 집이ᄉᆞ빅호나회록이되얏습니다)"(117)라고 언급한다. 이 화재에 관해서는 1907년 3월 6일 자 『황성신문』에서도 "再昨日 仁川港에셔 失火ᄒᆞ야 民家四百餘戶가 連燒ᄒᆞ얏ᄂᆞᆫᄃᆡ 起火根因과 人命의 傷不傷을 現今 調査ᄒᆞᄂᆞᆫ 中이라더라"('仁港大火災') 와 같이 확인할 수 있고, 4백여 채가 소실되었다는 내용도 『일어통편』의 서술과 일치한다. 『일어통편』의 서술이 당시 사건의 내용을 정확하게 전하고 있음을 알 수 있다. 당시 화재는 조선, 일본을 막론하고 대표적인 재해였으며 따라서 독자들의 관심을 끌 수 있는 화젯거리였다. 이와 관련하여 제7편 제4장 '화약고의 화재火薬庫ノ火事' 역시 당시 조선의 『황성신문』에도 여러 차례 보도된 사건이었다.[13]

인용문 ② "그날버러, 그날산림을ᄒᆞᄂᆞᆫ사ᄅᆞᆷ들이불에ᄐᆡ이면 오작ᄡᅡᆨᄒᆞ겟소 가외에 그럴ᄲᅮᆫ외라, 지금은 ᄡᆞᆯ갑이빗사"의 쌀값이 비싸다는 서술도 당시 일본 상황을 반영한 것이다. 1902년에서 1909년까지 쌀 한 섬당 4엔 대를 유지하던 것이 그 이후 급등하여 1912년에는 8엔 대로 두 배 가까이 상승한다.[14] 이러한 사정은 조선에서도 매일반이었다. 『일어통편』의 집필을 전후한 시기의 『대한매일신보』 등 신문에서는 아래와 같이 쌀값 폭등에 관한 기사를 확인할 수 있다.

50.html, 검색일 : 2018.4.1)

13 「火藥庫爆發」, 1909.8.21(출처 : 한국언론진흥재단 빅카인즈 https://www.bigkinds.or.kr)

14 「米価の変遷」. https://www.weblio.jp/wkpja/content/%E7%B1%B3%E4%BE%A1%E3%81%AE%E5%A4%89%E9%81%B7_%E7%B1%B3%E4%BE%A1%E3%81%AE%E5%A4%89%E9%81%B7%E3%81%AE%E6%A6%82%E8%A6%81#cite_note-1(검색일, 2018.4.1)

"近日 來에 鳥致院 成歡 각停車場에셔 外人들이 多數貿米ᄒᆞᄂᆞᆫ 故로 壹二市間에 米價가每斗에 五家式 高騰하얏다더라"

—「米價翔貴」, 『大韓每日申報』,1909.7.1, 2면 5단, '잡보'

"釜山通信을 據ᄒᆞᆫ즉 馬山浦等地에ᄂᆞᆫ 近日來로 米價가 大段高上ᄒᆞᆷ으로 日本으로부터 據히 輸入ᄒᆞᆫ다ᄂᆞᆫᄃᆡ 其原因인즉 京城에셔 各産出地方으로 向ᄒᆞ야 太過히 買ᄒᆞᆷ을 因ᄒᆞᆷ이라더라"

—「米價高騰」, 『大韓每日申報』, 1910.6.4, '잡보'

"쌀값의 고등으로 객주영업의 공황"

—「米價 高騰과 宿屋」, 『每日申報』, 1912.7.3, 3면 2단, '세민생활상태조사'

일본 서민의 생활고와 미가米價 고등高騰에 관한 내용은 조선 독자들도 충분히 공감할 수 있는 내용이었다. 단순히 일본 사정을 알 수 있는 기사를 선택하는 것이 아니라, 조선의 상황에 비추어 독자들이 충분히 공감할 수 있고 흥미를 가질만한 기사를 선택의 기준으로 삼았음을 추측할 수 있다.

『일어통편』에서는 시야를 넓혀 일본뿐만 아니라 서양의 신문물에 관해서도 적극적으로 소개한다. 제5편 「회화, 동사 및 격언」 제1장 '구미의 진보歐米ノ進歩'에서는 송음기送音器, 전화, 전차 등 새로운 문명의 이기에 관한 자세한 정보를 제공한다. 전화에 관해서는

電話ハ、話シガ、オ互ニ出來デモ、顔ノ見エナイノハ、 缺點ダガ、其レモ、
뎐화는, 이야기를, 셔로ᄒᆞᆯ수잇스되, 얼골이보히지아니ᄒᆞᄂᆞᆫ것이,결뎜이되더니,그것도,

モ一發明シテ、　相手ノ顔ガ見ヘル様ニナッタサウナ(99)
블셔블명이되야셔, 저편ᄉᆞᄅᆞᆷ의얼골이보히게되얏다ᄒᆞᆫ데

라고 설명하는데, 그 당시에 통화 상대의 얼굴이 보이는 전화기가 존재했을 리가 만무하나 100년도 전에 전화의 한계점을 지적하고 미래의 전화기를 예측하는 서술을 했다는 점은 흥미롭다. 이러한 내용 역시 독자에게 새로운 정보를 제공하고 흥미를 유발할 수 있는 것이었다. 그밖에도 제5편 제10장 '조합組合'에서는 신용조합, 판매조합, 구매조합, 생산조합 등 다양한 조합에 관해 소개한다. 조합이 조선 매체에 등장하기 시작하는 것은 1912년 이후이다.[15] 이 점을 감안하면 『일어통편』은 새로운 시대의 정보를 앞서서 제공하는 선도적 측면이 강하다고 할 수 있다. 이어지는 제11장 '고등변소'는 독일의 변소에 관한 이야기로 이 또한 새로운 시대의 신문물에 관한 정보이다.

『일어통편』이 정보 제공의 역할 뿐만 아니라, 시국, 시대 상황에 대해 저자의 생각, 의견을 적극적으로 드러내는 점도 주목할 만하다. 앞서 인용한 제2편 17장 '화사'의 인용문 ②에서 "그날버러, 그날산림을ᄒᆞ는사ᄅᆞᆷ들이불에ᄐᆡ이면 오작ᄶᅡᆨᄒᆞ겟소"라고 작자가 서민에 대한 동정심을 직접적으로 드러내는 것은 어학 교재의 문례로는 보기 드문 사례이다. 같은 문장에서 소방 작업이 신속하게 이루어지지 않는 이유를 "쇼방부가서툴너서그런것이아니오, 일본 가옥제도가 글는ᄭᆞᄃᆞᆰ이외다"(30)라며 예로부터 일본인의 삶의 기반을 위협하는 재해로 여겨진 화재의 원인을 내구성

15 「仁川信用組合」, 『매일신보』 1914.5.2; 「信用組合 農債資金, 농민에게 돈을 꾸어 줘, 갚는 기한은 십일월 말일」, 『매일신보』 1912.3.3.

이 약한 일본의 가옥 구조에서 찾아 의견을 개진하는 것도 같은 맥락에서 이해할 수 있다. 아래 예문에서도 청국의 운남 지방이 흉작으로 인해 기아에 허덕이는 인민이 많은 것에 동정심을 드러낸다.

> 支那ノ雲南地方デハ、非常ナ凶作デ瀕死シタ人民ガ、多クッテ愍然ダサウデス
> 청국 운남디방에셔ᄂᆞᆫ, 대단ᄒᆞᆫ흉년인ᄃᆡ죽게된 인민이, 만ᄒᆞ셔불샹ᄒᆞ다ᄒᆞ옵니다
> (115~116)

전쟁과 재해로 인해 도탄에 빠진 서민, 인민에 대해 동정하는 작자의 시선은 한편으로 다음과 같은 비판정신과 맥을 같이 한다. 제6편 제22장 '학생의 자만화學生ノ自慢話'에서 갑과 을, 두 학생은 고관대작이 모여 사는 주택가를 지나며 다음과 같은 대화를 나눈다.

> 君達ガ何ンボ勉强シタッテ當分高等官ニナルコハ六ケ敷カラウ、見給へ、
> ᄌᆞ네네가아모리공부(工夫)ᄒᆞ야도현ㅡ시ᄃᆡ에고등관이되기가　어렵겟네、보게、
> 迹ノ長屋門ノアル內ニハ鹿兒島縣士族ノ　表札ガアッタガ又茲ハ
> 져ᄋᆞ례줄행랑(行廊) 대문(大門) 잇ᄂᆞᆫ 집에ᄂᆞᆫ록아도현ᄉᆞ족이란 문ᄑᆡ(門牌)가 잇더니ᄯᅩ여긔ᄂᆞᆫ
> 山口縣士族デハナイカ　御互ヒノ樣ニ島根縣ヤ、福島縣ノ肩書デハ
> 산구현ᄉᆞ족이아닌가　　우리ᄡᅡ위와갓치도근현이나、복도현이라ᄂᆞᆫᄑᆡ호(牌號)로ᄂᆞᆫ
> 當分官途ニ頭ヲ擧ゲルコハ出來ナイ
> 현금(現今) 환로(宦路)에머리들수가업네(221)

위 인용문에서 '鹿兒島縣(록아도현)', '山口縣(산구현)'이 상징하는 것은 메이지 시기의 특정 지역 즉 사쓰마번薩摩藩과 조슈번長州藩 출신자가 일

본 정부와 군부의 요직을 점한 번벌藩閥정치이다. 번벌정치가 횡횡하는 시대에 개인의 노력만으로는 출세하기 힘든 세태에 대한 비판과 한탄을 토로하고 있다. 또한 갑과 을, 두 학생은 '가난한 셔ᄉᆡᆼ'에서 '훌륭ᄒᆞᆫ신ᄉᆞ'가 된 사례를 두고 다음과 같은 대화를 나눈다.

> 甲 アー、サウダッタ子、其ノ女ノ親カラ數萬圓ノ財産ヲ讓リ受ケルト
> 아ー 그럿군、 그녀인의부모의세수반원 ᄌᆡ산을양슈ᄒᆞ얏나
>
> 云フ⺄ハ强氣ナモンダ御互ヒモ善イ掘リ出シモノヲシテ、早ク紳士ニ
> ᄒᆞᆷ은 장(壯)ᄒᆞᆫ것이다우리도피차 됴흔데를차져서、 얼는신ᄉᆞ가
>
> ナリタイヂヤナイカ(222～223)
> 되고십지는아니ᄒᆞᆫ가
>
> 乙 ソレハサウカ知ラン、ケレトモ女ノ財産ヲ讓受ケタカラトテ威張リ顔ヲ
> 그것은그런지알수업네、그러나녀인의ᄌᆡ산을양슈ᄒᆞ얏다ᄒᆞ야과장ᄒᆞ는거동을
>
> シテル何カヲ羨ム等ハ苟クモ堂々タル一人前ノ男子トシテ喋舌ル
> ᄒᆞ는것을 부러워ᄒᆞ는 진실(眞實)로 당당ᄒᆞᆫ、 ᄒᆞᆫ장부(丈夫)가되야셔 말
>
> ベキモンヂヤナイヨ
> ᄒᆞᆯ것이아닐세

당시 일본에서 신사紳士는 근대의 "이상적 인간상"이었다.[16] 재산가 여자와 결혼하여 가난한 서생에서 훌륭한 신사로 신분상승한 인물의 사례를 들어 "녀인의ᄌᆡ산을양슈ᄒᆞ야과장ᄒᆞ는거동을ᄒᆞ는것을부러워ᄒᆞ는것은진실로당당ᄒᆞᆫ、ᄒᆞᆫ장부가되야셔말ᄒᆞᆯ것이아닐세"라고 비판한다. 이로

16 竹内里欧, 「'紳士'という理想像の誕生と展開－近代日本の礼儀作法書にみる」, 『京都社会学年報』 11, 2003, 13쪽.

히로부미伊藤博文와 조선 초대 총독 데라우치 마사타케寺內正毅 역시 조슈번 출신이었던 점을 고려하면 번벌 정치를 비판하는 글은, 당시의 시대 상황을 인식하고 있는 고급 독자들의 공감을 살 수 있는 내용이기도 했다. 결국 잘못된 세태에 대한 이와 같은 비판은 독자, 나아가서 조선 인민, 민중을 계몽하는 역할을 수행했다고 볼 수 있다. 현공렴은『일어통편』에서 현 세태에 대한 비판에 머물지 않고 조선의 발전을 위한 제언을 하기도 한다. 제4편 제5장 '이향에서 벗을 만나다異鄕ニ於テ友人ト出遇フ'에서는 '갑', '을' 두 인물의 대화 형식을 빌려 조선의 실업 상황을 논하며 양잠에 대한 기대를 드러낸다.

乙 此ノ國ノ實業ハ、如何デス　/甲　イヤ實ニ驚キ入リマシタ/ (80)
　이나라의 실업이、 엇더ᄒᆞ오　　　아주말ᄒᆞᆯ수업소

乙 眞逆此ナ樣デハ、アルマイト、思ッテ居ッタデアルノニ
　설마이럿치는、　　안을줄、　　　알앗더니

甲 支那ト比ベテ 如何デス /乙　支那モ隨分、甚ダシイ有樣デスヨ
　청국과비교ᄒᆞ면 엇더ᄒᆞ오　　　청국도ᄆᆡ우　심ᄒᆞᆫ모양이오
　清國　　比較

甲 養蠶等ハ　此ノ國ニ適シマセウ子/ 乙 所々デ養蠶ハ、シテ居マス
　양잠ᄀᆞᆺᄒᆞᆫ것은이나라에뎍당ᄒᆞᆯ깃지오　　　곳곳이양잠은、　ᄒᆞ옵듸다

甲 結果モ全ク無イデハナイヨウデス
　효험도왼통업지는아니ᄒᆞ오

현공렴은 본격적인 출판활동을 시작하기 전인 1902년부터 1904년경

사이에 수륜원水輪院 공상과公桑課에 9품 주사主事로 근무하였다.[17] 1904년경에는 직접 중국의 뽕나무와 잠종蠶種을 들여와 판매하기도 한다.

> 桂洞薑廛谷第十三統三戶玄公廉의 家에셔 魯桑種子□夏蠶種(又昔)과 桑木을 發賣ᄒᆞᆸᄂᆞᆫᄃᆡ 種子와 蠶種은 植養ᄒᆞᄂᆞᆫ 時期가 臨迫ᄒᆞ얏ᄉᆞ오니 蠶農에 留□□ᄒᆞ시ᄂᆞᆫ 諸君子ᄂᆞᆫ 速速來購ᄒᆞ시읍
> 玄公廉 南泌祐 告白[18]

또한 1905년에는 『재상전서栽桑全書』(博文社)라는 잠업에 관한 번역서를 출간하였다. 『재상전서』의 범례에서 현공렴은 이 책이 1902년 농상공부農商工部 잠업과 교육소용으로 본인이 번역한 것이며 원본은 나가누마 벤지로長沼辨次郞의 저작임을 밝히고 있다.[19] 또한 『재상전서』의 판권장에는 다음과 같은 광고가 실려 있다.

> 淸國蘇杭州魯桑ᄅᆞᆯ貿來賣却ᄒᆞᆸᄂᆞᆫ바品良價廉ᄒᆞ오며播種節期 在邇ᄒᆞ오니 速速來購ᄒᆞ시되一升以上을購去ᄒᆞ시면 本栽桑全書一帙ᄅᆞᆯ無償仰呈ᄒᆞ오리다
> 賣却所ᄂᆞᆫ京中署東關敦洞第六十六統五戶 吳參奉家

판매자가 현공렴으로 되어 있지는 않으나 1승升 이상을 구매하면

17 『승정원일기』 3148책(탈초본 140책) 고종 39년 7월 15일 [양력8월18일] 계유 6/8 기사, 『승정원일기』 3151책(탈초본 140책) 고종 39년 10월 2일 [양력11월1일] 무자 3/3 기사, 「宮內府來文」 1902년 11월2일 (출처 : 국사편찬위원회 한국사데이터베이스, http://db.history.go.kr)

18 『황성신문』, 1904.6.30(출처 : 한국언론진흥재단 빅카인즈, https://www.bigkinds.or.kr).

19 현공렴이 원 저작명을 구체적으로 밝히지는 않았으나, 필자가 내용을 검토한 결과 1888년에 출간된 『栽桑新書 ―原理応用』(東京 : 有隣堂)으로 추정된다.

『재상전서』를 증정한다고 한 것을 보면 현공렴이 여전히 뽕나무 사업과 깊은 관련이 있음을 짐작하게 한다. 이러한 사실에 비추어 본다면 『일어통편』의 양잠에 관한 기술은 저자 본인의 관심사를 직접 반영한 것이라 할 수 있다. 『일어통편』이 어학용 교재임에는 분명하다. 그러나 저자 현공렴은 이 책을 단순히 어학 지식을 전하는 교재로만 생각하지 않았다. 그뿐만이 아니라 독자들에게 다양한 지식을 제공하고 지적 욕구를 충족시킬 수 있는 읽을거리가 될 수 있도록 의도했던 것이다.

2) 『일선담화』

『일선담화』는 「運命ノ觀測(운슈를졈ᄒᆞᆫ다)」, 「ラムネヲ製ヘル法(라무네를ᄆᆡᆫ드는법)」, 「濠洲ノ客(호ᄐᆡ리쥬의ᄀᆡᆨ)」, 「露國海軍ノ文身(아라ᄉᆞᄒᆡ군의문신)」등 네 편으로 구성되어 있다. 「運命ノ觀測(운슈를졈ᄒᆞᆫ다)」는 27세 게이샤藝者와 손님인 듯한 32세 화가(화공)가 나누는 대화가 주된 내용이다. 일본어문과 조선어문을 비교하면 등장인물의 이름이 차이가 있다. 일본어문의 게이샤 렌코蓮子와 화가 하야시林는 조선어문에서는 련향과 림서방으로 바뀐다. 번역 과정에서 인물명이 조선식으로 바뀌는 이른바 현지화現地化가 이루어진 것이다. 그 외에도 일본어문과 조선어문을 비교하면 한 구절 한 구절을 충실하게 대응시켜 번역한 축어역이라기보다는 원문의 내용을 보완하거나 생략해서 자연스러운 조선어 문장으로 했음을 알 수 있다. 이런 점은 정확한 번역을 지향했던 『일어통편』과 다소 차이가 있다.

관상으로 사람의 운명을 예측하는 것에 관해 대화를 나누는 두 사람은 대조적인 입장을 보인다. 하야시는 자신이 대학에서 철학을 공부하다 우연히 운명 관측술을 연구하기 시작했고 그런 중에 자신의 성격이 미술가와 맞는다는 것을 깨달아 화가가 되었다고 말한다. 한편 렌코는 관상쟁이나 점쟁이를 "ソ、其ナ事ガ出來マスカ。易者ダノ人相見ダノッテ好イ加減ナ胡麻化シバカリ言ツテサ、詰リ高熳ナ顏シタ香具師ナンデセウ、私信用シナイワ(그, 그럴리가잇셔요. 졈장이니관샹쟁이니ᄒᆞ는것이어리무던ᄒᆞᆫ거짓말ᄆᆞᆫᄒᆞ고셔, 말ᄒᆞ자면졔가졔인톄ᄒᆞ는슐ᄀᆡᆨ등물이겟지오,나는밋지아니ᄒᆞ여)"(1~2)라며 믿지 않는다. 이에 하야시는 "僕ノ觀相ハ醫者ノ診斷法ノ樣ニ學理的ニ見ルノデ、萬一ノ誤診ハ免カレナイトスルモ、其レハ僕ノ不熟練トシテ觀相法ハ正確動カスベカラザル者ダ、論ヨリ證據(나의관샹은의원의진찰ㅅ법과갓치학리샹으로보는것이ᄆᆡ, 간혹그릇진찰은면치못ᄒᆞᆫ다ᄒᆞ려니와,그는나의스-투른것시라ᄒᆞ겟고관샹ㅅ법에드러셔는, 확뎍ᄒᆞ야변치못ᄒᆞᆯ것시라, 공담보다증거를뵈는것시데일이니)"(2~3)라고 운수를 봐주겠다며 렌코의 과거와 미래를 예측하는 그럴싸한 말을 이어간다. 하야시는 자신이 다른 점쟁이, 관상쟁이와 다른 점은 자신의 관상이 '학리'적으로 보기 때문이라고 한다. 무엇이 학리이며 어떤 관상법이 학리적으로 보는 것이지 구체적인 설명이나 묘사는 없다. 학리란 학문상의 원리나 이론을 가리킨다. 하야시가 자신이 보는 관상을 "의원의 진찰ㅅ법과 갓치" 학리적으로 하는 것이라는 비유로부터 짐작하면, 이 작품에서 말하는 학리적이란 이론적, 원리적이라는 '학리' 본래의 어의와 가까운 개념으로 생각된다. 하야시는 대학에서 철학을 전공하고 화가이기도 한 이른바 지식인이다. 이러한 지식인이 '학리적'이라는 논리로 관상이나 점으로 사람의 운명을 판단하며 타인에게도 강요한

다. 한편 렌코는 사회통념상 '학리'와는 거리가 먼 기생인데, 그러한 렌코가 오히려 관상이나 점의 모순을 지적하는 인물로 묘사된다.

이와 같이 대조적인 인물 설정에는 당대 지식인에 대한 비판이 담겨 있다. 「運命ノ觀測(운슈를졈ᄒᆞᆫ다)」를 집필한 저자 현공렴의 의도는 작품 첫머리와 끝머리의 다음과 같은 서술을 통해 명백히 드러난다.

> 運命ヲ學理的ニ見ルヿヲ研究シタトハ不思議極マル話ダ(1)
> 운수를학리샹으로판단키를궁구ᄒᆞ다ᄒᆞᆷ은이샹ᄒᆞ기한량업는말이로다
> 林ノ言葉ハ何處マデモ不思議デ颯張合點ガ往カナイ(9)
> 어듸ᄶᆞ지든지 ᄒᆞᆷ으로
> 림야의말은졀々히모다 이샹ᄒᆞ야서왼통료량이나지아니ᄒᆞ여

위 인용문에는 운수를 학리상으로 판단한다는 하야시의 주장에 대한 저자의 평가가 명료하게 드러나 있다. 저자 현공렴은 「運命ノ觀測(운슈를졈ᄒᆞᆫ다)」를 통해 억지 논리를 써서 관상으로 인간의 운명을 예측하려 하고 타인을 현혹하려는 가짜 지식인에 대해 비판하고 있는 것이다.

두 번째 작품 「ラムネヲ製ヘル法(라무네를믿드는법)」은 총 1쪽의 짧은 글로 약국에서 파는 재료를 이용해서 손쉽게 라무네를 만드는 방법을 소개하고 있다.

> ラムネヲ製ヘル法/라무네를믿드는법
> 重曹五匁ヲ二合程ノ水ニ溶シテ、ソレガ薄甘ク成ル砂糖ヲ入レ、一二適生姜油ヲ落シ、善ク搔キ廻シテカラ、酒石酸六分程ヲ入レルト、シウト泡

立ツテ、ラムネガ出來マス。何レモ藥屋デ賣ツテル藥デ手輕ニ得ラレルモノデスカラ遣ツテ御覽ナサイ

즁조닷돈즁을됴션되로ᄒᆞᆫ홉반되는물에풀어셔그것이달큼ᄒᆞ도록셜당을넛고ᄒᆞᆫ두방울ᄉᆡᆼ강유를ᄯᅥ러터리고,골고루휘저은뒤에,쥬셕산륙푼즁씀을너희면,부그를ᄒᆞ고거품이이러나며,라무네가됩니다. 이것이모다약국에셔파는약이ᄆᆡ손쉽게으들것인즉ᄒᆞ여셔보시오(건ᄌᆡ양약국)

라무네는 일본에서 즐겨 마시는 탄산음료이다. 라무네라는 명칭은 레모네이드에서 변화된 것이며 막부 말기에 영국에서 일본에 들어와 독자적으로 발전된 음료이다. 이것이 조선에 들어와 1910년 5월에는 나카야마 우노키치中山宇之吉라는 인물이 인천에 라무네 제조소를 세워 제조, 판매하게 된다. 당시 신문매체 등을 보면 라무네에 관한 기사가 많이 눈에 띈다. 라무네는 사이다와 더불어 여름의 대표적인 청량음료였다. 1910~1920년대만 해도 언론매체에서 라무네는 그 제조법이나 보관 과정 등 위생 문제와 관련해서 주로 부정적인 면에서 언급되는 경우가 많았다.[20] 그럼에도 1930년대에 들어서 신문에 「이철음식 가지가지(12) 손쉬운청량음료 라무네맨드는법」(『동아일보』, 1931.6.7), 「여름 가정에서의 청량제 제조법 라무네 아이스크림 밀크세끼 등[全2回]」(『동아일보』, 1932.7.30), 「라무네만드는법 당장에 될수 잇습니다」(『동아일보』, 1934.7.11, 6면)와 같은 기사들이 해마다 실리는 것을 보면 라무네는 여전히 여름을 대표하는 청량음료였다. 이는 신문기사보다 『일선담화』에서 훨씬 앞서서 라무네 제조

20 「飮料의 危險物, 라무네 먹고 죽어 일반이 주의할 일」, 『매일신보』 1912.6.23; 「엄중 설유한 후 5원 벌금」, 『매일신보』 1912.9.1.

법을 소개한 점을 보면 현공렴이 일본을 비롯한 외국의 사정, 유행에 민감했고, 독자들이 관심을 가질만한 기사를 앞서서 제공하려 했음을 알 수 있다.

「濠洲ノ客(호ᄐᆡ리쥬의ᄀᆡᆨ)」은 16세의 소년이 '호ᄐᆡ리', 즉 호주를 여행하는 도중에 겪은 작은 모험담이다. 이야기는 주인공이 친구 '삼맛스'와 작별하는 장면에서부터 시작된다. 주인공은 벗과의 이별하는 감개를 "僕ハ一生此ノサムマス君ノ恩ヲ忘レルヿハ出來ナイノデス(나는평ᄉᆡᆼ에이삼맛스군의은혜를이저버릴수가업세오)"라고 술회하는데, 그 은혜가 무엇인지는 알 수 없다. 주인공이 여행 중간에 만난 낯선 사람들에게 도움을 받기도 하고, 난폭한 사내를 만나 곤욕을 치루는 몇 가지 에피소드가 나열되어 있으나, 기승전결이 불분명하며 결말도 애매하게 마무리된다. 오히려 이 글을 읽고 인상에 남는 것은 끝없이 이어지는 황량한 호주의 원야原野에 대한 서술이다. 「濠洲ノ客(호ᄐᆡ리쥬의ᄀᆡᆨ)」의 중간 중간에는 호주에 관한 다음과 같은 기술이 삽입되어 있다.

何處迄往ツテモ同ジ樣ナ、アカシヤ、草ノ木ナンド、此ノ濠洲ニ特有ナ木ヤ草ヲ見ル許リデソレモ最初ノ間ハ珍シカツタデスガ(13)

어딋ᄭᆞ지가도ᄒᆞᆫ갈ᄀᆞᆺ치,악가시아나무와잡풀등쇽이라,이호쥬ᄶᅡᆨ에ᄂᆞᆫ특별히잇는초목을볼ᄲᅮᆫ인즉

又濠洲名物ノ毒蛇ニ巻キ殺サレナイモノデモ無イ(24)

말녀
ᄯᅩᄂᆞᆫ호쥬ᄶᅡᆨ에유명ᄒᆞᆫ독샤의게감겨살ᄒᆡ를당치아닐지도몰나

イヤ此濠洲ニハ山犬ト云フ猛獸ガ居ルノデ夫ガ餌ヲ探シテ居ルノデアラウ(27)

아이고이호쥬에는승양이라ᄒᆞ는밍슈가잇셔그것이밥을ᄎᆞ짐이로다

호주 특유의 자연, 풍토를 강조하는 이러한 서술은 당시 독자들의 이국異國에 대한 호기심을 자극했을 것이다. 호주는 낯선 이국으로서의 관심뿐만 아니라 일본, 중국 등 동양 여러 나라의 이민지로 주목 받는 지역이었다. 이와 관련해서 당시 매체에는 「「濠洲의 移民制限案」 – 同電을 據ᄒᆞᆫ 則 濠太利上議院에셔 移民制限法案을 可決ᄒᆞ얏다 ᄒᆞ얏스니 此ᄂᆞᆫ 東洋人民의 移住를 制限ᄒᆞ랴 ᄒᆞᄂᆞᆫ 것이더라」(『황성신문』, 1901.12.19, 4면 4단)와 「「東洋移民續」 – 東洋人을 排斥ᄒᆞᄂᆞᆫ 意見이 濠太利洲에셔도 亦발ᄒᆞᆫ지라 該洲에셔ᄂᆞᆫ 苛法을 以ᄒᆞ야 切迫ᄒᆞᆫ 定限外에ᄂᆞᆫ 日人受容을 拒絶ᄒᆞ니 日人이 不得居生ᄒᆞ며 入학도 亦不能이요」(『대한매일신보』, 1907.11.6)와 같은 호주 이민 관련 기사가 실린다. 이 기사들은 호주에서 일본인 등 동양인의 이주를 제한하는 움직임이 있음을 알리는 기사들이다. 이른바 호주의 백호주의白濠主義가 시작된 것인데, 그럼에도 불구하고 1920년대 동아일보 기사를 보면 일본이 호주로의 이민 장려 정책을 취했음을 알 수 있다(「門戶開放主義(문호개방주의)의 內外面(내외면) (六)」, 1921.12.7). 그런 면에서 보면 1915년 당시 조선에서도 호주에 대한 관심이 있었을 것이고, 이는 호주를 소재로 택한 배경과 무관하지 않다. 『일선담화』가 발표될 당시 이미 조선과 호주 사이에는 교역이 이루어지고 있던 것으로 보인다.[21] 이렇게 호주는 당시 조선의 매체에도 자주 등 장하는 국가로 독자들의 관심을 가질만

21 『대한매일신보』에는 1909년 1월 14일부터 19일, 21일, 27일, 29일, 31일, 2월 3일부터 24일까지 '특별광고'를 기고한다. 이 광고를 낸 한미흥업주식회사는 "本社에셔 韓美兩國間商業關係에만 盡力ᄒᆞᆯ섄 不啻라 韓國과 亞細亞全部와 歐羅巴及濠太利諸處間에도 商業上好機會를 造成ᄒᆞᆯ 計劃이오며"라고 호주와의 교역 계획을 밝히고 있다.

한 대상이었을 것으로 추측된다.

「露國海軍ノ文身(아라ᄉᆞᄒᆡ군의문신)」은 당시 러시아 해군 사이에서 유행하던 문신에 관한 이야기이다. 현공렴이 자신의 저술에서 글을 선별할 때 기준으로 삼은 것은 그것이 얼마나 독자들의 관심을 끌 수 있는 기사인가 하는 점이었다. 그런 면에서 이 글은 선별 기준에 부합하는 기사였다. 일선담화가 발표된 1915년은 제1차 세계대전이 진행 중이던 전시戰時였다. 당시 「노국함대출동露國艦隊出動」(『매일신보』, 1914.9.1, 1면 4단 「世界的大戰亂」 '交戰國領土彙報'), 「노국흑해함대활동露國黑海艦隊活動」(『매일신보』, 1915.3.31, 2면 1단)와 같은 제하의 기사가 신문 지면을 장식했고, 당연히 러시아 해군의 동향은 조선 독자에게도 관심사였다. 글 중에 "일본국법에는이것슬금ᄒᆞ며법국ᄒᆡ군도이것슬통히금ᄒᆞᆫ다(40)"라는 대목이 있듯이 당시 일본에서는 문신이 금지되어 있었다. 일본 내에서 오랫동안 배척되었던 문신은 에도 시대에 들어와 다시 꽃을 피우게 된다. 이에 막부는 1811년 문신을 금지시키게 되고, 메이지 시대인 1872년에는 조례로 그리고 1880년에도 형법의 조항으로 등재되고, 1908년에는 처벌령이 내려진다. 이러한 일련의 조처에도 불구하고 문신을 근절하기는 어려웠다.[22] 「露國海軍ノ文身(아라ᄉᆞᄒᆡ군의문신)」에서 일본어 원문의 문신文身은 자자(ᄒᆞ다), 문신 두 가지 표현으로 번역되어 있다. 그중에서 자자刺字는 『조선왕조실록』에도 적지 않게 등장하는데, 형벌로서의 의미를 내포한 부정적인 이미지가 강한 표현이다. 『일선담화』가 간행된 1915년 당시에도 기본적으로 문신에 대한 부정적인 이미지는 크게 다르지 않았을 것이다. 오히려 그런 이유

22 조현설, 『문신의 역사』, 살림출판사, 2003, 81쪽.

로 러시아 해군과 문신이라는 조합은 독자들의 호기심을 자극할 수 있는 소재가 되었을 수 있다. 『문신의 역사』에 따르면 세계대전을 통해 군인들 사이에 문신이 더욱 확산되었다고 한다.[23] 『일선담화』가 발표된 시기가 1차 세계대전 시기임을 고려하면 『아라스히군의문신』은 당시로서는 매우 신선하고 흥미를 끄는 기사였을 것으로 생각된다.

『일선담화』는 『일어통편』과 마찬가지로 언어 교육적 성격을 지니면서도 가볍게 읽을 수 있는 저작물이다. 『일선담화』에 실린 네 편의 읽을거리는 모두 당시 독자들이 관심을 가질만한 소재였다. 『일선담화』에서는 독자들의 호기심을 자극할 수 있는 소재를 최우선해서 선별한 것으로 생각된다. 그 점은 『일선담화』의 문례 선별 조건과 공통된다. 다만 『일선담화』에서는 『일어통편』에서 노골적이던 작자의 비판적 태도가 작품 전면에서 사라진다는 차이점이 있다. 이러한 저자의 비판성의 약화는 식민지화가 심화되는 시대 상황의 변화에서 비롯된 것이라 생각된다.

『일선담화』 뒷장에 첨부되어 있는 대창서원 간행물 목록을 보면 『일선담화』와 『일선장화』가 12전, 『일선골계화』,『일선소화』, 그리고 이 글의 연구대상인 『일선담화』가 각각 8전으로 다른 책에 비해 상대적으로 염가이다. 당시 신문 구독료가 『매일신보』(1915.7.1 기준) 1매에 2전, 한 달에 우송료를 포함해서 43전(3개월 선금 1원 20전, 6개월 2원 40전)이었다. 『일선담화』는 47면 안팎으로 8전인데, 당시 책값에 비해서도 저렴하다.[24] 현공렴이 펴낸 일선어 저작들이 10전 내외의 저렴한 가격대였

23 위의 책, 83쪽.

24 박진영, '백 년 전의 신문 구독료와 소설 원고료', 2012(http://bookgram.pe.kr/120172131884)(검색일 : 2018.4.1)에 따르면 1912년 무렵의 소설 가격은 100면 안팎이면 25전, 150면 안팎이면 30전 정도였다고 한다.

던 것은 구매를 용이하게 하기 위한 전략이었을 것이다. 현공렴이 번역하고 제작한 일선어 저작물은 시대적 필요성에 의해 만들어졌다. 현공렴은 이들 저작물에 시대 상황을 적극적으로 반영한 시사성이 강한 작품을 선별하여 실었다. 이는 일본어 교재로서의 본래 목적 외에 신문과 같이 독자들의 신문물에 대한 지적 호기심을 만족시킬 수 있는 읽을거리를 제공하기 위해 기획된 결과였다고 생각된다. 『일선담화』가 독자들에게 세계정세, 신문물을 알린다는 점에서는 그 기능이 신문과 유사하다. 여기에, 신문 하루 구독료가 1매에 2전이었던 것을 생각하면 신문과 유사한 성격의 『일선담화』를 보다 염가로 제공함으로써 유사한 내용을 다루는 신문에 대해서도 경쟁력을 갖추어 독자를 획득하려는 전략이 있었음을 유추할 수 있다.

4. 맺음말

식민지 시기 초기의 이중언어 저술의 가장 두드러진 기능은 언어 교류와 교육에 있었다. 현공렴의 일선어 저술들에는 일본어가 조선어를 대체하는 것이 아니라 두 언어의 병립과 교류에 대한 생각이 담겨 있다. 현공렴은 한일병합 이전부터 두 언어의 교류에 대한 생각을 품고 있었다. 그는 하나의 저술에 두 가지 언어를 어떠한 방식으로 담아낼 것인가에 대해 고민했고, 그 결과 내놓은 것이 『일어통편』과 『일선담화』 등이었다.

현공렴의 일선어 저작물인 『일어통편』과 『일선담화』에서는 먼저 한자와 가타카나를 혼용한 일본어문을 배치하고 그 다음에는 순국문으로 된 조선어문을 배열했다. 『일어통편』은 일본어문의 한자 오른편에는 주로 히라가나로 후리가나가 달려 있고 조선어문의 일부 한자어에는 부속한자를 달았다. 일본어문과 조선어문은 어절 간격을 조절하여 최대한 각 구절들이 서로 대응이 되도록 하였다. 이러한 시도는 어학 학습 효과를 극대화하기 위한 것이었다. 또한 조선어에 부속한자를 붙인 것은 이 책이 단지 조선인을 위한 일본어 교재로써 뿐만 아니라, 일본인을 위한 조선어 교재로도 쓸 수 있게 의도한 것이다. 『일어통편』과 같이 일본어와 조선어에 모두 부속활자를 모두 붙인 사례는 당시의 다른 출판물에서는 찾아보기 어렵다. 『일선담화』는 일본어문의 한자에만 가타카나로 후리가나가 달려 있다. 일본어와 조선어의 배열도 일대일 대응이 아니어서 『일어통편』과는 차이가 있다. 이 두 저술의 이중언어 표기 방식이 일치하지 않는 이유는 결국 두 책의 용도가 차이가 있었기 때문이다. 두 저술에서 보이는 이중언어 표기 방식의 근본적 차이는 『일선담화』가 조선인을 위한 강독 교재였다면, 『일어통편』은 조선인과 일본인 모두를 위한 어학 교재로 고안된 것이었다는 사실에서 유래한다. 이를 통해 동일한 저자의 저술에서도 독자와 용도에 따른 이중어 표기 방식의 변이가 이루어졌음을 확인할 수 있다.

이들 저술에서 하나의 일본어 표현을 두 가지 이상의 조선어 표현으로 번역하여 제시하고 있는 점은 흥미롭다. 이런 경우 대개는 먼저 직역에 가까운 단어를 제시하고 그 다음에 보다 자연스러운 단어(외래어인 경우에는 원어 발음)를 제시했다. 이것은 외국어 학습이나 외국어로 의사소통을 할 때 실제 부딪치게 되는 문제를 고려한 것으로 외국어를 전공하고 통역 일에 종사한 저자이기에 가능한 것이다. 두 저작물에서는 이중언어 표기를 보완하고 표기 효과를 높이기 위한 다양한 주석이 시도되었다. 일부 구절에는 단어의 의미뿐만 아니라 유래를 포함한 자세한 주석을 붙였다. 주석은 그 전문적인 내용이나 국한문으로 쓰인 표기로 미루어 볼 때 일정한 수준 이상의 고급 독자를 대상으로 삼았음을 짐작할 수 있다. 『일선담화』에서 일본어 문장을 번역하는 과정에서 인물명을 조선식으로 바꾸는 시도 즉 현지화를 시도했다는 점도 주목할 필요가 있다. 이를 통해 현공렴에게 번안에 대한 인식 역시 존재했음을 알 수 있다.

현공렴은 『일어통편』에서 '회화'를 대화체 문장뿐만 아니라 다양한 문장을 포괄하는 읽을거리 전반을 가리키는 의미로 사용했다. 『일어통편』의 본문 문장에는 저자 현공렴의 생각과 저술의 의도가 명백하게 담겨 있다. 그는 독자들에게 어학 지식을 전달할 뿐만 아니라, 흥미를 자극하고 지식욕을 충족시킬 수 있는 읽을거리를 제공하려는 의도를 지니고 있었다. 그는 『일어통편』의 예문들을 통해 일본과 서양의 신문물을 독자들에게 적극적으로 소개한다. 아울러 본문의 문장들을 통해 시국과 시대 상황에 대한 자신의 생각과 의견을 적극적으로 개진한다. 그는 현 세태에 대한 비판을 넘어 조선의 발전을 위한 제언도 시도했다. 『일어통편』의 내용상 특징으로는 첫째, 최대한 독자들이 관심을 가질 만한 소재를 선별했다는 점을 들 수 있다. 그런 소재로는 우선 당시에 실세로 일본과 조선에서 사회적 이슈가 된 사건, 대화재, 청일 전쟁, 러일전쟁에 관한 서술 등이 해당한다. 송음기, 전차, 전화, 고등화장실, 조합 등 외국의 신문물을 적극적으로 소개하고 있는 점도 여기에 속한다. 현공렴의 일선어 저술에는 신문 등 다른 매체보다 앞서서 독자에게 정보를 제공하는 선도성이 있었다. 내용의 두 번째 특징은 시사성이 강하다는 점이다. 사건 사고에 대한 정보를 제공할 뿐 아니라 그 원인, 배경을 역사적으로나 사회 구조와 관련지어 분석하고 저자의 의견을 표명하기도 한다. 세 번째는 계몽성을 지니고 있는 점이다. 저자는 본문 속 등장인물들에 대한 비판을 통해 독자, 나아가 민중을 계도하려는 의도를 드러낸다. 『일선담화』에 실린 네 편의 읽을거리도 모두 당시 독자들이 관심을 가질만한 소재를 다루고 있다. 다만, 『일선담화』에서는 『일어통편』에서 보이던 작자의 비판적 태도가 작품 전면前面에서 사라진다. 이러한 저자의 현실에 대한 비판성의 약화는 식민지화가 심화되는 시대 상황의 변화에서 비롯된 것으로 보인다.

현공렴은 신선하고 흥미로운 기사를 선택해 이를 이중언어 표기라는 새로운 방식으로 독자들에게 전달했다. 그는 『일어통편』과 『일선담화』 등 일선어 저술의 이중언어 표기 방식을 통해 조선과 일본의 언어 교류를 시도했고, 이중언어로 표기된 저술의 내용들을 통해서는 조선과 일본을 비롯한 외국과의 문화적 교류를 시도했다. 그의 일선어 저술들이 단순히 어학교재로서의 의미를 넘어 새로운 문화사적 가치를 지닌 저작물들로 받아들여져야 하는 이유가 여기에 있다. 『일어통편』과 『일선담화』 등 일선어 저작물의 이중언어 표기는 언어의 사용이 그것을 낳은 시대와 문화적 환경, 그리고 역사적 맥락과 밀접한 관련이 있음을 새삼 일깨워준다. 이 글의 문제의식은 앞으로 식민지 말기를 포함한 근대 시기 전체의 이중언어 사용이라는 문제를 규명하는 하나의 새로운 토대가 될 수 있을 것이다.

근대계몽기 '역사적 서사(역사/소설)'의 사실, 허구, 진리

윤영실

1. 소설, 역사, 서사

이 글은 근대계몽기의 '역사・전기소설'로 통칭되는 일련의 서사물들을 둘러싼 사실, 허구, 진리 관념의 배치를 규명하는 데 목적을 둔다. 특히 근대소설 관념을 근대계몽기에 투사하기보다는 동아시아 전통의 '역사', '소설' 관념과 서구에서 번역된 'novel' 관념이 복잡하게 병존하고 길항하던 근대계몽기의 당대성을 복원하는 데 역점을 두고자 한다. 'literature'의 '역어譯語로서의 문학'이 정착하는 과정은 전대前代의 '문학' 용법들을 일소한 채 텅 빈 공간 위에서 진행된 깔끔한 '이식'의 과정일 수 없다. 여기에는 이질적인 '문학' 용법들이 충돌하고 병존하고 수렴되는(혹은 채 수렴되지 않는) 내재화의 복잡한 양상이 수반된다. 더욱이 '문학' 개념이 변동함에 따라 '역사', '소설', '서사', '예술' 등 '문학'을 둘러싼 관련 개념들 및 각 개념항들의 '배치' 전체도 변동을 거듭해 왔다. 이는 대체로 '서사'가 '소설'과 '역사'로 분기하는 과정이자 '소설'이 '예술'의 한 장르로 자리 잡는 과정으로 정리될 수 있다. 바로 이 과정에서 '사실, 허구, 진리'의 문제가 중요하게 부각된다. '소설'과 '역사'의 분화는 실증 가능성을 기준으로 한 '허구'적 서사와 '사실'적 서사의 분기로 여겨지며, '허구'로서의 '소설'의 지위가 예술의 한 분야로 격상된 것은 '소설'이 '허구'를 통해 '진리'를 담지할 수 있다는 관념을 전제하고 있기 때문이다.

문제는 일단 근대소설과 역사, 사실과 허구의 분기가 이뤄지자 각각의 개념이 자명한 실체처럼 전도된다는 것이다. 이렇게 전도된 시선으로 문학사를 조망할 때 필연적으로 평가상의 혼란이 빚어진다. 흔히 '역사전기소설'로 통칭되는 근대계몽기의 서사물들이 그 범주나 정의, 문학사적 위치에서 여전히 많은 논란을 낳고 있는 것은 근대적 사실/허구, 역사/소설 관념을 그 경계가 아직 확립되지 않은 근대계몽기에 역투사하는 데서 비롯된다. 가령 '역사전기소설'이 근대계몽기의 애국적 열정 속에서 잠시 흥성하다가 소멸된 후, 1920, 1930년대 '역사소설'로 그 맥을 이어갔다는 일반화된 평가는, '역사전기소설'을 근대소설이라는 '허구'적 '문학' 양식의 전사前史로 위치시키려는 전도된 시선에서 비롯된다.[1]

그러나 근대'소설' 관념을 잠시 접어두고 근대계몽기 '소설'의 제양상

1 근대계몽기 '역사전기소설'의 명칭 및 분류에 대한 연구사적 검토는 윤영실, 「최남선의 수신담론과 근대 위인전기의 탄생」(『한국문화』 42, 서울대 규장각, 2008)의 7절 1항 참조.

을 살펴보면, 그 안에는 근대문학에서 '소설'로 분류되는 것들 뿐 아니라 근대문학의 주변 장르인 '우화'나 '전기', 순전한 '역사기술'까지 다양한 양식이 병존하고 있음을 알 수 있다. 그 다양한 양상은 오늘날의 관점에서 보면 오직 '서사narrative'라는 범주로만 포괄될 수 있다.[2] 근대계몽기는 일련의 전통서사체들이 근대의 외발적 충격에 부딪쳐 거대한 지각변동을 이루고 있던 시기였다. 특히 '서사'라는 지반을 공유하고 있던 '역사'와 '소설'의 전통적 경계가 동요하되 근대적 경계는 아직 확정되지 않은 과도기였다.

'역사전기소설'로 지칭되는 일련의 서사물들은 '역사/소설'의 동요하는 경계선상에 위치하고 있었기에, 당대의 창작/번역(안)/수용의 주체들조차 이에 대해 어떤 합의된 관념을 공유하고 있지 못했다. 따라서 이 글은 역사적 인물이나 사건을 소재로 삼은 근대계몽기의 일련의 서사물들을 '역사적 서사'로 통칭하고, 그 안에서 '역사/소설'의 흔들리는 경계에 대한 당대의 인식을 추적해 보고자 한다.[3] '역사적 서사' 안에는

---

2 동아시아 전통'소설'을 서사 기획의 일부로 파악하는 관점은 특히 중국소설 연구에서 활발하게 제기되고 있다. '소설'이라는 용어가 이미 서구 근대소설(novel)을 함의하는 용법으로 굳어진 오늘날, 전근대 시기 동아시아에 다양한 형태로 존재했던 '소설들'을 포괄하는 연구 시각을 확보하기 위해 '서사(narrative)'라는 관념을 도입한 것이다. 이때 '서사'란 시간의 흐름 속에 전개되는 인물의 행적이나 사건을 서술하는 이야기를 뜻하며, 『사기』와 같은 역사 기록부터 설화나 야담, 문언소설이나 백화소설 같은 창작물까지 두루 포괄한다. 중국'소설' 연구에서 '서사'적 관점의 도입에 대해서는 김진곤, 「중국소설 연구 서설」(『이야기 小說 novel』, 예문서원, 2001)을 참조. 최근 들어 한국에서도 동아시아 서사학이라는 문제 틀에 따라 한국의 고소설과 근대소설 형성 과정을 재조명하려는 연구가 시도되고 있는데 이를 집약한 성과로는 임형택 외, 『동아시아 서사학의 전통과 근대』(성균관대 출판부, 2005)를 들 수 있다.

3 근대계몽기의 서사물에 대해 지금까지 다양한 분류가 행해진 바 있는데, 이 글은 서사의 소재를 기준으로 우화나 몽유록 등 환상적 소재를 취한 서사들(환상적 서사)과 대부분의 신소설처럼 당대의 일상을 소재로 삼고 있는 서사들(일상적 서사), 그리고 과거의 역사적 인물이나 사건을 소재로 삼은 서사들(역사적 서사)로 분류하고자 한다. 이러한 분류는 동아시아 전통'소설'에까지 소급될 수 있다. 당송의 지괴志怪·전기傳奇소설, 명대의 신마神魔소설, 청대의 의고소설 등은 환상적 서사의 계열을 이룬다. 원말명초에 성행한 연의演義소설은 역사적 서사에 속하고, 명청 대에

『태서신사』나 『정선만국사』 같은 역사기술, 『이태리건국삼걸전』이나 『을지문덕전』 같은 번역(안) 및 창작 전기傳記, 이들에 비해 훨씬 허구적 색채가 농후한 『서사건국지』까지 다양한 형식의 서사물들이 병존하고 있다.[4] 이 서사물들은 창작/번역(안)/수용 주체에 따라 '역사'와 '소설' 사이에서 서로 다른 방식으로 자리매김되고 있었다. 이 과정에서 '정치소설'이나 '근대소설novel' 같은 새로운 관념들이 개입되었지만, 그 이상으로 전통서사론의 다양한 '허실' 관념들이 복합적으로 영향을 미쳤다. 전통서사론에서 서사의 '허구'적 요소는 역사와 소설을 가늠하는 중요한 잣대로 기능했던 바, 역사/소설의 경계가 새롭게 재편되던 근대계몽기에도 서사의 '허실虛實'이 여전히 중요한 판단 기준으로 작동하고 있었던 것이다.

그러나 서사의 '허실'에 대한 구분이나 가치 평가가 단순히 근대적 실증성에 따라 이뤄졌던 것은 아니다. 전통서사론에서 '허구'에 대한 옹호가 항시 '진리' 관념과 연동하고 있었던 것처럼, 근대계몽기 서사들이

발전한 인정人情소설류는 일상적 서사에 해당한다. 흔히 중국의 5대 기서로 일컬어지는 것들 중, 『서유기』는 환상적 서사, 『삼국지연의』, 『수호지』는 역사적 서사, 『금병매』, 『홍루몽』은 일상적 서사에 포함시킬 수 있다. 이 세 계열의 서사들은 특히 이 글의 관심사인 사실/허구의 배합이나 진리 관념, '소설' 옹호의 기조에서 서로 다른 전략을 구사하고 있으며, 이는 근대계몽기 조선에서 각 계열의 서사 창작/번역(안)/수용 과정에 일정 정도 계승된다. 중국 고소설의 갈래들에 대해서는 루쉰, 조관희 역, 『중국소설사략』(소명출판, 2004) 참조.

4 '역사 · 전기소설'이라는 용어는 1970년대에 개화기문학총서의 일환으로 기획된 『역사전기소설』 전집의 발간으로 굳어졌는데, 이 안에는 『태서신사』 등의 역사기술, 『을지문덕』 등의 전기물, 양계초의 『중국혼』 같은 논설, 『천로역정』이나 『라빈손표류기』 같은 서구의 우화 및 '소설(novel)'의 번역(안)물까지 다양한 서사체들이 병존하고 있다. 이러한 편집은 1970년대 이전까지 '신소설' 중심으로 기술되어 온 근대계몽기 문학사에서 배제된 텍스트들을 망라함으로써 '근대소설' 연구의 협소한 틀을 확장시켰다는 점에서 큰 의의를 지닌다. 그러나 다른 한편으로는 이들 모두를 무리하게 '소설'이라는 범주 안에 밀어 넣음으로써 연구의 혼란을 가중시킨 면도 없지 않다. 그 결과 '역사 · 전기소설'은 창작 당대의 분류체계에도 역사/소설이 분화된 근대적 분류체계에도 들어맞지 않는 논란의 소지가 많은 범주로 남게 되었다.

담고 있는 '허실'에 대한 인식도 단순히 문학 방법론만의 문제는 아니었다. 근대의 충격으로 결정적인 전환기를 맞고 있던 근대계몽기에 정작 중요했던 것은 '세계'란 무엇인가라는 물음이었다. 급격한 세계관의 붕괴는 구래의 세계관을 떠받치고 있던 '거대서사'의 붕괴를 의미하며, 그 거대서사를 대체할 새로운 서사의 모색으로 이어진다. 이런 맥락에서, 근대계몽기 서사적 욕망의 폭발적 분출은 서사를 통해 불가해한 세계에 접근하려는 인식적 노력의 산물로 이해될 수 있다. 저마다 '실實'을 기록하고 있다는 근대계몽기 서사 양식들의 주장은 결국 세계란 무엇인가, '현실reality'을 어떻게 인식/구성할 것인가를 둘러싼 이질적인 기획들의 충돌에 다름 아니다. 근대계몽기 서사 양식들의 '사실/허구'의 문제가 문학적 방법론을 넘어 현실에 대한 '참된' 인식으로서의 '진리'에 대한 사상적 물음과 함께 탐구되어야 하는 이유가 여기에 있다.

2. 동아시아 고전 서사론의 역사와 소설

잘 알려진 바대로 동아시아 전통에서 '서사'란 기본적으로 '역사기술'을 핵심으로 삼고 있었다. 짤막한 비유담, 일화, 우화 등 '자질구레한 이야기'를 지칭하는 용어였던 '소설小說'은 원대 이후 좀더 본격적인 장형 서사물을 포괄하게 된 이후로도, 여전히 '역사기술正史'이라는 서사의 본류와 구분된 지엽말단의 '패사稗史'로 치부되거나, '역사기술'과의 상대적 거리로 가늠되어 왔다. 그런데 매 시기 '역사'와 '소설'을 구분짓는 과정에는 일찌감치 '사실'과 '허구' 관념이 개입되어 있었다. 역사기술이 '괴력난신怪力亂神'의 허황됨을 배제하고 '술이부작述而不作'의 원칙에 따라 나름의 사실성을 추구해 왔기에, 서사의 '허구'적 요소는 늘 '역사'와 '소설'의 거리를 가늠하는 잣대로 기능해 왔다. 그 결과 동아시아 고전서사론 전체가 '소설'의 '허구'를 비판하거나 옹호하는 다양한 논쟁들로 채워졌다고 해도 과언이 아니다.[5]

그렇다고 해서 동아시아 서사 전통이 '역사=사실' / '소설=허구'라는 단순한 이분법으로 깔끔하게 구획되는 것은 아니다. 특히 역사적 인물이나 사건을 소재로 삼고 있는 '역사적 서사' 안에서 '역사기술'과 '역사소설'을 어떻게 구분할 것인가는 늘상 논란의 중심에 놓여 있었다. 가령 '역사적 서사'라는 공통의 지반 위에서 『삼국지』와 『삼국지연의』는 어떤 기준으로 각기 '역사'와 '소설'로 자리매김되었던 것일까. 이에 답하기 위해서는 전통서사론의 '허실' 관념을 더 세밀하게 분석할 필요가 있다. 앞서 전통 시기의 '소설'이 환상적/역사적/일상적 서사로 구분될 수 있다고 했지만, 소설적 '허구' 안에도 다시 환상적/역사적/일상적 허구의 층차가 있음을 볼 수 있다. '환상적 허구'는 현대의 과학적 합리성으로 설명되지 않는 신비한 일 정도를 의미할 것이다. 도술을 부린다든가 귀신을 만난다든가 하는 따위의 내용이다. '역사적 허구'는 역

5 동아시아 서사 전통에서 소설의 허구를 비판하거나 옹호했던 다양한 논의들은 다음의 저작들을 참조할 수 있다. 방정요, 홍상훈 역, 『중국소설 비평사략』, 을유문화사, 1993; 루 샤오펑, 박계화 외역, 『역사에서 허구로』, 길, 2001; 홍상훈, 『전통 시기 중국의 서사론』, 소명출판, 2004. 이 글에서는 이들의 논의를 참조하면서 동아시아 전통서사론의 '허실' 관념을 환상적/역사적/일상적 허구라는 개념에 따라 분석하고자 한다.

사, 즉 정사의 기록에 위배되거나 정사에 기록되지 않은 역사적 사건을 뜻한다. '일상적 허구'란 소설 속 인물의 언행에 생생함과 구체성을 부여하기 위해 부연된 것으로, 일상에서 있을 법한 이야기라는 점에서 환상적 허구와도 다르고, 원래 역사(정사)에는 기록되지 않는 자잘한 이야기라는 점에서 역사적 허구와도 다르다. 이 세 가지 종류의 허구는 세 가지 종류의 '소설' 속에 다양한 방식으로 배합되면서, '소설'들 사이의, 나아가 '소설'과 '역사' 사이의 경계를 만들어 왔다.

예컨대, 역사소설인 『삼국지연의』 안에는 제갈량의 신술神術 같은 '환상적 허구'나 정사 『삼국지』의 기록과 어긋나는 '역사적 허구',[6] 나아가 역사적 인물의 언행에 생동감을 부여하기 위해 부연된 '일상적 허구'가 공존하고 있다. 신화적 세계관의 잔존물인 '환상적 허구'는 주로 환상소설(지괴, 전기 등) 속에 둥지를 틀었으나, 『좌전』이나 『사기』, 『삼국지』 같은 정사에서도 그 사례를 어렵지 않게 찾아볼 수 있다. '환상적 허구'는 합리적 세계관이 발달함에 따라 점차 '역사(정사)'로부터 배제되었으나, 신화와 역사가 완전히 분리되지 못했던 근대 이전까지 '역사'에서 완벽하게 삭제되지는 못했던 셈이다.

한편 '역사적 허구'에 대한 판단은 대개 역사적 사건에 대한 엇갈리는 증언과 기록 중 무엇을 '사실史實'로 판정할 것인가의 문제여서, 역사를 기록하는 측의 정치적 입장이나 사관, 권력관계로부터 자유로울 수 없다. 위魏정통론에 바탕을 둔 『삼국지』와 촉한蜀韓정통론의 『삼국지연

6 정소문 역주, 『삼국지(연의)』의 매 회 말미에는 정사의 기록과 대비하여 『삼국지(연의)』 중 어느 부분이 '역사적 허구'에 해당하는가에 대한 상세한 역주가 실려 있다. 예컨대 유비, 관우, 장비가 도원결의를 맺는 장면은 정사에서 찾을 수 없는 '역사적 허구'에 해당한다. 나관중, 정소문 역주, 『삼국지』, 원경, 2000, 45쪽.

의』는 각각의 사관에 따라 '역사적 사실' 자체의 취사선택부터 달라질 수밖에 없다. 결국 '역사적 허구'란 매 시대에 '정사'로 인정받는 것과의 상대적 거리(차이)만으로 가늠될 뿐, '역사'와 '소설'을 구분하는 절대적 기준이 되기 어렵다. 한때 '야사野史'나 '일사逸史'로서 넓은 의미의 '패사稗史＝소설'로 치부되던 것들이 다른 시기에 '정사正史＝역사'의 일부로 채택되기도 하는 등, 역사적 사실/허구의 관계란 권력과 담론의 역학관계에 따라 가변적일 수밖에 없다.

그렇다면 역사 『삼국지』와 소설 『삼국지연의』를 구분짓는 가장 결정적인 요인은, 『삼국지연의』에 풍부하게 가미된 '일상적 허구'들이다. 예컨대, 미녀 초선이 미묘한 눈짓과 표정만으로 동탁과 여포를 대립하도록 만드는 술책이나 초선에게 반한 여포가 주군인 동탁과 초선 사이에서 느끼는 마음의 갈등 같은 것들은 역사(정사)에서는 기록되지 않거나 한두 줄로 기록되고 말 내용이지만, 『삼국지연의』에서는 한 회에 걸쳐 상세하게 서술된다.[7] 이렇듯 '일상적 허구'를 통해 풍부한 디테일을 덧붙임으로써, 그 사건은 비로소 독자의 눈앞에 전개되는 듯한 생생함을 갖추게 된다. '연의演義'라는 말의 원뜻이 "사실을 부연하여 재미있고 알기 쉽게 설명"하는 것이라는 데서도 알 수 있듯, 그것은 상상을 통해 지어낸 '허구'이되 역사를 좀더 생생한 '현실처럼' 보이게 만드는 역할을 하고 있는 셈이다.

'일상적 허구'의 이러한 역설적 기능을 명청 대의 소설 비평은 '핍진逼真함'이라는 개념으로 포착하고 있다. 명청 대에 『금병매』 같은 '인정소

7 위의 책, 제8회 「미녀 초선」 참조.

설(일상적 서사)'이 대두하면서, 소설은 기이한 이야기(지괴, 전기 등)나 굵직한 역사적 사건보다는 보통 사람들이 공감할 만한 삶의 양태나 감정의 굴곡을 그린 서사로 지평을 넓히게 되었다. 그에 따라 소설이란 실제 삶을 묘사描寫한다는 '사실寫實 이론'이나 '인정세태人情世態'를 그려낸다는 '세정설世情說', 인물의 다양한 성격을 생생하게 그려낸다는 '전형론典型論' 등의 새로운 소설론이 등장할 수 있었다. 이후 이러한 이론들은 역사소설을 해석하고 평가하는 논리로도 확장되었다. 『수호전』의 이야기는 "모두 거짓이지만, 핍진하게 이야기하고 있기 때문에 묘미가 있다"[8]거나 『수호전』이 뛰어난 이유는 "108명의 인물들이 저마다 독특한 성정과 기질, 형상, 목소리를 지니고 있"[9]기 때문이라는 식이다.

그렇다고 해서 '일상적 허구'가 소설과 역사의 절대적 경계를 제공해주는 것은 아니다. 동아시아 전통에서 정사의 전범으로 추앙받는 사마천의 『사기』도 '일상적 허구'를 일정 정도 담고 있다는 점에 주의해야 한다. 형가荊軻가 진시황을 암살하려다 실패하는 장면[10]이 대표적 사례로 거론되거니와, "형가의 암습에 당황하여 허둥대는 진시황과 그 자리에 배석한 진나라 신하들의 생동감 있는 모습"[11]은 사마천이 기존의 역

8 『忠義水滸傳』 容與堂本 第1回 回平, "水滸傳事節都是假的, 說來却似逼眞, 所以爲妙－李贄"; 第9回 回平, "노지심을 묘사한 부분에는 한 사람의 정열적인 장부의 모양이 그려져 있고, 홍교두를 묘사한 부분에는 시기심과 질투로 가득 찬 소인배의 모습이 그려져 있다. 차발을 묘사한 부분에는 분노하고 기뻐하는 모습이 순식간에 바뀌어 나타나는데, 그것이 너무 핍진하여 독자들로 하여금 감탄하지 않을 수 없게 한다(摩寫魯智深處 便是個烈丈夫模樣 摩寫洪敎頭處, 便是忌嫉小人底身分 至差撥處 一怒一喜 倏忽轉移 咄咄逼眞, 令人絶倒)." 방정요, 홍상훈 역, 앞의 책, 282～285쪽에서 재인용.

9 "水滸所敍, 敍一百八人, 人有其性情, 人有其氣質, 人有其形狀, 人有其聲口" 金聖歎, 「第五才子書施耐庵水滸傳 序三」, 최봉원 외 편역, 『중국 역대소설 서발 역주』, 을유문화사, 1998, 69쪽.

10 사마천, 정범진 외역, 『사기 열전』 上, 까치, 1995, 400～401쪽.

11 홍상훈, 앞의 책, 97쪽.

사 기록에 없는 것을 창조했거나 구전되는 이야기들을 채취하여 윤색한 것이다. 『사기』의 '기전체紀傳體'는 중국의 역사기술이 '기록'에서 '서술narration'로 전환되는 결정적인 분기점이라고 평가되며, 이후 동아시아 전통 속에서 '역사'란 기본적으로 '서사敍事'의 형태를 띠고 있었다. 나아가 역사기술의 골격에 풍부한 디테일을 덧붙이는 과정에서 서사의 핍진성을 강화하는 일상적 허구도 상당 정도 개입되었다. 특히 역사기술 방식의 일환인 '전傳'은 풍부한 서사성을 띰으로써, 고소설의 형성에도 상당한 영향을 미쳤다.[12] 왕조사에서 벗어나 다양한 인물의 행적을 기록한 '전'은 인물의 행적을 상세하게 그림으로써 역사기술의 서사성을 강화하는 한편, 동일한 형식에 허구적 내용을 채워 넣음으로써 쉽게 '소설'로 변이될 수 있는 소지를 갖추고 있었다.

이처럼 동아시아 전통서사에서 역사소설이 역사기술의 '사실'에 의존하고 있었던 것만큼이나 역사기술은 애초부터 역사소설적 '허구'를 일정 부분 내장하고 있었다는 점은 새삼 강조할 만하다. '사실'과 '허구'의 배합이라는 측면에서 '역사기술', '역사소설'은 확연히 분절되기 어려운 연속적인 스펙트럼을 이루고 있었던 셈이다. 이들은 근대에서처럼 역사=사실/소설=허구의 명확한 이분법에 따라 나뉘지 않았으며, 사실과 허구의 배합 비율에 따라 상대적으로 구분되었을 뿐이다. 역사소설은 역사기술에 비해 환상적 허구에 더 개방적이고, 정사에서는 누락되거나 배제된 역사적 허구를 통해 정사를 보완하거나 (드물게는) 정사에 도전했다. 나아가 역사소설은 역사기술에 내장된 일상적 허구들

12 박희병, 『한국 전기소설의 미학』, 돌베게, 1997; 김찬기, 『한국 근대소설의 형성과 전』, 소명출판, 2004 참조.

을 강화하고 증폭시킴으로써, 역사적 사건을 더욱 생생하고 현실감 있게 재현하기도 했다.

그러나 17・18세기 이래 '일상적 허구'와 '핍진성'의 긍정은 동아시아 전통서사에서 '소설'의 위상이 현저하게 변화하는 중요한 분기점을 이룬다. 비록 '소설'이 '역사'의 결박에서 완전히 풀려나지는 못했다 해도, 소설이 고유한 의의를 갖는 서사 장르로 부각될 수 있게 되었다. 종래에는 '역사소설'이 역사적 사실을 함유하고 있다거나 권선징악이나 풍교에 도움이 된다는 식의 논리로 옹호되었으며, 그런 한에서 '역사기술'에 종속되어 있었다. 반면 역사소설이 다양한 인정세태를 정묘하게 그리고 있다는 논리로 뒷받침될 때, 그것은 역사기술과 구분되는 독자적인 의의를 갖추게 된다. 다양한 인정세태의 정묘한 묘사란 '역사기술'보다는 오히려 '역사소설'이 더 잘 담당할 수 있는 몫이기 때문이다.

나아가 '일상적 허구'가 성취하는 '핍진'함이라는 개념은 '진리眞'라는 관념에 종래와는 다른 의미를 덧보탰다. '정사(역사)'와 '패사(소설)'을 '眞'과 '假'의 이분법으로 파악하는 입장에서는 정사에 기록된 '사실'만이 '진리'요, 그 밖의 일체는 허구이자 '거짓假'이라고 치부되었다. 당대의 유지기가 편기偏記, 일사逸史, 쇄언瑣言 등을 통틀어 '잡술雜述'로 분류하면서 정통 역사기술과 구분할 때, 이러한 진위 개념이 작동하고 있다. 이런 관점에서의 소설옹호론은 소설의 내용이 사실임을 강변하거나, 적어도 순전한 허구가 아니라 일정 정도 정사에 근거하고 있다는 식의 방어적 논리에서 더 나갈 수 없었다(① '진리=사실' ↔ '허구').[13] 한편, '소설'

13 '일사'라는 것은 허망한 사람이 그것을 하게 되면 전해들은 것만 구차하게 기록할 뿐 헤아려 선택하는 일이 없게 된다. (그럴 경우) 사선은 신위가 구별되지 않고 옳고 그름이 뒤섞이게 된

이 '진리'를 드러내는 데 일조할 수 있다는 식의 소설옹호론에서 '진리'란 '사실'과 '허구'의 이항대립을 초월한 이념, 가치, 도리를 뜻해서, '허구'를 통해서도 '진리'에 이를 수 있는 통로가 열리게 된다(② '사실+허구' / '진리=인정세태'). '진리'는 천도나 왕도, 권선징악 같은 전근대적 세계관으로, 역사기술과 이러한 진리 관념을 공유하는 한 어떤 종류의 '소설'이나 '허구'든 효과적인 계도의 수단으로 용인될 수 있게 된다. 반면 일상적 허구를 통해 성취되는 '핍진함'에서의 '진리'란 단순히 역사적 '사실'을 의미하지도 않으며, 초험적 도리나 이념을 뜻하지도 않는다. 그것은 오히려 보통 사람들이 특정한 상황에서 느낄 법한 보편적 '인정人情'이나 일상적 세계의 다양한 '세태世態'를 뜻한다. '허구'라 해도 그것이 보편적이고 일상적인 '인정세태'를 비춰줄 수 있다면 '진리'를 담고 있다는 것이다(③ '사실+허구' / '진리=인정세태').

지금까지 중국을 중심으로 동아시아 전통서사론을 논했거니와, 이런 논의들은 18세기 이래 조선에도 전파되어 큰 영향을 주었다. 조선에서도 소설 논의의 가장 큰 쟁점은 소설의 '허구성' 문제였는데, 논자에 따라 허구 비판과 옹호의 초점이 조금씩 달랐다. 이덕무는 소설의 세 가지 미혹함 중 첫 번째로 "없는 것을 꾸며내어架虛鑿空 귀신과 꿈을 이야기"하는 점을 들어 환상적 허구를 비판한다.[14] 반면 이양오는 『사씨남정기』에서 꿈에 감응했다는 내용이나 기이한 만남이 사뭇 괴탄해 보임

다. 예를 들어서 곽헌의 『한무동명기』나 왕가의 『습유기』는 전체적으로 허황된 말로 구성되어 어리석은 속인들을 놀라게 한다. "逸史者 (…中略…) 及妄者爲之 則苟載傳文 而無銓擇 由是眞僞不別 是非相亂 如郭子橫之洞冥 王子年之拾遺 全構 虛辭, 用驚 愚俗 此其弊之甚者也." 劉知幾, 『史通』「雜述」, 홍상훈, 앞의 책, 165~166쪽에서 재인용.

14 이덕무, 『靑莊館全書』「小說」, 무악고소설자료연구회 편, 『한국 고소설 관련 자료집』 2—18세기, 이회, 2005, 221~223쪽.

을 인정하면서, "말이 교화에 관련되면 괴이해도 해롭지 않고 일이 사람을 감동시키면 괴탄해도 기뻐할 만하"다는 김시습의 시를 인용하여 환상적 허구를 용인하고 있다.[15]

환상적 허구가 풍교에 도움이 되는 한 옹호되었던 것에 비해 역사적 허구는 더 많은 비판을 받곤 했다. 성호 이익은 『수호전』이 송나라 충신 관승을 도적의 무리로 그려내는 등 역사책에 기록된 사실을 '견강부회'하고 있다고 비판한다.[16] 이옥도 『충의수호전』에 산재한 역사적 허구들보다는 오히려 『소대성전』의 조리없고 우스꽝스러운 환상적 허구들이 낫다고 평한다. 『소대성전』의 환상적 허구는 황당함으로 황당함을 말하여 단지 한번 웃음거리가 되는 것에 불과하지만, 연의소설들은 역사적 사실과 허구를 교묘하게 뒤섞어 놓음으로써, 정사/패사, 사실/허구를 판별하는 이목을 어지럽히기 때문이다.[17]

일상적 허구를 둘러싸고도 입장이 갈렸다. 이덕무는 '소설'이 위로는 당론黨論과 청담淸談, 시율詩律에 미치지 못할 뿐 아니라, 가운데로는 패관과 야담, 아래로는 전기傳奇와 지괴志怪에도 미치지 못한다고 비판한다. 이 글에서 '소설'은 역사적 허구를 담고 있는 패관, 야담이나 환상적 허구에 치우친 전기, 지괴와도 다른 독자적 갈래로 구분되는데, 대개 "남녀 간의 풍정과 길거리의 비루한 이야기" 등 일상적 허구를 그린다는 점에서 천하고 속된 것으로 치부되었다. 반면 18세기에 소설에 대해 가장 깊이 있고 폭넓은 긍정론을 펼쳤던 유만주는 소설이 "인정세태"를

15 이양오, 「사씨남정기 후서」, 위의 책, 105~106쪽.
16 이익, 「張順」(『국역 성호사설』 7, 민족문화추진회, 1977, 20쪽), 위의 책, 149~150쪽.
17 이옥, 『潭庭叢書』 「鳳城文餘」 「諺稗」, 위의 책, 289~290쪽.

다루고 있기에 보지 않을 수 없으며,[18] 「남정기」 같은 소설이 다루는 인간의 "희비고락과 번영성쇠의 내용"은 "진실眞이지만 또한 거짓假이고 거짓이지만 또한 진실"이라고 하며 소설의 일상적 허구성을 긍정하고 있다.[19]

18세기의 소설옹호론은 19세기에 좀더 폭넓은 지지 세력을 얻게 되었다. 소설 작가와 독자층이 확대되고, 판소리계 소설, 국문 장편 가문소설, 『삼한습유』를 비롯한 한문 장편소설 등이 성행했으며, 방각본을 통한 소설 보급도 활발하게 이뤄졌다. 서발序跋이나 소설의 허구적 의장, 평점 형식 등을 활용한 소설 비평도 확대되었다. 이 과정에서 소설의 허구성(가허착공架虛鑿空)을 긍정하고, '인정물태'의 반영론이나 문체, 구성, 인물의 개성적 형상화 등 소설 기법에 대한 관심이 증폭되었으며, 풍속교화라는 소설의 효용에 대한 논의가 폭넓게 이뤄졌다.[20] 김성탄과 공안파 문인 등의 중국소설론이 대폭 수용된 것도 이 시기였다. '소설'은 정조 대의 문체반정으로 한 차례 역풍을 맞았으나, '소설'에 대한 탄압 자체가 역설적으로 '패관잡기', 곧 소설의 영향력을 보여주는 사건이었다.

그러나 '소설'에 대한 관심이나 긍정론의 확대가 '역사에서 허구로'라는 일직선적 방향으로 진행되었던 것은 아니다. 전통적 식자층 사이에서 소설옹호론은 여전히 소수 의견에 머물러 있었고, '역사'와 '소설'의 위계는 근대전환기 이전까지 견고하게 유지되고 있었다. 특히 동시기의 중국이나 일본과 비교해 보아도 성리학의 지배 전통이 강했던 조선

18 유만주, 『欽英』 21冊 「人情世態」, 위의 책, 276쪽.

19 유만주, 『欽英』 21冊 「內文小說」, 위의 책, 275쪽.

20 조선의 소설비평론에 대한 개관은 이문규, 『고전소설 비평사론』(새문사, 2002)을 19세기 소설비평을 특화한 연구로는 김경미, 『소설의 매혹—조선 후기 소설비평과 소설론』(월인, 2003)을 참조.

에서는 경전과 역사를 중심에 놓고 소설 및 일체의 허구적 서사를 불온시하는 시각이 지배적이었다. 근대계몽기 '소설'에 대한 일련의 논의들은 이처럼 오랫동안 누적되어 온 '역사' 중심의 서사 전통에서 자유롭지 못했다. 그렇기에 이 시기 '소설'의 지위 향상은 단지 '소설'만의 문제가 아니라 '역사/소설'의 전통적 배치 전체에 변화를 수반했다.

3. 근대계몽기 동아시아 서사론에서 '역사'와 '소설'의 지위 변동—소설개량론과 '정치소설'을 중심으로

근대계몽기 동아시아에서 '소설'은 일련의 '소설개량론'의 흐름을 타고 일약 서사의 중심으로 부상했다. 소설개량론은 일체의 고소설 전통과 분리를 선언했지만, 역설적으로 고전서사론의 허실론에 상당 부분 의존하고 있었다. 조선에서 소설개량론의 실천으로 역간된 '정치소설' 『서사건국지』의 동아시아 번역 연쇄를 소급해 보면 이 점이 뚜렷이 드러난다.

> 我韓은 由來小說의 善本이 無ᄒᆞ야 國人所著는 九雲夢과 南征記 數種에 不過ᄒᆞ고 自支那而來者는 西廂記와 玉麟夢과 剪燈新話와 水滸誌 등이오. 國文小說은 所謂 蕭大成傳이니 蘇學士傳이니 張嵐雲傳이니 淑英娘子傳이니 ᄒᆞ는 種類가 閭巷之間에 盛行ᄒᆞ야 匹夫匹婦의 菽粟茶飯을 供ᄒᆞ니 是는 皆荒誕

無稽ᄒᆞ고 淫靡不經ᄒᆞ야 適足히 人心을 蕩了ᄒᆞ고 風俗을 壞了ᄒᆞ야 政教와 世道에 關ᄒᆞ야 爲害不淺한지라. 若使世之覘國者로 我邦의 現行ᄒᆞ는 小說種類를 問ᄒᆞ면 其風俗과 政教가 何如타 謂ᄒᆞ겠는가?[21]

인용문에서 볼 수 있듯, 『서사건국지』의 「서」에서 박은식이 비판하는 고소설들은 환상소설(『전등신화』, 『소대성전』, 『숙영낭자전』 등)과 역사소설(『수호지』), 일상소설(『서상기』, 『(사씨)남정기』)을 아우른다. 이들 모두가 "荒誕無稽ᄒᆞ고 淫靡不經"하다는 것이다. '음미불경'하다는 것은 고소설의 내용이 '풍속風俗'과 '정교政教'에 해로움을 이를 터이지만, '황탄무계'하다는 비판에는 고소설의 내용이 허황하고 실제적이지 못하다는 의미가 담겨 있다. '허虛'와 '실實'에 대한 나름의 판단을 깔고 있는 셈이다.

그렇다고 그가 소설을 일체의 허구를 배제한 실증적 역사와 동일시하는 것은 아니다. 무엇보다 박은식이 고소설의 대안으로 직접 역출한 『서사건국지』는 '빌헬름 텔'이라는 '전설적' 인물을 소재로 삼고 있다. 혹시 박은식은 빌헬름 텔 서사에 전설적 요소가 섞여 있음을 알지 못한 채, 이를 역사적 사실로 오인하고 있었던 것은 아닐까. 그러나 『서사건국지』의 번역 경로를 추적해 보면, 그럴 가능성은 낮아 보인다. 박은식이 번역의 저본으로 삼고 있는 중국본 『서사건국지』에서 역자인 정철鄭哲은 서양→일본→중국으로 이어지는 빌헬름 텔 서사의 번역 과정에서 바뀌거나 첨삭된 것이 많음을 인정한다. 정철에 따르면, 이런 개변과 첨삭은 『서사건국지』가 '정사'가 아닌 '소설'이기에 얼마든지 용인될

21 박은식, 「서」, 『서사건국지』, 대한매일신보사, 1907.

수 있다. “소설은 정사와 같지 않아서 사실이 반드시 다 있어야 하는 것은 아니”기 때문이다.[22]

소설의 ‘허실’ 문제는 일본어 역본들에서도 한결같이 중요하게 언급된다. 일본 최초의 『빌헬름 텔』 번역으로 알려진 『서정독립자유지궁현瑞正独立自由之弓弦』(1880)의 역자는 빌헬름 텔 서사가 “원래 패사일지라도 전부 다 가공의 이야기인 것은 아니”며 “泰西文墨의 名家도” 그 ‘허실’에 대한 의견이 분분함을 지적하고 있다. 그럼에도 이는 “국가 자유독립의 기초를 세운 일”을 쓴 것이기에 단지 ‘추야하일秋夜夏日’의 소일거리로 치부할 수 없으니, “虛로써 實을 삼고 있”는 경우라고 한다.[23] 『철이자유담哲爾自由譚』(1882)의 역자 또한 빌헬름 텔 서사가 “가공의 이야기가 아니라 있는 사실을 윤색한 것”임을 강조하며 “권선징악의 취지에 위배되지 않음”을 들어 그 가치를 옹호하고 있다.[24] 심지어 빌헬름 텔 서사의 줄거리를 상당 부분 변개하여 고전적 재자가인담으로 뒤바꿔 놓은 『국민지원기國民之元氣』의 번안자조차 “책 중의 사실은 대개 正史에 근거하고 있고 약간 演義한 것에 지나지 않으니 공중에 누각을 짓는 假作이 아니”[25]

---

22 “是書故事. 初由西文譯爲日本文. 復從日文譯其意. 著爲小說. 轉接之多. 增删遺略. 在所難免. 然小說不比正史. 事不必盡有. 而理不可無. 總求描情寫景. 明白了利爲近指. (…中略…) 小說以能開拓民智. 激憤人心爲貴. 是書之作. 非徒敷衍筆墨. 實于人心世道. 大有裨益.” 鄭哲, 「例言」, 『瑞士建國誌』, 中國華洋書局, 1902, 7쪽.

23 “此書や一人の義勇を以て長く國家自由獨立の基を闢し事を書せし者にして今に至て彼國の之を尊こと猶我四十七の義士の如しといふ其意氣胆勇讀者をして慨歎せしむこれ固り稗史なれども强ち架空の談とすべかれず泰西文墨の　名家も其說ところ凶凶として虛實未一定せす將虛を以て實と爲といえども豈雨夜夏日の爲のみならんや” 斎藤鉄太郎, 「瑞正独立自由之弓弦 一」(三余堂蔵版, 1880), 『明治文化資料叢書』 9―飜譯文學, 明治文化資料刊行會, 東京 : 風間書房, 1962.

24 “此ノ冊子モ亦然リ. 架空ノ談ナラズ. 有リシ事實ヲ潤色シツ. (…中略…) 果シテ勸善懲惡ノ旨コ違ハザルヲ知ランカ” 山田郁治, 「緒言」, 『哲爾自由譚――名 自由之魁 前篇』, 東京 : 泰山堂, 1882.

25 “書中の事實は概ね正史に　據りて少く演義したるに過ぎざれば彼の空中に樓閣を搆へし假作ものと仝しからず” 谷口政徳, 『血涙萬行 國民之元氣』 二, 金泉堂, 1891.

라고 강변할 정도였다. 빌헬름 텔 서사에 일정 정도 허구가 섞여 있음을 인정하면서도, 그 '실實'됨을 주장하고 있는 것이다.

이들이 '실'됨의 근거로 내세우는 논리들은 강조점의 차이를 지니는데, 여기에는 고전서사론의 이질적인 소설옹호론들이 깊은 흔적을 남기고 있다. 빌헬름 텔 서사가 "정사에 근거"했다는 주장은 '소설'이 '역사'에 강하게 결박되어 있던 근대 이전, 역사소설을 옹호하는 가장 고답적인 논리였다(① '진리 = 사실' ↔ '허구'). 그런가 하면 역사적 "사실을 윤색"하되 "권선징악의 취지"에 부합한다는 것은 소설적 허구도 인심세도와 풍교에 도움이 되는 한 용인될 수 있다고 본 전도론의 한 판본이었다(② '사실 ↔ 허구' / '진리 = 이념 = 도리'). 소설은 "感人이 最易ᄒᆞ고 入人이 最深ᄒᆞ야 風俗階級과 敎化程度에 關係가 甚鉅"하다는 박은식의 주장은 한결 적극적으로 소설의 가치를 주장하고 있지만, 크게 보면 이러한 전도론傳道論의 논리와 다르지 않다. '태서철학가'의 소설론을 인용하고 "英法德美各國"과 "日本 維新之時"의 소설을 사례로 들고 있지만, 정작 그 함의는 동아시아 전통서사론의 '문이재도文以載道' 관념과 그리 멀지 않았던 셈이다.

새로움은 오히려 '도道'의 내용, 곧 '진리' 관념의 향방에 놓여 있었다. 빌헬름 텔 서사가 "국가 자유독립의 기초를 세운 일"을 쓴 것이기에 "虛로써 實을 삼고 있"다고 본 『서정독립자유지궁현』의 주장은 전형적인 사례다. 소설적 '허구虛'가 '진리實'를 드러낼 수 있다는 것인데, 그 '진리'의 자리에는 '권선징악'이나 '천도' 같은 전통적 세계관이 아닌 '국가 자유독립'이라는 근대적 내용이 자리 잡고 있다. 박은식의 『서사건국지』 「서」에서 강조되는 '독립자유', '국성國性배양', '애국사상' 역시 '소설'이 드러내야 할 새로운 '진리' 관념에 다름 아니다. 요컨대 '소설'이 담아내야 할 새로운 '진리'란 근대적 '네이션'의 창출과 밀접한 관련이 있었다. 조선의 소설개량론에 직접 영향을 끼친 양계초는 이 점을 강하게 의식하고 있었다. '민족경쟁 시대' 중국의 활로는 강력한 '민족국가'를 건설하는 것이며, 이를 위해서는 과거 단지 '통치'의 대상이었던 일반 백성을 '정치'의 주체로 거듭나게 해야 했다.[26] 그런데 문장에 통달한 이는 적으나 우인愚人은 많고, 엄숙함을 싫어하고 해학을 즐기는 것이 보편적 '인정'이기에, 쉽게 읽히는 '소설'이야말로 '병정, 상인, 농부, 장인, 차부, 마졸, 부녀, 아이'[27] 같은 이들을 '신국민'으로 계도하는 데 가장 효과적이라는 것이다.

그러나 소설의 계도적 효과는 전통 시기에도 어느 정도 인정되던 점이기에, 이것만으로는 소설의 지위가 급작스럽게 '문학의 최상승'으로까지 고양되었던 것을 설명하기 어렵다. 전통 시기에 '문이재도'란 '소설' 고유의 특성이라기보다 '문' 일반의 속성이었으며, '도(진리)'의 함유도나 순도라는 측면에서 '소설'은 언제나 경전과 역사의 뒷자리에 놓여왔기 때문이다. 따라서 근대전환기 동아시아에서 '소설' 지위의 급격한 고양이라는 기현상은 '경전'이나 '역사'의 지위 하락도 함께 고려해야 이해될 수 있다. 특히 동일한 서사 전통 내에서 '소설'보다 우위를 점하고 있던 '역사(정사)'가 급변하는 '세계' 인식을 서사화할 능력을 상실했다는 점이야말로, '소설'이 일시적이나마 과도한 책무를 지게 된 원인이었을 것이다.

우승열패를 통해 진화하는 '세계', 문명과 진보를 통해 '세계'의 일원으

26 양계초, 유호식 역, 『민족경쟁론』, 고금서해관, 1908 참조.

27 양계조, 『飮氷室文集』 之三 「譯印政治小說序」, 『飮氷室合集』 1冊, 中華書局, 2003, 34~35쪽.

로 존속하는 '민족'은 궁극적으로 새로운 역사기술을 통해 구현되고 입증되어야 했다. 천도의 관념에 따른 구래의 역사기술은 새롭게 마주친 '세계'를 설명할 수 없었고, 서구 중심적 문명론에 따라 기술된 서구의 역사기술은 그 '세계' 속에 비서구 약소민족의 자리를 마련해 놓지 않았다.[28] '정치소설'을 역간하던 시기 양계초가 「중국서사론中國史敍論」(1901)과 「신사학新史學」(1902)을 기술하여 새로운 역사기술을 모색했던 것은 이 때문이다. '역사적 인종'과 '비역사적 인종', '세계사적 인종'과 '비세계사적 인종'의 구도 속에서 중국이 '역사적 인종'임을 입증하고 '세계사적 인종'으로 나아갈 방략을 제시하고자 했던 것이다. 그러나 새로운 진리를 담아내는 '역사' 기술은 '소설' 개량에 비해 훨씬 지난한 작업이었다. 구래의 세계관에 균열을 가하는 새로운 진리는 '역사'보다는 '소설'이라는 주변적 서사에서 먼저 표현될 수 있었다. '소설'은 과거 '문이재도'에 따른 문장의 위계에서 하위로 밀려나 있었던 만큼, 그 전통적 '도리'에서 일탈하는 새로운 사유에 더 쉽게 개방될 수 있었다. 과거에도 '소설'은 지배 질서로부터 배제된 자들의 '발분發憤'에서 비롯되었다는 것이 유력한 창작동기

28 헤겔의 역사철학은 민족주의와 강하게 결합되어 있던 서구의 근대 역사학이 '역사'에서 어떻게 '비서구'를 배제하는가를 여실히 보여준다. '세계사'를 '정신(자유)'의 발전 과정으로 보고 현실에서 '정신'의 완전한 실현 형태를 '(민족)국가'로 상정했던 헤겔에게, 국가를 수립하지 못한 비서구 대부분은 '역사'를 결여하고 있다고 단정된다. 한편 중국은 오랫동안 국가 체제를 지녀왔으되, 그 '국가'가 일반적이고 본질적인 의지와 주관적 의지의 통일체로 존재하지 못한 채 가부장적 전제권이 일방적으로 개인들 위에 군림하는 체제였기에, 아무런 진보를 이루지 못한 채 정체되어 왔다고 평가한다. 즉 진보를 결여하고 있다는 점에서 중국 역시 역사를 결여하고 있으며 "세계사의 바깥"에 놓여 있다는 것이다(게오르그 빌헬름 프리드리히 헤겔, 권기철 역, 『역사철학 강의』, 동서문화사, 2008, 123~141쪽). 헤겔로 대표되는 유럽의 식민주의적 '세계' 모델과 '권력의 수사학'은 제국의 군사적, 경제적 침략 이상으로 비서구에 막강한 영향력을 끼쳐서, 양계초나 신채호 등 비서구 역사가들의 새로운 '역사' 기술조차 근본적으로 이 구도를 탈피하지는 못했다. '유럽을 지방화'하고 지식과 담론상의 '오리엔탈리즘'을 극복하는 것은 여전히 완수되지 못한, 아니 비교적 최근에야 그 문제의식이 본격화된 현재 진행형의 과제다.

설의 하나였다.[29] '도'를 중심으로 한 고전적 문장들의 동심원에서 '소설'은 '계도'의 수단으로서 스스로를 정당화하려는 구심력(전도론)과 '도'로부터 이탈하려는 원심력 사이에서 동요하는 '불온한' 장르였던 셈이다. 누구에게나 쉽게 다가설 수 있는 소설의 용이성과 더불어, 소설의 이 불온성은 전통적 '문'의 여러 갈래들 중 '소설'이 근대적 세계관을 담아내는 특권적 장르로 부각될 수 있는 이유였다.

물론 새로운 세계의 진리를 담아내기 위해서 구래의 '소설'은 먼저 '개량'되어야 했다. 이렇게 개량된 '신소설'은 단순한 흥미 위주의 오락도 아니요, 근대적 '예술'도 아닌, '네이션'의 창출이라는 '정치'적 과제에 직접 복무하는 '정치소설'이었다.[30] 메이지 10년대 중반에서 20년대까지 자유민권운동의 바람을 타고 일본의 '정치소설'은 이백 수십 종이 발간되었고,[31] 일본 정치소설이 퇴조한 1890년대 말 량계초 등의 소개로 중국에 전래되었으며, 다시 근 10년의 격차를 둔 1900년대 후반 조선의 소설개량론으로 이어져갔다. 이러한 시차는 각국에서 '국민/민족' 만들기

---

29 김경미, 앞의 책, 166~181쪽.

30 '치안'이 공동체의 구성원들에게 고정된 자리와 정체성을 배분하고 관리하는 통치를 일컫는다면, '정치'는 치안이 구축해놓은 분할선을 뒤흔들어 어느 누구나 자신의 능력을 통해 통치 과정에 참여하게 만드는 활동이다(자크 랑시에르, 양창렬 역, 『정치적인 것의 가장자리에서』, 도서출판 길, 2008 참조). 봉건적 신분의 위계를 뒤흔들고 새롭게 수평적 공동체를 '상상'해갔던 '네이션' 형성의 초창기는 이러한 의미에서의 '정치'가 전면화되었던 시기요, '정치소설'은 그 '정치'를 직접적 내용으로 삼는 서사라고 할 수 있다. '네이션'이 '국가' 통치(치안)에 복속되고, '소설'이 '내면'과 '정서'를 기술하는 '예술'의 영역에 안착한 이래, 네이션, 소설, '정치'의 관계는 간접적이며 잠재적인 것이 된다. 그러나 근대소설에서 '억압'된 '정치적인 것'은 경향소설, 참여소설 등의 형태로 반복하여 회귀한다. 이런 관점에서 근대전환기 동아시아 '정치소설'의 의미를 『서사건국지』 번역 연쇄를 통해 살핀 논문으로 윤영실, 「동아시아 정치소설의 한 양상」(『상허학보』 31, 상허학회, 2011)을 참조.

31 일본의 대표적인 정치소설 연구자인 야나기타 이즈미는 1880년에서 1889년까지의 '자유민권소설'로 이백 수십 편, 1887년부터 1910년까지의 국권소설, 폭로소설, 여권소설, 사회주의 소설로 450편을 들고 있다(스즈키 사다미, 김채수 역, 『일본의 문학 개념』, 보고사, 2001, 296쪽, 각주 12). 이 글에서는 자유민권기 '네이션'의 창출에 직접 관계된 전자의 소설만을 '정치소설'로 보고자 한다.

라는 정치적 과제가 전면화되었던 시기와 일치한다. '소설'은 바로 '네이션'의 창출이라는 '정치'적 과제를 직접 떠맡음으로써 고소설과도 근대소설과도 다른 '정치소설' 고유의 위상을 점하게 된 것이다.

정치소설의 고유한 내적 형식은 일본에서 흔히 정치소설을 넘어 근대문학론을 정립했다고 일컬어지는 『소설신수』와 비교할 때 좀더 명확해진다. 쓰보우치 쇼요坪內逍遙는 '로망스romance'와 달리 '소설'은 '인정'과 세태'를 모사하는 것이기에 "일상세계에 있을 법한 글감"[32]을 취해야 한다며, 일체의 '환상적 허구'를 '소설'에서 배제했다. 그런가 하면 소설의 비익裨益이 "정사의 보유補遺"에 있다는 전통적 논리를 답습하면서,[33] 특히 '시대소설(역사소설)'을 쓸 때 연대나 사실의 착오, 풍속의 그릇된 묘사 등 일체의 '역사적 허구'를 경계하도록 당부한다. 그렇다면 '시대소설(역사소설)'은 '역사(정사)'와 어떻게 다른가? 쓰보우치는 그 차이를 '시대소설'이 '정사'의 "탈루脫漏를 보충"하고 "친이親昵를 자유롭게 할" 수 있다는 데서 찾는다. 정사에서 누락된 사실을 작자의 상상을 통해 보충하고 역사적 인물의 언행을 정묘하게 서술함으로써, 독자가 그 인물을 가까이 들여다보는 듯한 느낌이 들도록 한다는 뜻이다. 요컨대, 환상적 허구나 역사적 허구가 아닌 '일상적 허구'야말로 역사와 구분되는 '소설' 득의의 영역이다. '소설'은 일상적 허구를 통해 '인정(마음)'을 깊이 묘파함으로써 비로소 예술의 지위에 오를 수 있게 된다[34] 쓰보우치의 역사/소설론은 명청 대 이후 중국의 인정소설에서 비롯된 '사실寫實 이론'이나 '세정설世

32 쓰보우치 쇼요, 정병호 역, 『소설신수』, 고려대 출판부, 2007, 35쪽.

33 위의 책, 95~98쪽.

34 위의 책, 189~197쪽.

情說', 일본의 닌죠본人情本과 교쿠테이 바킨 등의 서사론을 계승하고 있다. 쓰보우치 소설론의 근간을 이루는 '인정세태'란 고소설론의 한 흐름을 충실하게 계승하고 있다는 점에서 그 자체로 새로운 것은 아니었던 셈이다. 그러나 쓰보우치의 소설론은 이후 '인정' → 근대적 내면 → 예술, '세태(일상적 허구)' → 근대 리얼리즘으로 이어지는 흐름을 타고, 19세기 이래 싹트고 있던 서구의 'history/fiction'론과 공명하면서, 근대소설 형성 과정에서 주류적 입장으로 자리 잡게 된다.[35]

이에 비해 정치소설은 '인정세태'의 모사보다는 '도'의 구현이라는 전통적 '문이재도' 관념에 더 충실했다.[36] 그러나 바로 그 강한 이념 지향성으로 인해, '역사(정사)'에 종속된 고소설이나 주로 '일상적 허구'에 제

35 가메이 히데오가 꼼꼼히 밝히고 있는 것처럼, 쓰보우치 쇼요의 소설론에서 '소설'과 '역사'의 길항 관계를 규명하는 데는 동아시아 전통서사론의 소설/역사 관계 뿐 아니라, 19세기 중반 서구의 history/fiction 관계도 중요하게 고려되어야 한다(가메이 히데오, 신인섭 역, 『소설론—소설신수와 근대』, 건국대 출판부, 71~109쪽). 한편, 가메이 히데오는 쓰보우치 쇼요의 '근대적' 소설론이 오히려 월터 베전트(Walter Besant)나 헨리 제임스(Henry James) 등의 소설론보다 시기적으로 앞서는 '후진국의 선행 현상'을 지적하고 있는데(위의 책, 68쪽), 이는 동아시아의 오랜 '소설' 전통의 계승이라는 측면에서 좀더 적극적으로 규명되어야 할 부분으로 보인다. 18~19세기 서구의 역사기술이 '서사'의 형식으로 정립되는 과정이나 대니얼 디포(Daniel Defoe), 헨리 제임스 같은 초기 '소설가'들이 스스로를 '역사가'로 자리매김하는 방식, 이후 '소설'이 '예술'로 스스로를 정립하는 과정에서 '인생의 재현'을 강조하는 점 등은 최소한 한, 두 세기 이전 동아시아 전통서사론의 전개 양상과 닮아있다. 그렇다면 동아시아 근대'소설'은 서구의 novel을 이식한 것이라기보다는, 고소설 전통 내의 어떤 요소들이 서구의 'novel'과 만나 공명하고 강화되는 과정에서 형성된 것이라고 할 수 있다. 서구 근대 초기 역사론 및 소설론에 대해서는 Robert Mayer, *History and the Early English Novel Matters of Fact from Bacon to Defoe*, Cambridge Univ Press : Cambridge, 1997; Roslyn Jolly, *Henry James : History, Narrative, Fiction*, Clarendon Press : Oxford, 1993 등 참조.

36 그러나 '정치소설'이 반드시 '인정세태'의 모사를 배제했던 것은 아니다. 이 또한 동아시아 3국의 정세나 소설 '전통'의 차이에 따라 조금씩 다른 양상으로 나타났다. 닌죠본의 전통이 강했던 일본의 정치소설에서는 『가인지기우佳人之奇遇』의 경우가 잘 보여주듯 '정론'의 표출이 흔히 '재자가인'형의 연애담과 결합되곤 했다. 반면 중국과 조선의 '정치소설'은 훨씬 더 '정론'에 치우쳐 있었다. 이 점은 『빌헬름 텔』의 한중일 번역 양상에도 반영된다. '번안'과 '개작'의 과정에서 일본의 판본들은 점차 재자가인형 소설로 나아간 것에 비해, 중국과 조선의 『서사건국지』는 서사의 인물 및 줄거리를 최대한 단순화시키면 정론의 표출에 집중하고 있다.

한되어 있는 근대소설보다도 오히려 일체의 '허구'에 개방적이었다. 목적한 바의 정치 이념을 표출할 수만 있다면, 서사의 소재야 역사적 사실에서 취하든 환상적 허구에서 취하든 큰 문제가 되지 않았던 것이다. 더욱이 전통'소설' 고유의 비정형성을 계승한 정치소설은 근대 안팎의 다양한 글쓰기(때로는 말하기) 형식들과 쉽게 접속될 수 있었다. 현실정치에 대한 '정견'을 피력하기 위해 '연설'과 '토론'이 도입되고, 현실의 암울한 전망을 꿈(몽유록)이나 우화, 미래기 같은 환상적 장치를 통해 넘고자 했으며, 때로 과거의 역사기술(정사)과 경쟁하는 일종의 '대체역사'로서 '역사소설'을 재발견하기도 했다. 동아시아 3국 중 정치소설이 가장 본격적으로 전개되었던 일본에서 이런 면모가 뚜렷이 드러난다. 일본의 정치소설은 당대의 정치현실을 직접 다루고 있는 것에서부터 역사와 환상에 이르기까지 다양한 편폭을 지니고 있었다.[37] 이런 점에서 일본의 정치소설은 '소설'의 특정 유형이라기보다는 근대소설 전단계에 융성하여 근대소설로의 이행을 매개한 역사적 범주로 자리매김될 수 있었다.[38]

일본 정치소설이 자유민권운동기에 활짝 열린 '정치' 공간에서 자연발생적으로 융성했다면, 양계초가 중국의 '정치' 공간을 열기 위해 정치소설을 '번역'했을 때는 이를 어떻게 개념화할 것인가가 문제였다. 그는 '정치소설'을 '소설'의 특정한 유형으로 정의하고자 했는데, 이로부터 일본 정치소설과의 개념상 낙차가 발생한다. 양계초는 '정치소설'을 '신소설'의 하위

---

37 한국에도 잘 알려진 3대 정치소설 중 『가인지기우佳人之奇遇』는 당대의 정치현실을 다루고 있는 일상소설에, 『경국미담經國美談』은 고대 그리스의 혁명을 다룬 역사소설에, 『설중매雪中梅』는 미래기의 형식을 차용한 환상소설에 해당할 것이다.

38 柳田泉, 『政治小說硏究』, 東京 : 春秋社, 1935.

유형으로 자리매김하면서, '정치소설'이란 저자가 "마음에 품은 정치사상을 토로"하는 것으로 그 "입론은 모두 중국을 위주로 삼고", "사실은 모두 환상을 통해 나온" 것이라고 규정한다. 양계초가 '정치소설'의 사례로 들고 있는 것은 『신중국미래기新中國未來記』, 『구중국미래기舊中國未來記』, 『신도원新桃源』(일명 『해외신중국』)으로 모두 미래기의 틀을 빈 환상적 서사였다. 한편 양계초는 '역사소설'을 '신소설'의 또 다른 유형으로 분류하고 있다. '역사소설'은 "역사상의 사실을 재료로 삼아 연의체로 서술"한 것으로, 어렵고 복잡한 '정사'에 비해 "감동을 일으키기 쉬운" 장점을 지니고 있다. '역사소설'의 이런 장점을 들어 양계초는 잡지 『신소설』의 동지들에게 각종 '역사'를 '연의'하는 데 정력을 기울이도록 촉구한다. 『신소설』에 게재할 '역사소설'로는 『나마사연의羅馬史演義』, 『19세기연의十九世紀演義』(유럽문명성립사), 『자유종自由鐘』(미국독립사연의), 『홍수화洪水禍』(법국대혁명연의) 등의 역사물과 『아력산대외정亞歷山大外傳』(알렉산더), 『화성돈외전華盛頓外傳』(워싱턴), 『나파륜외전拿破侖外傳』(나폴레옹) 등의 전기류를 열거하고 있다.[39]

양계초가 비록 '정치소설'과 '역사소설'을 구분하고 있지만 양자가 뚜렷이 병립하는 범주라고 보기는 어렵다. 특히 '정치소설'을 환상적 서사에 한정시킨 것은 양계초 자신이 번역한 '정치소설' 『가인지기우佳人之奇遇』가 당대의 정치현실을 그린 일상적 서사라는 점을 떠올린다면 스스로 앞뒤가 맞지 않는 개념 규정이었다. 양계초 자신도 '정치소설' 개념의 난맥상을 인정하면서, 훗날 자신이 창작한 『신중국미래기』가 '설부'

39 "政治小說者, 著者欲借以吐露其所懷抱之政治思想也. 其立論皆以中國爲主, 事實全由于幻想" "歷史小說者, 專以歷史上事實爲材料, 而用演義體敍述之" 梁啓超, 「中國唯一之文學報 '新小說'」, 陳平原 · 夏曉虹 編, 『二十世紀中國小說理論資料』 1卷, 北京 : 北京大 出版部, 1997, 59~61쪽. 원문의 간제자를 번제자로 바꿔 인용하였으며, 이하 이 책의 인용은 모두 이에 따른다.

도 '패사'도 '논저'도 아닌 모호한 것이었음을 고백한다. 양계초가 '정치소설' 『신중국미래기』를 통해 드러내고자 했던 것은 결국 "중국 60년 유신사"였다. 서사 시간이 현재나 미래라 해도, 일종의 '사회사'를 쓴다는 의식으로 접근하고 있었던 것이다. 그런가 하면 양계초가 열거하고 있는 일련의 '역사소설'들은 '네이션'의 사상 전파라는 정치적 성격을 강하게 띠고 있었다. 결국 '역사소설'이란 '소설개량'의 흐름을 타고 제출되었던 일련의 '정치소설' 중 과거 역사에서 소재를 취한 것이라는 설명이 보다 사태에 합당할 것이다.

이는 양계초 개인의 특색만은 아니었다. 중국의 소설개량론은 전통적 '문'의 다양한 서사 양식들 중에서도 특히 '사전史傳' 전통에 강하게 속박되어 있었으며, 실제 창작상에서도 '역사소설'이 대세를 이뤘다고 평가된다.[40] 평가면에서는 여전히 '정사에 근거'하고 있음을 들어 '역사소설'을 옹호하는 고답적 논리들도 잔존했지만, '소설'이 '역사'를 보충한다는 전통적 주종관계를 역전시키는 주장도 적지 않게 제기되었다. '소설' 우위의 근거로는 '소설'이 '역사'보다 역사적 사건이나 인물을 좀더 상세하게 묘사할 수 있다는 점이 강조되곤 했다. "소설은 상세한 필치로 이미 알고 있는 이치를 묘사하므로 가장 뛰어나"고 "역사는 간략한 필치로 이미 알고 있는 이치를 서술하므로 그 다음"[41]이라는 식이다.

『삼국지』와 『삼국지연의』는 '역사(정사)'와 '소설'의 장단을 비교하는 사례로 곧잘 언급되었다. '역사' 『삼국지』가 복잡한 서술과 어려운 문자

40 진평원, 이종민 역, 『중국소설 서사학』, 살림, 1994, 292~305쪽.

41 "小說者, 以詳盡之筆, 寫已知之理者也 (…中略…) 故最逸. 史者, 以簡略之筆, 寫已知之理者也, 故次之" 別士, 「小說原埋」(1903), 陳平原 · 夏曉虹 編, 앞의 책, 75쪽.

를 사용하면서도 정작 묘사가 소략하여 정신을 드러내는 데 한계가 있는 것에 비해, '소설' 『삼국지연의』는 쉽고 상세하면서도 서사의 일목요연한 짜임새를 통해 역사의 이념을 더 선명하게 드러낸다는 것이다. 이런 맥락에서 "소설이 정사에 부속되어 진행되는 것인가, 아니면 정사가 소설의 선도에 의지하는 것인가"[42]라는 질문까지 제기되었다. 필자는 그 답을 후대의 평가에 미루고 있지만, 질문 자체가 이미 '역사'와 '소설'의 전통적 위계 관계가 균열되고 있음을 시사한다.

정치소설은 강력한 '정치' 지향으로 인해 때로 생경한 '논설(정론)'에 가까운 모습을 띠기조차 했으나, 정치 이념에 '소설'의 살을 덧붙이는 과정에서 다시 '인정'과 '세태'의 문제로 되돌아갔다. '인정'의 깊이 있는 묘파나 '세태'의 상세한 묘사는 역사적 사건의 대강에 '일상적 허구'를 풍성하게 부연함으로써 성취될 수 있다. 특히 역사소설에서 일상적 허구에 대한 천착은 '소설'과 '역사'의 차이, 나아가 '소설'의 '역사'에 대한 우위를 보여주는 중요한 준거가 되었다. 그러나 쓰보우치 이래의 근대소설론이 '인정'과 '세태'를 '예술'과 관련하여 논하고 있다면, 정치소설에서는 이들이 철저히 효용론의 차원에서 문제시되었다. '인정'과 '세태'란 '소설'이 '인심'을 감발하고 '풍속'을 개량하기 위해 고려해야 할 인간사회의 보편적 조건에 가까웠다. 근대소설론에서 '인정'이 '개인'의 고유한 '내면'과 연결되고, '세태'가 무한히 다채로운 현상現 이면에 본질實을 함축한 '현실現實' 관념으로 이어지는 것과는 서로 다른 궤도에 놓여 있는 셈이다.

42 "小說附正史以馳乎 正史藉小說爲先導乎" 吳沃堯, 「歷史小說總序」, 위의 책, 191쪽.

'소설개량'이 '역사소설'에 편중된 것은 조선에서 더욱 뚜렷한 현상이었다. 박은식, 신채호 등이 '소설개량'의 실천으로 번역(안)하거나 창작한 서사는 모두 '역사·전기물'이었다. 특히 창작의 경우 모두 '전'의 형식을 채용하고 있었는데, 다음 절에서는 정치소설의 일환으로 창작된 근대계몽기의 '전'이 '역사(정사)'와 길항하면서, 어떻게 '대체역사'로 기능하고 있었는지 살펴보도록 한다.

4. 근대계몽기 조선의 '역사적 서사'에서 사실, 허구, 진리의 배치

1) 새로운 역사기술과 '민족'이라는 진리

일본과 중국에 비해 근대계몽기 조선의 '정치소설'은 역사적으로도 형식적으로도 뚜렷한 범주로 정립되지 못했다. 근대계몽기 당대에도 '정치소설'이 하나의 뚜렷한 범주로 개념화되지 못했고, 이는 후대의 연구에서 '정치소설의 결여'라는 평가로 이어졌다. 식민지화로 인해 '정치소설'이 가능한 '정치' 공간이 일찌감치 닫혀버렸기 때문일 것이다. 그럼에도 불구하고 근대계몽기 일련의 '소설'들이 (신소설, 역사전기소설, 우화 및 풍자를 막론하고) "소설 자체의 독자성이나 예술성"보다는 "소설의 정치적, 사회적 효용"[43]을 강조하고 있다는 점은 일반적으로 인정되는 바다. 이런 점에서 '정치소설' 관념은 근대계몽기 일련의 '소설'들에 비가시적 형태로나마 강력하게 작동하고 있었다고 할 수 있다. 임화는 이 점을 민감하게 포착하고 있다. 『개설 신문학사』의 한 항목을 '정치소설'에 할애한 임화는 역사전기소설류와 우화・풍자소설, 일본 정치소설의 번안물까지 '정치소설'에 포함시킴으로써 일본이나 중국의 '정치소설'에 대응되는 조선 '정치소설'의 폭넓은 윤곽을 그려냈다.

조선 정치소설의 특수성으로는 '문학적' 측면이 약하고, '사실史實'이나 '설화'의 형식을 빌어 정론을 표현한 "반정론半政論 반소설半小說"의 형태를 띠고 있으며, 국가의 "독립자주"를 목표로 삼고 있는 점을 들었다.[44] 임화의 시대에 '문학'이란 이미 '정情'의 영역에 안착한 근대'문학' 관념일 터이므로, 조선의 정치소설에 문학적 측면이 약하다는 평가는 '인정세태'의 묘사나 일상적 허구가 빈약하다는 뜻으로 해석된다. 임화의 지적처럼 조선에서는 정치소설이 주로 '사실史實'이나 '설화'의 형식을 띠고 있었다. 전자가 이른바 '역사・전기소설(역사적 서사)'의 계열이라면, 후자는 풍자와 우화 등 환상적 서사의 계열에 속한다. 이 두 계열의 서사들은 외면적인 상이성에도 불구하고 강한 '이념' 지향을 공유하고 있었던 바, 바로 그 공통의 이념(진리)을 매개로 역사적 사실에서 환상까지 쉽게 넘나들 수 있었다.

그러나 오늘날 '역사・전기소설'로 통칭되는 근대계몽기 역사적 서사

43 이재선, 『한국 개화기소설 연구』, 일조각, 1972, 156쪽.

44 임화, 「개설신문학사」, 임규찬 편, 『임화문학예술전집』 2－문학사, 소명출판, 2009, 139～152쪽. 임화가 그려낸 '정치소설'의 윤곽에 이인직, 이해조 등의 신소설 중 통속화되기 이전의 몇몇 작품들(『혈의루』나 『은세계』 등)을 포함시킨다면 조선 '정치소설'의 면모가 좀더 총체적으로 그려질 수 있을 것이다.

들이 당대에 모두 '소설'로 인지되었는지는 좀더 꼼꼼히 따져 보아야 한다. 근대계몽기 '사'와 '전'을 통틀어 '역사소설'로 명명한 것은 안확이나 김태준 등 후대의 문학사 기술에서부터였다.[45] 당대의 명칭만으로 보자면 수많은 '역사적 서사'들 중 국문판 『미국독립ᄉᆞ』, 『서사건국지』, 『애국부인전』, 『라란부인전』, 그리고 국문판 이순신과 최영 전기만이 '소설'로 지칭되고 있었다.[46] '사'보다는 '전' 쪽이 '소설'에 더 근접한 것으로 여겨지고 있었던 셈이다. 『미국독립사』가 전체적으로 '史'의 체제를 취하면서도 그 안에 수많은 '전傳'(「가제은전賈齊恩傳」, 「라예전羅禮傳」, 「사휘두전史輝斗傳」, 「변인전卞仁傳」, 「포란구린전布蘭具麟傳」, 「화성돈전華盛頓傳」 등)들을 포함하고 있으며,[47] 『서사건국지』가 주로 '유림척로維霖惕露'(빌헬름 텔)의 전기적 서사에 의존하고 있는 점을 고려한다면 더욱 그러하다.

앞 절에서 살펴본 것처럼 양계초는 '사'와 '전'을 통틀어 '역사소설'로 분류하면서 "역사상의 사실을 재료로 삼아 연의체로 서술"한 것이라고 정의했다. 이때 '연의'란 적극적으로 허구를 창조한다기보다는 역사적 사실을 알기 쉽고 생생하게 전달한다는 데 강조점이 놓여 있었다. '연의'는 문학적 허구 창조의 방편 이전에 '지식'의 효율적 전달을 위한 방편이었던 셈이다. 그러나 그 지식은 단순히 지적 차원에 머물지 않고

---

45 안확은 『법란서신사』, 『보법전기』, 『서사건국지』, 『월남망국사』 등을 '역사소설'로 칭했고(안자산, 『조선문학사』, 한일서점, 1922, 124쪽) 김태준은 신채호의 『이태리건국삼걸전』, 『을지문덕전』, 『최도통전』, 『몽견제갈량』(원래 유원표의 저작인데 김태준이 신채호의 저작으로 잘못 열거하고 있다), 『독사신론』을 통틀어 '역사소설'로 지칭한다(김태준, 『조선소설사』, 청진서관, 1933, 240쪽).

46 권보드래, 『한국 근대소설의 기원』, 소명출판, 2000, 103~122쪽. '소설' 명칭을 검토함으로써 필자는 근대계몽기 '역사전기물'이 '소설'과 '책'(지식 일반) 사이에서 동요하고 있었으며, 특히 '전'의 경우 '민족'과 직결(민족정신 및 자국어 사용)됨으로써 '소설'쪽으로 기울게 되었다고 결론내린다.

47 현채, 『미국독립사』(황성신문사, 1899), 한국학문헌연구소 편, 『한국개화기문학총서』 2－역사전기소설 3, 아세아문화사, 1979.

감정적 호소력을 지니는 것이어야 했다. 주로 민족국가들의 건국과 망국에 대한 '역사연의'들은 민족 경쟁의 대세라는 신지식을 전달하는 동시에 독자들의 민족 감정을 고취하는 이중의 목적에 봉사하고 있었다.

근대계몽기 조선에 번역된 '사'와 '전'의 상당 부분이 중국을 경유한 것임을 고려한다면, 조선에서의 인식도 크게 다르지는 않았음을 짐작할 수 있다. 그럼에도 불구하고 조선에서 '사'와 '전'은 '역사소설'로 묶여 통칭되는 일은 없었고, 비교적 엄격하게 구분되고 있었다. 대개의 '역사적 서사'는 그 제목만으로도 선명하게 '사'와 '전' 중 한 쪽에 귀속되었다.[48] 심지어 중국 서책을 수입하여 판매하는 대동서관의 광고에서도 '史學書'와 '傳記'는 별도의 범주로 분리되어 있었다.[49]

근대계몽기의 역사적 서사 전체를 무리하게 근대적 의미의 '문학'으로 귀속시키려는 선입견을 배제하고 보면, 근대계몽기에 '사'로 지칭되었던 일련의 텍스트들은 '역사소설'보다는 '역사기술' 자체로 생산・수용되었다고 보는 편이 합당할 것이다. 이 새로운 '역사기술'은 근대계몽기의 새로운 '소설'보다는 구래의 '역사기술(정사)'와 연접하거나 이접하고 있었다. 주로 서구에서 일본과 중국을 통해 중역된 '사'들은 한편으로 전통적 '역사' 관념의 연장선에서 천하의 '치란흥망'을 기술하는 것으로 받아들여졌으나, 역사의 치란흥망을 이끄는 원리 면에서는 전통적 천도

48 한편 '사' 중에서도 특정한 역사적 사건에 초점을 맞추고 있는 것은 '기記'라는 명칭이 사용되기도 했다. 『중동전기』, 『청국무술정변기』, 『일로전기』 등이 그러하다.

49 『황성신문』, 1906.6.1・8・16, 『대한매일신보』 4권 237・242・244호 광고. 대동서관은 중국 상해에서 3,200여 종의 서적을 수입해서 판매한다고 광고하면서, 이 중 396종의 판매서적을 교과서부, 사학총서부, 지리학부, 정치급법률부, 전기 부문 등으로 나누어 열거하고 있다. 「사학서부」에는 본국사, 라마사, 희랍사, 애급사, 중동전기, 만국신역사, 만국흥망사, 세계문명사, 의대리독립사, 미국독립전사 등이, 「전기」에는 화성돈, 나파륜, 비사맥, 피득대제, 이홍장, 이등박문 등이 속한다. 김봉희, 『한국 개화기 서적문화 연구』, 이화여대 출판부, 1999, 292~298쪽 참조.

나 왕도 관념에 강력하게 도전하고 있었던 것이다. 과거의 '역사(정사)'가 인의예지의 주자학적 가치, 조공체계의 국제 질서, 왕도의 실현으로서의 '진리'를 담아내고 있다면, 근대계몽기에 역간된 새로운 '역사'는 약육강식, 만국공법을 빙자한 패권적 질서, 적자생존을 통해 진화하는 역사라는 새로운 '진리'를 예증하고 있었다.

물론 근대의 역사서를 번역하면서도 여전히 과거의 세계관을 투영시킨 경우가 없지 않았다. 특히 『주역』의 '변역變易'은 전통적 세계관의 바탕 위에서 천하대세의 급격한 변동을 이해하는 데 중요한 준거점이 되곤 했다. '변역'은 급변하는 "천하대세"에 따라 유연한 대처를 촉구하는 변혁 논리로 사용되기도 했다.[50] 그러나 궁하면 변變易하고 변하면 통한다變通는 논리는 결국 역사의 치란흥망이 "大寒이 지나면 陽春이 돌아오"듯 순환한다는 역사관으로 귀착되었다.[51] 어떤 역사적 파동도 일시적일 뿐 결국은 "만물이 저마다 제자리를 얻게 되"리라는 전통적인 '순리' 관념, '경쟁탐욕'의 인심人心을 제어하는 '억강부약抑强扶弱'의 천리天理에 대한 믿음은 근대계몽기에도 끈질기게 존속하며 사회진화론적 세계관에 대항하고 있었다. 천리에 대한 믿음은 같은 시기 출간된 '전'의 '영웅'관에도 큰 흔적을 남기고 있다. 어떤 나라든지 위기가 극에 달하면 천天

50 이종태, 「進明彙論 序」(『진명휘론』, 출판사 미상, 1905), 민족문학사연구소 편역, 『근대계몽기의 학술문예사상』, 소명출판, 2000, 100~101쪽.

51 "나는 일찍이 역사서를 읽다가 천고의 治亂이 한결같지 않음을 탄식했다. 그런데 난세로부터 치세가 오고 치세로부터 난세가 오는 것은 마찬가지다. (…중략…) 난이 극게 달하면 天根이 저절로 나타나고 양심이 점차 생겨나니, 비유컨대 大寒이 지나면 陽春이 돌아오는 것과 같아서 만물이 저마다 제자리를 얻게 된다. 그런 까닭에 『주역』에 이르기를 "기미를 알면 신이로다"라고 하였는데, 이는 變通을 말하는 것이다. (…중략…) 기왕에 기미에 어두웠던 것이 오늘날에 있어 크게 징험을 삼고 크게 분발하고 크게 변통하는 계기가 된다면 (…중략…) 어지러움을 떨쳐 버리고 치세로 돌아가는 것 또한 손바닥을 뒤집듯 쉬운 일일 것이다." 유근, 「中東戰記 序」(『중동전기』, 1899, 황성신문사), 위의 책, 172쪽.

이 '영웅'을 내려보내 부흥하게 한다든가,[52] 위기에 빠진 나라를 구하기 위해 천이 때맞춰 '영웅'을 보낸다는 식으로,[53] '영웅대망론'은 전통적인 '천'에 대한 신념체계와 결합되어 있었다. 비상시에는 천하를 운행하는 정기가 응결하여 '체體'를 이루고 '물物'을 이루니, 그 결과가 곧 화성돈 같은 영웅의 탄생이요, 미국 독립 같은 위업의 달성이라는 식이다.[54]

그러나 전통적 세계관의 붕괴는 돌이킬 수 없는 시대적 대세였다. 특히 근대계몽기에 역간된 역사적 서사들, 그중에서도 세계사史와 외국사史가 전하고 있는 세계상은 새로운 세계 인식을 추동하는 강력한 충격으로 다가왔다. 『춘추』의 '미언대의微言大義' 이래로 동아시아의 전통적 사史란 왕도王道 내지는 천도天道를 밝히는 것이었으며, 객관성을 추구하는 실록정신도 현실 역사와 천도 사이의 좀더 복잡한 상관관계를 밝히는 것에 다름 아니었다. 그러나 근대전환기에 목도하게 된 세계의 패권적 실상과 서구에서 전래된 진화론적 역사기술은 바야흐로 세계 운행의 원리로서의 천도에 대한 믿음을 균열시키고 있었다. 고등용 세계문화사

52 "話說天下大勢가 亂홈이 極ᄒᆞ면 治ᄒᆞᄂᆞᆫ 理가 有ᄒᆞ며 屈홈이 極ᄒᆞ면 伸ᄒᆞᄂᆞᆫ 時가 有ᄒᆞ야 治亂屈伸이 互相의 原因이되ᄂᆞ니 天地가 剖判ᄒᆞ야 萬象이 森羅홈ᄋᆡ 人은 競爭貪慾의 心이 有ᄒᆞ고 天은 抑强扶弱의 理가 有홈으로 何世何國을 勿論ᄒᆞ고 亂ᄒᆞ며 屈홈이 極ᄒᆞ야 能히 世에 立치못홀시를 當ᄒᆞ면 上帝게읍셔, 반다시 一大偉人을 降生ᄒᆞ샤 能히 其競爭의 局을 對ᄒᆞ야 衡을 爭케, ᄒᆞ시ᄂᆞ니 此等偉人을 降生ᄒᆞ샤 國家를 中興ᄒᆞ실時ᄂᆞᆫ 반다시 禎祥이 有ᄒᆞᄂᆞᆫ도다" 우기선, 『강감찬전』, 한국학문헌연구소 편, 『한국개화기문학총서』 2-역사전기소설전집 8, 아세아문화사, 1979, 391쪽.

53 "於是에 國勢가 更히 衰退ᄒᆞ야 殆滅亡에 至ᄒᆞ엿더니 上天이 露國을 猶不捨ᄒᆞ샤 一千六百七十年頃에 前古에 無比ᄒᆞᆫ 大豪傑 彼得大帝ᄅᆞᆯ 降ᄒᆞ샤 卓然獨勵ᄒᆞ야 國勢ᄅᆞᆯ 大振ᄒᆞ야 國家의 旣倒ᄅᆞᆯ 挽回ᄒᆞ고 國을 開ᄒᆞ며 土地ᄅᆞᆯ 擴張ᄒᆞ야 드ᄃᆡ여 露國 中興의 鴻業을 刱建ᄒᆞ고 永遠無窮ᄒᆞᆫ 富强政策을 樹立홈에 至ᄒᆞ엿스니" 김연창, 『聖彼得大帝傳』, 광학서포, 1908.

54 "世有非常之事면 必有非常之人이 出ᄒᆞ야 必成非常之業ᄒᆞ고 必建非常之功ᄒᆞᄂᆞ니 蓋運然正氣가 周繞八紘이라가 一遭非常之故則凝而體ᄒᆞ며 結而爲物ᄒᆞ야 顯於事則爲米國獨立, 伊太利統一之大業ᄒᆞ고 賦於形則爲華盛頓, 加利發祉之偉器ᄒᆞᄂᆞ니 夫所謂非常之人者ᄂᆞᆫ 何也오 卽 不外乎正氣之團合者也라." 崔生(최남선), 「華盛頓傳」, 『대한유학생회학보』 1, 1907.3.3, 53면.

교과서로 찬술된 『정선만국사』(1906)에는 그러한 장면이 잘 나타난다.

> 대개 고금, 사리를 통달하여 경세의 법을 강구해 얻는 이것이 사학의 중요한 임무이다. (…중략…) 오대주(五大州)의 중요 사실 중에서 세계 운명에 관계되는 것을 보이는 대로 곧 채집하였다. 그리하여 고대, 중고, 근대로 구분하여 3편을 만들고 말미에 동양의 상황을 첨부하여 『정선만국사』라 이름하였다. 아! 천하 고금에 치란흥망의 대강이 여기에 모두 나와있으니 경세에 뜻을 둔 사람이 여기서 취해 간다면 민지를 개발하고 국보(國步)를 진전시키는 데 만의 하나라도 보탬이 되지 않겠는가?

> 어느 나라는 어떻게 해서 쇠약하게 되었고, 어느 나라는 어떻게 해서 흥성하게 되었는가, 어느 나라는 어떻게 해서 강해졌고 약해졌는지를 설파하였다. (…중략…) 이 역사서는 비록 만국으로 이름을 붙였지만 육주를 두루 살펴보면 현존하는 나라는 백의 숫자도 채우지 못하는데, 이로부터 다시 몇 년이 지나면 장차 열이 될지 다섯이 될지 또한 알 수 없다. 우리나라 또한 만국 중의 하나로서 진실로 두렵지 않은가? 그러니 우리나라를 부강으로 기약하고, 문명으로 기약할 것이다.[55]

『정선만국사』의 저자는 고금의 '사리事理'를 통달하여 '경세술經世術'을 추구한다는 전통적 사론의 바탕 위에서, 오대주의 사실事實 중 "세계의 운명世運"에 관계 깊은 것을 모아 이 책을 찬술했음을 밝힌다. 그러

55 김상연, 『精選萬國史』(김상만서포, 1906) 중 앞의 글은 김상연의 「序」, 뒤의 글은 윤정석의 「序」. 번역은 민족문학사연구소 편역, 앞의 책, 219~221쪽 참조.

나 책이 담아내는 '사리'와 '경세술', '세운世運'은 더 이상 전통적 진리나 천도로 설명되지 않는다. "천하고금의 치란흥망의 대강", 곧 "어느 나라는 어떻게 해서 쇠약하게 되었고 어느 나라는 어떻게 해서 흥성하게 되었는가"를 살피건대, 그 핵심은 '민지의 개발'과 나라의 '부강', 궁극적으로는 '문명'에 놓여 있다는 것이다. 더욱이 '만국'이라고는 해도 실제로 천하에 현존하는 나라는 백 개도 되지 못하며 또 몇 년 후에는 그 수가 열 개로 줄어들 수도 있으니, 조선 또한 '부강'과 '문명'으로 기약해야만 "영구히 만국 중의 하나"로 남을 수 있다고 경고한다.

냉혹한 생존경쟁이야말로 '억강부약'의 천리를 대신하는 새로운 세계의 원리였다. 그에 따라 역사 또한 생존경쟁을 통해 우승優勝하거나 열패劣敗하는 진화의 과정으로 기록된다. 이 시기 숱하게 역술·간행된 타국의 역사는 치열한 생존경쟁의 장인 세계사의 무대에서 프랑스나 미국, 독일, 이탈리아 같은 성공의 모델이거나, 폴란드나 베트남, 이집트 같은 실패의 사례를 취한 것이었다. 특히 일련의 망국사들은 '변역'을 통해 보장되었던 순환적 역사관을 여지없이 파괴했으며, 가차없는 생존경쟁에서 탈락하면 조선(인) 또한 '망국'을 넘어 '멸종'할 수 있다는 생생한 경고로 받아들여졌다.

이는 서구'문명'에 대한 맹목적 추수라기보다는 오히려 현실주의적 인식에 가까웠다. 19세기 말 『독립신문』의 문명 담론만 해도, '문명'에 대한 이상화나 낙관에 물들어 있었다. 조선이 문명화를 통해 만국공법의 국제 질서 안에 들어가면 서구 여러 나라들과 평화롭게 공존할 수 있으리라는 것이다. 그러나 1900년대 중후반에 이르면 이미 '만국공법'은 하나의 명분일 뿐 국제 관계는 냉혹한 패권 질서일 뿐이라는 인식이 널리 퍼졌다. 유길준은 크리미아전쟁을 다룬 『영법로토英法露土 제국諸國의 가리미아哥利米亞 전사戰史』에 붙인 자서自序에서 러시아나 터키에 비해 영국과 프랑스가 "문명하고 의로운" 나라라고 하면서도, 한때 터키를 도왔던 영국과 프랑스가 훗날 또 다른 이해관계에 따라 터키의 적이 될 수도 있다고 경고한다. 국제관계를 결정하는 궁극적 요인은 '이해관계'요, "이 폭력의 시대에 공법公法(국제법)의 바른 도리는 앉아서 의논할 수 있는 것이 아니"라는 것이다.[56] 박은식 또한 「애급근세사 서」에서 이집트 인민들과 아라비Arabi의 국가 개혁을 위한 노력에도 불구하고 서구 제국의 함선이 '역산Alexandria'항에 집결하여 이집트의 국권을 찬탈했음을 들어, "이른바 도덕 원리와 문명 본지와 만국공법과 자유주의를 어떻게 야차의 떼거리 속에서 끌어낼 수 있을 것인가?"[57]라고 비판한다.

무자비한 생존경쟁과 우승열패의 '세계'에서 생존의 유일한 활로는 '민족' 단위의 결집이라는 신념은 근대계몽기에 일종의 공리로 받아들여졌다. '민족'은 궁극적으로 새로운 역사기술을 통해 구현되고 입증되어야 했다. 조선에서 '민족' 단위의 새로운 역사기술은 먼저 일련의 '사'들을 번역하는 작업을 통해 시도되었다. 현채의 경우가 그러했다. 현채는 『아국역사俄國歷史』, 『중동전기中東戰記』, 『미국독립사美國獨立史』, 『청국무술정변

56 "陸砲海艦이 政略의 上乘이며 交道의 後援이니 今日에 各其 利害의 關係로 我를 助ᄒᆞ야 彼를 攻ᄒᆞ든 者가 明日에 亦其 利害의 關係로 彼와 協同ᄒᆞ야 我를 分裂치 아님을 質言ᄒᆞ기 難ᄒᆞᆫ지라 利害의 機ᄂᆞᆫ 預度지 못ᄒᆞᄂᆞ니 今此武暴時代에 公法의 正理ᄂᆞᆫ 座談ᄒᆞᆯ 者 아닌則 國家의 獨立을 固守ᄒᆞ고 他邦의 侵索을 欲排ᄒᆞᄂᆞᆫ 者ᄂᆞᆫ 土耳基人에 鑑ᄒᆞᄂᆞᆫ 바가 有ᄒᆞᆯ지어다." 유길준, 『英法露土 諸國의 哥利米亞 戰史』(광학서포, 1908), 『한국개화기문학총서』 2-역사전기소설전집 8; 본문에 인용된 번역은 민족문학사연구소 편역, 앞의 책, 235쪽.

57 "所謂 道德 原理와 文明 本旨와 萬國公法과 自由主義를 何可提論於夜叉叢裡리오?" 박은식, 「애급근세사 서」, 장지연, 『애급근세사』, 황성신문사, 1905; 『역사전기소설』 4, 본문에 인용한 번역은 민족문학사연구소 편역, 앞의 책, 206쪽.

기淸國戊戌政變記』, 『법란서신사法蘭西新史』, 『월남망국사越南亡國史』, 『일본사기日本史記』, 『보법전기普法戰記』, 『동서양역사東西洋歷史』[58] 등의 '신사新史'를 번역하는 동시에 임태보林泰輔의 『조선사朝鮮史』를 『중등교재 동국사략中等教材 東國史略』(1906)으로 역간했다. 『동국사략』은 원저에는 없는 단군 기원을 삽입하고, 한사군을 삭제하며, 임진왜란을 조선의 시점으로 바꿔 기술하는 등 주체적 변용을 시도했다. 그러나 일본의 조선사 기술을 저본으로 삼고 있다는 점에서 '번역'의 근본적 제약을 넘어서기는 어려웠다.

잘 알려진 것처럼 근대계몽기 조선에서 '민족사' 서술이라는 과제를 좀더 본격적으로 시도한 것은 신채호였다. 그러나 「독사신론」에서 제기한 민족주의 사론이 민족사 기술(『조선상고사』, 『조선상고문화사』)로 결실을 맺은 것은 1920년대의 일이었다. 구래의 '정사'가 폐기되고 새로운 '민족사'가 쓰이지 못한 근대계몽기에 '전'은 부재하는 역사의 자리를 채운 대체역사로 기능했다.

2) 대체역사로서의 '전'과 사실/허구의 배치

전통적 서사 양식으로서의 '전'은 원래 '사'의 하위 양식이었으나 이미 중세 이후 허구적 소설의 형식으로도 차용되고 있었다. 그 결과 근대계몽기 역사적 인물을 소재로 한 '전'은 '역사'와 '소설' 사이에서 동요하는 양상을 보였다. '전'은 창작이나 비평 주체에 따라 '역사'로도, '소설'로도 취급되었는데, 이러한 입장 차이는 '전' 안의 허구적 요소에 대

58 김병철, 『한국 근대 번역문학사 연구』, 을유문화사, 1974, 170～172쪽.

한 평가에서 확연히 드러난다.

가령 현채는 우기선이 쓴 『강감찬전』에 붙인 서序에서 강감찬이 호랑이도 명령에 굴복케 하고 개구리 울음 소리도 그치게 했다는 신이한 사적이 과연 참인가, 거짓인가를 묻고 있다. 이에 대해 현채는 두 가지로 답한다. 하나는 "이미 그러한 이야기가 있다면 편자는 기술할 따름이요, 어찌 꼭 그 사실의 유무를 따질 필요가 있"는가라는 것이고, 또 하나는 그러한 사적이 "이미 『고려사』에 실려 있으니 패사의 과장된 이야기가 아님"[59]을 주장하는 것이다. 전자가 '술이부작述而不作'의 태도에 연결된다면, 후자는 정통성을 인정받는 과거의 역사를 전거삼아 스스로를 '정사'로 자리매김하는 방식이다. 현채 자신이 대한제국의 학부에서 『동국사략東國史略』(1906) 등을 썼던 정통 사관의 자리에 서 있었기에, 『강감찬전』 역시 정통 역사의 관점에서 비평하고 있는 것이다.

한편 장지연은 『애국부인전』 말미에서 신이神異로 가득한 '약안(잔타르크)'의 일대기에 대해 다음과 같은 평을 달고 있다.

> 그 ᄯᆡ 법국이 인심이 어리석고 비루ᄒᆞ여 풍쇽이 신교를 슝상ᄒᆞ고 미혹ᄒᆞᆫ 마ᄋᆞᆷ이 기픔으로 약안이 능히 이팔쳥츈의 녀ᄌᆞ로 국ᄉᆞ를 담당코자ᄒᆞ되 인심을 수습ᄒᆞ며 위엄을 세워 왼 셰상 사람을 격ᄇᆞᆯ식여 국권을 회복자ᄒᆞᆯ진ᄃᆡ 불가불 신통ᄒᆞᆫ 신도에 가탁ᄒᆞ여 황당ᄒᆞᆫ 말과 신긔ᄒᆞᆫ 슐법이 안이면 그 ᄇᆡᆨ셩을 고동ᄒᆞ지 못ᄒᆞᆯ것인고로 상뎨의 명령이라 텬신의 분부라 칭탁ᄒᆞᆷ이요 실로 상뎨의 명령이 엇지잇스며 텬신의 분부가 엇지 잇스리오 그런즉 약안의

59 "其眞其假 誰能辨之 然既有其說矣 編者述之而已 何必論其有無也" "此事在於麗史 其非稗史之夸譚可知" 현채, 「강감찬 서」(『강감찬전』, 1908), 『한국개화기문학총서』 2 역시전기소설전집 8.

총명영민ᄒᆞᆷ은 실로 쳔고에 드믄 영웅이라[60]

장지연은 고증 가능성이라는 관점에서 서사의 초현실적 내용은 '사실'이 아니라고 판단하면서도, 한 걸음 더 나아가 서사의 초현실적 내용에 합리적 해석을 부여함으로써 사실과 허구의 문제를 넘어서고자 한다. 잔다르크의 사적에 전해지는 '신기한 술법'이나 '천신의 분부'는 젊은 여인으로서 세상 사람을 격발하고 북돋우기 위해 잔다르크가 일부러 꾸며낸 말이라는 것이다. 이러한 해석은 단순히 근대적 합리성에서 비롯된 것만은 아니다. 유교적 합리주의 또한 역사기술 속의 비현실적 내용('괴력난신')을 비판하거나 이를 세인들을 깨우치기 위한 방편으로 해석해왔던 오랜 전통을 갖고 있었다. 어느 쪽의 영향이든, 장지연은 '환상적 허구'를 애써 배제함으로써 『애국부인전』을 '역사'로 자리매김하고자 했다.

현채나 장지연이 정통 사관의 입장에서 '전'을 대하고 있다면, 신채호와 박은식에게 '전'은 한층 '소설'에 가까운 것으로 인식되고 있었다. 이들이 '소설개량론'을 제창하며 그 실례로서 번역・창작했던 것 역시 '전'이었다. 특히 이 시기 「독사신론」 같은 역사기술과 '전' 형태의 역사소설 창작을 병행하고 있었던 신채호는 '사전史傳' 전통 안에서 '역사'와 '전=소설'의 자리를 섬세하게 구분하고 있다. 역사기술에 대해서는 철저히 사료에 입각한 '사실'임을 주장하는 한편, 전傳을 쓸 때는 '패사=소설'의 입장에서 좀더 폭넓은 구비, 전승에 문을 열어 놓고 있기 때문이다.

60 장지연, 『ᄋᆡ국부인젼』 말미, 광학서포, 1907.

가령 『최도통전』에서 신채호는 사대주의에 물든 '노예사가'들이 기록한 '역사'에 국가영웅에 대한 기록이 별로 남아 있지 않기 때문에 "朝野의 史乘을 搜ᄒᆞ며 閭巷의 口碑를 採"[61]하여 최도통의 "心事를 寫出코ᄌᆞ"했다고 쓰고 있다. 박은식이 순수한 창작에 해당하는 고소설들을 '황탄무계'하다고 배격하는 한편, '전설'적 인물을 다룬 『서사건국지』를 훌륭한 '소설'의 반열에 올려놓는 것 역시 이러한 '패관'의 자리에서라면 이상할 것이 없다. 허구를 지어내기 보다는 여러 가지 방식으로 전승되는 허구를 수집하고 기록하는 것을 '패사=소설'의 자리로 삼고 있는 것이다.

그러나 일단 고증할 수 있는 사실이라는 관념에서 탈피하면 작가의 '윤색'을 통한 '허구화'에 대해서도 더 적극적인 태도를 갖게 된다. 이기찬은 신채호의 『을지문덕』에 대해 "著者의 雄渾卓犖ᄒᆞᆫ 文章으로써 潤色을 加ᄒᆞ야 薩水의 轟烈ᄒᆞᆫ 戰況과 乙支公의 沈毅ᄒᆞᆫ 人格을 描寫無餘ᄒᆞ니 可謂未曾有ᄒᆞᆫ 良書"[62]라고 평가한다. 이기찬이 『을지문덕』을 양서良書로 판단하는 이유는 '윤색을 가하고' '남김없이 묘사'하여 영웅의 사적을 눈앞에 보듯이 현실감 있게 전달했기 때문이다. 신채호도 자신의 『이순신전』에 대해 "汗漫疏漏ᄒᆞᆫ 舊傳記에 比ᄒᆞ면" "李公의 精神"을 더 생생하게 묘사하고 있다고 자부한다.[63]

신채호는 영웅의 "精神을 寫"(『이순신전』)한다거나 "心事를 寫出"(『최도통전』)한다는 식의 표현을 즐겨 사용하곤 했다. 신채호와 박은식 등의 논설과 서사에서 '자주독립', '애국혼', '국가정신', '국성' 등의 표현으로

61 금협산인(신채호), 「최도통전 서론」(『대한매일신보』, 1909.12.16), 단재신채호 전집 편찬위원회 편, 『신채호 전집』 4, 독립기념관 한국독립운동사연구소, 2007, 287쪽.

62 이기찬, 「을지문덕 서」(『을지문덕』, 광학서포, 1908), 위의 책, 12~13쪽.

63 금협산인(신채호), 「이순신전 서론」(『이순신전』, 『대한매일신보』, 1908.5.2), 위의 책, 155쪽.

거듭 강조되는 이 '정신'이야말로 이들의 서사 양식을 통어하는 제일의 준칙이었다. 폭넓은 구비・전승에서 소재를 취한 '역사적 허구'나 『최도통전』의 허구적 장면화에 사용된 '일상적 허구'들은 민족정신을 좀더 생생하고 핍진하게 드러내기 위한 서사적 장치였다. 소설적 허구를 통해 '민족정신'을 드러낸다는 강한 이념 지향성은, 후에 이들이 『몽배금태조』(1911)나 『꿈하늘』(1916) 같은 '환상적 허구'로 자연스럽게 이행해 갈 수 있는 바탕이기도 했다.

특히 신채호가 창작한 일련의 민족 영웅전은 기존 역사(정사)의 "노예학"을 비판하고 "국가의 원리, 민족의 대세"를 드러내 "민족정신에 보탬"[64]이 되고자 한다는 점에서, 민족사의 부재를 메울 일종의 대체역사로 기능하고 있었다. 잘 알려진 것처럼 신채호는 '소설개량'을 위한 일련의 실천과 더불어 「독사신론」(1908)을 통해 새로운 '역사기술'을 시도했다. "歷史는 民族 消長盛衰의 狀態를 閱敍"[65]한 것이라는 유명한 선언으로 시작하는 「독사신론」은 한국에서 최초로 민족주의 사론을 정립했다고 평가된다.[66] 신채호의 사론은 양계초의 「신사학」 등에 영향을 받았으나, 양계초의 '신사학' 기획보다 한층 어려운 과제를 떠안고 있었다. 양계초는 중국을 태동에서 유일한 '역사적 민족'으로 전제하여 과거의 '중국사'를 '태동사(동양사)'와 동일시했다. 나아가 중국이 '황종'의 대표주자로서 '세계사'의 무대에 진출해야 한다고 주장하면서, 일정 정도 구래의 중화

64 변영만, 「을지문덕 서」(『을지문덕』, 광학서포, 1908), 위의 책, 7~9쪽

65 신채호, 「讀史新論」, 『신채호 전집』 3, 독립기념관 한국독립운동사연구소, 2007, 311쪽.

66 19세기 말에서 20세기 초까지 『동국사략』, 『대동역사』 등 부분적으로 신사체를 도입한 역사서들이 수십 종이나 기술되었지만, 신채호의 『독사신론』은 최초로 근대 민족주의 사론을 확립한 것으로 평가받는다. 신용하, 『증보 신채호의 사회사상 연구』, 나남출판, 2004; 이만열, 『단재 신채호의 역사학 연구』, 문학과지성사, 1990 등 참조.

주의적 역사관을 계승하고 있었다. 반면 양계초의 사론을 전유한 신채호는 근대의 유럽 중심적 역사기술뿐 아니라 구래의 '중국사=동양사'에서조차 삭제된 '조선'을 '역사적 민족'으로 복원해내야 했다.[67]

'네이션(민족)'은 근대의 상상공동체로서 새롭게 '창출'되는 동시에 태곳적 기원에서부터 면면히 이어진 것으로 '발견'되어야 했다. 신채호는 '소설개량'과 '새로운 역사쓰기'라는 이중의 과제를 자임함으로써 이 역설에 직면했다. '소설'을 통해 부재하는 '민족'을 창출(민족의식의 고취)하고, '역사'(민족사 기술)를 통해 '민족'을 이미 존재했던 것으로 입증하고자 했던 것이다. 어느 쪽이나 한 순간에 이뤄질 수 없는 지난한 과제였다. 신채호의 '소설'이 좀더 '소설'다운 (그러나 여전히 '근대소설'과는 거리가 먼) 허구적 의장을 갖춘 것은 1910년대 중반 이후(「꿈하늘」, 1916)였고, 신채호의 민족사론이 미완이나마 역사기술(『조선상고문화사』, 『조선상고사』)의 형태로 결실을 맺기까지는 그로부터도 수년을 더 기다려야 했다. 그러나 '민족'의 창출/입증은 시일을 다투는 급박한 과제였다. 이 지점에서 신채호가 채택한 서사 형식이 바로 '전傳'이었다. 근대계몽기 신채호에게 민족영웅을 소재로 한 '전'은 민족의식을 고취하는 소설(정치소설) 개량의 최적화된 실천이었고, 민족사의 부재를 채워줄 대체역사였다.

근대계몽기 신채호에 의해 시도되었던 '역사소설'이라는 허구는, '세계'라는 '상징적 현실' 그 자체를 새로운 거대서사(허구)로 써야 했던 근대전환기의 지각변동 과정에서, 점차 '역사' 안으로 융합되어 갔다.[68] 그러

67 양계초와 신채호의 신사학 기획과 그 차이에 대해서는 윤영실, 「근대계몽기 신채호의 민족론에 나타난 '아'의 의미」(『한국학연구』 24, 한국학연구, 2011) 참조.

68 신채호의 일련의 글쓰기에 나타난 '역사'와 '소설', '환상'의 관계는 별도의 논문으로 다뤄야 할 주제로 여기서는 간략한 윤곽을 그릴 수 있을 뿐이다. 신채호의 경우를 깊이 있게 분석함으로써

나 다른 한편, 근대세계라는 '상징적 현실'을 구성하는 과정에서 억압되었던 것들은 신채호의 후기 '소설'(「꿈하늘」, 『용과 용의 대격전』 등)에서 '환상'으로 되돌아온다. 사실과 허구, 역사와 소설, 현실과 환상은 신채호의 글에서 이렇게 뫼비우스의 띠처럼 잇대어 있었다.

5. 역사/소설의 흔들리는 경계

이 글은 역사적 인물이나 사건을 소재로 삼은 근대계몽기 일련의 서사물들을 '역사적 서사'로 통칭하고, 그 안에서 '역사/소설'의 흔들리는 경계와 '사실, 허구, 진리'의 배치를 규명하고자 했다. '역사/소설'의 경계나 '사실, 허구, 진리'의 문제는 동아시아 고전서사론의 오랜 주제였다. 특히 역사소설은 정사에 근거하고 있다거나 역사의 도리를 드러낸다거나(전도론) 인정세태를 묘사한다는 등의 다양한 방식으로 옹호되었다.

근대계몽기의 소설들은 전통서사론의 다양한 허실론을 계승하거나 변용했다. 정치소설로 통칭될 수 있는 소설들은 '문이재도'의 전도론적 관념을 계승하면서도 '도'의 자리에 전통적 천도 대신 '네이션'의 관념을 채워넣음으로써, 고소설과도 근대소설과도 다른 내적 형식을 갖추게 되었다. 정치소설은 '네이션'의 창출이라는 '정치'적 과제에 복무함

이 글의 논지 또한 더 잘 살아날 수 있을 터이지만, 글의 분량상 이를 차후의 과제로 미룬다.

으로써 역사/소설의 전통적 위계를 넘어 '문학의 최상승'으로 도약했다. 한편 쓰보우치 쇼요 이래의 근대소설론이 '환상적 허구'나 '역사적 허구'를 배제하고 '일상적 허구'를 강조했던 것에 비해, 강한 이념 지향을 지닌 정치소설은 일체의 소설적 허구에 폭넓게 개방되었다.

그러나 일본의 정치소설이 중국을 거쳐 조선에 번역되는 과정에서 개념상의 낙차가 발생하고, 특히 '사전(역사적 서사)' 전통과 결합하는 양상을 보인다. 조선에 번역된 일련의 '사'들은 민족 간의 생존경쟁과 문명 진보라는 새로운 세계 인식을 추동하면서 전통적 역사기술(정사)에 강력하게 도전했다. 새로운 세계 인식은 궁극적으로 새로운 민족사 서술로 구현되어야 했지만, 그 과제는 1920년대 이전까지 실현되지 못했다. 한편 '전'에 대해서는 '역사(정사)'의 일환으로 보는 관점(현채, 장지연)과 '소설'로 보는 관점(신채호, 박은식)이 갈리면서, '전' 안의 허구적 요소에 대해서도 각기 부정과 긍정의 상반된 평가를 내려졌다. 후자는 역사적 인물의 '정신을 사寫'한다는 입장에서 전의 소설적 허구에 좀더 열려 있었는데, 강력한 이념 지향성은 이들이 이념을 매개로 역사적 서사에서 환상적 서사까지 가로지를 수 있는 원천이었다. 특히 근대계몽기 신채호가 창작한 민족영웅전은 소설개량의 실천이자 민족사의 부재를 메울 대체역사로 기능하고 있었다.

정인보 국학에서 실심사상의 계보

주자학과 양명학, 그리고 주체성의 기원

김우형

1. 정인보와 국학, 그리고 주체적 실심

위당爲堂 정인보鄭寅普(1893~1950)는 한국사상사와 한국학의 형성에 있어 매우 중요한 위치를 차지하고 있는 인물이다.[1] 그는 민족의 암울했던

1 정인보의 본관은 동래東萊이고, 유명幼名은 정경시鄭景施이며, 자는 경업經業이다. 위당爲堂은 아호이며, 담원薝園・미소산인薇蘇山人 등의 호가 있다. 서울 출신, 조선 명종 대의 대제학 정유길鄭惟吉의 후손으로, 장례원부경掌禮院副卿・호조참판을 역임한 정은조鄭誾朝의 아들이다. 연보는 『담원 정인보 전집』 1(연세대 출판부, 1983)에 수록되어 있으며, 생년일 등 행장에 대해서는 민영규, 「爲堂 鄭寅普 선생의 行狀에 나타난 몇 가지 문제—實學原始」(『강화학 최후의 광경』, 우반, 1994)을 참조. 사망일시에 관해서는, 1950년 6・25전쟁 때 서울에서 피신하지 못하다가 반동으로 몰려 납북되었으며, 평양에 수용되었다가 미군과 남한 군대의 평양입성 직전에 적유령산맥을 넘다 대열에서 낙오, 사망 위기에 놓이게 되었고, 그해 11월 하순에 결국 병사하였다는 설과 납북된 해 9월 황해도에서 폭격으로 사망했다는 설이 있다. 다음을 참조. 남궁효, 「정인보의 '조선학' 이론에 관한 연구」, 『실학사상연구』 8, 부악실학회, 1997, 132쪽; 이황직, 「위당 정인보의 유교

시기에 일찍이 조선 고서 해제작업을 통하여 전통 학문을 새롭게 재조명하고 일반인에게 알기 쉽게 소개하였으며, 『양명학 연론』 등의 저서를 집필하여 양명학과 이른바 '실심實心(참된 마음)'에 바탕한 유학儒學정신을 설파하였고, 반계磻溪 유형원－성호星湖 이익李瀷－다산茶山 정약용丁若鏞으로 이어지는 조선 후기 사상계보를 발굴하는 등,[2] 단순한 한학漢學의 범위를 넘어서 민족혼의 명맥을 유지하고 우리나라의 '국학國學'[3]을 정립하는 결정적인 공헌을 한 인물이다. 만약 정인보가 없었다면 오늘날 한국사상과 한국학의 역사에는 큰 공백이 생길 것이라고 말할 수 있을 정도로 그의 비중은 막대하다고 할 수 있다.

이렇듯 한국 근현대사상사에 있어 큰 족적을 남긴 정인보의 '국학'이 지니는 가장 중요한 특징은, 주체성과 실심을 특별히 강조하고 중시하였다는 점이다. 그는 당시 사람들에게 학문이나 도덕 수양 등의 활동을 함에 있어 다른 사람의 주장이나 말에 부화뇌동하지 말고 자신의 마음속 생각에 따라 진실하고 솔직하게 주체적으로 판단하고 실천할 것을 호소했다. 이는 『양명학 연론』을 짓게 된 계기를 밝히는 부분에서 단적으로 드러난다.[4] 정인보에 의하면, 조선 시대 학술의 가장 큰 병폐는 유

개혁주의 사상」, 『한국사상사학』 20, 한국사상사학회, 2003, 291쪽.

2 정인보, 정양완 역, 「『여유당전서』 총서」, 『담원문록』 中, 태학사, 2006, 205~206쪽. 정인보에 있어 실학이란 실심實心과 실행實行으로 행한 학문을 말한다(210쪽).

3 '국학'이란 구한말에서 광복 무렵까지 박은식, 장지연, 신채호, 정인보 등에 의한 한국에 관한 연구를 의미한다(남궁효, 앞의 글, 163쪽). 일제 강점기에는 '국학'이라 하지 못하고 '조선학'이라 불렀다. 그러나 최남선의 '조선학'이 지역학의 의미를 띠는 것과 달리 정인보는 '조선학'을 주체성과 실심을 조건으로 하는 학문으로 규정했다(이황직, 「위당 조선학의 개념과 의미에 관한 연구」, 『현상과인식』 34-4, 한국인문사회과학회, 2010, 27쪽).

4 정인보, 『양명학 연론』(『담원 정인보 전집』 2, 연세대 출판부, 1983), 115~116쪽. 이하 『양명학 연론』은 모두 『담원 정인보 전집』 2에서 인용하였으며 쪽수만 표기. "學問에 對한 態度ㅣ前부터 이미 冊張에서만 힘을 얻으려 하던 것이 더한층 늘어서, 가론 英吉利 가론 佛蘭西 가론 獨逸 가론 露西亞ㅣ紛然竝進하지만 대개는 工巧하다는 者ㅣ 幾多學者의 言說만에다가 標

명한 학자의 언설만을 기준으로 삼고 앵무새처럼 그것을 따르되 자기의 마음에 그것이 옳고 맞는지를 따져보지 않는 풍토라는 것이며, 이러한 폐단은 오히려 정인보 생존 당시에 더 심해졌다는 것이다. 해야 할 것과 하지 말아야 할 것, 옳은 것과 그른 것을 누구나 스스로 판단해서 행해야 한다고는 알고 있지만, 정작 사람들은 실제로는 권위 있는 '말'과 문자文字에 얽매여 자기 마음으로 맞는지 틀린지를 살피지 못한다는 것이다. 이 같은 과거의 병폐를 그대로 답보해서는 안 된다는 것이 그의 주장의 핵심 요지이다. 정인보의 문제의식이 현재에도 유효한 것이 아닌지, 그가 진단한 병폐가 당시보다 오늘날 더 심해진 것은 아닌지 심각하게 자문해 볼 일이다.

이에 이 글은 정인보가 강조하고 중시했던 주체성과 실심에 주목하되 동아시아사상사, 특히 신유학新儒學[5] 이후의 근세사상사에서 그 원류와 흐름 등 그 역사적 계보를 추적해 보고자 한다. 정인보의 사상에 대해서는 지금까지 많은 연구 성과들이 축적되어 있고 주체성과 실심의 문제에 대해서도 전문적으로 다루어진 바 있지만,[6] 근세 신유학사상사

準을 세워 어떻다 무어라 함이 대개는 저 '言說'로부터의 그대로 옮겨짐이요, 實心에 비추어 何等의 合否를 商量한 것이 아니니, 今으로써 古에 比하매 果然 어떻다 할까. 하고 아니하고, 옳다 하고 그르다 함이 떼어놓고 말하면 누구나 自心의 發表로 볼 것이나 그 사람더러 물어본다 해도 저 '말'로서의 合否를 調查할지언정 제 '마음'으로서의 合否를 그윽이 살피어 본 적이 없음을 자인할 줄 안다. (…중략…) 嗚呼라, 過去의 因果ㅣ 이미 明白하거늘 이제 또 往轍을 重踏한단 말인가. 나는 實心에 對한 喚醒을 話題 삼아온 지 오래다. 이것이 或 '實心' 喚醒의 한 機會가 아닐까 하여 이 長論을 始作하는 것이다."

5 11세기 중국 송나라 때 등장하기 시작한 새로운 유학의 사조를 '신유학Neo-Confucianism'이라 한다. 신유학은 고전유학과 다른 '새로운' 유학이라는 의미를 지닌다. 송나라 당시에는 '도학道學'이라고 칭해졌으며, 이후 성리학, 이학理學 등으로도 지칭되었다. 신유학은 좁게는 주자학과 양명학만 포함하는 송명이학宋明理學을 가리키되, 넓게는 청대清代 기학氣學과 고증학考證學까지 포함하는 의미로도 사용된다.

6 정인보 연구의 상당수가 주체성과 실심에 대해 주목하고 있다. 특히 주체적 실심론에 대해서는 다음을 참조. 김윤경, 「薝園 鄭寅普의 주체적 實心論」, 『유교사상문화연구』 48, 한국유교학회,

의 맥락에서 새롭게 조명하고 그 계보를 명확히 밝힐 필요가 있다. 따라서 2절에서 근세 동아시아사상사의 맥락에서 신유학의 주체성과 실심에 관한 담론의 연원과 흐름을 살펴보고, 3절에서는 조선유학사에 있어 강화학파가 주체성과 실심에 근본하여 어떠한 사상을 형성시키고 유지해 갔는지 조명할 것이며, 4절에서는 정인보 국학의 바탕이 되는 주체적 실심의 윤리학이 지닌 주요 특징은 무엇인지 해명해 볼 것이다. 물론 이 같은 작업에 있어 중요한 점은, 이미 정인보가 간절하게 호소하고 있듯, 권위 있는 언설과 문자에 구애되지 말고 자기 마음에 맞는지 틀린지 논리적으로 따져보려는 자세일 것이다.

2. 주체성과 실심의 연원 – 정이와 주희, 그리고 왕양명

일찍이 헤겔은 중국이 정적이고 정체된 사회로서 전제군주 1인만이 자유로울 뿐 그 외의 모든 사람들은 정신의 자유와 주체의식이 부재하다고 평한 바 있다.[7] 그러나 중국과 동아시아 세계는 11세기 송宋나라 때부터 일찍이 주체의식과 실심을 자각하고 그것을 바탕 삼아 학문과 수양을 발전시켜 나갔으니, 없었다 하는 주체적 실심을 주창한 신유학

2012, 65~101쪽.

7 이점은 헤겔의 『역사철학 강의』, 제1부 동양세계 중국편에 보인다. 헤겔, 권기철 역, 『역사철학 강의』, 동서문화사, 2008, 108~141쪽 참조.

자들이 실상으로 가장 귀한 존재가 아닐 수 없음을 헤겔이 어찌 알겠는가. 이 점을 해명하기 위해서는 먼저 화엄華嚴과 선종禪宗이라는 중국불교의 사유부터 살펴보아야 한다.

화엄과 선불교는 심성心性이라는 근원적 본체本體[8]에 대한 직관적 깨달음頓悟을 통해 열반에 이르고 성불成佛이라는 목표에 도달하고자 하는 사상이다. 다시 말해서, 성性은 의식과 일치된 현상세계를 일으키는 근본 원인으로서 본체體를 가리키며, 심心은 본체가 일으키는 의식과 현상세계用 전체를 의미한다. 다만, 본체인 성과 현상적 심은 마치 바다와 파도의 관계처럼 일체를 이루고 있다. 심과 성은 일자적 존재의 두 양태이다. 그러므로 '일심一心'과 '심성心性'은 이 세계 전체를 의미하는 것이다. 현상과 본체는 같으므로, 현상적 개별자는 바다에서 일어나는 파도와 포말처럼 본체의 일시적 현현태일 뿐, 영원불멸한 본성은 지니지 않는다. 따라서 현상적 개별자는 참된 실재가 아니라 허구에 불과하다. 돈오란 현상적 개별자가 본체의 일시적 현현일 뿐임을 직시하되 내적 관조를 통해 성(본체)을 직관적으로 깨닫는 것을 말한다. 말하자면, 화엄과 선종에서의 심 개념은 의식이면서도 동시에 현상세계를 가리킨다. 이같은 사유는 현상적 사물을 주체에 대한 대상으로서 규정함이 없으며, 따라서 대상 인식의 주체나 자아도 존재할 수 없다.

선종에서 신유학으로의 사상적 철학적 전환은 이 같은 '심'의 존재론적 의미가 대상 인식과 실천의 주체라는 의미로 전환됨을 함축한다.[9] 신유

8 '本體(original substance)'란 "우주, 생명, 그리고 세계 안의 만물을 생성시키는 실재의 근원이자 만물을 형성하고 변화시키며 끊임없이 유지하고 완성해 나가는 것"이며, "모든 사물의 궁극적 실재(ultimate reality)로서 자신을 드러내는 것"이라 할 수 있다. Chung-ying Cheng, "Ti-yung", Antonio S. Cua(ed.), *Encyclopedia of Chinese Philosophy,* New York : Routledge Publisher, 2003, p.718 참조.

학적 사유는 마음과 자아가 사물을 대상화시켜 그 원리를 파악하고자 한다. 이러한 대상 인식은 '지각知覺'이라는 개념으로 표현된다.[10] 주체의식과 '지각'에 관한 논의를 처음으로 입론한 사람은 정이程頤(1033~1107, 호는 이천伊川)이다. 그는 철학사상 최초로 사물의 원리이자 형이상의 대상理을 '지각'하는 방법으로서 '격물치지格物致知'를 재해석했으며,[11] 주체의식을 함양涵養하는 방법으로서 '경敬'을 정립하기도 하였다.[12] 그는 "함양은 반드시 경으로 해야 하고, 학문을 진보시키는 것은 지식을 넓히는 데 달려 있다"[13]고 말하여 주체의식을 기르는 실천적 방법과 학문하는 이론적 탐구법이라는 양대 방법론의 틀을 정립했던 것이다. 그러나 정이는 함양법으로서의 경을 좀더 중시함으로써 주체의식을 기르는 것이 무엇보다 중요함을 강조하였다.[14]

북송 신유학을 체계적으로 종합한 주희朱熹(1130~1200, 흔히 주자朱子라 칭함)는 정이를 계승하여 당시 선불교와 그에 영향받은 호남학파湖南學派의 심론心論을 비판하면서 다음과 같이 말한다.

---

9 이러한 심心의 함의 전환은 당시 사람들의 관심과 지향을 반영하는 것이다. 송나라 시대는 인지적 개명과 정치 환경의 변화로 인해 자연과 인륜세계의 사물들에 관한 지식에 관심을 두기 시작한 시대이다. 선종에서 신유학으로의 '심' 개념의 함의 전환에 관해서는 김우형, 「주희 인심도심론의 윤리학적 성격에 대한 고찰—본체론 비판 및 '지각'론의 정립과 관련하여」(『동서철학연구』 69, 한국동서철학회, 2013, 162~166쪽) 참조.

10 주희를 비롯한 송대 신유학의 지각론에 대해서는 김우형, 『주희 철학의 인식론—'지각'론의 형성과정과 체계』(심산, 2005) 참조. 신유학의 지각知覺 개념은 대체로 마음의 핵심 기능으로서의 인지 작용(cognitive function)을 가리킨다.

11 程顥・程頤, 『二程遺書』 卷17. "今人欲致知, 須要格物. 物不必謂事物然後謂之物也. 自一身之中, 至萬物之理, 但理會得多, 相次自然豁然有覺處."

12 程顥・程頤, 『二程遺書』 卷115. "大凡人心不可二用, 用于一事, 則他事更不能入者, 事爲之主也. 事爲之主, 尙無思慮紛擾之患, 若主于敬, 又焉有此患乎? 所謂敬者, 主一之謂敬. 所謂一者, 無適之謂一. 且欲涵泳主一之義, 一則無二三矣."

13 程顥・程頤, 『二程遺書』 卷118. "涵養須用敬, 進學則在致知."

14 程顥・程頤, 『二程遺書』 卷3. "入道莫如敬, 未有能致知而不在敬者."

> 마음은 자신을 주재하는 것이요, 하나이지 둘이 아닌 것이며, 주체가 되지 객체가 되지 않는 것이고, 사물에 명령을 내리되 사물에 의해 명령받지 않는 것이다. 그러므로 마음으로써 사물을 보면, 사물의 이치를 알 수 있다.[15]

불교와 호남학의 본체론에 대한 주희의 비판이 함축하는 바는, 인간의 실제적 마음은 곧 인식(지각)과 실천의 하나뿐인 주체라는 점이다. 따라서 주체의식으로서의 마음은 대상 인식과 도덕 실천을 통제하고 운용하는 유일한 주재자主宰者가 된다.

이와 같이 '심'을 인식과 실천의 주체로서의 마음과 자아로 정립하면서 주희는 정이의 주체성 중시의 사상을 계승하여 더욱 심화·발전시켰다. 주희는 '새의 양 날개, 수레의 두 바퀴'와도 같은 거경과 격물궁리의 양대 방법론을 이론적으로 정립한다.

> '함양하는 것'과 '궁구하여 찾는 것', 이 두 가지는 어느 하나도 그만둘 수가 없으니, 마치 수레에 두 바퀴가 있고 새에게 양 날개가 있는 것과 같다.[16]

수레는 두 바퀴가 있어야 굴러 갈 수 있고, 새는 양 날개가 있어야 날 수 있는 것처럼, 거경함양과 격물궁리는 둘 중 하나라도 없어서는 안 되는 것이다. 즉 주체의식을 기르는 방법과 사물의 탐구법은 필수적인 두 가지 공부법이다. 주희는 더 나아가서 이 두 방법은 하나로 상호 관통

---

15 朱熹, 『朱熹集』 卷67 「觀心說」. "心者, 人之所以主乎身者也, 一而不二者也, 爲主而不爲客者也, 命物而不命於物者也. 故以心觀物, 則物之理得."

16 朱熹, 『朱子語類』, 9:16.(9권 16조목을 의미) "涵養, 窮索, 二者不可廢一, 如車兩輪, 如鳥兩翼." 번역은 이주행·김우형 외역, 『朱子語類』 卷1~13, 소나무, 2001 참조.

되어 있다고 말한다.

> 함양하는 가운데 자연히 이치를 궁구하는 공부가 있으니, 함양한 이치를 궁구하는 것이다. 이치를 궁구하는 가운데 자연히 함양하는 공부가 있으니, 궁구한 이치를 함양하는 것이다. 이 두 항목은 결코 서로 분리되지 않으니, 두 개로 보면 안 된다.[17]

그러나 궁극적으로 주체의식이 무엇보다 중요하기 때문에 주희는 정이를 따라 주체의식을 기르는 경에 '본령공부本領工夫'로서의 지위를 부여한다.

> 경이라는 것은 한 마음의 주재이자 만사의 근본이다. (…중략…) 생각건대 이 마음이 이미 세워지고 이로 말미암아 격물치지하여 사물의 이치를 극진히 밝히면, 이른바 '덕성을 보존한다'는 것이며 '묻고 배움을 따른다'는 것이 된다.[18]

일신과 만물만사를 주재하는 것은 마음이지만, 이 마음을 주인으로 삼는 것은 곧 경에 달려 있다. 그는 또한 "경이라는 한 글자는 성학聖學의 처음과 끝을 이루는 것"[19]이라고도 말한다. 거경함양법에 대한 이 같

17 朱熹, 『朱子語類』, 9:15. "涵養中自有窮理工夫, 窮其所養之理, 窮理中自有涵養工夫, 養其所窮之理, 兩項都不相離. 纔見成兩處, 便不得."

18 朱熹, 『大學或問』 「經一章」. "敬者, 一心之主宰而萬事之本根也. (…中略…) 蓋此心旣立, 由是格物致知, 以盡事物之理, 則所謂存德性而道問學."

19 朱熹, 『大學或問』 「經一章」"蓋吾聞之, 敬之一字, 聖學之所以成始而成終者也."

은 강조는 인식(지각)과 실천의 근본으로서 주체의식의 확립을 주희가 매우 중시했음을 말해준다.

주희에 있어 주체의식의 강조는 마음의 진실성 혹은 참되고 솔직한 마음의 중시로 이어진다. 예를 들어, 『논어』의 충忠과 서恕에 대한 해석에 있어 주희는 충을 "자기 마음을 극진히 하는 것"[20]으로서 해석하되 그것을 또한 '참된 마음'과도 연결시킨다. 주희는 다음처럼 말한다.

> 충은 단지 참된 마음이니, 오로지 진실하여 거짓이 없는 것이다. 사물을 접하고 응할 때 또한 이런 마음을 미루어 나갈 뿐이다. 단지 충하면 비로소 서할 수 있다. 만약 충하지 않으면 본령은 없게 되니, 더 이상 무엇을 가지고 사물에 미루어 나가겠는가![21]

참되고 솔직한 마음만 있으면 그것을 다른 사람이나 사물에게 미루어 도덕적 실천을 할 수 있다는 것이다. 이러한 참된 마음으로서의 실심은 곧 '본심本心'이라고 말하는 것과 다르지 않으며, 그것은 근본적으로 도덕성을 지닌 마음 혹은 도덕심이라고 표현할 수 있는 것이다.[22] 실심과 본심은 주희의 윤리학에서 '인심人心(일반적인 욕구적 마음)'과 대비되는 '도심道心(도덕적 마음)'의 다른 표현이다. 주희의 인심도심의 윤리학에 대해서는 4절에서 다시 논하기로 한다.

---

20 朱熹, 『論語集註』 「里仁 15장」 朱子注. "盡己之謂忠, 推己之謂恕."

21 『朱子語類』, 16:205. "忠, 只是實心, 直是眞實不僞. 到應接事物, 也只是推這箇心去. 直是忠, 方能恕. 若不忠, 便無本領了, 更把甚麽去及物!"

22 『朱子語類』, 12:59. "사람은 반드시 저 잘못이 없는 마음으로 저 잘못된 마음을 체험해야 한다. 잘못이 없는 마음은 본래의 마음이며, 잘못된 마음은 그 본래의 마음을 잃어버린 것이다(人須將那不錯底心去驗他那錯底心. 不錯底是本心, 錯底是失其本心)."

주희의 이와 같은 주체성과 실심(본심)을 중시하는 사상은 왕수인王守仁(1472~1528, 호는 양명陽明. 이후 왕양명이라 칭함)에게로 이어진다. 왕양명은 일반적으로 주희의 라이벌이었던 육구연陸九淵(1139~1193, 호는 상산象山)을 계승한 것으로 널리 알려져 있지만, 실상 주체성이라는 테마에 있어서는 오히려 정이와 주희로부터 더 많은 영향을 받았다고 할 수 있다.[23] 다만 왕양명이 볼 때, 주희의 주체와 자아에 관한 이론은 지나치게 마음과 사물, 주체와 객체, 지와 행을 둘로 나누는 경향을 띤다. 주희의 이론에 대한 왕양명의 문제의식은 그로 하여금 심/물, 주/객, 지/행의 이분법을 통일하는 새로운 실천 지향적 주체와 마음 개념을 모색하도록 이끌었다. 결국 왕양명은 '지각'이라는 마음의 인지적 측면보다는 실천적 의향이나 의도로서의 '의념意念'을 중심으로 하는 실천 지향적 사상을 제시하게 된다. 그러한 실천 지향적 사상에 미루어 볼 때, 주희의 체계는 오히려 양지良知라고 하는 주체성의 원리를 소홀히 했을 뿐만 아니라, 외물에서 도덕적 이치를 찾도록 만드는 폐단을 낳게 되었으며, 이로써 사람들로 하여금 도덕 실천으로부터 멀어지게 만든다. 왕양명은 다음처럼 말한다.

회암은 말했다. '사람이 학문하는 까닭은 마음과 이치일 뿐이다. 마음은 한 몸을 주재하지만 실제로 천하의 이치를 관장한다. 이치는 비록 만사에 산재해 있지만, 실제로 한 사람의 마음을 벗어나지 않는다.'[24] 이는 한번 나

23 뚜웨이밍, 권미숙 역, 『한 젊은 유학자의 초상—青年 王陽明(1472~1509)』, 통나무, 1994, 222~234쪽.

24 『大學或問』「傳五章」.

> 뉘고 한번 합하는 사이에 학자들을 계도하여 마음과 이치를 둘로 여기도록 하는 폐단을 면하지 못한다. 이는 후세에 '오로지 본심만을 구하여 마침내 물리를 빠뜨린다'는 근심이 생기게 된 까닭이니, 마음이 곧 이치임을 몰랐던 것이다.[25]

주희의 마음의 '지각'에 대한 이론은 결국 마음으로부터 이치理를 객체로서 분리시키게 만들고, 이로써 사람들은 본심과 도덕적 자아를 함양하고자 할 때 물리를 빠뜨린다는 쓸데없는 근심을 낳게 된다. 말하자면, 주희의 인식론은 물리에 대한 객관적 탐구와 주체적 도덕적 자아의 함양을 분리하도록 만든다는 것이다. 사물의 이치에 대한 탐구는 결국 주체의식의 함양과 도덕 실천을 방해할 것이다. 따라서 왕양명은 나의 마음을 벗어나 도덕적 이치를 찾아서는 안 된다고 말한다.

> 마음이 곧 이치이다. 천하에 다시 마음 밖의 일이 있고, 마음 밖의 이치가 있겠는가?[26]

'사물'은 앎의 객관적 대상이 아니라 인사人事에 있어 양지의 실천적 '의념意念'의 대상이며, '이理'는 객관사물의 원리가 아닌 인륜과 도덕 준칙을 의미한다. 본심으로서의 양지에 의한 앎은 행위와 실천의 시초이

25 『傳習錄』 卷中 133조. "晦菴謂'人之所以爲學者心與理而已. 心雖主乎一身, 而實管乎天下之理. 理雖散在萬事, 而實不外乎一人之心.' 是其一分一合之間, 而未免已啓學者心理爲二之弊. 此後世所以有'專求本心, 遂遺物理'之患, 正由不知心卽理耳." 정인재・한정길 역주, 『傳習錄』, 청계출판사, 2001, 365~366쪽 참조

26 『傳習錄』 卷上 3조. "心卽理也. 天下又有心外之事, 心外之理乎?"

고, 행위와 실천은 양지적 앎의 완성이다.[27] 실천적 차원에서 지와 행은 합일되어 있다.[28]

요컨대, 왕양명은 주체성과 실심(본심)으로서의 양지를 천리와 일치시 함으로써 본체로 간주하는 입장을 나타낸다.[29] 이는 노불老佛의 본체론을 비판하면서 주체성과 실심을 강조했던 정이나 주희로부터 일정 정도 이탈한 것이며, 오히려 그들과 달리 노불의 본체론을 포용하려는 성격을 띤다. 또한 왕양명에 있어 도덕적 원리들은 탐구나 논리적 추론 없이 오로지 실존적으로 체험되어야 한다는 점도 정이나 주희와 차이가 나는 곳이다. 그럼에도 불구하고 양지가 즉각적으로 시비선악을 직관하고 도덕적 판단을 내릴 수 있다는 왕양명의 주장은, 도덕적 당위의식으로서의 도심道心이 마음 속 일리一理의 발현태인 당위 준칙을 곧바로 자각한 상태라는 주희의 윤리학적 기본구도와 근본적으로 다르지 않다.[30] 이제 조선유학사에서 주자학과 양명학이 독창적으로 결합된 한 양상에 대해 살펴보자.

27 『傳習錄』 卷上 5조. "知是行之始. 行是知之成."

28 『傳習錄』 卷中 133조.

29 『傳習錄』 卷上 8조. "知是心之本體, 心自然會知. 見父自然知孝, 見兄自然知弟, 見孺子入井, 自然知惻隱. 此便是良知, 不假外求." 정이-주희-왕양명으로 이어지는 주체성과 자아 이론의 공통점과 차이에 대해서는 김우형, 「주희와 왕양명에서 주체와 자아-인식」(『동양철학』 22, 한국동양철학회, 2004, 139~161쪽) 참조.

30 주희는 당위 준칙의 직관 능력으로서의 양지良知를 지각知覺의 한 기능으로 본다. 따라서 양지의 도덕적 직관에 의해 시비선악을 판단하여 옳고 선한 것을 행해야 한다는 왕양명의 도덕철학은, 일반적인 감정이나 욕구(인심)와 구별되는 당위의식(도심)의 대립 속에서 도심을 당위이기 때문에 선택해야 한다는 주희 윤리학의 테두리를 근본적으로 벗어나지 않는다. 따라서 양자는 공통적으로 내적 동기와 당위적 의무감을 도덕의 기준으로 삼는다. 다만, 둘의 차이는 양지를 도덕형이상학의 본체로 삼느냐(왕양명) 아니면 궁극적 일리一理를 단지 지각론의 입장에서 요청하느냐(주희)에 놓여 있다.

3. 주자학과 양명학의 독창적 결합 – 정제두와 강화학파

정이로부터 유래된 주관의식으로서의 심과 그 주체성을 중시하는 철학은 주희를 거쳐 왕양명에게서 정점을 이루었다고 한다면, 근래까지도 대립적으로 통용되던 '주자학'과 '양명학'이라는 명칭[31]은 과연 어떻게 이해해야 할까? 만약 넓은 의미에서 마음의 주체성에 근본을 두는 신유학 사상을 '주자학'이라고 칭한다면, 양명학을 '주자학의 한 분파'로서 실천적으로 대중화시켰던 흐름으로서 간주할 수 있게 된다. 주자학과 양명학을 대립적으로 보는 것은 사상사의 이해에 결코 도움이 되지 않는다는 것이다. 다만, 양명학이 주자학을 실천적으로 대중화시켰다는 점 외에도, 이론적인 면에서는 주자학이 '지각(인식)'을 중시하는 반면 양명학은 양지를 마음의 본체로 간주함으로써 형이상학적인 측면을 강조한다는 대비는 가능하다. 적어도 이같은 이론적 대비의 차원에서 조선 양명학파(강화학파)의 태두라 칭해지는 정제두鄭齊斗(1649~1736, 호는 하곡霞谷)는 주자학과 양명학을 독창적으로 결합한 사상가로 평가된다.[32]

정제두의 독창성은 주자학에서 말하는 '지각'을 일반적 인지 작용으로서 수용하되, 그것을 마음의 본체인 양지의 발현태 가운데 하나로 재해석했다는 데 있다. 즉 남계南溪 박세채朴世采(1631~1695)를 비롯하여 소

31 주자학과 양명학은 이른바 '정주이학程朱理學'과 '육왕심학陸王心學'의 대립으로도 표현된다. 그러나 이미 언급했듯 정이나 주희도 심心을 가장 중시하고 왕양명도 리理를 도외시하지 않기 때문에, 이학理學과 심학心學의 대립적 이해는 결코 바람직하지 않다.

32 김우형, 「霞谷 鄭齊斗의 知覺論과 倫理學 – 주자학과 양명학의 독창적인 결합」, 『양명학』 20, 한국양명학회, 2008, 355~385쪽 참조.

론의 영수인 윤증尹拯(1629~1714, 호는 명재明齋), 민이승閔以升(1649~1698, 호는 언휘彦暉)과 최석정崔錫鼎(1646~1715, 호는 명곡明谷) 등 소론少論의 여러 사우師友들[33] 로부터 비판과 회유를 받게 되고, 그들과의 논쟁을 통하여 마침내 주자학의 지각론적 관점을 일부 수용하게 된 것이다. 특히 민이승은 주자학의 지각론적 입장에서 천리를 본체로, 지각을 작용으로 구분하되, 양지는 본체가 아니라 단지 지각 작용에 속할 뿐이라고 비판했다. 이에 대해 정제두는 다음처럼 말한다.

> 양지란 『대학』의 명덕이니, 즉 오상(五常)의 지(知)[34]이며 성(性)입니다. 만약 '지'자만 말하면, 정(情) 한쪽에 떨어져 '지식'·'지각'의 지와 더불어 깊고 얕으며, 정밀하고 조잡함을 구별할 수 없게 되므로, 특별히 '양지'라고 말한 것입니다. 그것은 성체의 지이며, 본연의 선(善)이며, 즉 오상의 지이며, 성이자 대본임을 밝힌 것입니다. 오상의 지는, 즉 오상의 인(仁)의 밝은 곳입니다. 그것을 측은의 정과 선후(先後)가 있다고 하겠습니까? 형은 또 양지는 정이요 성이 아니라고 하였습니다. 그러나 고요한 것을 성이라 하고 발현한 것을 정이라 하는 것도 대체적으로 편을 나눈 것이니, 어찌 참으로 성을 고요함 속에만 있고 발용(發用)하는 곳에는 없다고 하겠습니까? 어찌 동과 정을 두 단면으로 잘라 그 고요하고 적막한 것이 성이 되지만, 발현하여 작용하면 성체도 없고 대본도 없는 것이겠습니까? 여기야말로 본령이

33 정제두와 위 인용된 사람들은 모두 소론 학맥에 속하며, 이이와 논쟁했던 성혼成渾(1535~1598)과 관련된다. 이들은 노론에 비해 상대적으로 학문적 유연성을 지닌다. 김교빈, 「조선 후기 주자학과 양명학의 논쟁—정제두와 박세채·윤증·민이승·박심·최석정의 논쟁을 중심으로」, 『시대와철학』 10, 한국철학사상연구회, 1999, 203~205쪽.

34 오상五常은 인의예지신仁義禮智信을 가리키는데, 정제두는 '智'를 '知'로 바꾸어 말하고 있다. 이는 양지良知가 본체임을 주장하기 위해 의도적으로 혼용한 것으로 보인다.

되는 곳이니 살펴보시기 바랍니다.[35]

양지는 본체性이자 발용한 상태情가 되어 시비선악이나 측은지심 등 도덕적 가치를 자각하는 작용을 하되, 또한 사물에 대한 일반적 사실적 인지 작용으로서의 '지각'으로도 발현된다는 것이다. 즉 마음은 하나의 본체로서 양지를 지니되, 그 작용은 두 가지 종류로 나뉜다는 것이다. 이처럼 양지를 본체이자 일종의 도덕적 직관 작용으로서 간주하되, 그것은 또한 '지각' 작용으로서도 발현될 수 있다는 견해는 민이승 등과의 논쟁을 통해 주자학적 지각론의 입장을 수용한 결과라고 할 수 있다.[36] 양지 본체는 인사人事의 영역에 있어 도덕적 준칙을 발출하고 자각함으로써 사람들은 시비선악을 즉각적으로 판단할 수 있으며, 또한 동시에 만물萬物의 영역에 있어서도 사물들의 이치나 법칙을 발출함으로써 그것을 인식할 수 있다.[37] 외부 사물들의 원리나 법칙이 사물들에게 있는

35 『霞谷集』 卷1 「答閔彥暉書 4」. "良知者卽大學之明德, 而卽五常之知也性也. 若只言知字則恐落情一邊, 其與知識知覺之知, 淺深精粗, 無可以別, 故特曰良知. 正明其爲性體之知本然之善, 而卽五常之知也性也大本者也. 五常之知, 卽又五常之仁之明處. 其謂與惻隱之情有先後歟? 兄又謂良知是情非性. 然靜言性發言情, 亦只是大槩分邊, 豈眞以性爲只在靜中, 而不在發用處歟? 豈動靜截爲二端, 其靜寂者爲性, 而發用則無性體無大本者耶? 此誠本領處, 幸加察焉."

36 김우형, 「霞谷 鄭齊斗의 知覺論과 倫理學 – 주자학과 양명학의 독창적인 결합」, 『양명학』 20, 한국양명학회, 2008, 361~367쪽 참조.

37 『霞谷集』 卷1 「答閔彥暉書 4」. "그렇다면 말・소・개・닭의 이치와 늙은이・어린이・친구에 대한 도리도 비록 각자 그 사물은 있지만 그 법칙의 밝게 드러남은 마음의 본연이 아님이 없으니, 이것이 곧 그 법칙입니다. 진실로 능히 그 심체를 극진히 발휘하여 애친愛親・경형敬兄하는 마음처럼 가려짐이 없이 한다면, 사물의 본연에 있어서도 애친・경형의 이치처럼 밝게 드러나지 않음이 없을 것입니다. 사물마다 그렇지 아니함이 없으므로, 어른을 어른 대접함과 흰 것을 희다 함과 말을 말로 다루고 소를 소로 부림과 늙은이를 편안하게 하고 어린애를 안아주는 것에 각각 그 법칙이 있어 환하게 드러나 미혹되지 않으니, 이것이 곧 마음의 이치입니다. 이것이 그 참되고 지극한 이치이면서 사물의 법칙이 되는 것입니다(然則馬牛鷄犬之理, 老少朋友之道, 雖各有其物, 若其則之昭著焉則無非心之本然, 是其則耳. 苟能盡其心體, 無不如愛親敬兄之心之無蔽焉, 則其於物之本然, 卽無不如愛親敬兄之理之昭著矣. 無物不然, 故其長長也白白也馬馬也牛牛也老安也少懷也, 各有其則, 昭乎不迷, 卽心之理也. 此其眞全之理, 爲物之則者也)."

것이 아니라 주관의 양지 본체로부터 발출된다는 점에서 정제두는 지각론에 있어 주관주의적인 관념론의 입장을 나타내는 것이다.

정제두는 강화도 시기(61~88세)에 도덕적 수양과 실천 공부 방면 외에도 자연학에 관한 저술을 남기고 있는데,[38] 이는 주자학적인 '지각'론을 일부 수용한 결과라 할 수 있다. 비록 정제두의 애초의 문제의식은 주희의 격물치지설에 대한 의문에서 시작되었고 이로 인해 왕양명의 '정사正事'와 '치양지致良知'라고 하는 해설을 따르게 되는 것이지만,[39] 논쟁 과정을 거치면서 결국 지각론을 일부 수용함으로써 격물에는 '사물을 바로잡는' 도덕적 활동과 더불어 '사물에 대한 탐구'가 포함된다고 본 듯하다.[40] 어떤 사태나 일을 행할 때 도덕적으로 잘 치러내기 위해서는 그 사태나 일에 관련된 사물의 원리나 이치들을 파악하는 것이 필요한 경우가 있다고 보았던 것이다. 이때 도덕적인 준칙들에 대해 양지는 즉각적으로 자각할 수 있지만, 사물들의 원리나 이치들은 후천적 학습과 탐구를 통해야만 알 수 있다.[41] 요컨대 정제두는 주자학적 지각의 관점을 일부 수용함에 따라 대상에 대한 탐구를 용인하게 된 것이다.

이러한 관점과 경향은 정제두의 윤리학적 견해에서도 나타난다. 주

---

38 정제두의 자연학에 관해서는 최재목, 「하곡 정제두의 자연학에 대한 예비적 고찰」(『양명학』 6, 한국양명학회, 2001, 75~86쪽) 참조.

39 『霞谷集』 卷8 「學辯」. "其曰格物致知, 謂以物者爲事物之理, 而以理爲在物也, 求識在物之理, 以明吾心之道, 則曰在於窮至物理, 以極其心知, 故以天地間一箇懸空道理, 該括天地萬物之則, 而心者不過爲受攝之地運行之資耳. 王氏所謂物者非外於吾心也, 乃吾心之日用可見之地, 而吾知之所在者也, 其有條理, 皆出於心, 而皆吾之性, 是物也理也, 無非心也內也."

40 『霞谷集』 卷9 「存言(中)」. "心理明而天地萬物之性皆可明矣. 格心物而天地萬物之理無不得矣. 術技亦然. 心體明而古今事變之目皆可辨矣. 得心體而禮樂刑政之宜無不得矣. 書史亦然."

41 『霞谷集』 卷9 「存言(中)」. "名物度數, 律曆象數, 必學而后知, 聖人亦未必能之. 禮樂刑政, 必學而后知, 其本則中和之德仁義之心. 實爲禮樂也, 節目時變, 心之於節目時變, 如規矩尺度也. 未嘗專以此爲學."

희의 윤리학의 핵심은 근본적으로 인심과 도심의 대립구도 속에서 의무감에 따라 도심을 선택해야 한다는 것으로 압축되지만, 즉각적으로 당위 준칙이 자각되어 사욕私慾으로 발전된 인심과 대립되는 상황이 아닌 경우에는 그 사안에 대한 적절한 규칙을 구성하는 것이 필요하다. 즉 당위의식과 대립되지 않는 일반적인 감정이나 욕구(인심)의 과불급過不及(과도함과 모자람)을 조절하고 절제하기 위한 규범으로서의 예禮를 궁구하여 모색해야 한다는 것이다. 이와 같은 예의 탐구와 규정화는 주희 윤리학의 핵심과는 별도로 조선 시대 주자학의 일반적인 윤리학적 특징을 이루며, 이는 영남학파(남인)나 기호학파(서인)에 관계없이 공통되는 경향이라 할 수 있다.

주자학의 지각론적 관점을 일부 수용한 정제두는 이러한 예의 탐구와 규정화의 필요성을 또한 받아들였다. 비록 양지의 즉각적인 자각에 의해 시비선악을 판단할 수 있기 때문에 외적인 규범과 통제는 궁극적으로 불필요하지만,[42] 만약 예의 통제가 없다면 '임정종욕任情縱欲(감정에 맡기고 욕구를 따름)'의 폐단[43]에 빠질 우려가 있게 된다. 따라서 객관적 통제 장치로서의 예는 현실적으로 존재하지 않을 수 없으며, "일반적으로 예제禮制는 반드시 등급과 위엄에 차별이 있으니 그 제도는 같지 않기"[44] 때문에 많은 조목들과 규정들이 존재한다. 예의 구체적 조목들이나 형

42 이는 주희와 왕양명의 공통된 윤리학적 특징이다. 이러한 자율성과 내적 동기에 바탕한 윤리학적 입장은 사공事功학파를 비롯한 공리주의나 결과주의 윤리설과 대립 구도를 이룬다. 주희와 대립했던 공리주의자 진량陳亮과의 논쟁에 대해서는 이승환, 「주자와 진량의 왕패논쟁」(『유가사상의 사회철학적 재조명』, 고려대 출판부, 1998) 참조.

43 『霞谷集』 卷9 「存言(下)」. "余觀陽明集, 其道有簡要而甚精者, 心深欣會而好之. 辛亥六月, 適往東湖宿焉, 夢中忽思得王氏致良知之學甚精, 抑其弊或有任情縱欲之患(此四字眞得王學之病)" 최재목, 「霞谷 鄭齊斗의 '致良知說의 弊'에 대한 재검토」, 『양명학』 15, 한국양명학회, 2005 참조.

44 『霞谷集』 卷5 「卒哭前後服色議對(十二月)」. "凡禮制必有等威差別, 而其制不同."

정刑政제도 들은 태어나면서 아는 것이 아니기 때문에, 자연학적 대상과 마찬가지로 반드시 궁리해야 하는 것들이다.

결론적으로, 정제두는 당시 소론 인사들과의 논쟁을 통해 주자학의 지각론적 관점을 일부 수용함으로써 지각론과 윤리학에 있어 주자학과 양명학의 특정 요소들이 공통적으로 발견된다. 도덕적 시비선악의 직관뿐만 아니라 자연학적 원리들이나 객관적 규범들은 모두 본체인 양지에 근거해서 발출되는 것이지만, 자연학적 지식이나 형식적 규칙의 인식과 구성은 경험적 학습과 탐구를 경유해야만 한다. 이 점에서 정제두와 그를 따르는 조선 양명학파(강화학파)의 주요 특성은 주자학과 양명학을 독창적으로 결합시켰다는 데 있다고 하겠다.[45]

45 정제두의 아들 정후일鄭厚一을 비롯하여 윤순尹淳 · 이광사李匡師 형제, 김택수金澤秀 등이 그의 문인으로서 강화도를 중심으로 학풍을 이었다고 한다. 문인 이광신李匡臣은 스승에 대해 다음과 같이 서술하였다. "돌이켜 보건대, (주희의) 格物致知의 해석과 卽物窮理의 설에는 끝내 엇갈려서 들어맞지 않는 것이 있음을 깨닫고 이를 濂溪와 明道의 설에서 찾았으니, 격물치지의 의미해석이 비록 考亭에 비해 역시 다름이 없다고 하더라도, 道體 공부의 實한 곳에서는 혼연히 온전하고 간편하고 쉬웠으며 분리하고 분석함이 있음을 보지 못하였다. (…중략…) 중년에는 王陽明의 글을 얻어 읽고서 致良知와 知行合一설에 이르러서는 곧 濂溪나 明道가 발명하지 못했던 것을 발명한 것이 있다고 해서 드디어는 躍然히 반성하여 깨닫고 致知에 專心하였다. 여기에서는 짐짓 考亭의 학문과 다르기를 구하려고 한 때문이 아니었다. 다만 근본되는 大體와 공부에 入門하는 곳에 있어서 분리되고 합하거나 번잡하고 간편한 것의 차이가 없을 수 없었기 때문에 그러했던 것이다. 그러나 考亭을 높이고 믿는 데서도 또한 일찍이 독실하지 않음이 없었고 그밖에 문의가 명확하고 정당한 곳은 역시 한 글자도 움직이지 않았던 것이다. 선생의 門下에 찾아든 이가 만약에 章句와 集註를 배우려고 하면 역시 그에게는 장구와 집주를 가르쳤으며, 반드시 왕양명의 학설로 유인하지는 않았던 것이니, 대체로 그의 독실한 공부를 말한다면 이것과 저것이 서로 해치지 아니하고 같은 곳으로 돌아가서 一致되는 것이기 때문이었다. 그러나 만약에 양명의 학설을 청하여 묻는 이가 있으면 또한 반드시 그가 묻는 바에 따라서 양단을 다 들어서 힘껏 가르쳤는데, 이것은 선생이 학문을 하는 데 있어서 처음부터 끝까지 주장하던 뜻이었다." 이는 정제두의 학문에 대한 객관적인 서술로 보인다. 『霞谷集』「門人語錄」.

4. 정인보의 주체적 실심의 윤리학과 '국학'의 형성

정제두와 그의 학파가 선명한 양명학의 노선을 유지하지 않고 주자학과 양명학을 결합시켰다고 해서 그들을 양명학의 입장에서 이탈했다고 비판해서는 안 될 것이다. 정제두와 강화학파는 자신의 마음에 미루어 솔직하게 옳다고 여겨지는 것을 말했을 뿐이요, 이 점에서 주체적 실심을 발휘한 것이다.[46] 그들은 주희에서 왕양명에 이르는 주체성의 원리와 실심의 정신을 계승하고 실천한 사람들인 것이다. 그렇다고 조선에서 정제두와 강화학파만이 주체성과 실심을 계승했다고 보는 것도 옳지 않다. 강화학파는 조선유학사에서 주체적 실심의 정신을 계승한 하나의 사례로서 간주되어야 한다.[47]

소론계 가문 출신인 정인보는 이 같은 강화학의 배경 속에서 주체성과 실심의 정신을 이어받았다.[48] 따라서 그의 사상에는 주자학과 양명학이 독특하게 결합된 강화학의 맥이 흐르고 있다고 보아도 될 것이다. 다만, 정인보도 자신의 주체적 실심에 의거하였던 바, 사상의 구체적

---

46 정제두와 그의 학파를 '강화학江華學'이라는 용어로 지시한 최초의 사람은 민영규 선생이다. 그가 정제두학파를 '조선양명학파' 대신 '강화학파'로써 칭한 이유는, 강화학파 내부에서도 주체적 실심에 의거해서 각자 다양한 견해와 실천이 있었음을 나타내고 싶었기 때문이다. 민영규, 『江華學 최후의 광경』, 우반, 1994, 80쪽.

47 정인보는 조선 고서 해제 작업을 통해 조선 후기 새로운 학풍을 다음의 3계열로 나누고 있다. ① 성호 이익에서 농포 정상기로 이어지는 흐름, ② 소재 이이명에서 서포 김만중을 거쳐 담헌 홍대용에 이르는 흐름, ③ 하곡 정제두에서 발원하는 조선 양명학파의 흐름. 이 세 계열은 각각 남인, 노론, 소론에 해당된다. 실학의 학풍은 어느 한 계파에 국한된 것이 아니었다고 정인보는 생각했던 것이다. 이황직, 「위당 조선학의 개념과 의미에 관한 연구」, 『현상과인식』 34-4, 한국인문사회과학회, 2010, 26쪽 참조.

48 민영규, 앞의 책, 25~56쪽.

양태는 다르게 나타난다. 예를 들어, 정인보가 볼 때 사실과 가치, 존재와 당위의 영역은, 비록 주체적 실심이 두 영역을 통괄·주재한다고 하더라도, 방법론상에서 좀더 분명하게 구별될 필요가 있다.[49] 대상에 대한 사실적 탐구로서 주희의 격물치지설은 그 자체로 잘못된 것은 아니며, 오히려 과학적인 격물치지는 서세동점하던 당시 시대 상황에 긴급히 요청되는 것이었다. 유감스럽게도, 조선의 학자들은 이와 같은 격물치지의 방법론을 자연과학의 발전에 이용하지 못하고, 오히려 심성의 탐구와 도덕적 수양법으로 국한시켰다는 점에 문제가 있었던 것이다.

> 회암(晦庵)의 '격치(格致)'의 대의(大義) 만일 사물을 나누어 고구(考究)하는 분치적(分治的) 정신으로 실제(實際)에 응용하였던들 물질에 대한 발명이 혹 원서(遠西)와 병구(竝驅)하였을지도 모를 것을, 이렇게 활용하지는 못하고 그 해석 그대로 심성(心性)을 수양하는 거기에다가 붙박이 요로(要路)를 삼고 보니 학자가 말로는 부연할 수 있으나 자심상(自心上) 어떠한 착수처는 없고 그런즉 학문은 실상 자심(自心)과 멀어지고 말았다.[50]

주희의 격물설을 보자면, 격물의 탐구는 모든 대상에 적용되고 그 가운데 심성의 격물은 가장 중요하다. 왜냐하면 심성에 대한 격물이야말로 근원적 일리一理에 다가갈 수 있는 유일한 방법이기 때문이다. 그런데 정인보가 볼 때, 심성에 대한 격물은 말로는 무어라 설명하고 이론을

49 정인보, 『양명학 연론』, 119쪽. "그러나 學者로서 宇宙의 生成을 討究하는 學究的 方法과 修行하는 사람으로서 心境 속 切近한 生活을 獨做하는 要諦와ㅣ 다르니라."

50 정인보, 『양명학 연론』, 122쪽.

만들 수는 있되, 도덕적 심성에 대해서는 전혀 앎과 깨달음을 주지 못한다. 과학 혹은 사실적 탐구의 영역과 인문학적 도덕 수양의 영역은 다르기 때문에 방법론은 각각 달라야 한다는 것이다.[51] 달리 말하면, 대상의 사실적 탐구로서의 격물치지는 과학의 방법에 해당되되, 심성의 도덕 수양은 탐구보다는 실심(본심)을 자각하고 실천하는 방법밖에 없다고 보았다.[52] 마음의 양지良知는 즉각적으로 시비와 선악을 알 수 있기 때문에, 심성에 대한 탐구는 불필요할 뿐만 아니라 오히려 방해가 될 수 있다. 정인보에 있어 주체적 도덕적 실심이 학문이나 도덕 수양에 있어 기초가 된다는 점은 주희나 왕양명과 하등 다를 바 없지만, 윤리학적 심성의 탐구가 필요하다는 주희의 견해에는 동의할 수 없었기 때문에 양명학을 내세우지 않을 수 없었던 것이다.[53]

그럼에도 불구하고, 윤리학적 입장이나 이론 형태에 있어서 그것이 주희식의 탐구에 의한 것이든 아니면 왕양명의 고군분투한 공부에 의한 것이든, 정인보의 주체적 실심에 근거한 윤리학은 주희의 인심도심

51 정인보, 『양명학 연론』, 124~125쪽. "近世 西洋學術만이 複雜 纖瑣함이 아니니다. 宋以後 支那儒學의 心性에 대한 討究도 참으로 기막히는 꼼꼼과 더할 수 없는 똑똑이 아님이 아니다. 그러나 千年을 두고 心을 究하여 一刹那에 일어나는 念質을 數萬言을 費하여 分析하였다 하자. 心을 究하는 그 學問과 내 마음 공부와는 당초에 관계가 없다. 그러므로 一念의 부끄러움을 붙들어 부끄러운 念을 누르는 것이 千年 두고 心을 究하는 것보다 實工이요, 마음이라는 名稱조차 모르는 사람으로도 能히 부끄러워하는 바에는 제 利로움도 버리었을진대 이 곧 心學에 있어 높은 地位를 占하였다 할지라도 陽明의 學이 이 곧 心學이요, 心은 곧 本心이요, 쉽게 말하자면 본밑마음이다."

52 정제두는 사실과 가치의 영역을 각각 소이연所以然과 소당연所當然으로 나누지만, 방법론을 두 가지로 나누지는 않았다. 즉 도덕 수양법으로서의 격물치지에는 대상 탐구와 지식의 확충이 수반되어 있다. 이에 비해 정인보는 과학적 탐구법을 도덕적 영역에 적용해서는 안 된다고 본다.

53 정인보가 양명학을 내세우게 된 것은 강화학이라는 배경이 작용했겠지만, 근본적으로는 이 같은 학문적 논리와 실천 지향적 윤리학에 대한 시대적 요청에 의거한 것으로 보인다. 다음을 참조. "良知가 곧 이것이니 陽明의 이른바 '良知는 곧 마음의 本體라' 함이 이를 因함이다. **그러므로 陽明의 學은 簡易하며 直截하여 良知의 一點直血로써 거의 滅絶하게 된 心魂을 喚回하자는 것이다.**"(정인보, 『양명학 연론』, 125쪽) 강조는 정인보 본인의 것.

론이라고 하는 도덕 이론의 골격을 그대로 따르고 있다. 정인보는 "원래인생의 수양이라는 것은 실심實心의 힘을 빌어 가지고 편협한 자사념自私念을 누르는 것"[54]이라고 말한다. 여기서 실심(본심)이란 옳음을 즉각적으로 자각해서 옳다고 여기는 도덕적인 진실한 마음을 가리키고, 자사념自私念이란 자기 자신의 이익과 편의만을 추구하는 이기적인 마음을 뜻한다. 이와 같은 실심과 자사념의 대립구도는 주희가 「중용장구서」에서 "반드시 도심으로 하여금 항상 일신의 주체가 되도록 하되 인심은 매번 그로부터 명령을 듣도록 한다"[55]는 것을 골자로 하는 인심도심에 관한 이론과 근본적으로 상통하는 것이다. 여기서 주희의 그 유명한 언명을 잠시 살펴볼 필요가 있다.

> 마음의 허령지각은 하나일 뿐인데, 인심과 도심의 차이가 있다고 말한 것은, 어떤 것은 형기(形氣, 육체)의 사사로움에서 생하고 어떤 것은 성명(性命, 본성의 명령)의 올바름에서 근원하여 지각하는 것이 같지 않기 때문이다. 이 때문에 어떤 것은 위태로워서 불안하고, 어떤 것은 미묘하여 알기 어려울 뿐이다. 그러나 인간은 이 형기를 갖지 않은 사람이 없으므로 비록 상지(上智)라도 인심이 없을 수 없으며, 또한 이 성을 갖지 않은 사람이 없으므로 비록 하우(下愚)라도 도심이 없을 수 없다. 두 가지는 마음속에 섞여 있는데, 그것을 다스리는 방법을 알지 못해서 위태로운 것은 더욱 위태롭고 미묘한 것은 더욱 미묘해지니, 공적인 천리는 마침내 저 사적인 인욕을 이길 수 없게 된다.[56]

54 정인보, 『양명학 연론』, 114쪽.
55 朱熹, 「中庸章句序」. "必使道心常爲一身之主, 而人心每聽命焉."

위에서 말한 인심이란 단순한 감각적 지각과 욕구로서, 자사념과 같은 이기적인 인욕人欲과 정확히 같은 것은 아니지만, 감각적 욕구가 가진 속성상 인욕(자사념)에 빠지기 쉬운 것이다. 도심은 그와 같은 인심에 대립적인 도덕적 지각과 욕구로서, 마음 속 '도덕성의 명령性命'으로서의 당위 준칙을 자각한 상태를 말한다. 그런데 모든 인간은 예외 없이 이와 같은 인심과 도심이 착종하여 뒤섞인 상태에 놓이게 되는데, 인심이 인욕이 되어 도심과 대립할 때 양심의 목소리이자 당위 준칙을 자각한 상태인 도심을 단지 그것이 당위라는 이유만으로 선택해야 한다는 것이다. 이 점에서 당시 사공학파의 결과주의와 공리주의에 대립했던 주희의 인심도심의 윤리학은 내적 동기와 의무감을 중시하는 성격을 띤다.[57] 이 같은 주희의 견해를 정인보와 비교해 보기로 하자.

> 가만히 자심(自心)에 조검(照檢)하여 보라. 의념(意念)의 형성되려 할 때 당연타, 그렇지만 그렇게 하면 내게 불리하니 어쩌나, 불가타, 그렇지만 그렇게 해야 내게 유익하니 어쩌나, 누구나 이는 험과(驗過)하지 아니한 이가 없으리라. 당연타 불가타 하는 그것과 어쩌나 하는 그것과는 곧 내 생명과 적(賊)과의 분계(分界)이니, 당연타 할진대 하고 불가타 할진대 말되 이를 머리 속에서부터 확행(確行)하여야 한다 함이 이 과연 이상한 말이라 할까.[58]

56 朱熹, 「中庸章句序」. "心之虛靈知覺, 一而已矣, 而以爲有人心道心之異者, 則以其或生於形氣之私, 或原於性命之正, 而所以爲知覺者不同. 是以或危殆而不安, 或微妙而難見耳. 然人莫不有是形, 故雖上智不能無人心, 亦莫不有是性, 故雖下愚不能無道心. 二者雜於方寸之間, 而不知所以治之, 則危者愈危, 微者愈微, 而天理之公, 卒無以勝夫人欲之私矣."

57 김우형, 「주희 인심도심론의 윤리학적 성격에 대한 고찰—본체론 비판 및 '지각'론의 정립과 관련하여」, 『동서철학연구』 69, 한국동서철학회, 2013, 174~183쪽 참조. 진량陳亮의 공리주의에 대해서는 다음을 참조. Tillman, H. C., *Utilitarian Confucianism : Chen Liang's challenge to Chu Hsi*, Cambridge, Mass : Harvard University Press, 1982.

정인보에 의하면, 자기 마음을 비춰보면 어떤 일은 마땅히 해야만 하고 어떤 일은 해서는 안 된다는 즉각적인 앎은 누구나 가지고 있다. 그것이 곧 양지로서의 실심(본심)이다. 그러나 이와 더불어 당연히 해야만 하는 일을 한다면 나에게 불리하게 되고, 또 해서는 안 될 일을 만약 행한다면 오히려 나에게 유리하게 작용할 수 있다는 생각이 동시에 발생한다. 이것이 곧 자사념이다. 실심과 자사념은 '나의 생명'과 '적'처럼 대립적인 것으로서 모든 사람에게 동시에 발생하여 갈등을 야기할 수 있는 것이다. 따라서 당연히 해야만 하는 일은 행하고 해서는 안 되는 일은 하지 말아야 한다는 앎은 즉각 실천으로 이어지도록 분명하게 자각되고 투철해져야 한다는 것이다. 이를 주희와 비교해 본다면, 사용되는 용어만 다를 뿐 기본적인 이론구조와 함의는 거의 동일하다고 하겠다. 다만, "머리 속에서부터 확행確行하여야 한다"는 말에서 나타나듯, 실심은 단지 자각 단계에 머물러서는 안 되고 반드시 실천으로 이어지도록 해야 한다는 점에서 왕양명처럼 좀더 실천을 강조하고 있다. 그러나 주희도 근본적으로 도덕적 실천을 중시함은 물론이다. 요컨대 강조점과 용어의 미세한 차이가 있을 뿐, 주희와 정인보의 윤리학은 모두 내적 동기와 의무감을 중시하는 입장을 나타낸다.[59]

위와 같은 윤리학의 특징은 개인의 내적 자각과 양심에 초점을 맞추

58 정인보, 『양명학 연론』, 242쪽.

59 민영규 선생은 이러한 윤리학을 실학實學의 의미에 연관시킨다. 다음을 참조. "모든 행위에 대한 도덕적 가치판단의 기준은 오로지 그 동기의 성실성 여하에 있고, 그것이 결과할 功利性 여하에 관계하지 않는다. 王陽明이 陸元靜에게 준 글에서 아프게 공격해 있는 '近世 이른바 道德이 모두 功名而已'라든가, 謀計之心 · 功利之習 운운은 당대 朱子學이 온통 假籍朱子學으로 타락된 모습을 가리킨 것이었겠지만, 이점 陽明學도 그렇고, 朱子學도 그렇고, 그 발단에 있어 엄숙한 동기주의였었다고 보아서 좋다. 實學의 本義는 실로 여기에 있었던 것이다. (민영규, 앞의 책, 81쪽)"

고 있다는 점에서 자유주의적인 경향을 띤다.[60] "민중의 복리福利를 도모"[61]하는 것은 중요한 사안이긴 하지만, 그것조차 주체적이고 도덕적인 실심이 갖추어져야 비로소 가능한 일이다. 행복이나 이익의 추구는 당위적 준칙이나 법칙에 비해 부차적인 지위를 차지한다. 정인보가 일찍이 효제자孝弟慈의 덕을 중시하는 정약용의 사상[62]에 주목했고, 당시 중국에서 덕德에 관한 관심과 논의가 증대하는 추세였음에도,[63] 그가 양심의 명령과 당위적 준칙에 대한 자각을 강조했다는 점은 공동체보다 개인에 입각한 윤리설을 지향했다는 점을 암시한다.[64]

요컨대 정인보에 있어 개인의 주체적이고 도덕적인 실심에 바탕하고 있는 학문이 곧 실학實學인 것이고, 실학인 한에서 그것이 주자학에 속하는지 양명학에 속하는지는 하등 문제될 것이 없다.[65] 오로지 자신

---

60 이황직, 앞의 글, 294쪽. 다만 이황직은 정인보의 '도덕적 개인주의'가 공동체 윤리와 유기적으로 결합되어 있다는 점에서 서구의 자유주의와 다르다고 보았으며, 그 뿌리는 양명학이라고 보았다. 신유학과 서구 자유주의와의 차별성은 좀더 논의해야 하겠지만, 양명학의 '도덕적 개인주의'의 뿌리는 주희를 비롯한 송 대 이학理學으로까지 거슬러 올라간다. 신유학을 주체적 자아를 중시하는 하나의 '자유주의 전통'으로 해석하는 입장에 대해서는 다음을 참조. de Bary, *Wm. Theodore, Self and Society in Ming Thought*, Columbia University Press, 1970; de Bary, *The Liberal Tradition in China*, The Chinese University Press of Hong Kong, 1983(표정훈 역, 『중국의 '자유' 전통』, 이산, 1998); de Bary, "Neo-Confucian Individualism and Holism", Donald Munro(ed.), *Individualism and Holism : Studies in Confucian and Taoist Values*, Ann Arbor : The University of Michigan, 1985.

61 정인보, 『양명학 연론』, 123쪽.

62 정약용의 덕윤리적 경향과 주희의 의무론적 경향의 차별성에 대해서는 김우형, 「다산 윤리학의 실천적 특성과 이론적 한계－사단칠정과 인심도심, 그리고 덕德의 문제를 중심으로」(『다산학』 20, 다산학술문화재단, 2012) 참조.

63 양계초의 공덕公德과 사덕私德에 관한 논의, 그리고 웅십력熊十力과 모종삼牟宗三의 덕성德性 이론 등이 그 예이다.

64 이점은 그가 당시 사회주의적 입장에 대한 의식적 대립과 차별화하려는 노력에서 말미암은 것일 수 있다. 지적으로 신유학(주자학과 양명학을 포함)에 많은 영향을 받은 사람들은 대체로 자유주의적 경향성을 띠는 것처럼 보인다. 이에 관한 좀더 세밀한 분석과 평가는 지면상 다음 기회로 미루기로 한다.

65 정인보, 『양명학 연론』, 239쪽. "나는 陽明學者다, 그러니까 어떻게든지 陽明學을 세워야겠다, 이렇게 생각한다면 그 속에 어떤 것이 潛伏하였는가. 나는 陽明學者가 아니니다, 그러니까 어떻게든지 陽明學을 排斥하여야겠나, 이렇게 생각한다면 그 속에 어떤 것이 盤互하였는가.

의 마음에 옳고 맞는 것, 다른 사람은 모르고 오직 자신만이 아는 독지처獨知處에서 참되고 진실하게 옳음을 추구하고 실천하는 것이 중요할 뿐이다. 정인보는 이 같은 실심과 실학정신에 근본해서 '조선학'을 표방했던 것이며, 조선 고전에 대한 해제작업을 통해 학파적 분류작업을 해나갔고, 고대사를 포함한 조선의 역사도 탐구했던 것이다. 다만, 그와 같은 '조선학'의 연구에 있어 주체적인 도덕적 실심이 가장 중요한 근본임은 중언부언할 필요가 없는 것이겠지만, 대상에 대한 과학적 탐구 또한 필수적으로 요청되지 않을 수 없다.[66] 정인보의 이 같은 '조선학(국학)'의 근본 토대와 방법론은 오늘날 한국학의 연구에 있어 시사하는 바가 크리라 생각한다. 근본적으로 실심에 바탕하되 객관적이고 과학적인 탐구를 포함해야 한다는 점은 한국학의 방법론 모색에 있어 우리들에게 일정한 방향과 비전을 제시해 준다고 하겠다.

내 본마음의 是非대로 분별할 뿐이 아닐진대 이는 다 私心이니 '그러니까'의 四字가 곧 天下萬古의 公議를 濁亂하는 源泉이라."

66 예를 들어, 정인보의 조선학 연구는 실증주의를 중시했다. 그는 일제의 실증주의가 오히려 허위적인 것이며, 자신의 실증주의야 말로 객관적이고 과학적인 것으로 생각했다. 심경호, 「위당과 서여의 학문 방법」, 『다산과현대』 8, 연세대 강진다산실학연구원, 2015, 129쪽.

5. 정인보 실심사상의 의의

정인보의 국학(조선학)에 있어 가장 두드러진 특징은 주체성과 실심의 강조에 놓여 있다. 지금까지 이 글은 정인보의 사상에 나타나는 주체성과 실심의 역사적 계보를 추적하고 그 대략적인 특징을 조명해 보았다. 근세 동아시아사상사에서 주체성과 실심이 주요 화두로 등장하기 시작한 것은 송대 신유학에서 비롯된다. 그 최초의 개시는 정이에 의해 시작되었는데, 그는 마음心의 주체의식을 기르는 경敬의 방법과 학문을 진전시키는 대상적 탐구법으로서의 격물치지格物致知라고 하는 두 가지 방법론을 처음으로 정립했다. 그러나 정이는 두 가지 방법 중에서 경에 좀더 많은 중요성을 부여하였다. 주체의식의 정립 없는 대상 탐구는 가능하지 않다고 보았기 때문이다.

주희는 정이의 이 같은 주체성의 원리에 근거하는 사상을 계승하되 더욱 이론적으로 발전시켰다. '새의 양 날개이자 수레의 두 바퀴'라 할 수 있는 거경과 격물궁리의 방법론은 상호 필수적으로 연결되고 관통된다. 특히 주희는 내적 주관의 심성에 대한 격물적 탐구가 궁극적 일리一理의 해명에 있어 필수적이라고 보았다. 윤리학적으로는 단순한 감각으로서의 '인심'과 도덕적 당위 준칙의 자각으로서 '도심'을 그 '지각'된 내용을 기준으로 구분하되, '인심'과 '도심'의 갈등 상황에서 항상 '도심'을 선택하여 그 명령에 따르도록 해야 한다고 주장함으로써 당위 준칙에 대한 자각을 도덕 행위의 최종 근거로 삼는 동기와 의무를 중시하는 윤리학을 정립했다. 그러나 주희는 정이와 마찬가지로 '거경'과 주체의식의 확립을 가장 중시했다.

왕양명은 정이와 주희의 주체의 철학을 계승하고 다른 양태로 발전시켰다. 즉 도덕철학적 맥락에서 도덕 원리를 외부 대상에서 찾으려는 주희의 격물법을 비판하면서 내적 '양지'를 본체로 간주하는 형이상학적 방향으로 나아갔다. 마음의 본체인 양지에 의해 시비선악과 당위 준칙을 직관적으로 자각할 수 있기 때문에, 특정한 대상과 상황에 대한 도덕적 탐구는 불필요할 뿐만 아니라 오히려 도덕적 실천에 방해가 된다. 다만, 양지에 의한 시비선악의 직관이나 도덕 준칙의 자각은 주희의 윤리학을 단순화시키고 실천적으로 대중화시킨 것으로 평가될 수 있으며, 주관성의 원리를 최고도로 발전시킨 것으로서 평가될 수 있다.

조선 시대에 이르러 정제두와 그의 학파(강화학파)는 주체성과 실심의 정신을 계승한 하나의 사례로서 간주될 수 있으며, 그 주요 특징은 주자학과 양명학을 독창적으로 결합시켰다는 점에 있다. 이론적 차원에서 주자학이 '지각'을 중시하는 인식론의 입장이라면 양명학은 실천적 '의념'과 그 본체인 양지 형이상학을 중시하는 입장을 나타낸다. 정제두는 마음의 본체인 양지를 사상의 중심으로 삼되 '지각'론의 관점을 일부 수용했다. 이러한 태도로부터 그는 자연학적 탐구를 비롯한 대상에 대한 객관적 탐구를 수용했으며, 윤리학에서도 외적 규범으로서의 예禮에 관한 탐구와 형식화를 긍정적으로 받아들였다.

정인보는 학맥에 있어 강화학파에 속하며, 강화학파가 나름대로 전승해온 신유학의 주체성과 실심의 정신을 계승했다. 다만, 정인보는 학문적 탐구의 영역과 도덕 수양의 영역은 다르기 때문에 주희가 주장하듯 격물궁리를 심성 수양에 적용해서는 안 된다고 보았다. 또한 정인보는 왕양명의 사상이 도덕 실천에 있어 더 효과적이라고 생각했다. 그는 우리민족이 도덕적 주체적 실심을 회복하고, 특히 지식층으로 하여금 실심에 근거하여 학문을 하도록 계몽하기 위해 양명학을 방법적으로 활용한 것이다. 그러나 그는 양명학자들처럼 주관의 양지를 실체화하지도 않았다. 그는 다만 주체적 실심의 차원에서 누가 뭐라 하든 자기 마음에 옳고 마땅한 것을 실천하는 것이 무엇보다 중요하다는 점을 말하고 싶었던 것이다.

흥미롭게도 이 같은 주체성의 원리는 그로 하여금 주희 도덕 이론의 골격을 거의 그대로 따르도록 이끌게 된다. 즉 자기 이익만을 추구하는 이기적인 욕구(자사념)를 옳고 마땅한 것을 자각한 마음(실심)으로 통제하면서 옳고 마땅하다고 생각되는 것을 실천해야 한다는 주장은, 인욕으로 발전된 인심과 도덕적 도심의 갈등 상황에서 도심을 선택하여 인심이 도심의 명령을 받도록 제어하라는 주희의 견해와 일치한다. 이 같은 윤리학은 행위의 내적 동기나 의무감을 중시하는 입장으로서, 사실상 주희와 왕양명에 있어서도 근본적 차이는 없는 것이다. 정인보는 그러한 입장에 속하는 새로운 버전의 윤리학을 제시했을 뿐이다.

또한 정인보는 주체적 도덕적 실심을 밑바탕으로 삼아 조선학을 탐구할 것을 주장했다. 다만 그는 주체적 실심을 본령으로서 강조하되, 학문에 있어서 과학적 객관적 탐구법의 필요성 또한 승인하였다. 조선의 사상과 역사, 학술 전통에 대한 탐구는 과학적 방법을 필요로 한다는 것이다. 이 점에서 정인보는 거경과 격물궁리의 두 방법론을 승인하되 주체성의 확립이 가장 중요하다는 정이와 주희의 입장을 계승한 것이다. 주체적 실심에 바탕하되 과학적 탐구를 포함하는 정인보의 '국학(조선학)'은 근대기에 있어 전통사상의 명맥을 잇되 새로운 양태로 발전시킨 것이라고 해석될 수 있다. 그리고 이 점은 오늘날 한국학 연구자들에게 특히 시사하는 바가 있다고 생각된다. 근현대 한국학을 단절이 아닌 온전한 연속의 관점에서 바라볼 필요가 있다는 점은 그중 하나일 것이다.

일제 시기 한치진韓稚振의 학문세계와 자유주의 사회사상

홍정완

1. 식민지에서 '개론서'를 다작한 지식인 한치진

이 글은 일제 시기 평안도 기독교 계열의 지식인으로서 철학, 사회학, 심리학 등 여러 분야에서 학술활동을 전개하는 가운데 신문·잡지매체를 통해 식민지 조선사회의 현실과 그 개조의 방향에 관한 자신의 견해를 활발히 개진했던 한치진韓稚振(1900~?)의 학문세계와 사회사상의 특성을 검토하려는 것이다. 1920년대 미국 유학을 통해 형성되었던 한치진의 학문체계와 사상적 지향에 관한 분석은 그가 해방 이후 미군정 공보부에 참여하여 '민주주의' 담론을 적극적으로 산출했던 대표적인 지식인이었다는 점에서 그의 '민주주의'론에 내포된 근현대 한국의 지적 맥락을 좀더 뚜렷히 파악할 수 있는 토대가 될 것이라 생각한다.

한치진은 평남 용강 출신으로 고향에서 사립 학림학교鶴林學校를 졸업하고, 1910년대 후반 기독교계통의 중국 난징南京 금릉대학金陵大學 부설 중학부를 거쳐, 1921년 남가주대University of Southern California에 입학하여 1924년 학부를 졸업했다. 이후 동 대학원에서 문학석사학위(1926)와 철학박사학위(1928)를 취득했고, 박사학위를 취득한 그해 6월 귀국하여 활동했던 인물이다.

유년 시절 그의 집안은 정치·경제적으로 유력한 가문은 아니었으나,[1] 형 한치관韓稚觀 이래 평안도 주요 기독교 세력과 연계되어 있었고, 그 인연으로 이화학당과 동경음악학교에서 수학했던 평남 강서군 대지주 집안의 정복희鄭福熙와 1929년 결혼하였다.[2] 귀국 후 『신심리학 개론新心理學槪論』(1930)을 시작으로 『논리학 개론論理學槪論』(1931), 『사회학 개론社會學槪論』(1933), 『종교철학 개론宗敎哲學槪論』(1934), 『최신 철학 개론最新哲學槪論』(1936) 등 여러 영역에 걸쳐 일제 시기에만 십여 권의 저서와 번역서를 출간했으며, 해방 이후 출간본까지 합할 경우, 총 30여 권이 넘는 저서와 역서를 출간하였다.[3] 귀국 직후 감리교회협성신학교에서 가르치다가, 1932년부터 이화여전 교수로 옮겼다.[4] 1938년부터 1년간 와세다대 대학

1 「南京在住要視察朝鮮人身元調査ニ關スル件」(南領機密 第二十一號), 在南京領事館, 1919.4.22(http://db.history.go.kr).

2 「(設問)結婚前과 結婚後」, 『東光』 39, 1932.11; 「한치진 박사 결혼 소식」, 『新韓民報』, 1929.12.5.

3 일부 누락된 것이 있으나, 한치진의 저술 목록으로 다음 글을 참조. 하동호, 「韓稚振研究文獻志 I―1945.8.15 以前分」, 『논문집』 12, 공주사범대학, 1975; 하동호, 「韓稚振研究文獻志 II―1945.8.15 以後分」, 『논문집』 18, 공주사범대학, 1980; 하동호, 「韓稚振研究文獻志 III―1945.8.15 以後分」, 『출판학연구』 23, 한국출판학회, 1981.

4 협성신학교에서는 주로 영어, 논리학, 철학, 심리학 등을, 이화여전에서는 논리학, 철학, 사회학 등을 가르쳤다. 「哲學上으로 본 生存의 意義(一)」, 『조선일보』 1930.7.29의 著者略歷; 「(卓上圖書) 韓稚振 博士의 論理學槪論」, 『基督申報』 1931.3.11; 이화100년사편찬위원회 편, 『이

원에서 수학하면서 일본에서 『인격심리학 원론人格心理學原論』(1939) 등을 출간했다.[5] 1944년 후반 주변 사람들에게 태평양전쟁에서 일본이 패전할 것이라는 이야기를 여러 차례 논했다가 체포되어 징역 1년을 받았고, 1945년 8월 17일 출감하였다.[6]

해방 이후 서울대 강사로 있으면서 미군정 공보활동에 참여하여 1946년부터 미군정 라디오방송 프로그램 〈민주주의 강좌〉의 원고를 담당했으며, 후에 이를 증보하여 총 4권의 『민주주의 원론民主主義原論』으로 출간하였다.[7] 그리고 미군정청 공보부에서 발행하는 잡지 『민주조선民主朝鮮』의 주간主幹으로 활동하였으며, 정부수립 이후에는 잡지 『자주생활自主生活』(1~4호)을 발행했다. 한국전쟁 와중인 1950년 8월 16일 납북되었다고 한다.[8]

평안도 출신으로 미국 유학을 거쳐 귀국 후 감리교회와 기독교계통의 교육기관 등에 종사했으며, 해방 이후 미군정에 참여했던 그의 생애는 근현대 한국의 주요 사회 세력이었던 기독교계열의 지식인들이 밟았던 전형적인 흐름에 놓여 있다고 할 수 있다. 그러나 그는 일제 시기 민족해방운동, 정치운동 등에 조직적으로 깊숙이 개입하지 않았고, 주로 학술 연구와 저술, 언론 기고활동에 전념한 인물이었다.[9] 특히 여러

화100년사』, 여화여대 출판부, 1994, 200쪽.

5 한치진, 『人格心理學原論』, 東京 : 新生堂, 1939. 철학자 구와키 겐요쿠桑木厳翼(1874~1946)가 책의 「序」를 썼다.

6 「韓稚振判決文」(昭和二十年形公第353號), 京城地方法院, 1945.3.5; 국가보훈처 공훈사료관(http://e-gonghun mpva go kr/)

7 한치진, 「서」, 『민주주의 원론』 卷一, 조선문화연구사, 1947; 이희수, 앞의 글, 305쪽.

8 이미일 외, 『한국전쟁 납북사건 자료집』 2, 한국전쟁납북사건자료원, 2009, 431~438쪽. 한치진가족이 운영하는 철학박사한치진기념사업회(http://www.hahncc.com/) 사이트에는 그의 가족사와 사진, 납북 당시 상황 등 여러 일화들이 소개되어 있다. 납북 이후 그의 행적은 확인하지 못했다.

영역에 걸친 한치진의 개론서 집필에 빗대어 당대의 한 평자는 그를 "조선의 스펜서"[10]라 칭할 정도로 활발한 저술활동을 벌였다. 따라서 그의 생애와 사상에 관한 연구는 대체로 사회학, 철학 등 각 분과학문별로 한국의 근대적 학문체계 성립, 발달을 밝히는 차원에서 주로 이루어져 왔고,[11] 그 결과 몇몇 연구를 제외한다면 개관적이거나 파편적인 수준에서 벗어나지 못하고 있는 실정이다.[12]

이 글은 일제 시기 한치진의 학문체계, 사상의 형성과 전개를 크게 두 부분으로 나누어 살펴보려고 한다. 첫째, 미국 유학 시절 형성된 그의 학문세계를 그에게 영향을 미친 학부-대학원의 학풍과 연계하여 분석하고, 이어서 그가 보여줬던 다양한 학문 영역에 대한 관심을 '철학-사회학-심리학의 연쇄'라는 구도로 구성하면서 각 영역들을 관통하고 있었던 그의 문제의식을 부각시켜 보려 한다. 둘째, 그가 20대 중반 이

9 조직적 사회운동에 적극적이지 않았던 것은 사교적이지 않았던 그의 성격과도 관계가 있는 듯하다. 한치진, 「開城 求景의 雜感(上)」, 『青年』 11-7, 1931.7·8; 「(設問)結婚前과 結婚後」, 『東光』 39, 1932.11;, 66쪽; 한치진, 「(京城 生活片感) 몇가지 感想」, 『朝光』 6-9, 1940.9, 196~197쪽.

10 「(書評)韓稚振 著 宗教哲學大系」, 『神學世界』 19-6, 監理教會協成神學校, 1934.11, 82쪽.

11 철학계와 종교학계의 연구로는 다음이 있다. 조희영, 「現代 韓國의 前期 哲學思想 研究-日帝下의 哲學思想을 中心으로」, 『용봉논총』 4, 전남대 인문과학연구소, 1975; 윤사순·이광래, 『우리사상 100년』, 현암사, 2001; 강영안, 『우리에게 철학은 무엇인가』, 궁리, 2002; 이기상, 『서양철학의 수용과 한국철학의 모색』, 지식산업사, 2002, 제1장; 황필홍·이병수, 「50년대까지 영미철학의 수용과 용어의 번역」, 『시대와철학』 14-2, 한국철학사상연구회, 2003; 이진구, 「한국 근대 개신교 지식인의 종교 인식-韓稚振의 『宗教哲學大系』를 중심으로」, 서울대 종교문제연구소 편, 『종교와 역사』, 서울대 출판부, 2006; 이태우, 「일제 강점기 한국철학자들의 '철학관'-신문·잡지를 중심으로」, 『인문연구』 58, 인문과학연구소, 2010. 철학계에서는 그의 '철학'론과 '번역'의 문제에 주로 관심이 놓여 있다.
사회학계의 연구로는 다음을 참조. 최재석, 「1930年代의 社會學 振興運動」, 『민족문화연구』 12, 고려대 민족문화연구소, 1977; 이준식, 「일제 침략기 개량주의 사회학의 흐름-한치진과 김윤경의 경우」, 『사회학연구』 4, 한국사회학연구소, 1986; 박명규, 「한국 사회학의 전개와 분과학문으로서의 제도화」, 이화여대 한국문화연구원 편, 『사회학 연구 50년』, 혜안, 2004.

12 이 글의 주제와 연관하여, 이준식과 최재석의 연구는 한치진의 사회학, 사회사상의 요점을 잘 정리하고 있어, 많은 도움을 얻었다.

후 그의 학문체계의 골격이 형성되자 활발히 전개했던 언론활동의 내용을 중심으로 그의 현실 인식과 그가 제시한 사회개조의 방향에 대한 내용을 규명하려 한다. 이와 같은 분석에 근거하여 해방 이후 그의 '민주주의'론에 나타난 사상적 특성의 일단에 대해 약술해 보려 한다.

2. 미국 유학과 학문체계의 형성
—철학-사회학-심리학의 원환적 연쇄

한치진은 처음부터 미국 유학을 목적으로 고향을 떠나 중국 상하이上海로 출발하였으나, 곧바로 그 뜻을 이루진 못하고, 1917년 난징南京에 있던 기독교 계통의 금릉대학 중학부에서 입학하여 4년 동안 수학하였다. 그곳에서 영어와 중국어 등을 익혔고, 당시 중국 하층민의 곤궁한 생활과 상하이, 난징을 중심으로 전개되었던 중국 학생들의 항일운동, 상해 임시정부를 축으로 한 조선인들의 독립운동과 세력 갈등 등을 목도하였다. 이후 서술에서도 확인할 수 있듯이, 그의 십대 후반을 차지했던 중국 유학 시절의 경험은 그의 사회의식 형성에 상당한 영향을 준 것으로 보인다.[13]

13 한치진, 「나의 外國留學談」, 『新天地』 5-4, 1950.4, 195쪽. 해방 후 출간한 『美國民主主義』(中央廳 公報部 輿論局 政治敎育課, 1948)의 「서문」에서는 "中國의 貧民生活相은 美國에 대한 想像을 더욱 燦爛케" 하였다고 쓰고 있나.

이후 그는 친형 한치관[14]이 유학 중이었던 미주 서부 지역에 1921년 8월 도착하여,[15] 남가주대에 입학하였다. 미국 유학을 통해 한치진의 학문세계는 그 근간이 형성되고, 체계성을 갖추게 되었다고 볼 수 있다. 그의 석・박사논문을 분석하기에 앞서 자신의 학문적 문제의식 형성과 관심 영역의 설정 등에 관하여 그가 직접 언급한 내용을 먼저 살펴보자.

> 筆者가 社會學을 硏究하여 보겟다는 動機를 가지게 된 때는 只今으로부터 十五年前 中國南京留學時엿다. 中國人의 貧窮도 貧窮이려니와 筆者 自身의 精神的 및 經濟的 苦痛이 나로 하여금 나 自身의 缺陷과 社會의 缺陷을 느끼게 하여 이 方面에 獻身的으로 硏究하여 보려고 하엿다. 그리하야 一九二一年에 中國을 떠나 米國으로 가서 南加洲大學에 入學하게 될 때에도 社會學科를 專攻科로 擇하고 哲學科를 副科로 定하엿엇다. (…중략…) 그러나 筆者는 一般 社會學家의 外部的 社會組織理論을 不滿히 생각하엿다. 웨 사람들은 그처럼 社會를 組織하게 될 가, 사람들은 제마다 社會를 爲한다 하고 最善을 다한다 하지만은 人生의 苦痛은 작고 느러가는 듯 하니 웬 까닭인가, 사람은 대개 무엇이냐 하는 根本問題들을 무러 보지 아니할 수 없엇다. 이리하야 나는 社會學에서 哲學에로 드러가 專門하게 되엇다.[16]

14 한치관韓稚觀은 1890년 평남 용강 출생, 평양 대성학교와 서울 경신학교 등을 거쳐 1913년 시베리아와 유럽을 거쳐 미국으로 건너갔다. 1917년 솔트레이크중학교를 졸업하고, 퍼시픽대학에서 전기학을 전공하여 1923년 졸업하였고, 남가주대에서 이학석사를 취득하고, 1926년 2월 귀국하여 연희전문 교수로 부임하였다. 1929년 신병으로 사망하였다. 「한치관 씨는 중학을 졸업」, 『新韓民報』 1917.7.12; 「한치관 씨의 뎐기학 필업」, 『新韓民報』 1923.6.21; 「북미한인유학생회」, 『新韓民報』 1924.2.28; “Our Graduates of 1925”, Korean Student Bulletin, July.1925; “Former Members of Federation at C.C.C and Ewha”, Korean Student Bulletin, Jan.1926; 「한치관 씨난 불원간 귀국」, 『新韓民報』 1926.2.11; 철학박사한치진기념사업회(http://www.hahncc.com/) 사이트 참조. 『우라키』 등 미주 유학 시절 매체에는 韓稚關으로 표기되기도 했다.

15 「슈학할 복뎍으로」, 『新韓民報』 1921.8.18.

위의 글은 개인('나 자신')의 고통을 개인과 사회의 '결함缺陷'이라는 구도에서, 나아가 그것을 '인간' 존재의 특성이라는 측면으로 귀결시키고 있다는 점에서 한치진이 구축하고자 했던 학적체계의 특질에 대한 암시가 다분하다고 할 수 있다. 그에 대한 좀더 상세한 규명은 앞으로의 서술에 넘기기로 하고, 우선 위의 글을 통해 그가 순수 학문적 관심보다는 현실의 문제들에 대한 고민 속에서 학문적 영역으로 다가섰으며, 학부에서의 사회학적 관심이 이후 철학으로 옮겨가게 되었음을 확인할 수 있다. 그러나 박사논문의 성격에서도 드러나듯이 대학원 진학 이후 그의 학문적 관심이 철학에만 한정된 것은 아니었다.

그의 학문세계 형성이 본격화되었던 대학원 시절 남가주대 철학과의 교수진[17] 중에서 그에게 각별한 영향을 미친 인물로는 허버트 윌든 카Herbert Wildon Carr(1857~1931), 랄프 타일러 플루엘링Ralph Tyler Flewelling(1871~1960), 퍼디낸드 쉴러Ferdinand Canning Scott Schiller(1864~1937) 등을 들 수 있다. 허버트 카는 20세기 전반 영국에서 관념론 철학을 전개했던 인물로 런던대 교수를 역임하다가 만년인 1925년부터 남가주대으로 옮겨와 활동했던 철학자였다.[18] 그리고 플루엘링은 미국 인격주의personalism 철학의 토

16 한치진, 「自序」, 『社會學槪論』, 哲學硏究社, 1933, 1~2쪽.

17 1928년 남가주대 대학원 편람을 보면 교수로는 랄프 타일러 프루엘링Flewelling(학과장)과 하버트 윌든 카Carr, 그리고 칼 워Karl Tinsley Waugh(1879~1971), 방문교수로 존 뮤어헤드John Henry Muirhead(1855~1940)와 존 부딘John Elof Boodin(1869~1950), 조교수 윌버 롱(Wilbur Harry Long) 등의 교수진이 확인된다. *University of Southern California Bulletin : The Graduate School 1928~1929*, Vol.23 No.3, 1928.4, pp.80~82.

18 허버트 카의 생애와 사상에 대해서는 그가 1916~1918년 회장을 맡기고 했고, 오랜 동안 회지 편집인으로 있었던 *The Aristotelian Society*의 회지에 실린 다음의 추모글을 참조. Hilda D. Oakeley, "In Memoriam: Herbert Wildon Carr", *Proceedings of Aristotelian Society*, New series Vol. 31, 1930~1931. 그리고 플루엘링을 중심으로 남가주대학 철학과에서 발행했던 학술지 *The Personalist*(Vol. 13, No.1, Jan.1932)에 수록된 허버트 카에 관한 기념논문, 그리고 Ralph Tyler Flewelling, "Herbert Wildon Carr, Chrisian Stoic", *The Personalist*, Vol.37,No.2, April.1956 참조. 한치진은 자신의 저술

대를 마련했던 보운Borden Parker Bowne(1847~1910)의 제자로서 20세기 전반 인격주의운동을 주도했던 대표적 철학자 중 하나였다.[19] 쉴러는 윌리엄 제임스William James의 프래그머티즘pragmatism에 영향을 받아 이를 '휴머니즘humanism'으로 재해석했던 철학자로서 1926년 남가주대에 초빙되어 1935년까지 머물렀다.[20]

따라서 남가주대 대학원 수학을 통해 그가 영향을 받았던 철학적 사조는 크게 세 가지 조류였다고 할 수 있다. 첫째, 쉴러의 학설에 대한 그의 관심에서도 부분적으로 확인할 수 있는 것이지만, 당시 존 듀이와 그의 제자들에 의해 큰 반향을 일으키고 있었던 프래그머티즘을 들 수 있다.[21] 둘째, 플루엘링을 통해 접한 인격주의이다. "인격주의는 神國의 자유로운 인격에서 시작하여 그 이하의 모든 존재를 설명하려는 것"[22]이라는 허버트 카의 지적과 같이 인격주의의 전반적 흐름 속에는 기독

인『人生과 宇宙』(1933)를 1931년 사망한 허버트 카에게 헌정하고 있으며, 허버트 카의 저술(*Henri Bergson : The Philosophy of Change*, 1912)을 번역하여 1948년 출간하였다. 윌든 카, 한치진 역술, 『變化哲學－뻬륵손 哲學의 原理』, 조선문화연구사, 1948.

19 플루엘링의 생애와 사상에 대해서는 Herbert L. Searles, "Ralph Tyler Flewelling 1871~1960", *Proceedings and Addresses of the American Philosophical Association*, Vol.35, 1961~1962; William H. Alamshah, "The Value of Personality : The Philosophy of Ralph Tyler Flewelling", *The Personalist*, Vol.40,No.3, July.1959 참조. 한치진은 플루엘링의 저술 *Creative personality*(1926)를 번역하여 1933년 출간하였다. 플루엘링, 한치진 역, 『創造的人格論－唯物主義와 唯心主義의 調停』, 철학연구사, 1933.

20 한치진, 「新人間主義란 何뇨?－「쉴러」博士의 學說을 解釋함」, 『東光』 13, 1927.5, 17쪽. 쉴러의 생애에 대해서는 J. I. McKie, "Dr. F. C. S. Schiller(1864~1937)", *Mind, New Series* Vol.47,No. 185, Mind Association, Jan.1938 참조.

21 한치진은 해방 이후 출간한 『美國實用主義』(조선문화연구사, 1948)의 「序言」에서 유학 당시 듀이와 그의 제자들이 학계에 미친 영향력과 여러 차례 수강한 쉴러의 강의에 대해 언급하고 있다. 이 저술은 윌리엄 제임스의 *Pragmatism* 제1~2장을 번역한 내용과 함께 듀이와 쉴러의 학설 등을 소개하고 있다. 당시 미국 한인유학생들에게 나타난 프래그머티즘의 영향에 대해서는 다음을 참조. 이철원, 「美國의 哲學界」, 『우라키』 4, 1930; 장규식, 「일제하 미국 유학생의 근대지식 수용과 국민국가구상」, 『한국근현대사연구』 34, 한국근현대사학회, 2005, 127~128쪽.

22 허버트 카가 쓴 플루엘링의 *Creative personality : a study in philosophical reconciliation*(1926) '서문'을 참조. 플루엘링, 한치진 역, 「序文」, 앞의 책, 3쪽.

교적 성격이 강하게 투영되어 있었다. 그의 인격주의는 과학의 유용성을 배격한 것은 아니었지만, 자연주의적이고 유물론적 경향의 실증 과학이 지배하던 당대 조류에 대한 비판적 태도를 견지하는 가운데 "실재實在"의 근원으로서 인격과 그 종교적·도덕적 가치를 강조하는 지적 조류였다.[23] 그리고 마지막으로 허버트 카의 관념론 철학, 특히 그가 해석한 라이프니츠 단자monad론과 베르그송Henri Bergson 철학을 들 수 있다.

플루엘링의 인격주의에 비해 허버트 카의 철학은 라이프니츠와 베르그송 철학을 통해 유심론적 입장에서 구체적 개체성의 가치를 강조하고, 그 개체적 활동 속에서 '보편'의 문제를 탐색하는 철학적 경향을 가지고 있었다.[24] 그런데 플루엘링 또한 베르그송 철학을 인격주의의 입장에서 해석하고 있다는 점을 고려할 필요가 있다.[25] 즉 두 철학자의 학설에는 일정한 편차가 존재했지만, 다윈 진화론 확산과 함께 구미사상계에 더욱 첨예해진 종교와 과학의 대립에 대해 양자를 조화시킬 수 있는 하나의 수단으로서 베르그송의 형이상학을 간주하고 있다는 점에서, 그리고 베르그송 철학에 내재하는 물질-정신의 이원론적 측면을 보다 정신

23 미국 인격주의의 전반적 특성에 대해서는 스탠포드철학백과사전Stanford Encyclopedia of Philosophy의 'Personalism' 항목(http://plato.stanford.edu/entries/personalism); 조셉 L. 블라우, 안병욱 역, 『美國哲學史』, 사상계사, 1955, 251~261쪽 참조.

24 허버트 카는 20세기 전반 이탈리아의 관념론 철학, 즉 크로체Benedetto Croce, 젠틸레Giovanni Gentile의 사상에 대해서도 유사한 관점에서 연구를 진행하였다. 그의 단자론, 베르그송철학, 크로체와 젠틸레의 해석 등에 기초하여 한치진은 해방 이후 『現代歐美哲學』(조선문화연구사, 1950)을 출간하였다.

25 플루엘링은 1920년에 *Bergson and Personal Realism*을 출간했다. 한치진이 번역한 그의 저술(『創造的人格論―唯物主義와 唯心主義의 調停』) 또한 베르그송의 영향이 짙게 배어 있다. 따라서 좀더 구체적 실증이 필요한 부분이지만, 그가 당시 영미권에서 베르그송 철학의 소개자이자 해설자로서 저명했던 허버트 카를 초빙했던 것으로 보인다. 허버트 카는 앞서 언급한 베르그송철학 해설서 *Henri Bergson : The Philosophy of Change*(1912) 외에도 베르그송의 강연록과 에세이를 모은 *L'Energie spirituelle*(1919)를 영역하여 *Mind-Energy*(1920)라는 제목으로 출간하였다.

일원론에 입각하여 해석하는 공통적 측면 또한 존재한다는 점을 염두에 둘 필요가 있다.

두 스승의 철학에 배어 있던 베르그송 철학과 프래그머티즘이 기반하고 있던 진화론적인 관점의 인식론[26]은 그의 석사논문 「생명의 도구적 이론The Instrumental Theory of Life」[27]에 주조를 이루고 있다. 이 논문은 이후 전개한 철학적 저술이나 대중매체를 통한 글쓰기의 근간을 이루고 있다는 점에서 중요하다. 논문의 내용은 '심心–신身' 관계에 대한 것인데, 그는 베르그송의 '생명' 철학을 끌어들여 지성Intelligence, 직관Intuition을 비롯한 심적 기능과 물질로서의 육체, 그리고 감각을 비롯한 육체의 기능은 스스로를 표현하는 근본적 힘이자 실재reality인 생명life의 도구라는 관점을 표명한 것이었다.[28] 이러한 주장은 우선, 존 듀이의 도구주의Instrumentalism가 '지성'에 한정되어 있음을 비판하고 이를 보다 형이상학적으로 정초함으로써 '도구성Instumentality'의 문제를 확장하려는 의도가 담겨 있었다.

그는 베르그송 철학에 내포된 인식 주관의 바깥에 물질세계가 존재한다는 이원론적 가정에 대해 '생명'의 선차성을 강조하고, 무의식을 포함하는 넓은 의미의 의식consciousness을 생명life과 동연적인co-extensive 것으로 봄으로써 그것을 유심론적 입장에서 일원론적으로 해석하였다.[29]

---

26 주지하듯이, 윌리엄 제임스와 존 듀이 등 프래그머티즘에서 '지성知性'은 인간에게 선천적으로 주어지는 불변적인 것으로 전제되는 것이 아니라 진화론적 관점에서 생명체와 환경의 상호 작용 속에서 발달해 온 생명체의 기능이자 행동 양식으로 간주되었다. 김태길, 『존 듀이의 社會哲學』, 명문당, 1990, 48~52쪽.

27 Clarence C. Hahn, "The Instrumental Theory of Life", M. A. Dissertation of University of Southern California, 1926.

28 그는 "생명의 표현적 활동에 봉사하는 모든 것이 도구instrument"라고 하고 있다. Ibid, p.28.

29 Ibid, pp.27~37.

이러한 유심론적 입장에서 그는 생명의 힘 자체가 내뿜는 행위activity로부터 출발하여, 그러한 생명 행위가 자신을 구체적으로 표현할 도구를 획득함으로써 개체화된다고 보았다. 개체화된 속에서도 자기충족적이고, 자기활동적, 자기주도적 힘으로서 생명의 행위는 끊임없이 자신을 표현하기 위한 도구를 발명하고, 주어진 장애와 저항을 뚫고 나가기 위해 새로운 지식과 행위의 창작을 계속해 나간다고 보았다.

이러한 생명(=의식)의 기능 중에서 지성(=과학)과 직관(=철학)을 상보적인 것으로 규정하면서도 이성과 지성에 지도적 지위를 부여하였다. 이성과 지성에 기초한 (인간)생명의 활동만이 합목적적이고, 윤리적이며, 사회적으로 유용한 것으로 파악하였다. 이와 같은 관점은 물질세계의 원리 파악에 한정된 '지성'과 그 지성의 기능에 기초한 실증과학의 한계를 지적하고, 직관과 지속durée의 문제를 부각시켰던 베르그송 철학과는 상충하는 것이었다.[30] 따라서 도구성에 국한하여 보더라도 직

30 실제로 베르그송과 윌리엄 제임스는 서로의 사유에 대해 매우 우호적이었다. 베르그송이 제임스의 *Pragmatism* 불어판 서문으로 쓴 다음 글을 참조. 앙리 베르그송, 이광래 역, 「진리와 실재」, 『사유와 운동』, 문예출판사, 1993. 그러나 주체와 객체 사이에서 나타나는 '경험'의 의미와 가치를 중시했다는 점에서 제임스와 듀이의 프래그머티즘 사이에 지속성을 쉽게 발견할 수 있지만, 자연과학 방법의 적극적 도입과 활용으로 기울었던 듀이의 도구주의와 윌리엄 제임스 사이에는 일정한 단절 또한 있다고 보아야 할 것이다. 역사적으로 베르그송 철학을 접근하는 연구들은 그의 철학을 대체로 19세기 절정에 달한 자연주의적 입장의 실증과학에 대해 반발했던 19세기 말~20세기 초의 대표적인 지적 사조로 평가하고 있다. 프랭클린 보머, 조호연 역, 『유럽 근현대 지성사』, 현대지성사, 1999, 제5장; H. 스튜어트 휴즈, 황문수 역, 『의식과 사회』, 개마고원, 2007, 2장. 베르그송의 철학과 프래그머티즘에 비판적이었던 버트란드 러셀(Bertrand Russell)은 양자가 일견 상이한 논리를 가지고 있는 것으로 보이면서도 친화적인 이유를 양자의 "反이성적"이고, "행동" 중시의 입장에서 찾는다. 버트란드 러셀, 김경숙 역, 『우리는 합리적 사고를 포기했는가』, 푸른숲, 2008, 76~81쪽. 한치진은 베르그송 철학과 프래그머티즘이 결합되었던 독특한 하나의 형태를 보여주는 것이 아닐까 한다. 이미 일제 시기부터 지적되고 있듯이 베르그송의 새로운 형이상학은 당대 지식인들과 대중들에게 다양한 형태로 해석, 전유되어 영향을 미쳤다고 할 수 있고, 그것은 1960년대 베르그송에 대한 들뢰즈의 재해석 이후 현재에도 진행 중에 있다. 신남철, 「벨그송의 死와 思想의 運命」, 『朝光』 7-3, 1941; 질 들뢰즈, 김재인 역, 『베르그송주의』, 문학과지성사, 1996 참조.

관은 부차화되어, 사실상 프래그머티즘의 도구주의로부터 크게 벗어나지 않는 형태로 귀결되었다고 할 수 있다.[31] 다만, 프래그머티즘이 가정한 생물학적 욕구나 관심interest, 또는 문제 상황 속의 불만족 등을 해결하기 위한 도구로서의 '지성'이라는 입장과는 다소 다르게 개체화하는 생명 행위의 자유롭고 투쟁적 힘으로부터 '지성'의 출현과 발달을 강조한다는 점에서 일정한 차이가 존재한다고 할 수 있다.

그의 박사논문은 「중국 윤리체계들에 대한 비판」[32]으로 수년간의 미국 유학생활과 석사논문 등을 거치면서 정립된 그의 인간관과 세계관을 바탕으로 구성한 것이었다.[33] 박사논문의 짧은 「서문序, Foreword」에서 "문명civilization은 생명—에너지life-energy의 외적 표현"임을 주장한 것에서 단적으로 드러나듯이 사실상 석사논문의 결론을 오리엔탈리즘적인 문명론의 구도 속에서 표현한 것이라고 해도 과언이 아니었다. 논문에서 그는 "중국 사상Chinese thought"의 특성으로서 감각세계를 넘어선 정신적이고 영원한 것에 대한 지성적인 추론의 결핍, 그리고 현실세계의 고통을 수긍함으로써 생life에 대해 진취적이지 못하고 염세주의적인pessimistic 경향, 방법론methodology이나 논리학의 결여 등을 지적하였다. 그리고 그 결과로서 중국의 윤리체계는 현세적 유용성에 기울어 윤리와 정치가 일체화되고, 신에 대한 의무에 기초한 것이 아닌 현실세계의 인간 사이의 의무체계를 강조

31 Clarence C. Hahn, "The Instrumental Theory of Life", p.88.

32 Clarence C. Hahn, "A Criticism of Chinese Ethical Systems : Buddhism, Taoism and Confucianism", Ph. D. Dissertation of University of Southern California, 1928.

33 다음 절에서 상세히 살펴보겠지만, 석사 과정을 졸업하는 시점을 전후로 하여 대중매체를 활용한 그의 글쓰기는 본격화되었다. 그러한 글쓰기를 통해 박사논문의 기본적인 관점과 구도를 이미 구체화하고 있었던 것으로 보인다. 대표적으로 1926년 『조선일보』에 연재한 다음의 글을 참조. 한치진, 「美國人生活觀에 對한 考察과 朝鮮人의 反省(一)-(九)」, 『조선일보』 1924.7.4-7.14.

하며, 집단과 사회에 대한 개인의 순종을 강조하는 특성을 가지게 되었다고 보았다.[34]

박사논문은 '생명'의 보편적 성격에도 불구하고, 왜 세계에는 그 성격이 다양한 문명들이 나타나게 되었으며, 서구 근대문명의 팽창과 그에 직면한 '동양'세계의 진로에 관한 고민의 결과였다고 할 수 있다. 그는 '서양문명'을 '생명'의 본성, 즉 지성을 비롯한 도구instrument를 매개로 주변 환경의 장애를 투쟁적으로 극복・정복해 나가는 본성이 적절히 발현 내지 실천된 결과로 파악하였다. 그에 대비하여 '동양문명'은 '무엇'에 의해 '생명' 본성의 발현이 억제되거나 오도misdirection된 것으로 간주되었고, 박사논문은 바로 이 문제를 해명하기 위해 불교, 도교, 유교 등 '동양'에 자리 잡았던 사상・윤리체계에 주목했던 것으로 판단된다. 여기서 앞서 언급한 그의 유심론적 관점이 드러난다고 할 수 있는데, 개체화된 생명의 의식세계가 외부적 질서나 양태mode의 근원이라는 점에 의거하여 '동양'에서 억제된 개체의 생명 행위는 '사상思想' 또는 '생활관生活觀'의 변혁을 통해서 해방될 것임을 전제한 것이었다.

여기서 그의 철학적 사유가 사회와 역사, 사상과 만나게 되는 다양한 지점들을 확인할 수 있다. 그는 박사논문 중 중국 가족 질서의 특성에 관한 내용 등을 발췌하여 당시 남가주대의 사회학 학술지에 싣기도 했다.[35] 앞서 인용한 『사회학 개론』 「서문」에서 "사람은 대개 무엇이냐"는

34 Clarence C. Hahn, "A Criticism of Chinese Ethical Systems : Buddhism, Taoism and Confucianism", pp.7~12.

35 Clarence C. Hahn, "Psycho-Social Effects of the Chinese Family System", *Journal of Sociology and Social Research*, Vol.12, No. 5, University of Southern California, 1928. 이 학술지는 당시 同대학 사회학과 보가더스Emory S. Bogardus(1882~1973) 교수가 주도했던 잡지이다. 해방 이후 한치진은 보가더스의 *Fundamentals of social psychology*(1924)를 번역하여 출간했다. 에모리 뽀갈더

문제제기는 이미 '사회'에 관한 학적체계의 수립과 연동되어 구축되고 있었다고 할 수 있다. 그가 『사회학 개론』을 저술하면서 참고한 문헌들과 유학시절 수강했던 사회학 강의에 관한 언급을 통해 그에게 영향을 미친 당대 미국 사회학 사조를 추정할 수 있는데,[36] 특히 그가 「서문」에서 "外部的 社會組織理論을 不滿히 생각하엿다"고 하고, 동시에 에드워드 로스Edward A. Ross(1866~1951)의 "相互社會刺戟理論을 共鳴하여 주장하는" 보가더스Emory S. Bogardus 교수의 이론[37]을 많이 '청취聽取'하였음을 밝히고 있는 점에서 그의 사회학적 관심사의 일단을 살펴볼 수 있다. 그의 『사회학 개론』에 담긴 구체적인 내용들은 기존 연구에서 검토되었으므로,[38] 여기서는 그가 자신의 문제의식을 투영했던 부분들을 중심으로 몇 가지 부언하고자 한다.

먼저, 그의 사회학적 주장에는 앞서 살펴본 철학적 관점이 짙게 투영되어 있었다. 그는 사회는 개인의 총합을 넘어서는 것이며, "個我는 社會를 通하야 實現"되고, 안정과 질서를 위해 "社會의 習慣과 傳襲은 社會生活에 잇어서 絶對必要한 것"이라고 했다. 그러면서도 그는 "사회의 존

스, 한치진·국정효 역, 『사회심리학』, 조선문화연구사, 1949.

36 한치진, 「自序」, 『社會學槪論』, 1~2쪽. 초창기 미국 사회학을 이끌었던 워드Lester F. Ward를 비롯하여 로버트 파크Robert Park·어니스트 버제스Ernest Burgess, 에드워드 로스Edward A. Ross, 프랭크 블랙마Frank W. Blackmar·존 길린John L. Gillin, 보가더스Emory S. Bogardus의 사회학 입문서들이 참고문헌이었다. 그리고 프랭크 블랙마Frank W. Blackmar, 찰스 엘우드Charles Abram Ellwood, 보가더스의 강의를 수강했음을 밝히고 있다. 해방 이후 보가더스의 책을 번역하면서 한치진은 "뽀갈더스 先生의 指導下에 社會思想史를 副科目으로 硏究할 機會를 가졌든 것"이라고 하였다. 에모리 뽀갈더스, 한치진·국정효 역, 「譯者序」, 앞의 책, 2쪽.

37 보가더스의 *Introduction to Sociology*를 보면 한치진이 "상호 사회자극 이론"이라고 표현했던 것은 "intersocial stimulation"의 번역인 듯하다. 보가더스는 집단이 개인에 영향을 미칠 뿐 아니라 개인이 집단에 영향을 미치며, 이러한 상호 자극으로부터 개성적 삶과 집단적 삶은 둘 다 건전한 방향으로도, 퇴락의 방향으로도 나아갈 수 있다는 맥락에서 이 용어를 사용하고 있다. Emory S. Bogardus, *Introduction to sociology*, Los Angeles : J. R. Miller, 1931, p.16.

38 최재석, 앞의 글; 이준식, 앞의 글.

재는 개인들의 행복을 위하여 시작된 것"이고, "모든 發展과 創造의 出發은 個人에게서 始作하여 社會化하는 것이 原則"이라고 주장했다.[39] 그가 "외부적外部的 사회조직이론社會組織理論" 보다는 "상호사회자극이론相互社會刺戟理論"에 흥미를 느꼈던 것은 바로 이러한 의미일 것이다. 그는 개인의 산술적 총합을 넘어선 '사회적인 것'의 존재와 그 구속력을 인정하면서도 사회구성의 목적과 그 변화, 발전의 기본 동력은 개인의 욕망에 있다고 보았던 것이다. 따라서 그가 후에 미국 사회학 사상의 특색을 '과학주의科學主義'와 '심리주의心理主義'로 요약하고, 심리주의를 '사회력社會力'에 관한 '유심론적唯心論的' 입장이라고 규정하면서 "사람의 정신력이 자연계를 지배하고 인간사회를 형성한다"는 관점이라고 해석했던 것은 소개 차원을 넘어서 자신의 사회학적 관점에 다름 아니었다고 할 수 있다.[40]

다음으로, 그는 책의 말미에서 "사회개조론社會改造論"으로서 자본주의, 사회주의 등을 다루는 가운데, 그와 같은 사회개조론에 대비하여 "사회학社會學의 견지見地"라는 표현을 쓰고 있다.

> 社會學의 見地는 絶對個人的所有를 否認하는 同時에 그 絶對社會的所有를 亦是 否認하는 것이다. 그러치만 社會學的 見地는 個人의 獨創力을 主張하는 同時에 社會의 統制力을 認定하는 것이다. 어떠한 社會組織이든지 一個人을 爲하는 同時에 全體 個人들을 利롭게 하는 것이 되여야 한다.[41]

---

39 한치진, 『사회학 개론』, 46~48쪽.
40 한치진, 「米國 社會學的 思想의 現段階」, 『朝光』 6-5, 1940. 4, 125쪽.
41 한치진, 『사회학 개론』, 205쪽.

자본주의 발달 과정에서 대두한 사회개조론으로서 사회주의를 평가하는 속에서 그가 제기한 위의 "사회학적 견지"는 결국 그의 책에서 상술하고 있는 사회 통제social control를 의미하는 것으로 보인다. 그는 사회 통제에 관한 서술을 대부분 에드워드 로스Edward A. Ross의 학설에 의지하여 서술하고 있는데,[42] 위의 인용문과 연관하여 살펴보면 그 파급력으로 인해 "大資本은 充分한 統制가 要"한다는 내용이 언급되어 있다. 그의 '사회 통제'에 관한 서술을 보면, '법률'은 "생활의 내적 동기에까지 세력을 미치지 못한다"고 하면서 "평화스러운 통제수단"으로서 교육 등의 방식에 대해 좀더 우호적으로 평가하였다. 즉 "社會統制를 全혀 떠나 살수는 없지만", "知情意가 充分히 發達하야 外界의 統制를 받지 않고 各自의 責任을 圓滿히 實踐"하는 것을 이상적인 것으로 보았다.

워드Lester F. Ward를 계승했던 에드워드 로스의 학설은 당대 미국사회의 자본주의 발달이 일으키고 있는 사회적 파괴작용에 대해 비판적이었지만, 도로시 로스가 평가한 바와 같이 자유주의적 전제를 본질적으로 수정한 것이 아니었을 뿐 아니라 사회 통제의 문제도 관습과 교육 등을 보다 중시는 형태로 기울어져 갔고, 개인과 사회의 관계 문제를 사회심리적 차원으로 귀결시키게 되었다.[43] 이를 통해 한치진이 에드워드 로스와 보가더스의 학설에 대해 우호적이었던 것의 의미를 감지할 수 있으며, 그가 귀국 후 출간한 첫 저술이 『신심리학 개론』이었던 것,[44]

---

42 에드워드 로스의 사회학 이론과 '사회 통제'론에 대해서는 도로시 로스, 백창재 · 정병기 역, 『미국 사회과학의 기원』 1, 나남, 2008, 398~435쪽; 고영복 편, 『사회학설사』, 사회문화연구소, 1994, 337~339쪽 참조.

43 도로스 로스, 백창재 · 정병기 역, 앞의 책, 407~413쪽. 에드워드 로스의 *Social psychology*(1908)는 사회심리학 분야의 선구적 업적이라 평가받고 있다.

44 그가 일제 시기 출간한 수종의 개론서들은 "復習問題" 등을 배치한 것 등에서 알 수 있듯이 대

그리고 해방 이후 보가더스의 『사회심리학』를 번역한 것도 그 연장선상의 표현이었다고 할 것이다.

그는 해방 이후 『신심리학 개론』의 증보판으로 출간된 『심리학』의 「서문」에서 "心理學 研究는 모든 學文研究의 基礎的 入門"이며, "심리학의 발견사실"은 철학의 "'재료"이어야 한다고 했다.[45] 그는 심리학을 "個體的 精神의 科學"이라고 정의하면서 그 의의에 관하여 다음과 같이 쓰고 있다.

> 精神의 本質은 以上 生理的 物質的 條件에서 찾을 수 없는 즉 各 個人이 意識生活에게 呼訴하여서만 認識될 수 있는 性質인 것이다. 이 意識的 事實은 그 性質上 獨立的 主體다. 이는 모든 經驗을 可能케 하는 解釋 作用의 根本이다. 이를 普通用語로 人格이라고 할 수 있다. 人格을 研究하는 心理學은 드디어 모든 學問의 準備學이 된다. 心理學이 發見한 事實을 基本으로 하여야 모든 學問을 正確히 理解할 수 있고, 또한 새로 發展시킬 수 있다. **人類의 改善과 社會改造의 原理**도 그 構成分子인 自我의 知識에서 發見할 수 있을 것이다.[46](강조는 인용자, 이하 동일)

그에게 '인격'은 모든 경험을 해석하는 존재이고, 그것에 나타나는 의식적 사실은 독립적인 것이라고 보았던 것은 앞서 살펴본 그의 철학적 입장에 의거한 표현에 다름 아니라 할 것이다. 더불어 그러한 자아(인

개 강의용 교재로서 서술된 것이다. 『신심리학 개론』 또한 귀국 후 감리교협성신학교에서 심리학을 강의하는 과정에서 출간되었다고 판단된다.

45 한치진, 「自序」, 『心理學』, 조선문화연구사, 1949, 1쪽.

46 위의 책, 8쪽.

격)에 관한 과학적 연구로서 심리학은 모든 학문의 기초이며, '사회개조'의 원리 또한 자아(인격)에 관한 지식에서 출발한다고 주장하고 있다. 그의 학문세계는 사회와 연루된 인간 존재의 현실적 문제(고통)들에 대한 고민에서 출발하여, 유심론적 입장에서 개체의 생명성과 창조성을 자신의 사상적 근간으로 정립하고, 심리주의적 '사회'관과 그에 입각한 사회개조론으로, 나아가 양자의 연결고리이자 재료학으로서 '심리 연구' 등으로 이어지면서 사회학-철학-심리학이 연쇄적인 동시에 원환적으로 체계화되어 갔음을 알 수 있다.

3. 자유주의 사회사상과 식민지 조선의 진로

—'개아個我'의 '분투奮鬪'와 '상애相愛'

전장에서는 미국 유학을 통해 그의 학문세계가 형성되는 과정과 그 특성에 관하여 살펴보았다. 일련의 학문적 주장을 통해 그의 사회관과 세계관의 기본적 성격은 추상적이나마 제시되었다고 생각한다. 본장에서는 이를 바탕으로 그의 좀더 구체적인 사회사상의 특질에 대해 살펴보려고 한다. 특히 그의 근대문명관과 식민지 조선(인)의 현실에 관한 그의 인식, 그리고 현실개조의 방향에 관한 구체적인 언술을 검토해 보도록 하겠다.

그는 미국 유학 시절 한인사회와 유학생회 등에 관여하는 가운데 매우 예민한 주제의 글들을 대중매체에 실어서 논란을 야기하였다.[47] 여러 편의 글이 문제시되었지만, 대부분 한치진의 현실 문제 인식과 그 타개 방향에 관한 입장으로 인해 발생한 것이었다. 이때 발표된 글은 사회사상적 측면에서 엄밀한 체계성은 떨어지지만, 학적체계가 구체화되고 있던 20대 후반 그의 현실사회에 관한 문제의식을 뚜렷이 보여준다는 점에서 흥미롭다. 다음의 두 글을 보자.

①

이천만 조선 사람이 정치적 독립을 위하여 성의껏 돈 내고 왜놈을 미워하는 것이 대동단결이라 할까? (…중략…) 차라리 다시 말하면 회비는 있다하더라도 자기들이 먹고 살 돈이 없다 한다. 정말 조선 사람은 회비는 있어도 가족을 먹여 살릴 돈은 없는 기괴한 민족이다. 이것은 무슨 말인고? 어떤 이는 말하되 조선 사람은 이기적 개인주의자가 되어서 무슨 단체를 생각지 아니 하여서 단체들이 망해 간다하나 나는 그와 반대로 조선 사람은 자기와 자기 가족을 덜 생각하고 단체만 생각하기 때문에 자기도 망하고 단체들도 한인 전체에게 해가 된다 한다. **조선 민족은 실로 이 단체지상**

47 한치진은 1925년부터 미주 한인학생회보Korean Student Bulletin의 편집진으로, 1927년부터 1928년 봄까지 백낙준과 함께 부편집인associate editor, contributing editor로 활동하면서 많은 글을 기고하였고, 유학생회잡지인 『우라키』와 북미주 한인신문이었던 『新韓民報』에도 수편의 글을 실었다. 그중에서 당시에 논란이 되었던 몇 편의 글을 소개하면 다음과 같다. 한치진, 「한인단결의 비결은 분리」, 『新韓民報』, 1927.2.3; 「풍파둥학싱대회를 츠리고 나서」, 『新韓民報』 1927.7.7; 「무정부주의와 됴션인의 살 길」, 『新韓民報』, 1927.10.20; 「무정부주의는 무위덕ᄒᆞᆫ가?」, 『新韓民報』 1927.12.8 『新韓民報』의 기사 중에 북미한인학생회 차원에서 한치진의 글이 논란이 되었던 것도 확인할 수 있다. 「학싱회와 친우부 협동 한치진 씨의 론문을 공격하여」, 『新韓民報』 1929.1.10; 「경고, 반박 셩토를 주장—학싱 총회 힝졍원 쇼식」, 『新韓民報』 1929.1.24. 기사에 따르면 논란이 된 한치진의 글(「조선의 현상」)은 1928년 12월 한인학생회보Korean Student Bulletin에 실렸다고 되어 있지만, 필자는 확인하지 못했다. 한인학생회보 영인본에는 1928년 12월호가 누락되어 있다.

주의로 망한 것이다.[48]

②

이제 무정부주의적 사상 입지에서 조선적으로 조선인의 살 길 방책을 논거하면,

一. 사람은 정치(재래식의)로만 살 것이 아니라 실업 즉 노동으로야 산다는 정신 하에서 제 각각 무슨 일 한가지씩은 해서 살기 힘쓸 것.

二. 할 수 있으면 네 것, 내 것하고 혼자만 살려하지 말고 경우와 도리에 의해 남과 더불어 관계하되 나와 같이 대할 것이니, 즉 연대 협동 생활을 위주로 할 것.

三. 먼저 조선인 나를 알아가지고 나의 환경에 적합하게 한 가지 무슨 일을 하고 사는 조선인으로서의 독특성을 길러야 할 것.

四. 무슨 일이든지 그 하는 일에 일정한 목적을 두고 취미적으로 할 것.

五. 이상을 다 실현하려면 현하 사회를 일종 수단으로 이용하여 이상 무정부주의적 사회건설을 목적으로 하고 나아갈 것뿐이다.[49]

①은 당시 미주 조선인사회의 경험 속에서 그가 조선인들의 각종 결사활동과 조선인들의 처한 상황에 대한 비판적 태도를 보여주고 있다. ②는 조선인들이 처한 난관을 타개할 원리로서 자신이 설정한 '무정부주의'에 입각하여 실행 방안을 제시한 것이었다.

①과 같이 '단체지상주의'가 조선의 멸망 원인이라고 본 이유는 자기

48 한치진, 「한인 단결의 비결은 분리」, 『新韓民報』 1927.2.3.

49 한치진, 「무정부주의와 됴션인의 살 길」, 『新韓民報』 1927.10.20.

중심이 없는 편견으로 인해 자기가 속한 단체에 매몰되어 당파싸움으로 귀결되기 때문이라는 것이었다. 그래서 그는 "단결을 조직"할 때는 "분리에서 단결한다"는 원리, 즉 단체본위로 조직할 것이 아니라 개인을 위해, '일(사업)'하기 위해 조직할 것을 주장하였다. 그는 "단결함으로써 개인의 인격과 가치를 잃어버리는 것이 아니라 더 개인적이 되고 더 독존적"이 될 수 있어야 하며, "단체가 개인을 완성케 하는 것이 아니라 개인이 단체를 완성케" 하는 것이 바른 순서라고 주장하였다.[50]

②는 위와 같은 문제의식의 연장선상에서 발표된 것이었다. 그는 당시 조선(인)을 구제할 방도로서 세 가지 흐름, 즉 첫째, "부지런히 돈 모으고 공부도 많이 하여 남과 같이 되어야 한다"는 노선, 둘째, "민족적으로 정치운동과 군사운동" 노선, 셋째, "맑스식의 사회주의운동" 노선 등이 존재하다고 하면서 세 가지를 모두를 각각 비판하고 있었다.[51] 그리고 "특수한 조선인"의 조건에 적합한 "특수한 방법"이어야 한다면서 ②의 방책을 제시했던 것이다.[52] 그의 무정부주의는 일반적으로 알려진 '무정부주의'와는 크게 관계가 없다는 것은 위의 글을 통해서도 드러나지만, 그가 '무정부주의'라는 용어를 통해 말하고자 하는 것이 좀더 중

50 한치진, 「한인 단결의 비결은 분리」, 『新韓民報』 1927.2.3.

51 그 비판 내용은 다음과 같다. 첫 번째 노선은 이미 격차가 벌어진 당시 상황에서 강대국가나 민족들을 추월하여 경쟁하겠다는 것은 '공상'이며, '정치 군사운동' 노선은 이미 식민지가 된 민족에게는 불가능하고, 사회주의운동 노선은 경제적으로 궁핍한 조선인들에게는 '공론空論'이라고 비판하였다(한치진, 「무정부주의와 됴션인의 살 길」, 『新韓民報』 1927.10.20). 이러한 그의 주장은 『新韓民報』측의 반박 논설을 비롯해 여러 반발을 초래하였다. 「한치진군의 무정부론에 대하야(全2回)」, 『新韓民報』 1927.12.8~12.15; 리효종, 「한치진군의 "무정부주의와 됴션인의 살 길"을 읽고」, 『新韓民報』 1927.11.17. 이에 대해 한치진의 재반박글과 그에 대한 마검생의 비판 등이 발표되었다. 한치진, 「무정부주의는 무위덕혼가?」, 『新韓民報』 1927.12.8; 마검생, 「한치진군의 각성을 재촉함」, 『新韓民報』 1927.12.29 참조.

52 이러한 '특수한 조선인'의 조건과 그에 맞는 방도를 강조하는 것은 그의 형 한치관이 주장하는 바와 닮아 있다. 한치관, 「特殊的 朝鮮人」, 『東光』 8, 동광사, 1926.12 참소.

요하다고 할 수 있다. 그의 '무정부주의'는 앞 장에서 살펴본 '사회 통제'의 문제에 관한 것이었다.

그는 "인류사의 과정은 소수의 세력자와 다수의 무력자 간의 충돌 차라리 대치로서 전진"하는 것, 즉 "억제의 지위를 전환하는 것"이라고 하면서 세 가지 '억제'를 말하는데, "정부의 억제, 사회의 억제, 무정부의 억제"라고 하였다.[53] "정부의 억제"는 국가권력의 강제력에 의한 것을 지칭하는 것이었고, "사회의 억제"는 "사회주의 억제"를 지칭한 것이었다. "사회주의 억제"는 "정부의 억제"를 전복하기 위해 일어났으나 "도리어 정부를 하느님으로 만들어 놓았다"고 비판하였다.

여기서 그가 이후에도 지속적으로 제기하는 사회주의에 대한 비판의 요점이 드러나 있다. 첫째, 경제 결정론적 관점으로 인해 인간의 생활을 경제적 차원에 한정시키고 있다는 것이고, 둘째, 그렇게 규정한 인간들을 지배하기 위해 국가를 생산기관으로 변화시켜 그 억제를 강화하려 한다는 점이었다. 반면 그가 주장하려 했던 "무정부의 억제"는 "구체적 사실에 입각한 자아적 억제의 이상理想", 즉 "독립 자영하는 생활주의"라고 하였다. 그는 자신의 무정부주의 또한 '단체주의'가 필요하나, "개인적 단체주의"의 정신에 입각해야 하며, 그 실현 방향도 역시 각 개인의 기능(=직업)과 활동의 충실화에서 출발하여 공통의 이해관계에 기초한 직능단체를 거쳐, 유기적인 하나의 "사회적 단체"를 구성하는 과정을 밟아야 한다고 했다.

이러한 '무정부주의'에 관한 주장을 배경으로 ②를 살펴보면 그 의미

53 이하 그의 '무정부주의'에 관한 내용은 한치진, 「무정부주의는 무위덕흔가」, 『新韓民報』, 1927.12.8 참조.

하는 바가 좀더 명확해진다고 할 수 있다. 그렇다면, ②에서 "현하 사회를 일종의 수단으로 이용"한다는 표현은 그의 '무정부주의'론에서는 당연한 것이라 할 것이다.[54] 그의 무정부주의는 현실의 자본주의적 사회체제 속에서 개인의 "의식적 분투"에 기초하는 가운데, 개체적 자율성의 고양과 기능적인 단체의 단계적 확대를 통해 '사회적인 것'의 문제들 또한 해결하려는 것이었다. 따라서 극단적 자유주의 모델(자유지상주의)에 근접한 것으로 판단할 수도 있겠지만, 그가 자신의 무정부주의를 정치・군사적 민족운동이나 사회주의운동 등의 불가능성과 관념성을 지적하면서 "특수적 조선인에 맞는 특수적 방법"이라고 주장한 것을 상기할 필요가 있다. 따라서 '식민지적 현실'과 그것을 초래한 '조선인들의 나쁜 습속들' 등에 대한 그의 극단적인 비관적 인식은 자신의 학적체계화 과정에서 만났던 지식들과 맞물리는 가운데 개체(개인)의 "의식적意識的 분투奮鬪"와 '자율' 역량의 고양이라는 근본적인 차원을 강하게 부각시키게 했던 것으로 생각한다. 따라서 '특수적 조선인'에 적합한 '특수적' 방법이라고 제시하였으나, 그 '특수'에 대한 강조가 극대화되면서 오히려 자신이 선호하는 자유주의적인 원리에 대한 근본주의적 추구를 역설하게 되었다고 할 수 있다.

위와 같은 그의 주장은 당시 조선인의 처지와 습속에 대해, 그리고 민족해방운동들에 대해 비관적 태도를 노골적으로 표현했다는 점에서 그가 산출한 글들 중에서 확실히 한 극단을 차지하고 있다고 할 수 있다.

---

54 그는 "사회제도의 모든 불공평을 깨칠려고만 꾀하지 말고 일보를 진하여 현 제도를 극단으로 연장하기에 전력할 것뿐이다. 다시 말하면 이 현재 경제적 사회를 극단까지 끌고 가보면 거기에 신천지가 열린다"고 하고 있다. 위의 글.

그의 기본적인 관점은 크게 변화되었다고 할 수는 없지만, 대학원 재학 시절과 귀국 직후라 할 수 있는 1920년대 후반 대중매체에 발표된 그의 글들을 살펴보면 위와 같은 논조를 부각시키지는 않고 있었다. 대체로 그가 석・박사논문에서 체계화했던 논리들을 토대로 조선사회가 생존, 발전할 수 있는 관점과 방법을 제시하는 내용이 대종을 이루었다.[55] 요체는 "生命은 進化하고 個體化하는 것"이며, "진화의 추세는 獨異的 個體化"[56]에 있다고 하면서 '개아個我', '개체個體', '개인個人'의 창조적 활동이 갖는 의의를 강조하여, "적극적積極的 개인주의個人主義", "동적動的 생활주의生活主義" 등을 내세움으로써 구래의 "동양식 사상東洋式 思想", "인생관人生觀"을 대체하여 서구 근대문명 원리의 체득을 역설한 것이었다.[57]

근대문명관, '사회진화'에 관한 그의 입장을 좀더 구체적으로 살펴보자. 그는 '미국문명'에 관한 한 글에서 "살려하거든 西化하고 亡하려거든 東化라 하는 것이 오늘날 二十世紀의 生存公理"라고 하면서 서구 근

55 대표적인 글을 소개하면 다음과 같다. 한치진, 「푸랙마티즘의 生活觀(上)~(下)」, 『조선일보』, 1925.10.2930; 「美國人生活觀에 對한 考察과 朝鮮人의 反省(全9回)」, 『조선일보』, 1924.7.4~14; 「우리의 다시 살 길(全3回)」, 『조선일보』, 1926.8.2~5; 「Good and Bad Elements of American Civilization」, 『우라키』 2, 1926; 「單子的 個我論(上)~(下)」, 『동아일보』, 1926.9.28~10.2; 「動的生活主義로 본 道德問題」, 『朝鮮之光』 65, 1927.3; 「機械學과 生存競爭」, 『朝鮮之光』 70, 1927.8; 「唯物이냐 唯心이냐」, 『朝鮮之光』 73, 1927.11; 「現代文明의 趨向(全5回)」, 『조선일보』, 1927.12.7~12; 「西洋文明의 特色을 論하야 朝鮮人의 將來에 及함」, 『우라키』 3, 1928; 「哲學問題에 對한 一考察」, 『朝鮮之光』 82, 1929.1; 「科學과 生存問題」, 『朝鮮之光』 83, 1929.2; 「善惡-倫理學的 硏究(全10回)」, 『조선일보』, 1929.11.6~22; 「個體의 解放論(全5回)」, 『中外日報』, 1929.11.23~30; 「進化上個我의 地位-單子的 個我主義(全6回)」, 『동아일보』, 1929.12.25~31; 「個人主義와 社會主義의 理想-個我의 價値를 辨明함(全4回)」, 『조선일보』, 1930.1.17~21; 「社會的 進化論(全10回)」, 『조선일보』, 1930.3.11~1930.23.

56 그는 "進化는 元來 固體性의 原理 곧 分化의 綜合原理에 의하여 突進하는 것임은 이미 確證된 事實"이라 하였다. 한치진, 「社會的 進化論(五)」, 『조선일보』 1930.3.18.

57 한치진, 「進化上個我의 地位-單子的 個我主義 (六)」, 『동아일보』 1929.12.31. 문명의 진보 방향은 "平和的, 平等的"으로가 아니라, 근본적으로 "奮鬪的이 되고 差別的"으로 되어 가는 것이라고 하고 있다.

대문명에서 나타난 "個人主義, 物質主義, 實用主義"는 모두 "生命活動의 必然的 趨勢"라고 했다.[58] 앞 절에서 언급한 바와 같이 그는 문명을 "生命의 動的 流露"의 발현 과정에서 형식, 제도들이라 규정하면서, 이를 본능적·정적情的제도와 이성적 제도로 분류하였다. 정적제도와 달리 이성적 제도는 능동적, 분투적 생활 중에 나타난 "意識的, 計劃的"인 형태로서, 서구 근대문명의 '힘'과 '보편성'은 근대과학과 기술 등 이성적 제도의 발달에 있다고 보았다. 그래서 그는 '정적문명'인 '동양문명'은 "理性的 科學的 文明인 西洋에게 征服되었다"고 하였다.

그럼에도 그는 18~19세기 발흥한 서구문명은 현재 몰락의 과정에 있다고 했는데, 그 이유는 "純理性的 文明"이 못되어 계급, 민족, 국가적으로 분리화되어 있기 때문이라고 보았다. 당대 서구 근대문명은 "暫時的 文明"으로서 "내외를 구비한 장래할 이성문명 즉 공정과 보편을 목표로 한 문명"에 의해 대체될 것이라고 했다.[59] 그렇지만 위의 언급에서 볼 수 있듯이 장래할 신문명은 약소민족과 노동자계급의 운동을 통해 민족적, 계급적 제한성이라는 한계(즉 불공정)를 깨뜨리는 것으로 나타나겠지만, 기존 '과학'과 '힘'으로 대표되는 이성적 원리 자체는 오히려 더 보편화하고 강화될 것이라는 주장이었다. 그는 신문명은 '개인'에 기초한 "더 힘主義, 더 理性主義"라고 하였다.[60]

---

58 한치진, 「西洋文明의 特色을 論하야 朝鮮人의 將來에 及함」, 『우라키』 3, 1928, 16쪽.

59 한치진, 「現代文明의 趨向(三)~(四)」, 『조선일보』, 1927.12.9~12.10.

60 그는 신문명의 원리를 열거하고 있는데, 앞서 다룬 '무정부주의' 방책과 흡사한 면이 많다 ① 정치, 자본 본위보다 노동 본위, ② 종교, 도덕에서 해방이 된 "自發的 個我的 世界", ③ 각 개인은 각자의 기능에 의하여 한 가지씩 어떤 일을 함, ④ 노동, 즉 직업에 대한 취미적 경향의 증가, ⑤ "相衝의 生活보다 互相對峙"로서 균형된 생활, 즉 국가·민족적 대치가 아니라 각 개인의 사업의 대치, ⑥ 이성으로서 감정을 지도하는 세계. 韓稚振, 「現代文明의 趨向(五)」, 『조선일보』, 1927.12.12.

이 시기 그는 서구 근대문명은 '개아個我'의 '분투奮鬪', 창조적 '생존욕生存慾'을 근거로 하면서, '분투적 개아'의 정신(이성/지성)이 조직한 '과학'(이성적 제도)이 일으킨 것임을 역설하고 있었다. 그는 확실히 "制度는 모든 思想의 表現, 즉 具體化"라고 했으며, "정신적 혁신과 연구비평"이 '사회진화'를 선구한다고 보았다.[61] 그렇다면 '사회진화'의 목적은 무엇인가? 이에 대해 그는 다음과 같이 말한다.

> 進化는 (…중략…) 以前에 없던 要求가 새롭게 出現하며 旣在한 事實의 內容을 豊富히 하는 創造的 作用이다. (…중략…) 創造的 進化의 目的은 (…중략…) 自由이다. 自由는 內的과 外的 活動의 秩序的 展開의 이름이다. 活動의 障碍를 征服한 것이 自由다. 對峙는 鬪爭的 狀態를 이름이오, 鬪爭的 狀態는 벌서 障碍物의 存在를 豫想하는 것이다. 障碍를 征服하고 除去하려는 것이 鬪爭이오, 그 鬪爭의 成功은 障碍를 除去함이니 곧 生活의 自由이다. (…중략…) 오늘날 文明한 社會는 未開한 社會보다 自由가 많고 따라서 活動이 繁多한 것이 事實이다. 그 自由가 만케 된 理由는 理性의 産物인 科學이 發達되어 生活을 便利케 한 까닭이다.[62]

그는 '사회진화'의 목적은 '자유'이고, 그 동력은 '과학'이라고 하고 있다. 따라서 "生存의 敵인" 구래의 동양적 생활관과 사상에서 벗어나지 못하고 있는 조선인들에게 '자유'를 가져다 줄 해법이 '분투적' 생활관의 확산, 학술 연구 전반의 "催促", 그리고 일반 대중에 대한 '과학'의 보

61 한치진, 「社會的 進化論(四)」, 『조선일보』, 1930.3.17.
62 한치진, 「社會的 進化論(七)~(八)」, 『조선일보』, 1930.3.20~3.22.

급 등에 있다는 결론은 당연했다. 그는 "現下 社會進化의 最善의 方法은 教育"이라고 하였다. 사회진화의 일반적 과정 속에서도 관철되고 있는 사실이라고 하면서 진화의 출발은 소수 선각자에서 시작하여 그 앎을 "민중화民衆化"하는 것으로 파악하였다.[63] 이 시기 그의 대중매체 글쓰기는 대체로 이와 같은 원리적인 내용이 대부분이었다. 물론 그가 '교육'을 언급하면서 배움의 기회를 얻기 어렵고, 입학난에 처한 상황에서 "무산대중군無産大衆群"에게 적합한 방법 등을 고민하기도 했지만,[64] 당시 식민지조선 현실을 구체적으로 문제삼는 가운데 그 개량의 방도를 제기하는 글은 찾아보기 힘들다. 1920년대 후반 제기한 그의 원리와 방법은 이후에도 큰 방향에서는 지속되었다고 볼 수 있다.

그런데 1930년대 초반을 거치면서 일정한 변화가 나타났다. 그는 귀국하여 감리교협성신학교, 이화여자전문학교에서 가르치면서, 기독교(감리교)인으로서 종교적, 사회적 활동에도 적극적으로 참여했던 것으로 보인다. 그는 감리교의 평신도 대표로 연회年會에 참석하기도 했으며, 1930년 감리교엡윗청년회의 부회장 겸 문학부장으로 선임되기도 했고, 기독교 민족·사회운동 세력의 협동전선으로서 1929년 결성된 기독신우회基督信友會의 발기인으로 참여하였다.[65] 그리고 『종교철학 개론』(1934)과 『기

63 한치진, 「社會的 進化論(十)」, 『조선일보』, 1930.3.23.

64 한치진, 「우리의 다시 살 길(一)~(三)」, 『조선일보』, 1926.8.2~8.5.

65 『基督教朝鮮監理會 中部年會第四回會錄』, 1934, 33쪽; 「團體(中央美監理教 懿法青年會)役員異動ノ件」(京鍾警高秘 제9718호), (발신)1930.6.26; 「基督信友會宣言, 發起人氏名」, 『基督申報』 1929.6.20. 1931년 개성에서 열린 조선감리朝鮮監理 제1회 연회에 참석하면서 남긴 개성여행기는 그의 당시 지향을 잘 보여준다. 그는 당시 개성의 비교적 안정된 경제 상황과 외국인 상점이 없는 시가지를 보고, "開城人은 自立的이다. 아마 朝鮮人이 다 開城人이 된다면 朝鮮은 당장 復活할 것 같다. 朝鮮人은 開城人化하기를 힘써야 하겠다"고 하였다. 한치진, 「開城求景의 雜感(上)」, 『青年』 11-7, 1931.7·8.

독교인생관基督教人生觀』(1934)을 비롯한 신학과 종교학 관련 연구서, 번역서 등을 활발히 출간하였다. 그 결과, 1930년대 초반 이후 발표지면 또한 『기독신보基督申報』, 『청년青年』, 『진생眞生』, 『신생新生』, 『신학세계神學世界』 등 기독교 계통의 매체들로 옮겨 갔다. 그는 협성신학교 재직시절부터 종교철학에 관한 연구에 몰두했던 것으로 보이며,[66] 귀국 후 조선사회에서의 경험이 늘어가면서 1920년대에 비해 식민지 조선의 현실과 조건을 좀더 구체적으로 접근하여 그 해결 방안을 모색하는 글쓰기가 많아지게 되었다.[67] 그 과정에서 1930년대 전반기 그의 글에는 과학과 이성의 가치에 대한 신념이 여전히 지속되면서도 인격 중심의 기독교적 인생관, '고상한 이상', 사회적 '책임'과 '헌신', '절제'와 '사랑' 등이 갖는 의미가 부상하였다.

종래 강조했던 '생존욕生存慾'의 분투, 자연 정복과 물질의 생산, 힘에 대한 적극적 옹호 등은 이 시기에 들어 다소 약화된다고 할 수 있다. "돈 많고 과학의 능력을 잘 적용하는 현대의 영웅"에 대해 "義와 善은 最後로 勝利한다"고 믿고 나아가는 자가 진정한 '영웅'임을 말하고,[68] 물질적

66 그는 당시 심정을 다음과 같이 술회했다. "以前 學窓時代의 나의 主張은 퍽 理想的이요, 極端的이요 過激했다. 그러나 朝鮮에 神學校에 있을 때에 나의 생각은 宗教的이요 克己的이요 苦行的이었다. (…중략…) 教役者까지 되어보는 것이 어떨가 꿈꾸고 있었다." 한치진, 「自序」, 『基督教人生觀－宗教哲學大系』 下卷, 철학연구사, 1934, 3쪽.

67 그가 조선의 구체적인 실정들을 자신의 학문이나 사회개혁의 방도에 적극적으로 포함시키기 시작했던 것은 크게 2가지 방향에서 나타났다. 하나는, 그의 『사회학 개론』의 "社會病理論"에 관한 서술 등에서 볼 수 있듯이 조선이 처한 상황을 경제, 사회적 통계수치 속에서 분석하고 문화적, 경제적 문제 해결을 위한 여러 방책을 제시하는 작업이었고(『사회학 개론』, 제5장 '사회병리론'; 한치진, 「우리의 活路(全7回)」, 『조선일보』 1931.8.2~9), 다른 하나는 1920년대 후반~1930년대 초반을 거치며 나타난 조선기독교계의 위기의식과 사회참여운동의 연장선에서 기독교계의 대중활동과 농촌운동 등에 대해 고민했던 글들에서 찾아 볼 수 있다. 한치진, 『基督教人生觀－宗教哲學大系』 下卷, 제4부 '조선기독교론' 참조.

68 한치진, 「英雄은 누군가?」, 『青年』 10-8, 1930, 270~271쪽.

으로는 다소 빈한하더라도 "正義를 목마름 같이 思慕하는 精神"에 입각하여 "犧牲과 貢獻의 생활"을 이루어야 한다고 주장했다.[69] 또한 그는 "세상의 절대 표준"으로서 "사회의 행복"을 제시하고 있었다. 그는 "社會 — 最大多數人을 행복스럽게 하는 것은 眞이요 善이요 美"라고 하면서 "사회적 복리란 것을 항상 생각지 아니하면 正路에서 버서나기 쉽다"고 하였다.[70] 물론 이러한 주장은 과학의 가치에 대한 신념이 계속되는 가운데,[71] '과학'의 힘을 '고상高尙한 이상理想'을 추구하는 인격의 가치와 결합하려는 것이라고 할 수 있다. 이와 같이 과거의 주장을 지속하면서도 다소 변화가 나타났던 배경은 무엇일까?

> 사람들은 依然히 事實의 誇張, 曲解, 否認, 省略의 犯行人이 되었다. 學者 중에 같은 事實을 發見하였지만 그 事實이 **事實다운 事實이 되려면** 權勢, 地位, 親舊, 金錢이 先決條件으로 具備되지 아니하면 안 된다. 이러한 形便은 現代文明國 안에서 보다 未開하고 弱小民族社會 안에서 더욱 慘痛하게 甚한 것이다. 이런 故로 所謂 眞理事實에 對한 知識은 現下 强者의 處地에 있는 民族보다 弱者 地位에 있는 民族에게 害되는 傾向이 더 많은 것이다. (…중략…) 이런 고로 弱者社會에는 흔히 道德的으로 腐敗하게 되고 更生의 希望이 實現되기 더 困難한 것이다. **弱者社會의 內部的 敵은 奸狡하고 暴惡한 知識階級이다.** 이 階級을 撲滅시킬 階級도 亦是 識者이기는 하나 그야말로 眞理 自體를 사

69 한치진, 「最高精神文明이 어데 있느냐」, 『靑年』 11-10, 1931.11, 7쪽.

70 한치진, 「朝鮮基督敎는 어데로?(三)」, 『基督申報』 1932.6.22.

71 한치진, 「現代科學으로 본 宗敎」, 『靑年』 12-4, 1932.4, 6~7쪽. 그는 과학이 "暗昧와 迷信을 破壞하야 宗敎信仰의 意義와 人生의 價値를 더욱 高尙케 하였다"고 하면서 "科學의 發達은 宗敎의 敵이 아니라 必要한 條件"이라고 하였다.

랑하는 階級이 아니면 안된다.[72]

위의 글에서 한치진은 '사실'이 '사실'로 인정받게 되는 '사회적 조건'들, 그리고 '지식'이 식민지 현실 속에서 작동하는 방식들에 대해 주목했음을 알 수 있다. 물론 그가 인용문의 후미에서 이러한 문제가 과학과 지식의 발생 조건을 문제 삼기보다는 "진리 자체를 사랑하는 계급"을 통해 해결될 수 있다고 본다는 점에서 '단절'이라 표현할 수는 없지만, 앞선 시기의 주장과 비교해 본다면 일정한 변화가 나타났다고 평가할 수 있다. 위와 같은 그의 문제의식 변화가 '인격'과 '고상한 이상'의 가치를 적극적으로 제기했던 배경이라고 생각한다.

이와 함께 그가 1930년대 사회개조론의 기치로 "상애적相愛的 분투奮鬪"[73] 혹은 "사랑과 과학"을 내세웠던 것에는 사회주의나 공산주의와 같은 "사회개조론"에 대한 대응이라는 측면도 내포된 것이었다. 『사회학개론』 말미의 '사랑과 과학주의'는 사회주의에 대비하여 그가 내세운 사회개조의 핵심원리였다. 그 원리의 특색으로 "人生은 苦勞가 아니라 獨異的 個性의 流露와 自由로운 表現이 되게 하려는 것"이며, "外的 拘束이나 統制보다 自制自決의 價値를 더 認定"하고, "인류를 단위"로 하는 "正義와 公道", "사회를 유익되게 한 업적이 모든 평가의 표준"이 되어야함 등이 제시되었다. 이러한 논리는 1930년대 전반 그의 사회사상적 도달점을 보여준 것이었다.[74] '개아個我'의 '분투적 활동'과 창조성, 그리고 그것

72 한치진, 「人格的 唯物論 – 人格的과 物質構造(二)」, 『青年』 15-8, 1935.11, 9쪽.

73 한치진, 「相愛的奮鬪論(三)」, 『基督申報』 1930.10.15. 그는 '상애적 분투(相愛的 奮鬪)'를 "奮鬪生活의 最後手段"이라고 하면서 "智識과 宗教的 熱心", "科學과 精神的 復興", "科學的 智識의 宗教的 應用"이리고도 표현했다

의 결과이자 도구인 '과학'과 '지식'을 여전히 강조하고 있으나, 1920년대 후반의 주장에서 일정하게 변화하여 보편적인 윤리와 결합된 사회적 효용 문제를 부각시킴으로써 "개아"의 "자제 · 자율"과 "호조적互助的 정신"에 입각한 이해관계 충돌의 조정을 의도했던 것이다.

그의 이러한 사상적 특질은 1940년대를 거치면서 그다지 변화하지 않았고 판단된다. 그가 1930년대 말~1940년대 초에 쓴 글들은 대체로 당대 현실 정치적, 담론적 측면에서 다소 예민한 주제들이었다. 제2차 세계대전의 성격이나 동서양문명론, 미국문명의 특성에 관한 내용이었다. 예를 들어 「동양문화東洋文化는 어데로」라는 글에서 그는 자신이 견지해 온 학적체계에 더해서 당대 유행하던 니시다 기타로西田幾多郞 등 교토학파의 논리가 영향을 미치고 있고,[75] 그 또한 1920년대 '동양' 인식으로부터 다소 벗어나 어떤 잠재적 가능성이 있는 존재로 기대하고 있다는 점은 확인되지만, 전체적인 내용은 그의 1930년대 논지로부터 크게 벗어나 있지 않았다.[76] 오히려 1940년에 발표한 미국 사회학의 사상적 경향에 관한 글에서는 그는 미국 사회학을 "휴머니즘 사회학"이라 '소개'하고 있는데, 그동안 그가 주장했던 사회사상적 특성과 관련해서 볼 때, 단지 '소개의 형식'을 취했을 뿐 그의 사회학적 관점을 그대로 투영하고 있다고 생각한다.[77]

---

74 한치진, 『사회학 개론』, 213~214쪽. 이외에도 "일하는 대로는 먹는 眞理를 肯定한다", "歷史는 善惡의 不斷한 鬪爭史로 認識한다", "善의 勝利 곧 社會의 進步로 믿는다" 등이 열거되어 있다.

75 한치진, 「東洋文化는 어데로」, 『朝光』 6-3, 1940.3, 50~56쪽. 그의 『인격심리학원론』(1939)에는 고야마 이와오高山岩男의 『西田哲學』 등이 인용되었던 점에서 일본 체류 당시 이들의 사조를 접했던 것으로 보인다.

76 이 시기 미국문명에 대한 그의 글(「아메리카文明論」, 『朝光』 6-7, 1940.7)에서도 이전 시기와 비교해 볼 때 큰 변화가 일어났다고 볼 수 없다. 또한 앞으로 살펴 볼 해방 이후 그의 미국 문명과 미국 민수수의에 대한 인식과도 큰 차이가 없다.

1944년 수감되었던 한치진은 해방과 함께 출옥하였다. 각종 정치·사회단체가 조직되어 활동했던 해방 직후의 상황 속에서도 일제 시기와 마찬가지로 정당, 사회단체에 가담하지 않고 있던 그는 1946년경 미군정 공보부 활동에 뛰어들었다.[78]

해방 후 한치진은 앞서 살펴보았던 일제 시기 학문체계와 자유주의적 사회사상을 토대로 미군정의 '민주주의' 담론 산출과 전파활동에 적극 참여하였다. 국가건설운동과 관련하여 그의 '민주주의'론은 자유주의적 입장의 '정부형태'론의 형태를 견지하면서, 당대의 사회주의 세력의 '민주주의'론과 대결하였다. 이와 더불어 자유주의적인 모델에 기초한 근대문명의 원리를 조선사회에 뿌리내려 했던 일제 시기 그의 사상적 주안점은 '자주自主로서의 민주주의'론을 통해 재구성되었다. 그의 '자주로서의 민주주의'론은 '제도'의 차원에 보다는 '과학'에 근거한 '개인'의 분투적 생활과 사회적 자율 역량의 고양에 주목했던 1930년대 그의 사회개조론이 '민주주의'론의 형식으로 변용된 것이었다고 할 수 있다.

77 한치진, 「米國 社會學的 思想의 現段階」, 『朝光』 6-5, 1940.4. 이 논문은 해방 이후 그가 발간한 『미국민주주의』의 한 절로 들어가 있다.

78 가족 증언에 따르면 옥고로 인해 출감 당시 그의 건강은 크게 악화되었다고 한다. 이미일 외, 앞의 책, 435쪽.

4. '민주民主'는 곧 '자주自主'이다

지금까지 1920년대를 거치면서 형성되었던 한치진의 학문세계와 사회사상을 분석하고, 그에 근거하여 해방 이후 미군정과 직접 연계되어 산출되었던 '민주주의'론의 사상적 특성을 살펴보았다. 지면 관계상 한편의 논문으로 그의 방대한 저술 전반에 대한 세밀히 검토할 수는 없으므로, 이 글은 그의 사회사상, 정치사상에 관한 내용에 한정하였다.

한치진은 1920년대 미국 남가주대에서 수학하면서 학문세계와 사회사상을 체계화했다. 그의 학문체계는 식민지 출신 지식인으로서 자신의 인생과 사회에 대한 현실적인 문제의식을 20세기 전반 미국에서 유행했던 철학, 사회학 사조를 매개로 형성한 것이었다. 특히 당대 프래그머티즘과 베르그송 철학의 영향 속에서 개체화하는 생명(의식) 행위의 자유롭고 투쟁적 힘으로부터 '지성'의 출현과 발달을 인식하고, 그러한 도구(=지성과 과학)를 매개로 '개체'는 더욱 자유롭고, 창조적 힘을 실현해 나가는 것으로 파악하였다. 이러한 유심론적 입장에서 개인의 가치를 강조하는 그의 인간관은 당대 에드워드 로스, 보가더스 등 미국의 심리주의적 사회학설과 결합됨으로써 그의 사회학설과 사회개조론의 기본 특성을 규정하였다.

그는 자유방임주의적인 관점에서 사회에 접근한 것은 아니었으나, 사회조직은 '개인'의 행복과 복리 증진을 위해 존재하는 것이었고, 사회발전과 진보의 동력 또한 개인의 분투적, 창조적 활동에 있다고 보았다. 따라서 그는 자유롭고 투쟁적인 생명의 본성을 가로막는 구래의 동양적 생활관과 사상에서 탈피하여 조선인들에게 '자유'를 가져다 줄 해법으로서 '분투적' 생활관의 확산, 학술 연구의 신속한 진전, 그리고 일반대중에 대한 '과학'의 보급 등을 제시하였다.

이와 같은 그의 관점은 1920년대 후반 형성되어 이후에도 큰 방향에서는 지속되었다고 할 수 있지만, 1930년대 초반을 거치면서 일정한 변화가 나타났다. 이 시기에 들어서 그는 사회주의나 공산주의에 대응하여 '사랑과 과학주의'를 사회개조의 핵심원리로서 내세웠다. '개아'의 '분투적 활동'과 창조성, 그리고 그것의 결과이자 도구인 '과학'을 여전히 중시했지만, 그 이전의 주장에서 부각되지 않았던 가치 기준으로서 보편적인 윤리와 결합된 사회적 효용 문제를 부각시킴으로써 개인의 '자제 · 자율'과 '호조互助'에 입각한 이해관계 충돌의 조정을 강조했던 것이다.

해방 이후 그는 미군정에 참여하여 '민주주의'론을 쏟아 내었다. 그의 민주주의론은 '제도'나 '지배'의 차원이 아닌 '생활 양식' 내지 개인의 의식 태도들과 뒤엉킨 '사회적 습속' 차원을 문제 삼는 것으로 일견 '민주주의'의 원리를 확대하고 있는 것으로 보이지만, 오히려 '민주주의'에 연루될 다양한 사회적 역동성과 정치성을 좁은 영역으로 제한시키는 것이기도 했다. 그는 1948년 남한 정부수립 이후 독자적으로 잡지를 발간하고, 저술활동을 전개하면서 '민주民主 = 자주自主'의 논리를 사회적 의제로서 지속해 나갔다. 납북으로 인해 그의 사상적 행보는 단절되었지만, 한치진의 주장했던 '자주 = 민주'의 논리는 한국전쟁 이후 '과학'과 '합리성'의 확산에 기대어 '후진성 극복'에 주안점을 두었던 남한의 자유주의적인 입장의 사회개혁론에 사상적 맥이 닿아 있다고 볼 수 있다.[79]

---

79 홍정완, 「전후 재건과 지식인층의 '道義' 담론」, 『역사문제연구』 19, 역사문제연구소, 2008 참조.

구한말 사회진화론의 수용과 철학적 의의

계몽과 그 한계

정대성

1. 근대화와 진화론

서구 열강들의 세계화 전략으로 인해 20세기로의 전환기 동아시아는 거대한 문명충돌을 경험한다. 일본과 중국은 물론 한국 역시 이 변화에 반응해야 했는데, 특히 서구의 다양한 학문과 사상에 대한 지식인들의 반응은 전환기 시대를 재구성하는 데 핵심적인 요소이다.

소위 개화 혹은 변법자강의 이름으로 진행된 세기의 전환기에 동아시아 지식인들을 매료시킨 서구의 가장 큰 사상은 사회진화론이라 할 수 있다. 사회진화론은 사회의 발전과 변동을 설명하는 주된 사상 중 하나로서 자연생명체의 진화를 주도하는 자연도태와 적자생존을 사회의 발전을 해명하는 법칙으로 삼는 데서 비롯되었다. 사회진화론은 역사 발전을 진보로 보는 진보사관을 명백하게 하는 가운데, 제국주의의 팽창을 이론적으로 정당화하는 논리로 동원되었고, 다른 한편 저개발국에서는 자강을 위한 이데올로기로도 작동하였다. 사회진화론은 자연, 특히 생명체의 운동 법칙을 해명한, 패러다임 변혁적 작품인 다윈의 『종의 기원』(1859)과 그보다 앞서 라마르크의 진화론적 사유를 사회변동 이론에 적용한 스펜서의 『종합철학체계』(전 10권, 1862~1896), 그리고 토마스 헉슬리의 『자연계에서 인간의 위치』(1863), 윌리엄 섬너의 『습속』(1907) 등에 의해 명료화되었으며, 서구에서 뚜렷한 사상적 흐름으로 자리 잡았다.

사회진화론은 약간의 시차를 두고서 동양으로 유입되었는데, 일본의 경우 변혁기 지식인으로서 메이지 일본의 사상적 기반을 제공한 것으로 평가되는 가토 히로유키(1836~1916)와 후쿠자와 유기치(1835~1901, 『서양사정』(1866), 『문명론의 개략』(1875))가 대표적인 사상가이며, 중국의 경우 옌푸嚴復(1854~1921)와 양치차오梁啓超(1873~1929) 등이 이를 대변한다.

한국에서는 일본과 중국, 그리고 미국의 사상가들의 직간접적인 영향으로 이미 1880년대부터 사회진화론이 유입된다. 1880년대 유길준(1856~1914), 박영효(1861~1939) 등을 필두로 1890년대에는 미국 유학파인 서재필(1864~1951), 윤치호(1865~1945) 등을 통해, 20세기 초에는 박은식(1859~1925), 장지연(1864~1920), 신채호(1880~1936) 등, 국내 유교지식인들에 의해 사회진화론이 유포된다.[1]

사회진화론 내에 다양한 이론들이 존재하지만, 동아시아에서 그 이론은 부국강병의 이론으로 해석되고 받아들여졌다. 지금까지 사회진화

1 사회진화론의 유입에 대한 개괄적 설명에 대해서는 다음을 보라. 이광래, 『한국의 서양사상 수용사』, 열린책들, 2003, 219~220쪽 참조.

론에 대한 국내 연구는 특히 역사학과 정치사상사 분야에서 뚜렷한 성과를 내고 있지만, 철학에서는 아직 미미한 수준이다.[2] 사회진화론에 대한 역사적, 문학적 접근들이 중요하지 않은 것이 아니지만 그 이론의 철학적 의의를 탐구하는 것은 한 시대를 풍미했던 그 이론의 전체 모습을 보다 총체적으로 볼 수 있는 눈을 제공할 것이다.

이 글은 근대계몽기 한국의 많은 지식인들을 사로잡았던 사회진화론의 유입 양상을 간단히 살핀 이후 그 이론이 어떤 정신사적, 혹은 철학적 의미를 갖는지 살피는 것을 목표로 한다. 이때 시대 개념으로서의 근대와 사유운동으로서의 계몽 등과의 관계에서 사회진화론의 사상적 위치와 그 의의가 중점적으로 다뤄질 것이다. 서구의 근대는 17세기 바로크 시대에서 18세기 계몽의 시기를 거쳐 19세기 낭만의 시기까지 이어진다. 사회진화론은 19세기 중엽 계몽의 한계가 분명하게 드러나면서 낭만과 사회주의사상이 특정한 힘을 발휘하고 있을 때, 즉 서양 근대의 마지막 시기에 등장한 사회정치사조이다. 그런 점에서 사회진화론은 근대, 계몽 및 낭만주의 등과 깊은 관계에 있다. 따라서 근대와 계몽 개념의 해명이 사회진화론의 철학적 의의를 밝히는 하나의 길이 될 것이다.

---

2 21세기 이후 한국학에 대한 관심과 더불어 철학의 영역에서도 조금씩 근대기 한국철학에 대한 반성이 등장하는데, 박정심의 「박은식의 철학사상 연구－사회진화론의 수용과 양명학적 대응을 중심으로」(『한국철학논집』 9, 한국철학사연구회, 2000), 양일모의 「사회진화론 재고」(『한국학연구』 17, 인하대 한국학연구소, 2007), 윤평중의 「사회진화론은 반동적 이념인가?」(『철학과현실』 81, 철학문화연구소, 2009), 김제란의 「한 · 중 · 일 근대불교의 사회진화론에 대한 대응 양식 비교－동아시아 불교의 사회진화론 수용과 비판의 두 흐름」(『시대와철학』 21, 한국철학사상연구회, 2010), 이인화의 「1910년 이후 한말 사회진화론의 변용과 극복 양상－안중근, 박은식, 안창호, 신채호의 사상을 중심으로」(『동서철학연구』 74, 한국동서철학회, 2014) 등의 논문들이 있다.

2. 개화기 사회진화론의 수용

19세기 중엽 이후 중국이 서구의 열강들과 조약을 맺었다는 것은 당대 조선인들에게 전통적인 중화 질서의 붕괴를 의미하였고, 그것은 세계가 힘의 정치로 재편되었다는 것을 의미했다. 전복희는 이를 다음과 같이 평가한다.

> 중국이 서구와 조약을 맺었다는 것은 중화 질서의 붕괴만을 의미하는 것이 아니라 중화주의에 근거한 책봉과 조공제도가 계약제도를 기반으로 하는 서구식 국제관계로 전환되었다는 것을 의미한다. 또한 그것은 동아시아 국제정치는 더 이상 문화적인 예(禮)적 관계에 의해서 지배될 수 없고, '힘의 정치'의 와중에 휘말려 들어가게 되었다는 것을 의미한다.[3]

1876년 일본과의 강화도조약으로 개국이 이뤄진 이후 국내 지식인들은 많은 경우 중화주의에서 벗어나 국제관계를 힘에 의한 정치동학으로 파악하는 눈을 가지게 되었다. 이들은 이러한 사고를 개화의 이름으로 수행했는데, 이들이 의지한 가장 중요한 서구 이론 중 하나는 사회진화론이었다.

일본으로부터 유입된 개화開化라는 개념은 조선의 지식인들에게 1883년경부터 일반적인 용어로 자리하게 되는데, 처음에는 수구의 반대어로

3 전복희, 『사회진화론과 국가사상—구한말을 중심으로』(1996 초판), 한울, 2010, 98쪽.

사용되다가 1890년대부터 점차 적극적인 의미로 산업의 근대화와 새로운 학문을 통한 계몽과 같은 의미로 사용되었다.[4] 초기 개화 사상가들은 대체로 중국을 통해 서양의 문물을 들여온 자들로서 정치가 박규수(1807~1877), 통역관 오경석(1831~1879) 그리고 의사였던 유홍기(1831~?)가 주도하였다. 이들은 중국의 '공양학파'公羊學派의 개혁정신에 영향을 받았다. 공양학파의 책으로 독서 토론을 주도한 박규수는 개화파의 거두들이 되는 김윤식, 김홍집, 김옥균, 박영효, 서광범, 유길준 등에 영향을 준다.[5] 물론 이들의 입장은 급변하는 정세에 서로 다른 방식으로 대응하는데, 예컨대 김윤식, 김홍집, 어윤중 등은 전통적 가치를 존중하는 점진적 개혁을 주장하는 데 반해, 김옥균, 서재필, 윤치호 등은 정치와 문화 전반에 대한 근본적 변혁을 주장한다.

이들 중에서 이른 시기 사회진화론을 개혁의 관점에서 가장 유의미하게 수용한 사람은 유길준이다. 1881년 일본에 사절단으로 파견된 그는 일본의 진보적 사상가이자 진화론을 적극적으로 수용했던 후쿠자와 유키치의 문하생으로 게이오의숙慶應義塾에서 수학한다. 여기서는 서구의 정치사상가들에 대한 강의가 많이 열렸는데, 몽테스키외(1689~1755), 토크빌(1805~1859), 허버트 스펜서(1820~1903) 등 서구의 중요한 사회정치사상가들이 강의의 대상이었다. 귀국 전 10개월 정도를 미국에서 수학한 그는 귀국(1885) 후에 『서유견문』(1895)을 발표한다. 유기치의 『서양사정』을 많이 참고한 이 저작의 기본 구도는 과거에서 이상적 형태를 찾는 유교적 역사관, "유교적 숭고주의"[6] 대신 미래에 초점을 맞

4 위의 책, 101쪽.
5 위의 책, 103쪽.

추는 진보적 사관을 드러냈다.

19세기 중엽 생물학자인 라마르크와 다윈에 영향을 받은 사회진화론은 다양한 이론들로 분화되지만 크게는 두 갈래로 범주화할 수 있다. 경쟁, 우승열패, 적자생존, 자연도태 등 진화론의 핵심 개념들이 사회의 진보를 설명하는 개념으로 이행되는 가운데, 한편에서는 자유방임에 기초한 개인들 간의 경쟁을 강조하는, 다분히 자유주의적 경향으로 가기도 하고(H. 스펜서), 다른 한편으로 인종 내지 민족 집단 간의 경쟁을 통한 강자의 승리를 정당화하는 제국주의 옹호 논리로 나아가기도 한다(E. Haeckel). 말하자면 제국주의적 사회진화론은 타자에 대한 억압을 전제하는 데 반해 자유주의적 사회진화론은 공존과 발전을 전제한다는 점에서 차이가 있다고 상정된다.

유길준은 사회진화론이 '경쟁을 통한 진보'라는 근대적 개념을 이론적으로 잘 구현하고 있다는 생각에서 이를 수용한다. 그에게서 경쟁이 강자의 승리를 정당화하는 논리로 사용되는 경우도 보이지만, 대체로 자유주의적 진보를 정당화하는 스펜서적 의미가 강해 보인다. 그는 경쟁을 "사람이 남에게 해를 끼침이 없이 각기 부귀영달의 뜻을 따라 서로 힘쓰는 정신"[7]이라고 주장한다. 사실 '경쟁'은 근대사회의 가장 핵심적 개념에 속한다. 희생, 봉사, 충성 등과 같은 전통적인 사회 유지의 가치 대신 근대는 경쟁이 진보를 위한 핵심 가치임을 철학적, 경제학적, 사회학적으로 입증하고자 했다. 예컨대 칸트는 '비사교적 사교성 ungesellige Geselligkeit'[8]이라는 말로 경쟁을 통한 진보 개념을 정당화하고자

6 위의 책, 108쪽.

7 유길준, 김태준 역, 『서유견문』, 박영사, 1976, 145쪽.

했고, 아담 스미스는 시장에서의 자유로운 경쟁이 시장을 풍족하게 한다는 사실을 경제학적으로 입증하고자 했다. 경쟁에 의한 진보라는 생각은 진화론의 등장과 함께 좀더 과학적인 옷을 입게 된 것 뿐이다. 예컨대 자신의 사회진화론에서 스펜서는 여타 생명체 내지 환경과의 관계에서 생존을 위한 투쟁을 경쟁이라고 해석함으로써 경쟁에 존재론적 위상을 부여한다.[9]

물론 사회진화론에서 말하는 경쟁 개념이 근대 자유주의의 경쟁 개념과 같은 의미인지, 그리고 진화와 진보가 같은 의미인지에 대한 논쟁이 많이 있다. 그리고 전체주의적으로 흘러가는 경향이 있는 사회진화론이 근대의 개인주의적인 자유주의의 자연스런 결과가 아닌지에 대한 비판적 시각도 있다.

첫째, 경쟁 개념의 경우, 진화론이 자연 현상에 대한 단순한 기술을 목표로 하지 좋음이나 정당함 등과 같은 도덕적, 사회적 가치를 해명하고자 하지 않는다는 점에서, 진화론은 존재와 자연을 대상으로 하지 당위나 사회를 대상으로 하지 않는다는 점에서 차이가 있다고 반론한다.

둘째, 진보 개념의 경우, 진화론에서 생명체는 환경과의 대결에서 자신을 유지하면서 진화한다. 자연에서의 바로 이 진화evolution는 사회역사적으로 진보progress, fortschritt를 의미하는 것으로 곧바로 순치되었다. 하지만 진화와 진보는 전혀 다른 성격의 개념 틀 내에 존재한다. 진화가 환경에 적응하는 생명 과정이라면, 진보는 환경을 인간화하는 과정

8 I. Kant, *Idee zu einer allgemeinen Geschichte in weltbürgerlicher Absicht*, Erstdruck in : Berlinische Monatsschrift, Berlin, November. 1784, S. 385~411, 제4명제.

9 P. J. Bowler, *Evolution : The History of an Idea*(3rd ed.), University of California Press, 2003, pp. 301~302 참조.

이다. 혹은 진화는 행위 주체가 환경에 자신을 각인하는 과정이라면 진보는 환경에 주체의 본성을 각인하는 과정이다. 이런 점에서 진화와 진보는 전혀 다른 특성을 갖는다.[10] 진화는 생명체의 환경에 대한 기계적 반응인데 반해 진보는 주체의 이념의 실현이라는 점에서 결정적인 차이가 있다. 말하자면 사회진화론은 자연주의적 오류라는 것이다.[11]

셋째, 사회진화론의 전체주의적 사유가 개인주의적인 자유주의의 자연스런 결과가 아닌가 하는 문제의 경우, 자유주의적 시장경제가 결국 승자 독식으로 인해 사회의 엄청난 분열을 가져오게 되어 있다는 이론적, 철학적 분석이 그 사이 큰 설득력을 가지게 되었을 뿐 아니라 현실적으로 (신)자유주의가 절대적 이데올로기로 작용했을 때 공존과 번영 보다는 사회 분열이 극에 달했기 때문이다.

그런데 지식인 위주의 개화운동은 1890년대 중반을 거치면서 대중계몽운동으로 나아간다. 학교 설립과 대중매체, 특히 신문의 발간이 대중 계몽의 가장 중요한 수단이었던 서구에서와 마찬가지로 대한제국의 시기에도 신문과 학교 설립을 통한 대중계몽의 시도가 일어나기 시작했다. 1896년 4월 발간된 『독립신문』은 그 대표적인 예이다. 이 신문은 최초로 순한글로 제작됨으로써 그 지향점이 일반 대중임을, 따라서

10 이한구는 이를 다음과 같이 표현한다. "진화론은 어떤 목적도 가정할 필요가 없다. 환경이 변한다면 생물들은 이러한 변화에 적응해야 한다. 이때 자연선택이라는 기제만이 작동할 뿐, 필연적인 방향성도, 필요한 과정도, 어떠한 최종적인 목표도 불필요하기 때문이다." 「진화론의 관점에서 본 철학」, 철학연구회 편, 『진화론과 철학』, 철학과현실사, 2003, 20쪽.

11 '자연주의적 오류'란 윤리 판단과 사실 판단을 같은 계열의 판단으로 여기는 것이다. 자연에서 발견된 것이 좋다거나 선하다고 말하는 것이 그런 오류에 속한다. 예컨대 사자가 다른 짐승을 잡아먹는 것은 선악의 문제가 아니라 자연적 사실의 문제일 뿐이다. 말하자면 자연의 사실과 가치판단을 전제하는 사회적-도덕적 사실은 구별되어야 한다는 것이다. 이 개념을 처음으로 주조한 사람은 윤리학자인 무어이다. G. E. Moore, *Principia Ethica*, Barnes and Noble Publishing, 1903, p.47 참조.

대중의 계몽에 있음을 분명히 했다. 『독립신문』의 대표적 필진이었던 서재필과 윤치호는 사회진화론적 논의로 부국강병과 애국계몽을 역설하였다. 윤치호는 처음에 기독교적인 사랑의 윤리를 강조하다 현실적인 힘의 논리 앞에서 사회진화론으로 급선회한다.[12] 그는 불변의 자연법칙이 인간사회와 역사에도 그대로 적용된다는 점을 강조한다. 여기서 자연법칙이란 약육강식이라는 생물학적 법칙, 좀더 구체적으로 우승열패라는 진화론의 원리로서 그에게서 '약자와 우둔한 자는 언제나 강자와 지적인 자의 노예'[13]가 된다는 원칙으로 정식화된다. 불변의 자연법칙이 예외 없이 인간사회에도 적용된다는 것으로 자연법칙은 곧바로 사회와 역사의 법칙으로 일원화된다.

이러한 그의 논리는 우생학적 인종주의에 기초해 있으며[14] 이로 인해 제국주의의 지배를 정당화하거나 적어도 제국주의적 지배에 대한 비판이 결여될 수밖에 없었다.[15] 그가 비록 분쟁 해결을 위한 국제법의 준수를 언급하기도 하지만, 결국에는 강자의 권리를 정당화하는 사회진화론적인 태도를 취한다. 윤치호는 미국에서의 생활에서 비록 미국이 '인간의 양도할 수 없는 기본권' 또는 '인간의 자유' 등을 강조하는 자유주의적 국가처럼 말하지만, 실제로는 인디언과 흑인들에 대한 인종적 차별을 목격하면서, 힘이 곧 정의일 수밖에 없는 상황들을 목격한다.[16] 그의 이러한 생각은 인디언에 대한 서양인의 폭력과 약소국의 식

---

12 유영렬, 『개화기의 윤치호 연구』, 경인문화사, 2011, 292~293쪽 참조.

13 『The Independent』, 1896.11.12, '논설'.

14 실제로 그는 인종을 다섯으로 구분하고 백인종을 가장 우수한 인종으로, 흑인종을 가장 열등한 인종으로 그린다. 『독립신문』, 1897.4.6.・1898.9.19・1899.9.11, '논설'.

15 전복희, 앞의 책, 122쪽. 유영렬은 윤치호가 개화독립론에서 일제식민론으로 이행해 가는 계기를 바로 이런 힘의 논리에서 본다. 유영렬, 앞의 책, 284~285쪽 참조.

민지화를 자연스런 행동으로 변호하기도 한다. 세계를 지배하는 힘은 더 이상 종교적 · 도덕적 가치가 아니며, 자연을 초월하는 능력으로서의 이성의 비판적 · 합리적 능력은 힘을 정당화하는 혹은 유용성을 극대화하는 계산적 · 도구적 이성으로 전락한다. 인간은 자유롭고 평등하다고 하는 길게는 원시기독교의 가르침, 짧게는 근대 유럽사상은 철저히 자연의 힘의 법칙에 의해 대체된다.

사회진화론은 구한말 애국계몽 시기를 거치면서 당대 현실을 이해하고 극복하고자 한 좀더 많은 지식인들, 예컨대 박은식, 신채호, 정인보 등에 의해 수용된다. 이러한 경향은 쉽게 민족주의와 결합했지만, 소비에트 사회주의 혁명의 결과 이 경향은 후퇴 내지 정체하게 된다. 만인 평등에 기초한 사회주의와 아나키즘은 자연의 힘의 논리의 도덕적 무능을 극복하는 대안으로 간주되어 지식인 사회에서 급속한 지지를 얻게 된다. 어쨌거나 사회진화론은 개화기와 계몽기를 거치면서 민족의식을 고양하는 가장 중요한 서구 이론으로 받아들여졌다.

그렇다면 사회진화론은 어떤 철학적 의미와 의의를 갖는가? 이를 위해 사회진화론을 근대와 계몽이라는 보다 큰 개념 틀 아래서 살펴볼 필요가 있다. 즉 사회진화론은 근대적 맥락에서 어떤 사상적 위치를 갖는지를 살핌으로써 사회진화론이 갖는 정신사적 의미를 살필 수 있을 것이다. 이를 위해 먼저 근대 혹은 근대성 개념을 살피고, 이어서 계몽의 기획과 그 한계, 나아가 사회진화론이 근대성과 어떤 연관이 있는지를 살피고자 한다.

---

16 윤치호, 박정신 역, 『국역 윤치호 일기』 2, 연세대 출판부, 2003, 1890년 2월 4일 자 일기.

3. 근대성과 계몽

근대modern 혹은 근대성modernity에 대한 해명은 우리 시대의 가장 중요한 철학적 과업에 속한다. 유럽의 근대는 시기적으로 17세기 바로크 시대, 18세기 계몽의 시대, 19세기 낭만의 시대를 포괄한다. 모던은 예술의 영역에서 클래식과 구별되는 의미로 사용되는 유행mode과 어원적으로 동근원으로 그 일차적 의미는 새로움, 실험성 등을 의미한다.[17] 우리는 어떤 점에서 특정한 시대를 모던의 시기modern age라고 부르는가? 근대는 어떤 점에서 전혀 새로운 것을 추구하는 실험의 시대인가? 근대는 어떤 점에서 중세와 구별되는 고유성을 갖는가? 말하자면 근대 혹은 근대성은 무엇인가?

거칠게 표현하자면 근대의 기획은 '모든 종류의 억압으로부터의 인간 해방'이며, 좀더 구체적으로는 자연으로부터, (신적) 권위로부터, 그리고 전통으로부터의 해방으로 표시된다. 그리고 이 기획을 이루는 핵심어들로는 합리성, 이성, 자유, 평등, 주체, 세속화, 학문(/과학) 등을 들 수 있으며, 이는 각각 종교적 세계상, 내지는 고대 형이상학적 세계상과 구별된다.

17 보들레르에 의하면 '모던'은 유행을 의미하는 mode와 어원적으로 동근원이며, 그 의미는 일차적으로 새로움(New)을 의미한다. 유행은 기존의 것과 다른 것의 일시적 지배로서 '순간 속에서 아름다움을 찾는 것'이며, 그런 점에서 '항구적 아름다움'으로 알려진 클래식과 대비된다. 따라서 유행은 변화와 실험정신을 그 핵심으로 한다. 끝없는 실험정신으로 언제나 새로운 것을 추구하는 모더니즘이 모던을 예술적으로 가장 잘 표현한 것으로 평가되는 이유는 바로 여기에 있다. Ch. Baudelaire, M. Bruns(trans.), *Der Maler des modernen Lebens*, Ges. Schriften(ed.), Darmstadt : Melzer, 1982, Bd.4, p.286 이하 참조.

이런 사실은 예컨대 신에 대한 이해에 분명하게 반영되어 있다. 중세에는 신을 최고 존재자, 즉 창조자이면서 주재자로 생각했던 데(유신론 theism) 반해, 근대는 신의 권위가 점차 약화되는 길을 걷는다. 데카르트는 창조자로서의 신은 인정하지만 주재자로서의 신을 인정하지 않는다는 점에서, 뉴턴은 신의 세계 관여를 "최초의 일격"(창조)에만 국한시킨다는 점에서 이신론자deist들이었다. 스피노자는 초월적 존재로서의 신을 인정하지 않고 자연 그 자체를 신으로 보는 견해, 즉 내재적 신만을 인정했다는 점에서 범신론자pantheist였다. 그리고 프랑스 계몽주의자들과 독일의 유물론자들은 무신론자atheist들이었다. 신에 대한 사상이 유신론에서 이신론으로, 다시 범신론과 무신론으로 점진적으로 전개되어 간 것에서 볼 수 있듯이, 근대의 과정은 신의 힘의 약화의 과정이었다. 이러한 사실은 근대의 과정이 인간의 힘이 상승하는 과정과 합치한다는 것을 반영한다.

신의 힘이 약화되어 가는 이런 근대화의 과정을 베버는 종교적 세계상에서 벗어나는 과정으로서 '세속화의 과정'이라고 부르며, 동시에 계산적-도구적 합리성이 증대되는 과정, 이 합리성에 기초한 제도로서의 학문(/과학)이 절대적 권위를 획득하는 '보편주의적 합리화' 과정이라고 부른다. 근대성은 바로 이성적 존재로서의 인간의 존엄과 자유, 종교적 권위로부터의 해방(세속화 혹은 탈마법화)과 자연에 대한 합리적 지배(학문의 발달과 교육체계의 제도화) 등으로 구체화된다. 인간이 자신의 삶에 스스로 책임져야 하는 시대, 그것이 곧 근대성의 핵심을 이룬다.

그런데 오늘날 근대성 논쟁의 참여자들은 대체로 근대의 이 기획이 실패했다는 데 동의한다. 한편에서는 근대의 기획이 애초부터 성공할 수 없었다고 함으로써 탈근대성psotmodernity으로 나아가며(데리다, 리오타르), 다른 한편에서는 근대의 기획을 '미완의 기획'으로 해석함으로써 이 기획을 계속 수행해야 한다고 주장한다(하버마스). 근대의 기획의 의미를 좀더 살펴보자.

1) 종교적 권위로부터의 해방–주체성의 확립

종교적 권위로부터의 해방은 교회 전통과 사제를 통한 신과의 간접적 관계가 아니라 인간과 신의 직접적 관계를 신앙의 토대로 삼음으로써 사유의 방향을 자기성찰로 전환한 종교개혁에서 시작된다. 종교개혁이 신앙의 방향을 내면의 성찰로 전환함으로써 내면성 혹은 자아에 대한 탐구는 근대의 철학이 존재론이 아니라 인간의 의식을 탐구하는 의식철학으로, 나아가 주체의 철학으로 나아갈 길을 개시한다. 존재하는 모든 것을 의심할 수 있지만 사유하는 주체의 존재만큼은 의심할 수 없으며, 따라서 바로 이 사유하는 주체가 모든 철학의 출발이 되어야 한다는 데카르트의 생각은 종교개혁에 대한 철학적 응답일 뿐 아니라 이후 근대철학이 어떤 길을 가게 될 것인지를 예견한다. 이성적 존재로서의 주체의 검증을 통과하지 않는 어떤 것도 더 이상 진리로, 정당한 것으로 간주될 수 없게 되는 도정이 놓여 있다. 칸트는 이를 다음과 같이 표현한다.

> 우리 시대는 모든 것을 비판에 복속시켜야 하는 비판의 시대이다. 종교

> 는 자신의 신성함을 내세워, 입법은 자신의 위엄을 내세워 대체로 비판에서 벗어나고자 한다. 하지만 바로 그 때문에 종교와 입법은 정당한 의심을 받게 되며, 이성이 자신의 자유롭고 공개적인 검토를 이겨낼 수 있는 것에만 부여하는 가식 없는 존중을 요청할 수 없다.[18]

근대성의 핵심은 인간이 외부의 권위나 자신의 내적인 자연이 아니라 사유에 기초하여 따라야 할 규범을 스스로 정해야 하는 주체로 등장했다는 것이다. 말하자면 근대는 인간의 삶의 목적이나 기준을 외부세계나 과거, 혹은 내적 자연으로부터 가져오는 시대가 아니라 인간 자신이 스스로를 규정하는 시대이다. 하버마스는 이를 다음과 같이 표현한다.

> 근대는 방향을 설정하는 자신의 척도를 다른 시기의 모범들로부터 더 이상 차용할 수 없고 차용하고자 하지도 않는다. 근대는 자신의 규범성을 스스로 산출해야 한다. 근대는 어떤 핑계의 가능성도 없이 오로지 자기 자신만을 참조한다. 이러한 사실은 근대의 자기이해의 민감함을 설명하며, 우리 시대까지 부단히 이어지는, 스스로를 확증하고자 하는 시도들의 역동성을 설명한다.[19]

'스스로 사유함Selbstdenken'으로서의 이성은 '자기규정Selbstbestimmung'으로서의 자유와 다른 것이 아니며, 인간이 이성적 존재 혹은 스스로 사유하는 존재인 한 자유는 인간을 규정하는 최고의 가치가 된다. 이성이 이론적

18 I. Kant, "Vorrede", *Kritik der reinen Vernunft*, Felix Meiner Verlag, 1998.
19 J. Habermas, *Der Philosophische Diskurs der Moderne*, Frankfurt am Main, 1986, S.16.

측면을 강조한다면 자유는 실천적 측면을 강조할 뿐 둘은 근대에 동일한 것, 즉 인간의 정신적 능력의 서로 다른 측면일 뿐이다. 주체로서의 인간은 이성에 기초하여 자신의 삶을 스스로 규정하는 존재, 즉 자유를 본질로 하는 존재가 된다. "자유는 엄밀히 말해서 사유(/이성) 그 자체다. 사유를 부정하면서 자유를 말하는 사람은 누구나 자신이 말하고 있는 것을 알지 못한다."[20]

근대의 이런 사유 양식에서 자유주의라는 사회정치사상이 생겨난다는 것은 자연스런 일이다. 자유주의는 전체를 개인에 앞세우는 고대-중세의 유기체적 세계에 대한 근대적 대안으로서 원자론적 개인주의를 그 특징으로 한다. 자유주의에 따르면 물질의 최소 단위가 원자이고 물질은 이 원자들의 총합이듯이, 사회의 최소 단위는 더 이상 나눠질 수 없는 단위로서의 개인individual이고, 이 개인들의 총합이 사회이다. 유기체론에 따르면 전체는 상이한 가치를 지니는 다양한 부분들로 이뤄져 있지만, 이 부분들의 총합 이상이다. 유기체적 세계상은 고중세의 신분제적 질서를 정당화하는 데 사용되었다. 이에 반해 자유주의는 동등한 권리를 갖는 개인들의 양적인 총합이 사회이며, 국가의 존재 이유는 이 등가적 개인들의 자유를 보장하는 것에 있다고 한다. 국가는 사적 개인이 타자의 자유를 침해하는 한에서만 개인의 삶에 개입해야 하고, 그 외 어떤 경우에도 개인의 자유로운 선택에 따라서 삶을 영위할 수 있게 해야 한다고 주장한다.[21]

---

20 G. W. F. Hegel, *Vorlesungen ueber die Philosophie der Geschichte*, TWA 12, Suhrkamp Verlag, 1986, S.528.

21 이러한 생각을 보여주는 대표적인 자유주의자는 바로 17세기의 존 로크이다. 그는 『통치론』에서 국가의 임무를 치안유지와 외적으로부터의 방어에만 국한시키며, 주체로서의 개인의 삶에

2) 자연으로부터의 해방-학문(/과학)의 발달

이성적 존재로서의 인간이 주체로 등장한다는 말은 동시에 자연 혹은 대상을 철저히 객체Objekt로 간주한다는 것을 의미한다. 스스로를 규정하는 사유하는 주체와 이 주체에 의해 인식될 수 있고 규정될 수 있는 대상으로서의 객체의 분리, 즉 주객의 분리는 근대 인식론의 특징을 이룬다. 주체가 대상을 객체로 여긴다는 말은 우선 객체에는 어떤 주체성의 특징이 없다는 것, 즉 가치 지향이나 목적성 등을 대상에서 발견할 수 없다는 것을 의미한다.

고중세의 형이상학적, 신학적 세계상에 따르면 모든 대상에는 이 대상을 규정하는 특정한 목적이나 가치가 있다는 목적론적 세계관이 지배했다. 하지만 근대적 세계에서는 대상에서 그런 질적 특성을 모두 제거하고 오로지 객체의 특성만을 드러내야 한다. 객체의 특성만을 드러낸다는 것, 즉 대상의 객체화(/객관화)는 모든 이성적 주체에 동일하게 승인될 수 있는 방식의 기술을 의미한다. 우리가 어떤 대상을 객관적(/객체적)으로 기술한다는 것은 예컨대 그 대상을 양적으로, 즉 수학적 방식으로 기술한다는 것을 의미한다. 근대 자연과학의 생성과 비약적 발전은 바로 이런 객체화의 방식에 의존하고 있다. 자연을 과학적으로 서술한다는 것은 더 이상 자연에서 어떤 질적 특성을 발견하는 것이 아니라 오로지 양적으로, 수학적으로 서술한다는 말과 다르지 않다. 예를 들어 '이 방은 덥다'라는 진술은 대상을 객체화한 것이 아니다. 그것은 한낱 주관적 진술일 뿐 과학적 진술일 수 없다. 그 대상에 대한 객관적

국가가 관여해서는 안 된다는 고전적 자유주의의 원칙을 수립한다.

진술은 '이 방은 30도다' 등과 같은 방식의 수학적 서술이어야 한다. 수를 이용하여 양적으로 표현한다는 것은 또한 대상을 한정짓는다는 것, 즉 대상의 유한자로 만든다는 것을 의미한다. 양적으로 표현될 수 없는 정신적 가치, 즉 무한성은 더 이상 객체의 특성일 수 없다.

이렇듯 주체의 등장은 동시에 객체의 등장을 의미하며, 이는 곧 근대적 의미의 과학이 성립되었음을 의미한다. 대상의 객체화를 통해 주체는 이제 대상을 철저히 통제할 수 있는 길에 접어들었다. 자연에 대한 막연한 환상이나 공포는 이제 원칙적으로 성립할 수 없다. 이제 자연은 어떤 정신적 특성도 간직하지 않은 순수한 객체로서 수학적으로 서술 가능한 하나의 거대한 기계가 된다. '객체화될 수 없는 주체와 어떤 정신적 특성도 간직하지 않는 객체의 엄격한 분리'와 '객체화를 통한 주체의 대상 지배'는 근대성을 특징짓는 중요한 인식론적 표지가 되었다. 『계몽의 변증법』의 저자들이 "오늘날 기술적 합리성이 지배의 합리성 그 자체"[22] 라고 말한 이유는 바로 여기에 있다.

3) 근대성의 극단 – 계몽

서구 지성사는 18세기를 계몽의 시기로 규정하며, 근대의 정수를 보여주는 시기라고 생각한다. 푸코와 같은 사람은 계몽의 시기를 근대의 시작이라 부르기도 한다. 어원적으로 '밝게 함', '빛을 비춤'이라는 의미를 가진 계몽the Enlightenment은 신앙에 기초한 지식, 혹은 정념이나 감정

22 M. Horkheimer · Th. Adorno, *Dialektik der Aufklaerung*, Th. Adorno, Gesammelte Schriften, Bd.3, R. Tiedermann(Hg.), Frankfurt am Main, Suhrkamp Verlag, 1981, S.142.

등 자연에 사로잡힌 상태를 '어두움' 혹은 '암흑'이라고 전제하는, 그래서 중세 시대를 '암흑의 시대'라고 규정하는 역사적 운동으로서 17세기의 바로크적 근대를 계승한다.[23] 역사적 운동으로서의 계몽은 빛과 어두움이라는 은유를 사용하여 인식 주체에 밝게 드러나지 않은 어떤 것, 즉 이성에 명석 판명하게 제시되지 않은 어떤 것도 지식으로 받아들이지 않겠다는 태도이며, 이러한 지식을 산출하는 능력은 신앙이 아니라 "자연의 빛"으로 지칭되는 이성이다. 대상에 대한 이성적 인식은 대상에 대한 객관(/객체)적, 보편적 인식을 의미한다. 이성은 대상에 대한 주관적 확신이나 믿음이 아니라 객관적 인식을 추구하는 능력이다. 이런 점에서 계몽의 이성 역시 대상의 객체화를 가장 중요한 원리로 받아들인다. 근대 자연과학의 성과는 계몽의 가장 든든한 지원군이었고, 또 자연과학은 계몽에 의지했다.

그런데 모든 주제의 객체화objectification of all subjects라는 근대의 정신은 계몽의 시기에 주체 자신에게로 향한다. 객체의 성질을 전혀 간직하지 않은 것으로 상정되었던 주체는 계몽의 시기 그 자체 역시 객체화되는 운명을 맞는다. 계몽의 윤리학을 대표하는 공리주의는 자유주의와 마찬가지로 원자론적 개인주의에 바탕하고 있기는 하지만, 존재하는 모든 것을 양으로 표현하려는 객체화의 정신을 윤리학에 도입한다. 공리

23 바로크 시대는 중세의 거대한 체계가 무너지고 아직 새로운 세계상이 확고하게 제시되지 않았을 때 등장하는 의심과 회의, 모순적 상황이 출현하는 시기이다. 이런 특징으로 인해 '바로크적 인간'이 탄생하는데, 의심, 회의, 우유부단을 그 특징으로 한다. 햄릿은 바로크적 인간의 전형을 이룬다(윤혜준, 『바로크와 '나'의 탄생 — 햄릿과 친구들』, 문학동네, 2013). 우리 문맥에서 '바로크적'이란 주체의 자율성과 자연의 객체화라는 전혀 이질적인 두 요소가 동거하고 있는 상황을 지시한다. 자율성과 객체화는 결국 하나가 다른 하나를 지배하는 방식으로 전개될 것이다. 계몽의 객체화의 정신은 과학적 사고가 주체의 자율성까지도 잠식하는 형태로 등장할 것이다.

주의는 양으로 표현될 수 없을 것 같았던 쾌나 불쾌와 같은 심리적이고 질적인 특성들까지도 양화, 즉 객체화하고자 한다. "최대 다수의 최대 행복"이라는 공리주의의 원리는 행복(쾌락)을 양으로 표현할 수 있을 때에나 가능한 말이다.[24] 그렇지 않고서 어떻게 최대 행복을 말할 수 있겠는가? 행복을 철저한 계산의 문제로 환원한 공리주의보다 계몽을 잘 표현한 사조도 없을 것이다.

일상적 의식에 따르면 고급쾌락도 있고 저급쾌락도 있다. 말하자면 쾌락은 단순히 그 강도나 지속성에 의해 평가될 수 없는 어떤 질적 특성이 있다는 것이다. 하지만 벤담의 공리주의는 이런 질적 특성을 최대의 행복을 위해 벗어나야 하는 하나의 환상 정도로 간주한다. 그는 쾌락과 고통에는 양적인 차이만 있을 뿐 질적인 차이가 없다. 그에게 가장 중요한 윤리적 선택의 기준은 이제 쾌락의 크기를 양적으로 비교할 수 있게 하는 '쾌락 산정표'에 있다. 또한 벤담은 자유주의자들이 '천부인권'의 이름으로 인간의 독특함을 자유에서 찾는 것 역시 비판한다. 자유주의자들이 인간의 본성을 자유에서 찾는 것은 인간을 필연성이 지배하는 자연과는 구별되는 독특한 정신적 존재, 자연을 지배할 수 있는 위치에 있는 주체로 본다는 것을 의미했다.

하지만 벤담은 자유주의자들을 비판하는 가운데 자유권, 천부인권과 같은 요구를 헛소리 정도로 비판한다. 공리주의에 따르면 존재하는 것에서 양화될 수 없는 것은 없다. 모든 주제의 객체화는 주체의 객체화도 포함한다. 인간의 본성까지도 객체화한다는 것은 인간 역시 철저

24 M. 샌델, 이창신 역, 『정의란 무엇인가』, 김영사, 2010, 63~64쪽 참조.

한 기계적 존재라는 것, 어떤 주체성도 자율성도 없는 자연의 일부라는 것을 의미하며, 이것은 인간을 주체로, 이성적, 자율적 주체로 상정했던 근대와 계몽 자신의 태도를 스스로 부정하는 꼴이 되었다. 계몽의 이성은 스스로는 해결할 수 없는 모순, 자기 파괴적 요소를 자기 안에 담지하고 있다.

주체까지도 물화verdinglichung하는 계몽의 이성의 자기 파괴적 특성은 근대와 계몽의 인간해방의 기획이 계몽을 통해서는 이뤄질 수 없다는 것을 함축한다.[25] 사실 이후 근대성 비판가들은 모두 계몽의 이성에 내재한 객체화의 정신이 결국 인간을 포함한 모든 것을 물화시킨다는 분석에 동의한다. 시장자유주의가 결국에는 시장을 파괴하는 데로 진행될 수밖에 없다는 헤겔과 마르크스의 진단, 그리고 효율성을 제고하기 위한 관료주의가 새로운 억압의 체계를 생산한다는 베버의 비판 등은 계몽비판의 철학적 혹은 사회학적 버전이다. 계몽이 합리성, 자유, 평등 등을 요청함에도 불구하고, 계몽의 이성의 주객분리의 인식론적 구조와 지배의 패러다임은 자기와 대립되는 지점으로 이행할 가능성을 내포한다. 말하자면 서구의 계몽은 자기 안에 '반反계몽'의 가능성을, 자신을 파괴할 가능성을 간직하고 있다.

25 물화(Verdinglichung)는 베버가 근대적 합리성을 설명하기 위해 사용한 것으로 그의 제자인 루카치는 이 개념을 현대사회 비판의 핵심 개념으로 삼는다. 이 개념으로 그는 마르크스가 주로 경제영역에서의 물화 현상인 소외 분석에 집중하는 것을 넘어 현대문명 전체를 비판적으로 볼 수 있는 눈을 갖게 된다. Vgl. M. Weber, *Gesammelte Aufsaetze zur Religionssoziologie* I, Tuebingen, 1963, S. 204; 악셀 호네트, 강병호 역, 『물화』, 나남, 2006 참조.

4. 계몽의 극한으로서의 사회진화론

계몽과 근대성의 이러한 역설은 근대의 기획과 계몽의 실패로 평가받는데, 그 비판의 핵심은 근대 주관주의적 이성의 주-객 분리라는 인식론적 구조와 주체에 의한 객체의 지배라는 권위주의 패러다임에 이미 내포되어 있다. 18세기 말부터 등장하기 시작한 질풍노도운동과 이를 계승한 낭만주의는 특히 근대 물리학에 영향을 받은 계몽의 원자론적 개인주의에 대한 비판을 주도한다. 이 운동에 따르면 원자적 개인은 순수한 추상에서 나온 것이며, 개인은 언제나 전체와의 관계에서만 해명되어야 한다고 하는데, 이 운동은 어쩌면 고대적인 유기체적 사유의 회귀처럼 보인다.

그렇다면 이러한 유럽 근대의 일련의 지적 운동에서 사회진화론은 어떤 위치를 차지할까? 우리는 애초의 목적인 사회진화론의 정신사적-철학적 의의를 찾으려는 기나긴 우회로를 지나왔다. 사회진화론은 계몽의 물리학적 세계상이 한계를 드러내기 시작할 무렵, 사회사적으로는 자유주의와 공리주의의 한계와 인간의 물화 현상이 분명하게 드러나면서 전체주의와 제국주의가 자신의 모습을 드러내기 시작할 무렵인 19세기 중반에 등장하여 제1차 세계대전이 끝날 때까지 세계의 지성계에 강력한 영향력을 행사했다. 사회진화론 내부에도 다양한 변이들이 있지만 그것은 대체적으로 자연, 특히 생명체를 지배하는 법칙인 생존투쟁, 적자생존, 약육강식 및 경쟁 등을 핵심원리로 삼아 사회와 역사를 설명한다는 점에서 동일하다.

사회진화론은 일견 낭만주의의 유기체적-전체론적 세계상에 영향을 준 생물학의 발전에 기댄다는 점에서 낭만주의와의 관계에서 해명되는 것이 일반적이었다. 낭만주의는 생명체, 유기체의 전체론적 세계상에 입각하여 계몽의 주된 패러다임이었던 물리학을 모델로 하는 원자론적 개인주의를 비판한다.

하지만 사회진화론이 비록 생명체의 현상에 기대 전체론적 사유를 수행하긴 하지만 그렇다고 계몽의 객체화의 정신과 과학적-기계론적 사유 패러다임에서 벗어나 있지도 않다는 점에서 계몽의 연속으로 읽혀야 한다는 것이 필자의 생각이다.[26] 다윈의 진화론은 생명체의 발전을 목적 개념을 정당화하는 데 이용한 고대의 생물학주의와 달리 자연에의 순응, 즉 자연의 자극에 대한 생명체의 반응으로 생명체의 현상을 설명한다는 점에서 계몽의 기계론적 사유의 연장이면서 이를 극단화한다. 다윈의 진화론을 등에 업은 생물학은 근대물리학의 발달과 더불어 물리학에 내주었던 학문의 모델로서의 위상을 되찾는다.

아리스토텔레스가 자신의 목적론적 세계상을 구축할 때 참고한 것이 생명체였다. 생명체의 보이는 운동이 보이지 않는 특정한 목적, 예컨대 행복이라는 목적에 봉사한다는 것에서 그는 존재하는 모든 것이 비감각적 목적에 봉사한다는 목적론적 이론을 만들어 냈다. 이런 목적론적 세계관은 중세까지 사유의 중심을 이뤘는데, 예컨대 중세 기독교는 삶의 목적을 비경험적 사태인 구원 혹은 신에의 영광에서 찾았다.

26 박은진은 과학의 발전이 계속되는 한 자연주의와 과학주의적 경향은 "거스를 수 없는 상황"이라고 진단한다(박은진, 「진화론과 인식론—자연주의와 진화론적 인식론」, 철학연구회 편, 앞의 책, 175쪽). 하지만 이 문제는 곧 인간성을 특징짓는 가치 혹은 규범의 문제를 어떻게 다룰 것인가 하는 문제, 즉 인간소외와 물화 현상에 대해 아무런 해결책도 제시하지 못한다.

하지만 근대 물리학의 발달은, 살펴본 것처럼, 유기적 세계상이 아니라 원자들의 결합이라는 기계적 세계상을 만들어 낸다. 다윈의 진화론은 다시 한 번 세계를 원자, 개별자의 관점이 아니라 전체의 관점에서 볼 수 있는 눈을 제공하지만, 생명체가 특정한 목적에 따라 움직이는 것이 아니라 자연적 생존을 위한 환경에의 반응 혹은 적응이라는 근대의 기계적 세계상을 지속한다. 따라서 진화론은 한편으로 고대의 목적론적 세계를 비판하면서 동시에 근대의 원자론적 세계를 비판하는, 즉 기계론적 사유를 따르면서도 전체의 관점에서 대상을 보게 하는 새로운 길을 개척한다. 이제 개별자는 전체와의 관계에서만 의미를 가지게 된다는 전체주의적 사고가 기계론적 방식으로 귀환한다. 이제 다시 전체는 부분들의 합 이상이라는 전체주의적 사유가 자양분을 얻을 수 있게 되었다.

사실 계몽의 물리적, 원자론적 세계에서 진화론적, 전체론적 세계로의 이행은 사회사상에서 자유주의와 공리주의에서 사회진화론으로의 이행으로 반복된다. 공리주의가 객체화에 철저하지 못한 자유주의를 비판하기는 하지만 둘 다 원자론적 개인주의를 기반으로 한다는 점에서 일치한다. 이들에게 사회는 실체로서 존재하는 것이 아니며, 개인들의 총합 그 이상을 의미하지 않는다. 하지만 자유주의도 공리주의도 근대성과 계몽이 약속한 해방에 도달하지 못했을 뿐 아니라 원리적으로 그 역으로, 다시 억압의 상태로 들어간다는 것이 계몽과 근대성에 대한 비판의 핵심임을 살펴보았다.[27] 그 이유는 계몽의 이성에 내재한 주객

27 『계몽의 변증법』의 저자들은 계몽이 근원적으로 억압의 체계임을 밝히고자 했다.

분리의 인식론적 구조와 지배의 패러다임임을 말했다.

사회진화론은 지배와 억압의 구조를 총체화하는 경향을 갖는다. 사회진화론은 강자나 적자의 지배와 생존이라는 생물학적 자연 법칙을 존재 일반의 법칙으로 삼아 우등한 문명이나 인종에 의한 열등한 문명이나 인종의 지배를, 즉 인간에 의한 인간의 지배를 정당화하며, 나아가 전체주의의 다른 이름인 '지배의 총체화'로 나아간다. 아도르노는 계몽의 이름으로 전개된 자유주의가 그 현상적 대척점에 있는 전체주의로 귀결된다고 하면서 "진보적 사유라는 포괄적인 의미에서의 계몽은 인간에게서 두려움을 제거하고 인간을 주인으로 앉히려는 시도를 해왔다. 하지만 완전히 계몽된 이 땅에는 승전가를 부르는 재앙의 징후들만이 반짝인다"[28]고 말한다. 자유주의의 원자론적 개인주의가 사실은 전체주의와 다를 바 없다는 말인데, 이는 계몽의 지배 내지 억압의 구조가 극단적으로 성장할 경우 전체주의로 전화한다는 것을 의미한다. 사실 구자유주의의 질서가 어떻게 제국주의로, 나아가 전체주의로 나아갔는지를 우리는 알고 있으며, 신자유주의가 40년 이상을 단일 이념으로 세계를 지배한 이후 전 세계가 제국주의를 꿈꾸고 전체주의로 되어가는 것을 목도하고 있다. 신자유주의의 결과는 그 이름과 다르게 억압적 체제를 전 세계에 양산하고 있음을 본다. 이런 점에서 사회진화론은 계몽의 극한으로 이해할 수 있을 것이다.

28 Horkheimer, Max · Adorno, Theodor W., *Dialektik der Aufklärung : Philosophische Fragmente* (1944), Frankfurt am Main, 1993, S.9.

5. 진화론적 사고와 이성

사회진화론으로 인문사회 현상을 포함하여 존재의 운동을 해명하려는 시도들은 다양한 방식으로 비판되어 왔다. 사회진화론의 강자에 대한 강조가 오히려 진보의 장애가 된다는 시각으로부터 객체화라는 과학주의적 전략으로는 가치 문제와 깊은 연관이 있는 인문사회 현상을 올바르게 해명할 수 없다는 생각까지 다양한 방식으로 사회진화론은 비판을 받아 왔다.[29] 사회진화론에 대한 국내의 지금까지의 연구는 대체적으로 사회진화론의 의미와 한국사회에서 역사적 불가피성이라는 관점에서 논의되고 있음을 확인할 수 있다. 사회진화론의 수입이 역사적으로 불가항력적인 측면이 있었을 것이다. 특히 힘이 지배하는 당시의 세계에서 인권이나 자유 등과 같은 이성의 이념은 너무 유약한 것으로 보였을 것이다. 또한 유기적 · 전체적 사유에 익숙해 있을 뿐 아직 서구적 의미의 개별자, 개인 등에 대한 사유에 낯설었던 당대 조선의 지적 세계에서 자유주의적 사유보다는 사회진화론적 사유가 더 친근

29 예컨대 계몽을 넘어서고자 했던 니체는 연약한 자연이 오히려 진보를 가져오는 계기를 형성할 수 있다고 말한다. "진보가 이뤄지는 곳에서는 언제나 자연을 벗어나는 것이 아주 중요하다. 전체의 진보는 어느 경우에나 부분적인 약함이 전제된다. 가장 강력한 자연은 자신의 현재 유형을 유지하지만, 좀더 약한 자연은 그 유형을 진보하게 하는 데 도움을 준다. 개인에게서도 이와 유사한 일이 일어난다. 퇴보나 (…중략…) 물리적 혹은 도덕적 손실이 일어나는 경우 어떤 다른 곳에서 이익이 발생하는 경우가 흔하다. 예를 들어 호전적이고 무자비한 종족에 속한 병약한 자는 혼자 있는 기회를 많이 가질 것이며, 따라서 보다 조용하고 현명해 질 수 있다. 눈을 하나만 가진 사람의 눈은 더 강한 눈이 되며, 맹인은 내면을 더 깊이 보고자하고, 또 당연히 더 잘 듣는다. 따라서 유명한 적자생존의 이론은 인간과 종족의 강함을 설명하는 유일한 관점인 것 같지 않다." Fr. Nietzsche, "Anzeichen hoeherer und niederer Cultur", *Menschliches, Allzumenschliches : Ein Buch fuer freie Geister*, Claus Artur Scheier(Hg.), Hamburg, Meiner Verlag, 2014, S.224.

하였을 수도 있다.[30] 또한 진화론의 진화의 개념이 당대의 시대적 목표였던 진보 혹은 개혁과 쉽게 동일화할 수 있었을 것이다. 진화와 진보의 이런 착종은 자연적 과정으로 인식되던 사회의 진화가 의지적 개입을 통한 인위적 과정으로 쉽게 전환되기도 한다. 시장에의 인간의 인위적 개입을 비판했던 스펜서와 달리 당대의 국내 사회진화론자들은 자연도태가 아니라 인간의 의지를 중시하는, 즉 인간의 개입을 통해서 문명사회로의 발전을 촉진시켜야 한다는 인위도태론으로 급속하게 기울어 갔다.[31]

어쨌거나 계몽기 조선의 지식인들의 사회진화론의 수용은 서구의 이성을 오로지 지배와 이익을 위한 이성, 즉 도구적 이성, 기능주의적 이성, 계산적 이성으로 국한하고 합리성을 경제적 합리성에 한정하는 전통의 첫 자락을 수놓았다. 서구 역시 도구적 이성에 기초한 계몽의 그늘이 길게 드리워졌지만, 이미 19세기부터 이를 극복하기 위한 다양하고 유력한 지적・문화적 운동들이 있어 왔다(낭만주의, 후기독일관념론 등). 이들은 도구적 이성을 비판하는 가운데 다양한 실험을 하였고, 나아가 성공적인 실험들은 제도화에 이르기도 하였다(예컨대 정치 영역에서 이는 사회적 국가, 협의민주주의, 평등자유주의 등). 근대성과 계몽에 대한 비판은 반이성주의로 나아간 큰 흐름도 있지만(소위 포스트주의, 혹은 해체주의), 이성의 본래적 성격을 비판이나 상호성에서 찾는, 그래서 계몽을 계몽하고자 하는 합리주의적 흐름도 있다. 이 후자의 패러다임은 이성의 성

30 예컨대 박성진은 다음과 같이 말한다. "자유주의의 가치를 가장 많이 소개했던 민족주의우파 지식인들이었지만, 그들은 국가 또는 단체-사회로부터 자유로운 개인을 개념적으로 상정해 본 적이 없다." 박성진, 『사회진화론과 식민지 사회사상』, 선인, 2003, 306쪽.

31 위의 책, 306쪽.

격을 도구성이나 유용성, 계산 능력 등에서 보는 것이 아니라 초월성에서 본다. 초월적 이성이란 자연성과 같은 소여된 것을 계산하여 지배하는 것에서 자신의 사명을 보는 것이 아니라 그런 것을 극복하여 인간성 자체를 신장하고자 하는 능력이다. 초월적 이성은 자연성과 소여성을 지배의 대상이 아니라 통제와 초월의 대상으로 본다.

시야를 좀더 넓히면 자연과학의 방법론에 기댄 과학주의 혹은 객체화의 전략은 아직까지도 현 시대를 규정하는 가장 강력한 힘이다. 근대의 성립에 물리학의 발달이 결정적 역할을 한 이후 자연과학적 방법론은 인간의 사유를 철저히 규정하고자 한다. 사회진화론 역시 그 과정의 일환이다. 사회진화론은 19세기 말과 20세기 초에 전 세계적으로 수용된 지나간 사조에 그치지 않는다. 1970년대, 1980년대에도 서구 지성계는 사회진화론의 문제로 큰 논쟁을 벌이기도 했다. 예컨대 루만과 하버마스의 논쟁은 대표적인 예이다. 루만이 먼저 『사회의 사회』의 한 절에서 「진화와 역사」(1975)라는 글로 진화론의 사회학적, 역사학적 변용을 긍정적으로 해명하는 글을 쓰자, 곧이어 하버마스는 '역사와 진화'(1976)라는 작은 글을 써서 진화론적 사고에 내재한, 넓게는 자연과학적 사고로는 인간 해방, 진보의 사상을 이끌어 낼 수 없다고 응수한다.[32] 과학적 이성이 설명적 특성을 가지긴 하지만 그것이 해방적 특성을 갖지는 못한다는 것이다. 그리고 윌슨의 『사회생물학—새로운 종합』(1975)과 도킨스의 『이기적 유전자』(1976)는 진화론이 인문학 전체에 어떤 방식으로 관여할 수 있는지를 보여준다. 사회진화론과의 대결은 현재적 힘으로

32 Habermas, "Geschichte und Evolution", *Rekonstruktion des Historischen Materialismus*, Frankfurt am Main, 1976. 이 둘 간의 논쟁에 대해서는 다음의 글을 참조하라. 설헌영, 「진화와 역사—루만의 사회진화론에 대한 하버마스의 비판적 대안 고찰」, 철학연구회 편, 앞의 책, 305~306쪽 이하 참조.

작동하는 과학주의와 이에서 나타나는 인간물화 현상이라는 보다 포괄적인 문제 지평에 놓인다.

간행사_연세근대한국학 HK+ 학술총서를 내면서

우리 연구소는 '근대 한국학의 지적 기반 성찰과 21세기 한국학의 전망'이라는 아젠다로 HK+ 사업을 수행하고 있습니다. '한국학이 무엇인가' 하는 점은 물론 관점에 따라 달라질 수 있을 것입니다. 하지만 개항과 외세의 유입, 그리고 식민지 강점과 해방, 분단과 전쟁이라는 정치 사회적 격변을 겪어 온 우리가 스스로를 어떤 존재로 규정해 왔는가의 문제, 즉 '자기 인식'을 둘러싼 지식의 네트워크와 계보를 정리하는 일은 반드시 필요한 작업이라고 생각합니다. '자기 인식'에 대한 탐구가 그동안 없었던 것은 아니지만, 현재 제도화되어 있는 개별 분과학문들의 관심사나 몇몇 지식인들을 대상으로 한 제한적인 논의였음을 부인하기는 어려울 것 같습니다. 이러한 현실에서 '한국학'이라고 불리는 인식 체계에 접속된 다양한 주체와 지식의 흐름, 사상적 자원들을 전면적으로 복원하고자 하는 것이 바로 저희 사업단의 목표입니다.

'한국학'이라는 담론/제도는 출발부터 시대 · 사회적 영향을 강하게 받아왔습니다. '한국학'이라는 술어가 우리의 입에 오르내리기 시작한 것도 해외에서 진행되던 지역학으로서의 '한국학'이 반향을 불러일으키면서 부터였습니다. 그러나 '한국학'이란 것이 과연 하나의 학문으로서 성립할 수 있느냐 하는 질문에 답을 얻기도 전에 '한국학'은 관주도의 '육성' 대상이 되었습니다. 이에 대응하여 실천적이고 주체적인 민족의식을 강조하는 '한국학'은 1930년대의 '조선학'을 호출하였으며 실학과의 관련성과 동아시아적 지평을 강조하기도 하였습니다. 그 가운데 근대화, 혹은 근대성은 서로 다른 맥락에서 '한국학'을 검증하였고, 이른바 '탈근대'의 논의는 의심 없이 받아들여지던 핵심 개념이나 방법론에 문제를 제기하기도 하였습니다.

'한국학'이 이와 같이 다양한 맥락에서 논의되어 온 것은 그것이 우리의 '자기인식', 즉 정체성 문제와 관련되어 있기 때문일 것입니다. 대한제국기의 신구학 논쟁이나 국수보존론, 그리고 식민지 시기의 '조선학 운동'은 물론이고 해방 이후의 '국학'이나 '한국학' 논의 역시 '자기인식'에 대한 시대적 요구에 응답하려는 노력이었을 것입니다. 우리가 '한국학'의 지적 계보를 정리하는 것에 만족하지 않고 21세기의 전망을 제시하고자 하는 이유도, '한국학'이 단순히 학문적 대상에 대한 기술이나 분석에 그치지 않고 우리의 현재를 성찰하며 더 나아가 미래를 구상하고 전망하려는 노력에 직간접적으로 연결된다고 보기 때문입니다. 주지하듯 근대가 이룬 성취 이면에는 깊고 어두운 부면이 있습니다. 그리고 이 명과 암은 어느 것 하나만 따로 떼어서 취할 수 없는 한 덩어리일 가능성이 있습니다. 21세기 한국학은 근대에 대한 성찰을 통해 이 질곡을 해결해야 하는 시대적 요구에 응답해야만 하는 과제를 안고 있습니다.

연세근대한국학 HK+ 학술총서는 이러한 과제를 수행하는 과정에서 나오는 성과물을 학계와 소통하기 위한 시도입니다. 학술총서는 연구총서와, 번역총서, 자료총서로 구성됩니다. 연구총서를 통해 우리 사업단의 학술적인 연구 성과를 학계의 여러 연구자들에게 소개하고 함께 논의를 진정시키고자 합니다. 번역총서는 주로 외국인들에 의해 이루어진 조선/한국 연구를 국내에 소개하려는 목적에서 기획되었습니다. 특히 동아시아적 학술장에서 '조선학/한국학'이 어떻게 구성되고 작동하여 왔는지를 살펴보려고 합니다. 또한 자료총서를 통해서는 그동안 소개되지 않았거나 불완전하게 알려진 자료들을 발굴하여 학계에 제공하려고 합니다. 새롭게 시작된 연세근대한국학 HK+ 학술총서가 소기의 목적을 달성할 수 있도록 여러 연구자들의 관심과 격려를 부탁드립니다.

2019년 10월

연세대 근대한국학연구소 인문한국플러스(HK+) 사업단